**NATIONAL
GEOGRAPHIC
TRAVELER**

KAMBODSCHA

NATIONAL
GEOGRAPHIC
TRAVELER

KAMBODSCHA

Trevor Ranges

INHALT

Seite 2–3: Angkor Wat bei Sonnenaufgang
Links: Ein Junge vom Volk der Cham nach dem Freitagsgebet in einer Moschee in Phnom Penh

RÜCKSICHTSVOLL REISEN

Umsichtige Urlauber brechen voller Neugierde auf und kehren reich an Erfahrungen nach Hause zurück. Wer dabei rücksichtsvoll reist, kann seinen Teil zum Schutz der Tierwelt, zur Bewahrung historischer Stätten und zur Bereicherung der Kultur vor Ort beitragen. Und er wird selbst reich beschenkt mit unvergesslichen Erlebnissen.

Möchten auch Sie verantwortungsbewusst und rücksichtsvoll reisen? Dann sollten Sie folgende Hinweise beachten:

- Vergessen Sie nie, dass Ihre Anwesenheit einen Einfluss auf die Orte ausübt, die Sie besuchen.

- Verwenden Sie Ihre Zeit und Ihr Geld nur auf eine Weise, die dazu beiträgt, den ursprünglichen Charakter eines Ortes zu bewahren.

- Entwickeln Sie ein Gespür für die ganz besondere Natur und das kulturelle Erbe Ihres Urlaubslandes.

- Respektieren Sie die heimischen Bräuche und Traditionen.

- Zeigen Sie den Einheimischen, wie sehr Sie das, was den besonderen Reiz ihres Landes ausmacht, zu schätzen wissen: die Natur, Musik, typische Gerichte, historische Dörfer oder Bauwerke.

- Scheuen Sie sich nicht, mit Ihrem Geldbeutel Einfluss zu nehmen: Unterstützen Sie möglichst solche Einrichtungen oder Personen, die sich um die Bewahrung des Typischen und Althergebrachten bemühen. Entscheiden Sie sich für Läden, Gaststätten oder Reiseanbieter, denen an der Bewahrung ihrer Heimat gelegen ist.

- Wer auf diese Weise reist, hat mehr von seinem Urlaub, und er kann sicher sein, dass er seinen Teil zum Erhalt und zur Verbesserung eines Ortes oder einer Landschaft beigetragen hat.

Diese Art des Reisens gilt als zeitgemäße Form eines sanften, auf Nachhaltigkeit bedachten Tourismus; NATIONAL GEOGRAPHIC verwendet dafür auch den Begriff des „Geo-Tourismus". Gemeint ist damit ein Tourismus, der den Charakter eines Ortes – seine Umwelt, seine Kultur, seine natürliche Schönheit und das Wohlergehen seiner Bewohner – nicht aus den Augen verliert. Weitere Informationen zum Thema gibt es im National Geographic's Center for Sustainable Destinations unter *www.nationalgeographic.com/travel/sustainable*.

KAMBODSCHA

ÜBER DIE AUTOREN & DEN FOTOGRAFEN

Trevor Ranges lebt als Reisejournalist und Reisebuchautor in Bangkok. Er war am NATIONAL GEOGRAPHIC TRAVELER „Thailand" beteiligt und arbeitet für www.tourismthailand.org, die amtliche Website der thailändischen Tourismusbehörde. Ranges engagiert sich für die Bewahrung des kulturellen Erbes und der natürlichen Umwelt und bevorzugt Reiseanbieter und Angebote, die rücksichtsvoll mit den Eigenheiten eines Landes umgehen und Wert auf eine nachhaltige Nutzung der Ressourcen legen.

Kris LeBoutillier hat bereits den NATIONAL GEOGRAPHIC TRAVELER „Vietnam" bebildert und für NATIONAL GEOGRAPHIC in Asien und Australien fotografiert, darunter in Tasmanien, Indien, Singapur und Vietnam. Für ein anderes Projekt hat er die schönsten Strände Asiens in Bildern festgehalten. Er ist außerdem für zahlreiche internationale Zeitungen und Zeitschriften tätig.

Lis Meyers hat anderthalb Jahre lang für verschiedene regierungsunabhängige Organisationen in Kambodscha gearbeitet und Beiträge für dortige Zeitschriften verfasst. Für dieses Buch hat sie das Kapitel über Phnom Penh und über die Küstenregionen Kampot und Kep verfasst.

Nina-Noelle Hall und **Geoffrey Cain** haben kleinere Beiträge zu diesem Buch beigesteuert. Halls gesamte Besitztümer passen in einen einzigen Koffer – anders wäre ihr Leben als Reisejournalistin kaum zu bewältigen. Sie arbeitet für NATIONAL GEOGRAPHIC und andere Zeitschriften. Cain lebt als freiberuflicher Autor in Phnom Penh. Er schreibt vor allem für den *Economist* und für die Vereinten Nationen.

Die Reise planen

Viele Besucher kommen vor allem wegen der prächtigen alten Tempel von Angkor ins Land, den faszinierenden Relikten einer einst bedeutenden Hauptstadt der Khmer im Nordwesten des Landes. Staunend entdecken sie dann aber ein ländlich geprägtes Königreich – mit wunderschönen Landschaften, einer unvergleichlichen Architektur und Menschen, deren unbeschwerte Freundlichkeit nichts von den Schrecken der jüngeren Geschichte verrät.

Im Land unterwegs

Die kambodschanischen Straßen befinden sich in einem viel besseren Zustand als noch vor einem Jahrzehnt, sodass man das Land heute problemlos mit dem Auto oder mit dem Bus durchqueren kann. Von der Hauptstadt Phnom Penh fahren zahlreiche Busse nach Siem Reap, dem Ausgangspunkt für Exkursionen nach Angkor Wat. Busse legen regelmäßig die drei- bis vierstündige Strecke zu den Stränden von Sihanoukville südwestlich von Phnom Penh zurück, und sie verbinden Phnom Penh mit den meisten Provinzhauptstädten.

Wesentlich mehr erlebt man bei Fahrten mit einem Mietwagen. Ein Wagen mit einheimischem Fahrer lässt sich für Tagestouren, reine Hinfahrten oder für ganze Wochen mieten – und man kann überall Zwischenstopps einlegen. Alternativ kann man ein Gemeinschaftstaxi nehmen; dort fahren dann so viele Leute mit, wie eben hineinpassen. Organisieren kann man diese Fahrten im Hotel oder durch den Reiseveranstalter.

An der Küste können Sie sogar ein preiswertes Motorrad leihen. Sie sind nach westlichen Maßstäben nicht immer verkehrstauglich, aber damit von Strand zu Strand zu brausen oder zu den Ruinen von Kampot zu fahren, ist ein großartiges Erlebnis.

Wer mehrere Sehenswürdigkeiten in der Stadt ansteuern will, ist mit einem Tuk-tuk bestens bedient:

Besucher können in der Provinz Ratanakiri auf Elefanten reiten

Tuk-tuks sind kleine Wagen, die von einem Motorrad gezogen werden. Sie sind günstig und praktisch, bei Staub und Hitze aber manchmal auch etwas unbequem. Tuk-tuk-Fahrer sind nicht unbedingt die qualifiziertesten Fremdenführer.

Außerhalb der größeren Städte sind die meisten Nebenstraßen entweder mit Schlamm und Morast bedeckt oder staubtrocken und zerfahren – je nachdem, wann es zum letzten Mal geregnet hat. Wenn Sie die entlegensten Winkel des Landes kennenlernen möchten, brauchen Sie also ein Auto mit Allradantrieb oder ein Cross-Motorrad.

Eine Woche in Kambodscha

Da die einzelnen Reiseziele weit voneinander entfernt liegen und es nur wenige Inlandsflüge gibt, ist es fast unmöglich, bei einem Kurzaufenthalt mehr als nur einen ersten Eindruck zu gewinnen. Wer nur eine Woche Zeit hat, sollte sich Angkor Wat und das nahe gelegene Siem Reap nicht entgehen lassen und etwas Zeit für Phnom Penh einkalkulieren. Internationale Fluggesellschaften steuern sowohl Phnom Penh als auch Siem Reap an, der Routenvorschlag ist also in beide Richtungen durchführbar.

Je nach Ankunftszeit in Phnom Penh sollten Sie sich am **1. Tag** per Tuk-tuk einen Überblick über die Stadt verschaffen und den Sonnenuntergang auf einem Flussboot erleben. Am **2. Tag** haben Sie dann die Wahl zwischen Nationalmuseum, Wat Phnom, Königspalast, dem Völkermordmuseum Tuol Sleng oder den Killing Fields. Wer dort schon am Vortag war, kann einen Tagesausflug zur riesigen Müllhalde von Stung Meanchey (siehe S. 89)

NICHT VERSÄUMEN

Sicher reisen

- Handtaschengurte wickelt man sich am besten um den Körper; keinesfalls sollte man die Tasche nur über die Schulter hängen, denn dann lässt sie sich leicht wegreißen.
- Vorsicht – in dichten Menschenmengen sind manchmal auch Kinder als Taschendiebe tätig.
- Immer kleine Geldmengen in einer separaten Geldbörse bereithalten, um z. B. Tuk-tuk-Fahrer zu entlohnen. Niemals zeigen, dass man größere Beträge bei sich trägt.
- Vor dem Überqueren der Straße besser viermal hinschauen – und immer wachsam bleiben.
- In Regionen, wo Landminen im Boden liegen, die Wege nie verlassen!
- Nachts nicht allein unterwegs sein (und als Frau schon gar nicht).
- Im Hotel einen Tresor benutzen und die Zimmertür, wenn nötig, mit einem eigenen Vorhängeschloss sichern.
- Streitigkeiten mit Einheimischen oder mit der Polizei unbedingt aus dem Weg gehen.
- Außerhalb von Touristengebieten ein wirksames Insektenspray (z. B. Autan) verwenden.

Das Klima

Die Trockenzeit dauert in Kambodscha von November bis Juni. Die kältesten Monate sind November, Dezember und Januar, dann ist auch die Niederschlagsmenge am geringsten. Ab Ende Januar steigen die Temperaturen kontinuierlich an, bis sie im April ihren Höhepunkt erreichen; dann liegen sie oft über der Marke von 38 °C. Feuchtigkeit und unerträgliche Hitze werden durch Stromausfälle noch unangenehmer, weil dann auch die Linderung durch Ventilatoren und Klimaanlagen ausbleibt.

Die Regenzeit beginnt im Juni und hält bis in den Oktober an; der Monsun sorgt dann für eine willkommene Abkühlung. Das Land wird grün, die Flüsse führen wieder reichlich Wasser – nur die Straßen abseits der Touristenzentren sind jetzt mitunter schwer passierbar.

unternehmen, zu den Ruinen bei Angkor Borei oder zum Tierschutzzentrum Phnom Tamao aufbrechen.

Wer nach Siem Reap möchte, bricht am **3. Tag** am besten per Auto (und nicht mit der Fähre auf dem Tonle Sap; siehe S. 122) auf, denn die Nationalstraße 5 bietet unterwegs einige lohnende Haltepunkte. Falls Sie von dort aus nach Phnom Penh zurückkehren, können Sie einen Weg mit dem Taxi und den anderen mit dem Schiff zurücklegen.

Wer frühmorgens mit dem Auto aufbricht, kann mehrere Stationen ansteuern: die ehemalige Hauptstadt Oudong, ein Töpferdorf und das schwimmende Dorf Kampong Chhnang. Zudem überquert man eine tausendjährige Brücke und sieht unterwegs weitere Tempelanlagen (siehe S. 197). Die Tempel von Sambor Prei Kuk liegen zwar nur 11 km abseits der Strecke, wer sie aber genauer in Augenschein nehmen möchte, sollte besser in Kampong Thom übernachten.

Möchte man Angkor noch bei Sonnenuntergang erleben, bittet man den Fahrer, vor 16 Uhr am Hotel in Siem Reap zu sein. Dann reicht die Zeit, um einzuchecken, ein Tuk-tuk zu besteigen und die untergehende Sonne vom Phnom Bakheng aus zu betrachten. Falls Sie um 17 Uhr eine Drei-Tage-Karte kaufen, können Sie diese noch an den drei folgenden Tagen nutzen.

Den **4., 5. und 6. Tag** sollten Sie für die Tempel von Angkor reservieren. Am besten, man engagiert einen Führer und reist mit dem Tuk-tuk oder einem Auto an. Einen Tag benötigt man für Banteay Srei (siehe S. 161). Lohnend ist ein Abstecher zu den Seidenwebern von Artisans d'Angkor. Abends werden Apsara-Tänze und Puppentheateraufführungen angeboten, oder man besucht den Nachtmarkt.

Nach Hause telefonieren

Kambodscha besitzt ein recht fortschrittliches Telefonnetz: 2008 wurde der neue 3G-Standard für Mobiltelefone eingeführt, Funkverbindungen bestehen selbst in den entlegensten Provinzen. Ausländische Mobiltelefone im GSM-Standard funktionieren zwar, die Nutzung der Funknetze ist allerdings ziemlich teuer. Günstiger telefoniert man mit Touristen-SIM-Karten, die am Flughafen sowie in einigen Hotels und Läden angeboten werden. Sie gelten zwölf Tage lang und auch für Auslandsgespräche. Verbrauchte Karten lassen sich allerdings nicht wieder aufladen, und man kann dann auch keine Anrufe mehr entgegennehmen. In Großstädten bieten Internetcafés mit Skype-Telefonverbindungen (*www.skype. com*) eine preiswerte Alternative.

Beim Ausflug mit dem Tuk-tuk ist man immer mitten im Geschehen

Nach mehreren Tempeltagen lohnt ein Tagesausflug zum nahen Tonle Sap, dem größten Süßwassersee Südostasiens. Die schwimmenden Dörfer und die Pfahlbauten von Chong Kneas und Kampong Pleuk vermitteln einen Eindruck vom Leben der Menschen am See. Das Vogelschutzgebiet Prek Toal zählt zu den weltweit. größten. Am besten bricht man am letzten Tag sehr früh morgens auf, um die Vögel zu sehen, oder man verbringt die letzte Nacht im Schutzgebiet und hält am **7. Tag** morgens Ausschau nach den Vögeln, bevor die Reise nach Siem Reap zurückführt.

Länger bleiben, mehr erleben

Sieben Tage reichen nicht aus, um sich auch nur einen Überblick über die Schönheit des Landes zu verschaffen. Mindestens eine zweite Woche ist also ratsam:

Folgen Sie von Phnom Penh dem Routenvorschlag für eine Woche. Dann geht es von Siem Reap nach Battambang. Ein oder zwei Tage lang kann man dort Tempel und andere Stätten besuchen und eine Bootsfahrt auf dem Fluss unternehmen. Von Battambang reist man nach Phnom Penh zurück, wobei man in Pursat haltmacht, um das schwimmende Dorf Kampong Luong aufzusuchen.

Für ein paar Strandtage geht die Reise von Phnom Penh aus in südwestlicher Richtung nach Kampot/Kep oder Sihanoukville. Dort runden einige entspannte Strandtage die Reise ab. ■

Kleidung & Etikette

Kleidung: Kambodschaner kleiden sich sehr konservativ. Halten Sie beim Besuch von Tempeln und bedeutenden Stätten Schultern und Knie immer bedeckt. Am Strand, den auch Einheimische nutzen, reicht ein Bikini nicht aus.

Schuhe: Ziehe Sie vor dem Betreten eines Privathauses oder eines Tempels erst die Schuhe aus. Wenden Sie nie einem anderen die Schuhsohlen zu, z. B. wenn man ein Bein über das andere schlägt. Beim Sitzen möglichst die Beine nicht kreuzen. (Weitere Tipps siehe S. 21.)

Geschichte & Kultur

Die klassische Geschichte „Ramayana" wird häufig in Schattentheatern aufgeführt. Die Figuren sind in Leder geschnitten; das Licht fällt durch unzählige kleine Löcher, die das Schattenbild entstehen lassen

Kambodscha heute

Das 21. Jh. hat für Kambodscha verheißungsvoll begonnen. Der Krieg ist endlich überwunden, ausländisches Kapital strömt ins Land, und es herrscht Aufbruchsstimmung. Kambodscha findet wieder Anschluss an die Weltwirtschaft, und das Land öffnet sich neuen Ideen.

Natürlich soll hier nicht behauptet werden, Kambodscha entspreche immer genau dem Bild, das die Broschüren der Reiseveranstalter gern zeichnen: Fröhliche Dorfbewohner singen ihre traditionellen Lieder, Pfahlbauten ragen vor unberührten weißen Sandstränden auf, und die Menschen leben friedlich in ihrer Idylle und träumen von ihren Wurzeln in der Zeit von Angkor. Nein – denn die Gesellschaft steckt inmitten großer Umwälzungen. Das lebendige „neue" Kambodscha stellt sich der Moderne. Die Menschen haben jahrzehntelang unter Krieg und Völkermord gelitten und freuen sich über ein wenig demokratische Stabilität.

Viele Menschen sind immer noch traumatisiert und blicken angstvoll auf die Schatten der Vergangenheit, doch die Chancen standen nie besser: Kambodschaner können endlich frei reisen, eigene Betriebe gründen und in Frieden leben. Die Idylle aus den Reisebroschüren könnte also eines Tages tatsächlich Wirklichkeit werden. Diese Hoffnung sieht man den Menschen an.

> **Während das Land ganz allmählich seinen Platz auf der Weltbühne einnimmt, wächst im Königreich auch der Stolz auf die eigene Nation.**

Und während das Land ganz allmählich seinen Platz auf der Weltbühne einnimmt, wächst im Königreich auch der Stolz auf die eigene Nation. Überall sieht man Bilder von Angkor Wat, dem Symbol nationaler Größe. Die Tempelanlage gilt als wichtigster Beitrag Kambodschas zur Weltkultur. Selbst in schwierigsten Zeiten hat die Nation sich an dieses Symbol geklammert.

Dank der Tempel von Angkor hat Siem Reap schon seit Jahren Wachstumsraten von 30 Prozent zu verzeichnen, und zwar beim Bevölkerungswachstum ebenso wie bei den Besucherzahlen. Mehr als eine Million Gäste reisen alljährlich zu den Tempelanlagen, und immer mehr Kambodschaner lassen sich in Siem Reap nieder, um an diesem Wachstum der Tourismusbranche teilzuhaben. Begeisterte Kinder begrüßen die Ausländer gleich in acht Sprachen; heute verkaufen sie Postkarten, morgen führen sie die Gäste vielleicht schon durch den Tempelbezirk.

Eine neue Generation von Künstlern erlernt den traditionellen Tanz und die zugehörige Musik oder widmet sich der Seidenweberei und der Steinmetzkunst. Sie alle stellen sich in den Dienst einer alten Kultur, die sie den ausländischen Besuchern nahebringen – um damit gleichzeitig ihren Lebensunterhalt zu bestreiten.

Tuk-tuks und Motorräder sind in vielen Städten die Hauptverkehrsmittel

Mönche auf dem Gelände des buddhistischen Tempels Wat Ounalom in Phnom Penh

In der Hauptstadt steckt hinter der kulturellen Renaissance mehr als nur eine Gefälligkeit gegenüber ausländischen Gästen; hier sucht eine neue Generation nach ihrem eigenen Weg. Denn nach dem Ende der mörderischen Schreckensherrschaft der Roten Khmer kam es in den 1980er Jahren unter den vielen jungen Paaren zu einem regelrechten „Baby-Boom", vor allem in Phnom Penh. Aus diesen Babys sind mittlerweile junge Erwachsene geworden – eine kleine, aber wachsende Mittelschicht aus Journalisten, Rechtsanwälten und Angestellten von Nicht-Regierungsorganisationen (NGO). Ihr Idealismus leitet mittlerweile eine kulturelle Erneuerung des ganzen Landes ein.

Der kulturelle Aufbruch von heute wäre sicher ausgeblieben, wenn die Wirtschaft sich nicht so kräftig entwickelt hätte.

Die Jugendkultur hat im letzten Jahrzehnt erheblich an Bedeutung gewonnen. Wer einmal durch das Universitätsviertel von Phnom Penh schlendert oder die Internet-Cafés und WLAN-Hotspots aufsucht, trifft überall auf junge Leute, die gemeinsam an Tischen sitzen und eifrig diskutieren – oder die sich gerade ein Handy ans Ohr halten oder eine SMS tippen. Westliche Einflüsse

sind unübersehbar: Junge Kambodschaner, deren Eltern vor den Roten
Khmer nach Amerika, Australien oder Frankreich geflohen waren, kehren
in ihre alte Heimat zurück und bringen den Break Dance oder Hip-
Hop mit in die Hauptstadt. Die Mischung aus Tradition und westlichem
Lebensstil erinnert ein wenig an die beschwingten 1960er Jahre in Phnom
Penh, als viele Kambodschaner in Frankreich studierten und europäische
Literatur daheim bekannt machten.

Der kulturelle Aufbruch von heute wäre aber sicher ausgeblieben,
wenn die Wirtschaft sich nicht so kräftig entwickelt hätte. Dank eines
stabilen politischen Systems strömt viel ausländisches Kapital nach
Kambodscha – obwohl die Verwaltung
als äußerst korrupt gilt. Die Regierung hat
ausländischen Unternehmen Lizenzen zur
Nutzung der großen Holzvorkommen, der
Flüsse und Berge übertragen und damit die
Staatskasse gefüllt. Ein Aufschwung in der
Bau- und Textilindustrie hat Arbeitsplätze
im Land geschaffen; Kambodscha ist aber
immer noch eines der ärmsten Länder der
Welt. Das Land ist noch weit von einem
echten Wohlstand entfernt, aber die neuen
Entwicklungen und der Zustrom ausländischer Besucher haben den Kambodschanern neue Zukunftsperspektiven eröffnet.

Ein großer Teil der Kambodscha-
Besucher stammt aus Asien, vor allem aus
Südkorea. Die asiatischen Nachbarn sind
auch in erster Linie für die Investitionen in
die Wirtschaft verantwortlich, die das Land
sichtlich verändern. Die koloniale Vergangenheit verschwindet ganz allmählich
auch aus dem Bild der Städte; in Phnom
Penh z. B. weicht das französisch geprägte
Stadtbild immer mehr einer Skyline aus
metallisch glitzernden Hochhäusern mit
viel Neonlicht. Siem Reap entwickelt sich
etwas zurückhaltender; neu sind vor allem hübsche Boutique-Hotels oder
Gässchen mit modischen Bars, Restaurants und Cafés im Neokolonialstil.

Die Veränderungen gehen recht rasant vonstatten. Waren die Straßen
von Phnom Penh und anderer Großstädte einst von Kriminalität, politisch
motivierter Gewalt und unvorstellbarer Armut gezeichnet, erlebt der
Besucher dort heute eine angenehme Mischung aus Tradition und kosmo-
politischer Gegenwart. Der Wohlstand in den Städten wächst, und viele
Menschen verlassen ihre Dörfer, um sich ihren Anteil daran zu sichern.
Zahlreiche Khmer besinnen sich nicht zuletzt deshalb auf ihre alte Kultur
und das traditionelle Handwerk, um Teil dieser neuen Bewegung zu sein.

Kleiner Sprachführer

Mit diesen einfachen Sätzen kann man
sich schon ein wenig verständlich machen (siehe auch S. 312).

Juhm ree-uhp sue	Guten Tag/
	Hallo (förmlich)
	oder
Soo-ah s'day	(informell)
Juhm ree-uhp lee-ah	Auf Wieder-
	sehen
Jaa	Ja (Frauen)
Baat	Ja (Männer)
Dtay	Nein
Som	Bitte
Awe coon	Danke
Nee-ak soak sa-buy chia day?	Wie geht es Ihnen?
K'nyom soak sa-buy	Mir geht es gut
Nee-ak cha-mua away?	Wie heißen Sie?
K'nyom cha-mua ...	Ich heiße ...
Sohm dtoe	Entschuldigen Sie/Tut mir leid

Kultur in Kambodscha, das ist heute eine interessante Mischung aus Wiederentdecktem und Neuentwickeltem, aus eigenen Überlieferungen und neuen Einflüssen. Der Fortschritt aber wird getragen von der Hoffnung, dass das Land endlich das Schlimmste hinter sich hat und der Weg nun bergauf führt.

Alltagsleben *&* Gebräuche

Trotz der Wiederbelebung von Phnom Penh und dem Touristenstrom in Richtung Siem Reap verläuft das Alltagsleben der meisten Kambodschaner noch immer in traditionellen Bahnen. Alles dreht sich um die Familie oder Sippe; selbst entfernte Verwandte zählen dazu, und nicht selten leben Großfamilien unter einem Dach.

Die kambodschanische Gesellschaft ist strikt hierarchisch gegliedert, das wirkt sich auch auf den Umgang der Menschen miteinander aus. Die Reihenfolge, in der etwa Mönche sitzen, spiegelt deren interne Rangordnung wider. Diese Distanz gilt auch im Verhältnis der Eltern zu ihren Kindern, zwischen Lehrern und Schülern oder Vorgesetzten und Untergebenen. Das Rangverhältnis kann man auch in alltäglichen Situationen erkennen (Tipps dazu siehe S. 21).

Feierlichkeiten spielen ebenfalls eine bedeutende Rolle im Leben der Khmer, und selbst Familien, die es sich finanziell eigentlich gar nicht leisten können, scheuen keine Kosten, um wichtige Ereignisse im Leben gebührend zu begehen. Alle Familien organisieren z. B. verschwenderische Hochzeiten; manchmal werden dafür ganze Straßen abgesperrt, und Feiern mit Hunderten von Gästen sind keine Seltenheit. Sehr wichtig sind aber auch die buddhistischen Feste zu Ehren von Geistern, die nach landläufiger Ansicht überall zu Lande und zu Wasser heimisch sind.

Geld

Die kambodschanische Währung ist zwar eigentlich der Riel, der US-Dollar wird aber überall im Land als Zahlungsmittel anerkannt. Laut amtlichem Wechselkurs bekommt man für einen Dollar 4000 Riel, Geld lässt sich überall umtauschen. Den Riel verwendet man am besten als Kleingeld und Wechselgeld; für Zahlungen von mehr als 4000 Riel ist der Dollar vorzuziehen (in den Provinzen an der thailändischen Grenze wird auch der thailändische Baht akzeptiert).

In den Touristenorten findet man Geldautomaten, die Dollars ausgeben. Die meisten Mittelklassehotels, Flugschalter und einige Restaurants akzeptieren Kreditkarten. Barabhebung von Kreditkarten und Überweisungen sind ebenfalls möglich. Banken und große Hotels nehmen auch Reiseschecks an, schlagen aber oft zwei Prozent Bearbeitungsgebühr auf. Beschädigte oder verschmutzte Dollarnoten werden grundsätzlich zurückgewiesen.

Der Independence Beach in Sihanoukville an der Südwestküste von Kambodscha

Freizeit

Kambodschaner verbringen einen großen Teil ihrer arbeitsfreien Zeit unter freiem Himmel; sie gehen abends noch gern in die Parks oder auf öffentliche Plätze. Familien und Freunde treffen sich dann zum Picknick oder zum Badmintonspiel. Händler verkaufen kleinen Kindern bunte Luftballons, und Jugendliche bilden einen Kreis und treten nach einem *sey*, einer mit Federn geschmückten Plastikflasche, die man mit Hilfe der Füße oder Knie in der Luft halten muss. Der Park ist aber auch ein idealer Ort für ein Rendezvous, und gelegentlich sieht man sogar mutige junge Paare, die sich an den Händen halten! Im Zentrum der Hauptstadt wurden zwei Brunnen angelegt, deren Wasser ständig seine Farbe wechselt, und so wurde auch das Brunnenbeobachten zu einem Abendvergnügen. Sport erfreut sich wachsender Beliebtheit: Die einen widmen sich schon am frühesten Morgen ihren Tai-Chi-Übungen, andere treiben nachmittags ihre Gymnastik – in lärmenden Gruppen entlang der Parkwege und Flüsse.

Kambodschaner verbringen einen großen Teil ihrer arbeitsfreien Zeit unter freiem Himmel ... Viele widmen sich schon am frühesten Morgen ihren Tai-Chi-Übungen.

Immer mehr Kambodschaner können sich mittlerweile moderne Technik leisten, und so hat das Fernsehen überall im Land Einzug gehalten. Süßliche Seifenopern und Varieté-Shows mit Karaoke und Slapstick-Comedy sind besonders populär. Wer keinen eigenen Fernseher besitzt, geht einfach zum Nachbarn – oder man schaut irgendwo bei einem Glücksspiel oder einem Wettkampf im Kickboxen zu.

Radios sind immer noch sehr verbreitet; die Sender spielen den ganzen Tag lang westliche Lieder und Khmer-Melodien. In den größeren Städten gewinnt das Internet an Bedeutung, und auch Gedrucktes ist dort reichlich vorhanden. Viele Khmer können damit freilich nicht viel anfangen, denn lesen können nur 74 Prozent der Erwachsenen. Gerade jüngere Leute ziehen Fernsehen und Kino vor, die Regierung bemüht sich aber inzwischen, die Entwicklung einer eigenständigen Literatur zu fördern.

Die meisten Kambodschaner gehen früh zu Bett und stehen morgens in aller Frühe auf, nach 22 Uhr sind die Städte also praktisch ausgestorben. Trotzdem entwickelt sich ganz allmählich so etwas wie ein Nachtleben: Manche Kambodschaner verbringen abends viele Stunden in Biergärten und Karaoke-Bars, und in den großen Städten vergnügen sich die jungen Leute oft noch bis in die Morgenstunden in überfüllten Diskotheken.

Vorbereitungen für ein Bootsrennen auf dem Fluss Tonle Sap

Etikette

Das Alltagsleben in Kambodscha wird von peinlich genau beachteten Regeln und Gewohnheiten bestimmt. Als Besucher sollten Sie sich selbstverständlich an die Etikette halten.

Essen: Erst Platz nehmen, wenn der Gastgeber sich gesetzt hat, und nicht trinken, bevor einem zugeprostet wurde. Man setzt sich niemals, solange die älteste Person am Tisch noch steht, und man beginnt auch nicht vor dem Ältesten mit dem Essen. Angebotene Speisen oder Tee immer annehmen; eine Ablehnung gilt als Beleidigung. Essstäbchen nie senkrecht oder in V-Form in die Reisschale stecken, das sind Vorzeichen eines nahen Todes. Falls Sie nach Hause eingeladen wurden, bringen Sie ein kleines Gastgeschenk mit.

Kopf: Niemals einen Menschen am Kopf berühren, denn der gilt als heilig.

Cool bleiben: Egal, was passiert ist – niemals Zeichen von Ärger oder Enttäuschung zeigen. Kambodschaner empfinden das als peinlichen Verlust der Selbstbeherrschung. Also immer ruhig bleiben und lächeln.

Nationale Empfindlichkeiten: Das Verhältnis zu Thailand und Vietnam ist nicht immer entspannt; deshalb nie Kambodscha mit seinen Nachbarn vergleichen!

Umgangsformen: Wollen Sie jemanden begrüßen, insbesondere einen Älteren oder einen Mönch, pressen Sie die Handflächen in Brusthöhe aneinander, neigen Sie den Kopf und blicken Sie Ihr Gegenüber an. Wenn Sie mit bisher Unbekannten in Kontakt treten, nennen Sie vor dem Namen die Anrede Lok (Herr) oder Lok Srey (Frau). Die Khmer legen Wert auf Hierarchien; wenn Sie also Menschen miteinander bekannt machen, beginnen Sie mit dem Ranghöchsten. Möchten Sie jemanden heranwinken, wenden Sie die Hand dabei nach unten, ansonsten ist es eine anzügliche Geste. Zeigen Sie niemals direkt mit der Hand auf jemanden und übergeben Sie Dinge nur mit der rechten Hand. Besondere Ehrerbietung verdienen Mönche; Frauen sollten Mönche nie berühren oder ihnen direkt etwas übergeben.

Fotografieren: Fotografieren Sie Kambodschaner nie, ohne vorher um Erlaubnis zu bitten. Mönche zu fotografieren gilt als geschmacklos; falls es sein muss, gehen Sie bitte sehr diskret vor.

Die demografische Entwicklung

2008 wurden bei einer Volkszählung 13 388 910 Bewohner des Landes ermittelt. Der Bevölkerungszuwachs hat sich verlangsamt, weil die Geburtenrate gesunken ist, das jährliche Bevölkerungswachstum liegt aber immer noch über dem ostasiatischen Durchschnitt. Die Landflucht ist noch nicht abgeschlossen. Die Hauptstadt Phnom Penh ist mit Abstand am größten, andere Großstädte wie Battambang, Siem Reap und Sihanoukville wachsen aber kontinuierlich. Immer noch leben fünfmal mehr Einwohner auf dem Land als in den Städten. Menschen vom Lande ziehen heute nicht nur in die größten Städte, sondern auch in kleinere Provinzhauptstädte wie Ban Lung. Der Anteil an Kambodschanern unter 15 Jahren ist erstaunlich hoch, das Durchschnittsalter liegt bei nur 22 Jahren.

Diese ungewöhnlich junge Bevölkerung mag ein weiterer Grund für den Optimismus sein. Bedenkt man dann auch noch die politische und wirtschaftliche Stabilität, kann man verstehen, warum die Kambodschaner erwartungsfroh in die Zukunft blicken. ∎

Kambodscha damals

Es ist praktisch unmöglich, die schrecklichen Geschehnisse in der jüngsten Vergangenheit des Landes auszublenden. Gleichwohl sollte man auch an die ruhmreichen Zeiten denken: Vor 1000 Jahren beherrschte das Königreich der Khmer große Teile Südostasiens.

Frühgeschichte

Die ersten Bewohner des heutigen Kambodscha, die um 50 000 v. Chr. hier eintrafen, waren Sammler und Jäger. Für eine Besiedlung der Region schon in der Steinzeit sprechen gut datierbare Funde: Bei Ausgrabungen in der Höhle von Laang Spean im Nordwesten des Landes fand man Gefäße, die auf das 5. Jahrtausend v. Chr. zurückgehen. Die Gegend war in dieser Zeit kontinuierlich besiedelt. Die Bewohner hatten schon im 3. Jahrtausend v. Chr. Methoden des Reisanbaus entwickelt. Im 4. Jh. v. Chr. lebten überall in Kambodscha Gruppen, die Vieh hielten und sich von Fisch und Reis ernährten. Sie verehrten die Geister der Ahnen und Naturgeister.

Indischer Einfluss

Aus der Frühzeit der Khmer-Zivilisation sind keine schriftlichen Zeugnisse erhalten. Erste brauchbare Dokumente stammen aus China. Schon vor dem 3. Jh. trieb China Handel mit Indien, und zwar über eine Seidenstraße, die im Laufe der Zeit verfiel. Der Handel verlagerte sich deshalb zunehmend auf den Seeweg entlang der Malaiischen Halbinsel und damit auch vor die Küsten der heutigen Länder Vietnam und Kambodscha. Demzufolge ließen sich an den Küsten zahlreiche Inder und Chinesen nieder.

Vor dem Eindringen der indischen Kultur scheint die kambodschanische Bevölkerung auf verstreute kleine Dörfer im Landesinneren verteilt gewesen zu sein. Dichter besiedelt war die Küste am Mekong-Delta, denn hier wurde der Handel zwischen Indien und China abgewickelt. Der älteste Handelsposten war vermutlich Oc Eo in Südvietnam; über Kanäle verbunden war er u. a. mit Angkor Borei. Nach und nach zogen die Bewohner des Hinterlandes in diese Zentren. Der indische Einfluss entfaltete sich während des ersten Jahrtausends, wobei die einheimische Bevölkerung Bräuche und Glaubensüberzeugungen annahm und diese mit eigenen Traditionen zusammenführte. Man übernahm Techniken des Ackerbaus und soziale Hierarchien.

Auch Brahmanismus, Hinduismus und Buddhismus wurden aus Indien importiert. Die frühen kambodschanischen Herrscher verehrten vor allem

> **Vor dem Eindringen der indischen Kultur scheint die kambodschanische Bevölkerung auf weit verstreute kleine Dörfer im Landesinneren verteilt gewesen zu sein.**

Der östliche Tempelzugang *(gopura)* von Angkor Wat

Der Mythos von Kambuja

In grauer Vorzeit übergab der Hindugott Shiva einem Einsiedler namens Kambu die Halbgöttin Mera zur Ehefrau. Ihre Nachkommen waren die Khmer, sie bevölkerten das neue Land des Kambu, genannt Kambujadesa oder Kambuja. Aus diesem Namen leitet sich der Name Kambodscha ab. Die Legende von Kambu war schon in den Tagen von Angkor geläufig; damals ließ Rajendravarman II. (reg. 944–968) sie an die Pforte des Pyramidentempels Baksei Chamkrong meißeln.

In China wurde eine indische Legende überliefert, die vom ersten König Kambodschas handelt und den Einfluss Indiens betont. Darin reist Kaundinya aufgrund eines Traums nach Kambodscha und verlobt sich dort mit der Prinzessin Soma (Mond), einer Tochter des geheimnisvollen Nagas-Königs. In einer Fassung des Mythos trinkt der König das Wasser des Meeres aus, um Land für das neue Königreich zu gewinnen – ein symbolischer Hinweis auf die Bewässerungsprojekte der frühen Könige. Die Dynastie des historischen Kaundinya wurde im 1. Jh. begründet und herrschte 150 Jahre lang über Funan; die Könige von Angkor bezogen sich häufig auf diesen Vorläufer.

hinduistische Gottheiten, auf die religiöse Kunst nahmen dagegen Hinduismus und Buddhismus in gleicher Weise Einfluss. Ähnlich wie bei den sonstigen Übernahmen aus Indien vermischte man auch hier bestimmte Aspekte der neuen Religionen mit einheimischen Bräuchen.

Frühe Staaten (ca. 100–802)

Funan: Die ältesten Belege für ein Königreich namens Funan finden sich in den Schriften chinesischer Historiker, die davon berichten, dass bereits Anfang des 3. Jhs. diplomatische Beziehungen zur Region des heutigen Kambodscha bestanden. Diesen Quellen zufolge lebte hier schon im 1. Jh. eine sehr wohlhabende Nation. Die Quellen lassen vermuten, dass es sich bei Funan um ein vereinigtes Königreich handelte, dessen Hauptstadt Vyadhapura möglicherweise mit dem heutigen Angkor Borei identisch ist. Regiert wurde das Land von Königen, die ihre Legitimation entweder direkt vom legendären Kaundinya herleiteten (siehe oben) oder sich als Nachfahren von Kaundinya und der Mondprinzessin Soma verehren ließen.

Chinesische Dokumente verzeichnen zahlreiche Herrscher aus dieser Zeit und erwähnen den wachsenden Wohlstand Funans. Dessen Könige pflegten den Shivakult und errichteten Tempel auf Bergen (phnom). Dank seiner Lage am Handelsweg zwischen Indien und China florierte auch Funan; das Land unterhielt enge Beziehungen zu beiden Nationen und sogar zum Römischen Reich.

> **Brahmanismus, Hinduismus und Buddhismus wurden aus Indien importiert.**

Chenla (Zhenla): Chinesische Quellen sprechen von einem weiteren Königreich, das von Funan abhängig war und weiter nördlich im Landesinneren lag. Auch Chenla unterhielt diplomatische Beziehungen mit China und galt als wohlhabende Militärmacht mit zahlreichen Städten, darunter die Hauptstadt Isanapura (Sambor Prei Kuk).

Ende des 6. Jhs. schüttelte Chenla das funansche Joch ab, und ein Jahrhundert später gelang der Armee ein Sieg über Funan. Inschriften in Sanskrit und in der Khmer-Sprache berichten dann von einem Niedergang im 8. Jh.; es kam zu Abspaltungen, und am Ende waren die alten Grenzen zwischen Chenla und Funan wiederhergestellt. Das Land teilte sich in ein „Chenla des Landes" und ein „Chenla der See"; Kriege zwangen die Könige des Seereiches ins Exil nach Java, wo Jayavarman II. (reg. 802–850), der spätere Begründer des Angkor-Reichs, den Bau des großen Tempels von Borobudur überwachte.

Die Zeit von Angkor (802–1431)

Die Gegend um Siem Reap, die schon seit der Steinzeit besiedelt war, bildete vom 9. bis zum 15. Jh. das Zentrum des Angkor-Reichs. Hier residierten die Könige, und nach dem Ende von Angkor 1432 und bis zur „Entdeckung" durch Forschungsreisende im 19. Jh. lebten hier buddhistische Mönche. Sind die Anfänge der kambodschanischen Geschichte vor allem in chinesischen Quellen überliefert, existieren aus späterer Zeit zahllose Inschriften in Sanskrit und Khmer und Flachreliefs, die diese Zeit dokumentieren.

Ein mitfühlendes Lächeln an einem der Türme von Bayon

Das einzige halbwegs umfassende Zeugnis über einen König dieser Epoche liefert eine Inschrift in Sdok Kak Thom in der Nähe der Grenze zum östlichen Thailand. Dieser im Jahr 1050 verfasste Text beginnt mit einer Biografie von Jayavarman II. und behandelt anschließend fast 250 Jahre aus der Geschichte von Angkor. Der Herrscher aus „Chenla der See" kehrte demnach aus Java zurück und reiste jahrelang durchs Land, schmiedete Bündnisse und brachte abtrünnige Gebiete wieder unter seine Kontrolle. Schließlich wurde Jayavarman II. zum *chakravartin* – dem obersten Herrscher – gekrönt; sein Land entsprach von der Größe her etwa dem heutigen Kambodscha. Die Krönung fand 32 km nordöstlich von Angkor in Phnom Kulen statt, einer antiken Stätte, die auch als Mahendraparvata, Berg von Indra, bekannt war und den mythologischen Berg Meru, den Sitz der Götter, symbolisierte. In dieser Zeit gewann ein geheimnisvoller neuer Kult an Bedeutung: die Verehrung des Gottkönigs oder *devaraja*, eines höchsten Wesens, das den gottgleichen Status des Königs legitimierte; phallische Lingam-Steine spielten darin eine große Rolle.

Die Epoche von Angkor dauerte von 802 bis 1431, auch wenn das Reich schon ein Jahrhundert vor seinem Ende allmählich zerfiel. Jayavarman II. richtete seine Hauptstadt in Hariharalaya ein, dem heutigen Roluos.

Der nächste bedeutende Herrscher war Indravarman I. (reg. 877–889). Er baute Preah Ko, einen Ahnentempel zu Ehren seiner Vorfahren und Jayavarmans II. Sein Haupttempel jedoch war eine Stufenpyramide namens Bakong, ein symbolisches Abbild des Berges Meru. Er ließ sogar einen riesigen künstlichen See namens Indratataka anlegen.

Indravarmans Sohn Yasovarman I. (reg. 889–910) war von vergleichbarer Bedeutung. Unter ihm wurden der Indratataka und der Ahnentempel Lolei fertiggestellt; schließlich verlegte er seine Hauptstadt in den Norden, an den heiligen Fluss Siem Reap. Sein Haupttempel entstand auf dem Phnom Bakheng. Er kümmerte sich auch um den Ausbau seiner Hauptstadt Yasodharapura (das heutige Angkor). Yasovarman sorgte ähnlich wie sein Vater für ein umfassendes Bewässerungsprogramm und ließ den großen Ost-Baray anlegen; zudem kümmerte er sich um die Errichtung kultischer Bauten überall im Reich, zu denen auch die Tempelanlage Preah Vihear zählt. Unter seiner Herrschaft war Kambujadesa ein starkes und geeintes Reich, durch Handel und Kriege wohlhabend. Die Menschen verehrten nicht nur Shiva und Vishnu, sondern auch Buddha und ihre Ahnengeister.

> **Die Zeit von Angkor begann 802 und dauerte bis 1431, auch wenn das Reich schon ein Jahrhundert vor seinem Ende allmählich zerfiel.**

Schon bald nach Yasovarmans Tod riss ein Unbefugter die Macht an sich, verlegte die Hauptstadt nach Koh Ker und nannte sich selbst Jayavarman IV. (reg ca. 928–941). Er ließ den Tempelberg Prasat Thom mit dem 18 m hohen Lingam bauen.

Jayavarmans IV. Neffe Rajendravarman II. (reg. 944–968) verlegte die Hauptstadt wieder nach Yasodharapura zurück. Er vereinte die auseinanderstrebenden Provinzen. Er und sein Sohn Jayavarman V. (reg. ca. 968–1001) herrschten fast 60 Jahre lang. In dieser Zeit gelangen dem Reich erfolgreiche Feldzüge, der Handel wuchs, und es folgte eine lange Zeit des Friedens: günstige Voraussetzungen für die Errichtung kunstvoller Bauten, etwa des prächtigen Sandsteintempels Banteay Srei.

1001 setzte ein mehrjähriger Bürgerkrieg ein, in dessen Verlauf mehrere Rivalen um den Thron kämpften. Schließlich erwies sich Suryavarman I. (reg. 1003–ca. 1049) als besonders geschickt bei der Suche nach Verbündeten, und so wurde er schließlich in Yasodharapura zum König gekrönt. Unter seiner Herrschaft dehnte sich das Land so weit aus wie nie zuvor:

Selbst das südliche Laos und ein großer Teil von Thailand waren ihm unterstellt. Das Land wurde urban, die Hauptstadt florierte weiter, der König ließ sich einen Palast und den Tempel Phimeanakas bauen und kümmerte sich auch um Bewässerungsanlagen, z. B. den großen westlichen Baray.

Ähnlich wie sein Namensvetter Suryavarman I., mit dem er nicht verwandt war, zählt auch Suryavarman II. (reg. 1113–*ca.* 1150) zu den einflussreichen Königen. Suryavarman II. führte erfolgreiche Feldzüge gegen die Cham, und er ließ das eigentliche Meisterwerk jener Epoche errichten: die Anlage von Angkor Wat. 1145 hat er offenbar die Hauptstadt der Cham eingenommen, aber aus der Zeit zwischen 1145 und 1180 sind keinerlei schriftliche Zeugnisse erhalten.

Die fehlende Überlieferung dürfte wohl auf die Machtkämpfe zurückzuführen sein, die sich nach dem Tod Suryavarmans II. drei Jahrzehnte lang hinzogen. Der Tiefpunkt war 1177 erreicht, als die Cham Rache nahmen und Angkor eroberten. Einige Fürsten leisteten zwar noch Widerstand, aber das Blatt wendete sich erst, als ein Prinz aus dem Exil heimkehrte und die Besatzungsmacht davonjagte. Als Jayavarman VII. (reg. ca. 1181–1218) verhalf er dem Reich noch einmal zum einstigen Glanz.

Jayavarman VII. gilt als größter König von Angkor, und er war auch der letzte, der noch über eine beachtliche Macht verfügte. Nachdem er die

So blickt man als Besucher aus einem Heißluftballon oder Hubschrauber auf Angkor Wat

Zhou Daguan

Ende des 13. Jhs. entsandte China eine Reihe von Abgesandten nach Kambodscha, darunter den Schreiber und Diplomaten Zhou Daguan. Zhou traf kurz nach der Thronbesteigung Indravarmans III. (reg. 1296–1308) in Yasodharapura (Angkor) ein.

Nachdem er sich fast ein Jahr im Land aufgehalten hatte, verfasste er den „Bericht über die Sitten und Gebräuche in Kambodscha", der allerdings nur in Teilen erhalten blieb. Zhou hielt Kambodscha zwar für ein eher unkultiviertes Land, seine Aufzeichnungen aus Angkor gelten aber als der einzige detailreiche Augenzeugenbericht über den Alltag und das Leben am Königshof.

Zhou beschreibt die Kleidung, das Hofzeremoniell, die Architektur, religiöse Praktiken, Strafen für Kriminelle, Feiertage, Jagdtechniken und den Umgang mit Sexualität. Er verbreitet aber auch Gerüchte über den König, der angeblich jeden Abend auf den Tempel Phimeanakas hinaufstieg, um dort mit einer Naga-Frau zu schlafen. Einige seiner Berichte sind zwar etwas fragwürdig, aber Zhou war offensichtlich beeindruckt von der Gesellschaft in Angkor, vor allem von der buddhistischen Kultur und der Ehrfurcht gegenüber dem König. Offenbar war Angkor auch gegen Ende des 13. Jhs. noch wohlhabend und stand keineswegs schon am Rande des Abgrunds.

Cham aus den heiligen Tempeln vertrieben hatte, setzte er ein gewaltiges Wiederaufbauprogramm in Gang. Während seiner 35 Regierungsjahre ließ er Angkor Thom bauen, eine Stadt innerhalb der Stadt; dank seiner militärischen Überlegenheit annektierte er schließlich das Land der Champa. Wie viele seiner Vorgänger widmete er sowohl den Göttern als auch seinen Ahnen neue Tempelbauten. Vielleicht hielt er sich selbst sogar für einen Bodhisattva-König; jedenfalls war sein Haupttempel Bayon buddhistisch, und in seine Ahnentempel nahm er Darstellungen von Prajnaparamita und Lokesvara auf. Inschriften zufolge ließ der König außerdem Hunderte Tempel und Hospitäler im ganzen Land anlegen. Die große Zahl dieser oft in Eile und ohne Sorgfalt durchgeführten Bauprojekte brachte die Steinbrüche allerdings an die Kapazitätsgrenzen. Ohnehin litt das Land damals unter einem starken Bevölkerungswachstum mit der Folge, dass viele Wälder abgeholzt wurden und die Wasservorräte zur Neige gingen, und so ist es durchaus denkbar, dass die gewaltigen Bauprojekte des Königs den Niedergang von Angkor beschleunigten.

Die nachfolgenden Könige herrschten über ein Reich, das allmählich zerbrach; ihr Einfluss auf die eigene Bevölkerung war ebenso gering wie der auf die Vasallenstaaten. Damals machten Bilderstürmer sich reden, allen voran Jayavarman VIII. (reg. 1243–95), der die systematische Zerstörung aller buddhistischen Bildwerke anordnete. Dennoch breitete sich der Theravada-Buddhismus allmählich im Lande aus; Inschriften in Sanskrit (der alten Tempelsprache) aus jener Zeit findet man aber nur selten.

Indravarman III. (reg. 1296–1308) war der erste Theravada-Herrscher (Chakravartin). In seine Zeit fällt der fast einjährige Aufenthalt des chinesischen Gesandten Zhou Daguan, der am Hofe Aufzeichnungen über die immer noch sehr wohlhabende Hauptstadt anfertigte (siehe Kasten). Auf Indravarman III. folgte Srindrajayavarman (reg. 1308–27); seine Macht schwand sichtlich, und die Bedrohungen von außen wuchsen. Aus dem Jahr 1309 sind die ersten Inschriften in Pali, der Sprache des Theravada-Buddhismus, erhalten; die letzte bekannte Sanskrit-Inschrift stammt von 1327 und markiert gleichzeitig das Ende der alten Königsherrschaft. 1353 marschierte eine Thai-Armee in Angkor ein. Die Khmer konnten Angkor zwar noch einmal zurückgewinnen, doch Kriege und Plünderungen hielten an. 1431 fiel Angkor Thom an die Thai. Die Region verlor ihre Bedeutung als Hauptstadt, die Tage von Angkor waren gezählt.

Die Epoche nach Angkor (1432–1863)

Die Epoche nach dem Ende von Angkor, die „mittlere Zeit", dauerte von 1432 bis 1863, also bis zum Beginn der französischen Kolonialherrschaft. Oft ist auch von einem „dunklen Zeitalter" die Rede, denn es gibt kaum schriftliche Zeugnisse aus diesen Jahrhunderten.

Am Niedergang von Angkor hatten die Militäroperationen der benachbarten Siamesen (Thai) sicherlich einen entscheidenden Anteil. Nachdem diese Rivalen mit Sukhothai und später mit Ayuthaya mächtige Königreiche begründet hatten, gingen sie 1353 gegen Angkor vor. Jahrelang wiederholten die Thai ihre Angriffe, plünderten die Stadt und verschleppten die Einwohner. Schließlich verlegte König Borommaracha II. (reg. 1405–67) seine Residenz 1430 nach Chaktomuk an den Flüssen Tonle Sap, Mekong und Bassac in der Nähe des heutigen Phnom Penh.

Am Niedergang von Angkor hatten die Militäroperationen der benachbarten Siamesen (Thai) sicherlich einen entscheidenden Anteil.

Nach einer relativ ruhigen Phase griffen die Siamesen erneut an und eroberten Ende des 15. Jhs. große Teile von Kambodscha. Sie behielten ihre Eroberung, bis Ang Chan I. (reg. 1516–66) die Thai mit Hilfe portugiesischer Waffen wieder vertreiben konnte. Den Ort der siegreichen Schlacht von 1525 nannte er Siem Reap, „Niederlage der Siamesen".

Ang Chan verlegte seine Hauptstadt nach Longvek 40 km nördlich von Phnom Penh. Frieden und Wohlstand herrschten bis 1594; dann fiel Longvek an die Siamesen und wurde vollständig zerstört. Selbst die Gebäude und alle Dokumente vernichteten die Eroberer, und den Smaragdbuddha schafften sie in die thailändische Hauptstadt.

Siamesen & Vietnamesen in Kambodscha

Nach dem Verlust von Longvek wurde Oudong von König Chey Chetta II. (reg. 1618–28) zur Hauptstadt erklärt. Er heiratete eine vietnamesische Prinzessin und räumte seiner angeheirateten Verwandtschaft das Recht ein, Handelsposten in Prey Nokor (heute: Ho-Chi-Minh-Stadt) anzulegen. Allmählich verschafften sich die Vietnamesen einen größeren Einfluss auf diese Region und sicherten sich die militärische Hoheit. In den folgenden Jahrhunderten strömten viele vietnamesische Siedler in die Gegend, sodass die Südostküste Kambodschas praktisch vietnamesisch geprägt war.

Bei einem internen Machtkampf um den vakanten Thron in Kambod-scha suchten beide Seiten nach Verbündeten: die einen in Thailand, die anderen in Vietnam. Zwei mächtige Staaten kämpften deshalb jahrelang gegeneinander um die Vorherrschaft bei ihrem gemeinsamen Nachbarn.

Das vietnamesische Reich dehnte sich allmählich ins östliche Kambod-scha aus, was die Siamesen auf den Plan rief. Kam es zu einem Angriff der Thai, baten die Kambodschaner sofort um vietnamesischen Beistand; als Gegenleistung aber mussten sie weiteres Land an Vietnam abtreten, was die Siamesen erneut zum Einmarsch zwang. So ging es weiter, bis Ende der 1770er Jahre Kambodscha und Vietnam gleichzeitig durch interne Machtkämpfe gelähmt waren, sodass die Thai den Westen Kambodschas ungehindert in ihre Gewalt bringen konnten.

Anfang des 19. Jhs. hatte Thailand bereits eine ganze Reihe kambod-schanischer Provinzen annektiert. Auch Vietnam verstärkte seinen Druck auf Oudong: Provinzen wurden umbenannt und man setzte vietname-sische Gouverneure ein. 1841 annektierte Vietnam dann endgültig den schon bisher kontrollierten Teil Kambodschas. Kambodscha war nun also zwischen Thailand und Vietnam aufgeteilt und hatte zumindest für fünf Jahre seine Eigenstaatlichkeit eingebüßt.

Französisches Protektorat (1863–1953)

Die Vietnamesen waren aber nun zu weit gegangen, 1845 kam es zu einem großen Aufstand, den die siamesische Armee unterstützte. Da die rivalisierenden Nachbarn ungefähr gleich stark waren, mussten sie sich einigen; schließlich setzten sie Ang Duong (reg. 1848–59) als König ein. Während seiner Jugend-zeit in Bangkok hatte der König französische Missionare kennengelernt, und so nahm er wegen seiner misslichen politischen Lage den Kontakt mit Frankreich auf. Zehn Jahre dauerten die heiklen und geheimen Annäherungsversuche, in deren Verlauf der König von Kambodscha schließlich um französische Unterstützung bat. Kurz nach dem französischen Angriff auf Vietnam starb der König, ohne verbindliche Hilfszusagen erhalten zu haben.

In dieser Zeit „entdeckten" die Franzosen Ang-kor, und sie schlossen daraus, Kambodscha müssen neben Teakholz noch viele weitere märchenhafte Reichtümer besitzen. Davon fand sich zwar nichts, doch die Franzosen übersetzten weiterhin eifrig die Inschriften, suchten nach Tempeln und stellten deren Statuen in Museen aus – in Frankreich und später auch in Kambodscha selbst.

Nach Ang Duongs Tod bestieg sein Sohn Norodom (reg. 1859–1904) den Thron, allerdings mit Zustimmung Frankreichs und des Königs von Siam (Thailand) – ein deutliches Zeichen dafür, dass die Macht allmählich von den Siamesen auf die Franzosen überging. Ähnlich wie sein Vater lavierte Norodom waghalsig zwischen den Fronten: Er schloss Verträge

> **Kambodscha war nun also zwischen Thailand und Vietnam aufgeteilt und hatte zumindest für fünf Jahre seine Eigen-staatlichkeit eingebüßt.**

Kambodschanische Hilfsarbeiter einer französischen Expedition verladen alte Tempelfiguren auf Flöße (um 1880)

mit Frankreich und Siam, um zumindest den Anschein kambodschanischer Eigenstaatlichkeit zu wahren. Angesichts französischer Drohungen sah er sich schließlich gezwungen, der Umwandlung Kambodschas in ein Französisches Protektorat zuzustimmen, kurz darauf trat er allerdings die Provinzen Siem Reap und Battambang an Thailand ab.

Frankreich ließ sich die Vormachtstellung allerdings nicht mehr aus der Hand nehmen. Nominell wurde nach Norodoms Tod zwar ein weiterer König – Sisowath (reg. 1904–27) – eingesetzt, allerdings von Frankreich. Der buddhistische König vermochte seine Untertanen immerhin zu besänftigen; außerdem erwarb er sich hohes Ansehen, weil er Battambang und Siem Reap wieder nach Kambodscha heimholte. Die Zeit unter französischer Hoheit hielt noch bis zum Zweiten Weltkrieg an.

Zweiter Weltkrieg

Nach der französischen Niederlage von 1940 unterrichtete Japan die französische Regierung in Vichy über seine Absicht, den Hafen von Tonkin zu besetzen; die Franzosen hatten von dort aus Waffen an den japanfeindlichen Chinesen Chiang Kai-shek geliefert. Im gleichen Jahr marschierten japanische Truppen in Kambodscha ein, während Thai-Truppen gleichzeitig von Westen aus eindrangen. Die französische Marine brachte

König Norodom Sihanouk nimmt 1947 vor seinem Palast in Phnom Penh eine Truppenparade ab

den Thai zwar eine Niederlage bei, auf Drängen der Japaner musste Frankreich aber schließlich doch noch einen großen Teil Kambodschas an Siam abtreten, das damals seinen Landesnamen offiziell in Thailand änderte. Schließlich wandte Japan sich gegen den französischen Verbündeten, vereinigte Indochina und befreite Kambodscha am 9. März 1945.

Nach der Kapitulation Japans eroberten die Franzosen Kambodscha zurück, setzten König Norodom Sihanouk (reg. 1941–55, 1993–2004) auf den Thron und zwangen Thailand, den besetzten Teil Kambodschas wieder herauszugeben. 1946 und 1947 fanden demokratische Wahlen statt; die Macht lag nun nach französischem Vorbild bei einer Nationalversammlung. 1952 entließ Sihanouk sein Kabinett, setzte die Verfassung außer Kraft und übernahm selbst das Amt des Regierungschefs. Am 9. November 1953 wurde Kambodscha unabhängig. Knapp ein Jahr später unterzeichneten die Parteien einen Friedensvertrag, und im Land kehrte ein Friede ein, der fast zwei Jahrzehnte andauern sollte.

Das Königreich Kambodscha (1954–1970)

König Sihanouk verzichtete 1955 zugunsten seines Vaters Suramarit (reg. 1955–60) auf den Thron und nahm den Titel *samdech* (Prinz) an; auf diese Weise konnte er aktiver ins politische Geschehen eingreifen. (Nach dem Tod seines Vaters 1960 kehrte er wieder ins Amt zurück.) Seine Partei

Sangkum Reastr Niyum (Sozialistische Volksgemeinschaft) spielte in den folgenden 15 Jahren im Land eine beherrschende Rolle. Sihanouks buddhistisch geprägter Khmer-Nationalismus sorgte für relativ ruhige Jahre des Wohlstands. Mit den vietnamesischen Landsleuten ging man damals allerdings wenig freundlich um. Trotzdem kam es zu einer ungeahnten wirtschaftlichen und kulturellen Blütezeit.

Leider florierte bald auch die Korruption. Unzufriedenheit und Repression nahmen zu, sodass die Partei des rechtsgerichteten Marschalls Lon Nol (1913–85) die Wahlen von 1966 für sich entschied. Sihanouk wehrte sich gegen die neue Regierung, unterstützte dann aber doch die Wahl des amerikafreundlichen Lon Nol zum Premierminister. Die Freundschaft war nur von kurzer Dauer: Am 18. März 1970 stürzte Lon Nol das Staatsoberhaupt Sihanouk. Wütend wandte Sihanouk sich den Kommunisten zu: Dem Land standen blutige Auseinandersetzungen bevor.

Bürgerkrieg, Völkermord, „Befreiung" Vietnams und die Friedensmission der Vereinten Nationen (1970–97)

Auch nach Lon Nols Staatsstreich standen die meisten kambodschanischen Bauern loyal zum König. Unterdessen hatte eine neue Gruppe an Einfluss gewonnen: die Kommunistische Partei Kambodschas (CPK), besser bekannt als die Roten Khmer (Khmer Rouge). Als Gegner der

ERLEBNIS: Hilfe durch NGOs

Nicht-Regierungsorganisationen (NGOs) – also nicht staatlich gelenkte Gruppierungen, die sich um soziale Belange oder um den Bau von Straßen und Schulen kümmern – sind seit den 1990er Jahren aus Kambodscha nicht mehr wegzudenken. Die Khmer nennen die Helfer *angkar*, also „Organisation" – ein Slangausdruck, der kurioserweise auch für das Regime der Khmer Rouge verwendet wurde. Jobs bei den NGOs sind mit vielen Vorteilen verbunden und daher auch bei jungen Hochschulabsolventen sehr begehrt.

Auch Besucher können im Rahmen von NGO-Programmen mithelfen, die Lebensbedingungen der ärmsten Kambodschaner zu verbessern. Viele Organisationen setzen keine Hilfskräfte ein, die nur wenig Zeit mitbringen, bei den folgenden ist das aber möglich:

Bridges Across Borders – Southeast Asia *(144H Street 143, BKK III, Phnom Penh, Tel. +855(0)23-220-930, www.babsea.org)*

führt Hilfsprojekte vor Ort in den Gemeinden durch.

Das **Cambodian Center for Human Rights** *(798 Street 99, Beoung Trabek, Khan Chamkar Mon, Phnom Penh, Tel. +855(0)23-726-901, www.cchrcambodia.org)* bietet Freiwilligen mit Rechts- oder Medienkenntnissen die Möglichkeit, sich für die Wahrung der Menschenrechte in Kambodscha einzusetzen.

Gemeinsam mit zwölf weiteren Organisationen unterstützt **ConCERT**—Connecting Communities, Environment & Responsible Tourism *(Tel. +855(0)92-353-211 oder +855(0)63-933-511, www.concertcambodia.org)* zahlreiche Entwicklungsprojekte im Raum Siem Reap.

Ebenfalls in Siem Reap tätig ist **Voluntary Projects Overseas** *(Tel. +855(0)92-594-778 oder +855(0)63-390-163, www.voluntaryprojectsoverseas.org)*. Die Organisation bohrt Brunnen, baut Khmer-Häuser und unterweist Familien in Ackerbautechniken.

Regierung suchten die Roten Khmer zunächst die Nähe zu Sihanouk, den sie allerdings eher für ihre eigenen revolutionären Ziele einspannten.

Während dieser Zeit hatten Truppen der Nordvietnamesen und der kommunistische Vietcong Zuflucht in Kambodscha gesucht. Bei ihrem Kampf gegen den vietnamesischen Kommunismus flogen die USA – mit Unterstützung durch Lon Nol – damals auch geheime Bombenangriffe auf kommunistische Lager in Kambodscha. Neuesten Quellen zufolge begannen diese Bombardierungen schon 1965, eskalierten dann 1969 zu Flächenbombardements und wurden erst im August 1973 eingestellt. In diesen Jahren warfen die USA schätzungsweise 2,5 Millionen Tonnen Sprengstoff über Kambodscha ab (und damit mehr, als die Alliierten zusammen im Zweiten Weltkrieg eingesetzt hatten). Die zivilen Opfer lassen sich nur sehr schwer beziffern; Schätzungen zufolge kamen dabei 30 000 bis 500 000 Menschen ums Leben. Hinzu kamen Tausende, die

Vor der Stimmabgabe in Phnom Penh am 23. Mai 1993 bei den ersten freien Wahlen

ihre Existenzgrundlage verloren hatten – und die nun die Roten Khmer unterstützten. 1973 beherrschten die Khmer Rouge fast das gesamte Land.

Am 17. April 1975 übernahmen die Roten Khmer schließlich die Macht in Phnom Penh. Sofort ließen sie sämtliche Soldaten und Zivilangestellten der Khmer-Republik hinrichten. Unter dem Vorwand, ein amerikanischer Bombenangriff stehe bevor, ließen sie Phnom Penh und alle anderen Städte evakuieren. Die Einwohner wurden zu Hunderte von Kilometern langen Gewaltmärschen über Land gezwungen; viele Menschen kamen schon unterwegs zu Tode.

Die Führung der Khmer Rouge lag überwiegend in der Hand kambodschanischer Nationalisten, die in Frankreich oder Russland studiert hatten.

Nun begannen die Khmer Rouge, ihr Land radikal nach dem maoistisch und marxistisch-leninistisch inspirierten Bild einer reinen Agrargesellschaft umzuformen. Internationale Beziehungen wurden komplett abgebrochen; den Kalender setzte man auf das Jahr Null, Geld und Privatbesitz waren verboten, und religiöse

Einrichtungen sowie Schulen wurden geschlossen. Alle Menschen mussten eine einheitliche, pyjamaartige schwarze Kleidung tragen. Erwachsene zwang man zu völlig willkürlichen Eheschließungen, viele Kinder entriss man ihren Familien, um sie frühzeitig zur eigenen politischen Ideologie zu erziehen. Zudem verkündeten die Roten Khmer einen unrealistischen Vierjahresplan, demzufolge überall im Land 2,7 Tonnen Reis pro Hektar erzeugt werden mussten. Um dem gerecht zu werden, schufteten die Menschen vom frühen Morgen bis zum späten Abend – ohne Pausen und ausreichende Ernährung.

Obwohl die Roten Khmer das Land vollständig kontrollierten, blieb die Kommunistische Partei eine Geheimorganisation unter dem Namen Angkar Loeu (Hoher Bund) oder Angkar (Bund, Vereinigung). Die Führung der Khmer Rouge lag überwiegend in der Hand kambodschanischer Nationalisten, die in Frankreich oder Russland studiert hatten und sich hinter Decknamen tarnten: Pol Pot war „Bruder Nummer eins", Nuon Chea „Bruder Nummer zwei".

Die Führung der Roten Khmer sah sich überall von Feinden eingekreist. Jeder, der „unrein" oder verdächtig wirkte oder nicht vollständig dem Idealbild des einfachen Bauern entsprach, wurde ins Gefängnis geworfen und dort gefoltert. Als schlimmstes dieser „Sicherheitszentren" galt Büro S-21 oder Tuol Sleng, wo fast 14 000 Menschen inhaftiert waren (siehe S. 83). Überall im Land wurden Tausende auf den sogenannten Killing Fields (siehe S. 86) hingerichtet. Zu den Opfern zählten Intellektuelle, ehemalige Beamte der Khmer-Republik, Angehörige ethnischer Minderheiten und jeder, der wegen vermeintlicher Kooperation mit der CIA oder den Vietnamesen denunziert wurde. Man schätzt, dass 1,7 Millionen Menschen dem Regime der Roten Khmer zum Opfer gefallen sind. Selbst Mitglieder der Kommunistischen Partei und Armeeangehörige waren nicht sicher.

Gelegentlich kooperierten die Roten Khmer zwar mit Vietnam, die Feindseligkeiten blieben aber bestehen. Und so drangen 1977 Khmer-Truppen über die Grenze vor, um die Region um Kampuchea Krom zurückzuerobern. Am 22. Dezember 1978 begann der Gegenangriff der vietnamesischen Armee. Die vietnamesischen Invasoren bzw. Befreier eroberten am 7. Januar 1979 Phnom Penh. Damit war das Ende der Roten Khmer besiegelt; allerdings folgte ein erneuter Bürgerkrieg mit Guerillakämpfen, die noch weitere 20 Jahre andauerten.

Die siegreichen vietnamesischen Truppen installierten eine Marionettenregierung in der „Volksrepublik Kampuchea". Führer und Soldaten der Roten Khmer hatten sich in den Westen des Landes abgesetzt; nahe der thailändischen Grenze konnten sie sich noch einmal etablieren, gestützt von China und Thailand. Realitätsblind verweigerten die westlichen Staaten der neuen Regierung die Anerkennung; bis 1993 durften die Khmer Rouge ihren Sitz in der Vollversammlung der Vereinten Nationen behalten, obwohl deren Gräueltaten durchaus bekannt waren.

Im September 1989 kündigte Vietnam seinen Rückzug für das kommende Jahr an. Unterdessen hatten sich die Führer der Roten Khmer der königstreuen FUNCINPEC um Prinz Sihanouk angenähert, der „Nationalen Einheitsfront für ein unabhängiges, neutrales, friedliches und kooperatives Kambodscha". Am 23. Oktober 1991 wurde der Pariser Friedensvertrag unterzeichneten; die Regierungsgewalt lag damit provisorisch bei einem Obersten Nationalrat unter Leitung von Prinz Sihanouk.

Monarchie heute

Der stets freundlich lächelnde König Norodom Sihamoni (reg. seit 2004) steht in der Tradition mächtiger Herrscher auf dem Thron von Kambodscha; die konstitutionelle Monarchie von heute ähnelt allerdings eher dem britischen System. Ins Amt kam er unverhofft 2004, als der beliebte König Norodom Sihanouk (siehe S. 32) seinen Rücktritt erklärte. Zwar muss nicht automatisch der älteste Sohn dieses Amt übernehmen, bei Sihamoni ist dies allerdings der Fall. Er verfügte bereits über politische Erfahrung, denn er hatte sein Land zuvor als Botschafter bei der UNESCO vertreten. Sein Vater starb im Oktober 2012. Bis dahin stand er seinem Sohn als königlicher Berater zur Seite – und hatte damit seinen vielen politischen Ämtern noch ein weiteres hinzugefügt.

1993 fanden freie und demokratische Wahlen mit hoher Beteiligung statt. Die Kambodschanische Volkspartei (CCP) als Nachfolgerin der ehemaligen kommunistischen Regierung errang 51 Sitze in der Nationalversammlung, auf FUNCINPEC entfielen jedoch 58, und damit war Prinz Norodom Ranariddh neuer Premierminister. Die CCP drohte zunächst mit einer Abtrennung der sieben östlichen Provinzen, musste das Wahlergebnis aber schließlich zähneknirschend akzeptieren. Der CCP-Vorsitzende Hun Sen wurde schließlich sogar zum stellvertretenden Premierminister

Der 2012 verstorbene ehemalige König Norodom Sihanouk auf dem 5000-Riel-Schein

ernannt. Die Roten Khmer hatten die Wahl boykottiert, widersetzten sich einer Entwaffnung und unternahmen Militäraktionen gegen die neu gewählte Regierung. Am 5. Juli 1997 drängte Hun Sen den Prinzen Ranariddh aus dem Amt und übernahm selbst die Regierungsgewalt. Er ordnete eine Militäroffensive gegen die Führer der Khmer Rouge im Norden an. Ein Jahr später gaben die Roten Khmer sich endgültig geschlagen: Pol Pot war tot, und Bruder Nummer zwei, Nuon Chea, sowie Khieu Samphan, einst Vizepräsident unter den Roten Khmer, traten auf die Regierungsseite über.

Die Zeit nach dem Ende der Roten Khmer

Hun Sen und seine Volkspartei erhielten bei den Wahlen 1998 nicht mehr genug Stimmen, um allein regieren zu können; mit König Sihanouk einigten sie sich daher auf eine Koalitionsregierung gemeinsam mit der FUN-CINPEC. Bei den Wahlen 2003 konnte die Volkspartei zulegen, die liberale Sam-Rainsy-Partei zog aber an der FUNCINPEC vorbei. 2008 fanden zum vierten Mal Wahlen statt, die Beteiligung war wie immer hoch, besonders unter den Jung- und Erstwählern. Die Wirtschaftsaussichten waren erfreulich, Grenzstreitigkeiten mit Thailand entfachten eine nationalistische Stimmung, und in den Medien dominierte die Volkspartei. Unter diesen Umständen gelang Premierminister Hun Sen nach 15 Regierungsjahren ein eindrucksvoller Sieg: 73 von 123 Parlamentssitze fielen an die Volkspartei, die nun erstmals ohne Koalitionspartner regieren konnte. ∎

Kunst & Kultur

Die Kunst hat in Kambodscha immer eine bedeutende Rolle gespielt. Dennoch stand sie während der Zeit der Roten Khmer kurz vor der Auslöschung, denn das Regime ging gegen jede Form von künstlerischer Darstellung vor. Allmählich erholt sich das Land von dieser Schreckenszeit, und so tauchen auch die Künste wieder auf. Die fast vergessenen Tänze von Angkor beeindrucken dabei ebenso wie die modernen Errungenschaften des kambodschanischen Kinos.

Tanz & Theater

Schon seit den Tagen des frühen Reiches war der Tanz in Kambodscha eine besonders angesehene Kunstform. Traditionelle Tänze führte das königliche Ballett ausschließlich innerhalb des Palastes auf. Fand die Vorstellung anderswo statt, etwa während religiöser Festlichkeiten, durfte nur der König zuschauen. Tänzer galten als irdische Abbilder der himmlischen Tänzer, der sogenannten *apsaras*. Vermutlich wurde in eigens zu diesem Zweck angelegten Räumen des Tempelbezirks getanzt, in Angkor etwa im Preah Khan und Ta Prohm; in beiden Tempeln gibt es Räume, deren Wandreliefs zahlreiche Aspara-Tänzer zeigen.

> **Schon seit den Tagen des frühen Reiches war der Tanz in Kambodscha eine besonders angesehene Kunstform.**

Die von frühester Kindheit an ausgebildeten Tänzer treten kostümiert auf und stellen Geschichten nach, etwa die kambodschanische Fassung des Hindu-Epos „Ramayana" (in Khmer: „Reamker"), aber auch Episoden aus der Mythologie oder aus dem Leben Buddhas. Getanzt wird zur Musik; typisch sind die langsamen und präzisen Bewegungen der Arme und Hände.

Tänzer, die den Roten Khmer entkamen und Zuflucht in Flüchtlingslagern oder im ausländischen Exil fanden, hielten die Tradition am Leben. Heute erlernt der Nachwuchs die alte Kunst an der Königlichen Hochschule der Schönen Künste. Viele ihrer Absolventen kommen später beim königlichen Ballett unter, das seine Neugründung vor allem Prinzessin Norodom Bopha Devi verdankt. Ihre Kenntnisse im klassischen Tanz und

Theaterspiel verdankt die Prinzessin ihrer Großmutter, die einst als Prima-
ballerina beim königlichen Ballett auftrat und große Erfolge feierte.

In ländlichen Gemeinden kommen zahlreiche ethnische oder Stammes-
tänze zur Aufführung, vor allem bei Feierlichkeiten aller Art. In der Regel
agieren dort junge Männer und Frauen gemeinsam; ihre Requisiten haben
mit dem Alltagsleben auf dem Lande zu tun.

Musik

Die althergebrachte Musik des Landes geht über den bloßen künstlerischen Ausdruck oder reine Unterhaltung hinaus; Musik ist Teil kultischer
Handlungen. Bei den Khmer und kleineren Völkern sind wichtige Bege-
benheiten ohne Musik gar nicht denkbar, egal, ob es sich um Hochzeiten,
Beerdigungen oder auch nur um Boxkämpfe (siehe S. 82) handelt. Die

Kleine Mädchen erlernen den alten Apsara-Tanz in einer Schule in Phnom Penh

traditionellen kambodschanischen Instrumente ähneln zwar denen aus Indien, in der Musik hat sich aber ein ganz eigener Stil herausgebildet. Die Instrumente sind noch fast die gleichen wie vor tausend Jahren. Den *khsae muoy* aus einem Flaschenkürbis und mit einer einzigen Saite oder die *mem*, eine Violine mit einer Saite, die heute noch von ethnischen Minderheiten in Ratanakiri gespielt wird, sieht man bereits auf einem Türsturz aus dem 7. Jh. im Tempel Sambor Prei Kuk und auf Flachreliefs im Tempel Bayon aus dem 12. Jh. Die kambodschanische Musik kennt aber auch eine ganze Reihe von Blasinstrumenten und zahlreiche Perkussionsinstrumente, die dem Gong, dem Xylophon oder Trommeln ähneln.

In den Werkstätten von Artisans d'Angkor in Siem Reap erlernen junge Bildhauer ihr Handwerk

Heute treten traditionelle Musikgruppen vor allem bei Festlichkeiten auf. Sie begleiten auch die Darbietungen anderer Künste, etwa Tanz, Theater oder das Schatten-Puppenspiel (siehe S. 66).

Tempelkunst & Architektur

Die prächtigen kambodschanischen Tempel gelten als herausragende Kunstwerke, insbesondere die mit Lotosblumen bekrönten Pyramidentempel mit ihren herrlichen Türmen und den religiösen Statuen im Inneren. Häufig zu sehen sind mythologische Figuren wie Garuda (halb Mensch, halb Vogel), nicht selten schmücken aber auch Statuen von Löwen, Elefanten oder Wächtergeistern die Tempel. Als Götter ausstaffierte Ahnen von Königen zeugen ebenso wie die Darstellungen von Hindu-Epen oder historischen Ereignissen von der großen Meisterschaft kambodschanischer Künstler.

Die Architektur des Landes wurde immer grandioser und komplexer. Abzulesen ist das an den mehrfach gestaffelten Tempeln, umgeben von Galerien, Höfen und prachtvollen Straßen, und an den Nebentempeln, die allesamt kunstvoll mit sakralem Bildschmuck versehen waren. Konzipiert waren die Tempel oft als symbolische Abbilder einer mythischen Welt, nicht selten als irdische Repräsentationen des Götterberges Meru.

Bildhauerei

Kambodscha hat auf dem Gebiet der Bildhauerei Bemerkenswertes geleistet; bedeutende frei stehende Statuen schmücken heute die Museen von Angkor Borei bis Paris. Die älteste erhaltene Statue stammt aus dem 6. oder 7. Jh., also aus dem Königreich Funan. Üblicherweise wurden Skulpturen aus Sandsteinblöcken gehauen; viele stellen vier- oder achtarmige Erscheinungsformen von Vishnu oder dessen Inkarnation Krishna dar, außerdem realistische Darstellungen von Buddha. Da das Machtzentrum des Landes von Isanapura (Sambor Prei Kuk) nach Angkor und für kurze Zeit nach Koh Ker verlegt wurde, erfuhr auch die Bildhauerei bei diesen Wanderungen künstlerische Veränderungen, abzulesen an den meisterhaften Flachreliefs von Angkor Wat, an den Türstürzen und Giebelflächen von Banteay Srei oder an den Kampfszenen in Koh Ker.

Auch der Bronzeguss war in der Zeit von Angkor und davor schon hoch entwickelt. In Khmer-Tempeln in Kambodscha und Thailand fand man Bronzestatuen, die bis zu 1,5 m hoch sind. Die Fertigkeiten, wie sie bei der Gestaltung der Flachreliefs zutage treten, gehen vermutlich auf die hoch entwickelten Holzschnittverfahren jener Zeit zurück; frühe Beispiele dafür sind aber nicht erhalten. Nach dem Niedergang von Angkor fasste der Theravada-Buddhismus im Lande Fuß. Seit dem 14. Jh. entstanden daher überwiegend buddhistische Skulpturen; sie wurden in Hartholz geschnitten und oft bemalt oder mit Blattgold belegt.

Heutzutage gibt es in der Provinz Siem Reap zahlreiche Werkstätten, in denen Bildhauer ihre Arbeiten nach Vorbildern aus Angkor mit Sandstein fertigen. In der Provinz Pursat widmen die Künstler sich vorwiegend Statuen und Reliefs aus Marmor. Organisationen wie Artisans d'Angkor unterweisen eine junge Generation von Kunsthandwerkern in den traditionellen kambodschanischen Methoden der Holz- und Steinbearbeitung.

> ### Künstlergenossenschaft in Phnom Penh
>
> Die vom deutschen Filmregisseur Nico Mesterharm gegründete Genossenschaft Meta House (6 Street 264, Sangkat Chaktomuk, Khan Daun Penh, Phnom Penh, Tel. +855(0)12-607-465, www.meta-house.com, Mo geschl.) war eine der ersten Kultureinrichtungen in der aufstrebenden kambodschanischen Szene. Hier haben viele junge Künstler erste Anerkennung erfahren und wichtige Anregungen erhalten.
>
> Die Genossenschaft stellt Ausstellungs- und Wohnraum für die Künstler zur Verfügung. Kunst findet man hier überall: in den Schauräumen, im Garten, an den Wänden und an der Decke. Viele Arbeiten werden zum Verkauf angeboten, der Gewinn fließt direkt an die jeweiligen Künstler. Im Rahmen von Sonderprojekten hat man beispielsweise mit Straßenkindern gearbeitet und die Leidenszeit unter den Roten Khmer ins Bild gebracht.
>
> Schauen Sie sich einfach die Ausstellungen, die Werkstätten oder die Filme an oder genießen Sie einen Drink in der Bar auf dem Dach.

Kunsthandwerk

Auch wenn man heute überwiegend von Kunsthandwerk spricht, war die kambodschanische Handwerkskunst – von der Töpferei bis zur Seidenbearbeitung – eigentlich schon immer ein wichtiger Teil der Khmer-Kunst.

Die Werke dieser Gebrauchskünstler sind mehr als nur Souvenirs: Sie helfen einer ganzen Nation, sich auf ihre alte Kultur zu besinnen, die die Roten Khmer schon fast vollständig ausgerottet hatten. Glücklicherweise wurden die alten Fertigkeiten gerade noch rechtzeitig wiederentdeckt und weitergegeben, nicht zuletzt dank aktiver Bemühungen seitens Artisans d'Angkor und des Nationalen Zentrums für die Wiederentdeckung der Khmer-Keramik, beide in Siem Reap.

Das Kunstgewerbe der Khmer ist regional verteilt, je nach Rohstoffvorkommen. Tontöpfe etwa werden vor allem in Kampong Chhnang, dem „Hafen der Töpfe" (siehe S. 180) gebrannt. Marmor verarbeitet man vornehmlich in der Provinz Pursat, Silber in der Umgebung von Oudong, Sandstein in Siem Reap, und die Seidenweberei ist vornehmlich in den Provinzen Takeo und Koh Daich (nahe Phnom Penh) heimisch. Viele Erzeugnisse aus dem ganzen Land werden auf den großen Märkten von Phnom Penh angeboten.

> **Literatur im westlichen Sinne ist in der Kultur der Khmer noch relativ neu ... Die kambodschanische Literatur im heutigen Sinne erblühte sogar erst während der kulturellen Renaissance in den 1960er Jahren.**

Literatur

Literatur im westlichen Sinne ist in der Kultur der Khmer noch relativ neu. Was nicht heißt, dass die Menschen keine Geschichten kannten: Volkstümliche Epen waren durchaus geläufig. Geschichten dieser Art wurden allerdings mündlich überliefert oder allenfalls auf nicht sehr haltbare Palmblätter geschrieben. Erste Romane erschienen nicht vor den 1930er Jahren im Druck, die kambodschanische Literatur im heutigen Sinne erblühte sogar erst während der kulturellen Renaissance in den 1960er Jahren.

Traurigerweise zerstörten die Roten Khmer in den 1970er Jahren systematisch sämtliche Zeugnisse literarischer Bemühungen. Dem Regime dürfte es dabei gelungen sein, rund 80 Prozent der Khmer-Literatur auszulöschen. Die wenigen Überreste sind im Ausland bewahrt worden.

Comic-Kultur

Mitte der 1960er Jahre und bis in die frühen 1970er Jahre hinein lebte Kambodscha im Comic-Fieber. Mit der Machtübernahme der Roten Khmer fand diese Kulturform freilich ein jähes Ende; viele Zeichner wurden ermordet, und nur wenige Beispiele für die damaligen Comics sind überhaupt erhalten geblieben.

Comics erlebten Mitte der 1980er Jahre noch einmal eine kurze Blütezeit, dann aber machten Wirtschaftsprobleme und die wachsende Beliebtheit von Videos ihnen den Garaus.

Inzwischen haben Druckwerke wieder aufgeholt; Kambodschaner wollen jetzt lesen, natürlich auch Comics. Eine NGO kümmert sich um die Archivierung alter Hefte und hat neue Werke angestoßen, z. B. „Bopha Battambang" – „Die Blume von Battambang" von Em Satya.

ERLEBNIS: Khmer-Karaoke

Kambodschaner sind ganz versessen auf Karaoke; sobald irgendwo ein Mikrofon griffbereit liegt, sind die meisten nicht mehr zu halten. Ausländische Besucher haben allerdings kaum Chancen, auch einmal zum Zuge zu kommen, denn in den meisten Teilen des Landes versucht man sich ausschließlich an Khmer-Liedern. Falls Sie also Ihr Talent (bzw. Ihre fehlende Musikalität) in den Mittelpunkt rücken möchten, haben Sie in Phnom Penh noch die besten Chancen.

Bootsfahrten auf dem Mekong

Viele der Boote, die man in Phnom Penh mieten kann, besitzen eingebaute Karaoke-Anlagen. Gruppen können daher ein Boot chartern und dann die ganze Nacht hindurch ihre Lieder schmettern. Solche Boote kosten inklusive Karaoke-Anlage etwa 10–12 $ pro Stunde. Es ist durchaus sinnvoll, eigene Musik mitzubringen, denn die Auswahl an englischsprachigen Karaoke-CDs ist ziemlich begrenzt.

Le West Club Karaoke

Geschäftsleute aus Kambodscha und Korea strömen begeistert in den Le West Club Karaoke *(230 Street 504, gegenüber vom Mondiale Center, Phnom Penh, Tel. +855(0)23-997-800)*; dort gibt es Karaoke-Räume für wirklich große Gruppen, die Auswahl an englischsprachiger Musik ist überraschend gut. Die Saalmiete liegt bei 25 Cent pro Minute (15 $ pro Stunde). Der Club ist häufig überfüllt, also vorher telefonisch reservieren.

Zwar hat die Literatur wieder Fuß gefasst, doch schreitet die Entwicklung nur zögerlich voran. Erste Bibliotheken werden wiederaufgebaut. Ein Lesepublikum musste erst neu heranwachsen, denn die Kinder des „Baby-Booms" nach dem Sieg über die Khmer Rouge erreichen gerade erst das Erwachsenenalter. Einige der heutigen Bestseller wurden von Überlebenden des Terrors verfasst und handeln von Erlebnissen aus dieser Zeit.

Film

Der kambodschanische Film entwickelte sich in den 1960er Jahren, im „Goldenen Zeitalter" des kambodschanischen Kinos. Rund 300 Filme entstanden in dieser überaus anregenden Dekade. An mehreren dieser Filme war der damalige Prinz Norodom Sihanouk beteiligt, der Vater (reg. 1941–55, 1993–2004) des heutigen Königs: Er war Regisseur, Produzent, Drehbuchautor und spielte sogar Rollen, z. B. in „Rose de Bokor" (1969).

Unter den Roten Khmer erging es dem Film wie anderen Künsten auch: Mit Ausnahme eigener Propagandafilme wurde die gesamte Produktion sofort eingestellt. Die Filmindustrie wurde verboten, viele Schauspieler und Filmproduzenten wurden ermordet.

Nach der Niederschlagung der Roten Khmer unternahm die Filmindustrie erste vorsichtige Versuche, sich wieder zu etablieren. 1994 konnte beim Filmfestival von Cannes ein halbdokumentarischer Film aus Kambodscha gezeigt werden („Das Reisfeld"), der sogar für einen Oscar als bester ausländischer Film nominiert war. Heute produziert Kambodscha zwar überwiegend Karaoke-Musikvideos und Seifenopern, ernsthafte Khmer-Filme finden aber international Beachtung. Einen Anteil an diesem Erfolg hat auch das 2007 begründete Filmfestival, das CamboFest. ∎

Menschen & Religion

Kambodschaner heißen westliche Besucher mit einem warmherzigen Lächeln willkommen; ihr Stolz auf die eigene Nation ist nicht zuletzt in der Blütezeit von Angkor begründet. Kambodschaner lieben ihr schönes Land, und da sie herzlich und großzügig sind, laden sie Ausländer gern auf einen Tee oder eine Mahlzeit zu sich ein, selbst wenn die eigene Familie dann weniger zu essen hat. Der Buddhismus hat sie gelehrt, Fremden mit Mitgefühl und Respekt zu begegnen.

Ethnische Zugehörigkeit

Kambodscha weist die homogenste Bevölkerung in ganz Südostasien auf: Mehr als 90 Prozent der rund 14,5 Millionen Bewohner des Landes sind Khmer; den Rest machen Cham, Chinesen und Vietnamesen aus. Die heutigen Khmer sind Nachfahren der Mon-Khmer, die das Land vermutlich vor fast 3000 Jahren besiedelt haben; Mon-Khmer stellten schon die Bevölkerung von Funan, dem Reich, auf das Chenla folgte, und sie lebten hier auch in den Zeiten von Angkor. Bis in die jüngste Vergangenheit hinein hatte sich die Lebensweise der meisten Khmer kaum von derjenigen vorheriger Generationen unterschieden: Ihre Sprache hat sich seit Jahrtausenden nur unwesentlich verändert, rund 75 Prozent aller Khmer sind nach wie vor in der Landwirtschaft tätig. Ihre Religion erweist sich als eine Mischung vielfältiger Einflüsse: Der weitverbreitete Theravada-Buddhismus lässt Spuren des Animismus und des Hinduismus erkennen.

> **Die heutigen Khmer sind Nachfahren der Mon-Khmer, die das Land vermutlich vor fast 3000 Jahren besiedelt haben; Mon-Khmer stellten schon die Bevölkerung von Funan.**

Schätzungen zufolge leben einige Hunderttausend Muslime vom Volk der Cham in Kambodscha. Die Cham sind Abkömmlinge von Flüchtlingen aus dem Königreich Champa (im heutigen Vietnam), dem einstigen Rivalen von Angkor, dem 1177 die Eroberung von Yasodharapura gelang. Die Cham wurden später von den Vietnamesen und den Khmer verfolgt und hatten sehr unter den Roten Khmer zu leiden, deren Terror in diesem Fall vielleicht die deutlichsten Züge eines Völkermordes trug. Tausende Cham kamen ums Leben, und ihre Moscheen wurden zerstört.

Heute leben viele Cham in streng separierten Gemeinden. Viele Cham arbeiten als Fischer, man findet ihre Ortschaften also vor allem an den Ufern des Tonle Sap und des Mekong. Nach dem Sieg über die Roten Khmer hat man viele Moscheen wiedererrichtet, oft dank finanzieller Unterstützung aus arabischen Ländern. Allerdings hat die Regierung unter dem Vorwand der Terrorismusbekämpfung mittlerweile einige Moscheen und Religionsschulen wieder geschlossen.

Chinesen leben schon seit etlichen Generationen in Kambodscha; sie haben Sprache und Kultur der Khmer übernommen und mit ihren eigenen Traditionen durchsetzt. Trotz ihrer recht geringen Zahl – sie machen nur ein Prozent der Bevölkerung aus – übt die chinesische Kultur einen ganz erheblichen Einfluss aus. China-Restaurants findet man in allen größeren Städten, in vielen Stadtvierteln wird das chinesische Neujahrsfest

Buddhistische Mönche vor einem Eingang zum Tempel Bayon in Angkor Thom

Am alljährlichen Unabhängigkeitstag legt man Wert auf traditionelle Kleidung

gefeiert. Zudem spielen die kambodschanischen Chinesen eine bedeutende Rolle in der Wirtschaft des Landes.

Obwohl sie auf eine lange Nachbarschaft zurückblicken, bleiben die
Beziehungen zwischen Khmer und Vietnamesen (5 % der Bevölkerung)
angespannt. Ursachen dafür sind sicher die Propaganda der Roten Khmer,
die vietnamesische Besetzung Kambodschas und Streitigkeiten wegen
der ethnischen Gruppe der Khmer Krom, den Bewohnern der Enklave
Kampuchea Krom in Südvietnam, die einst zu Kambodscha gehörte.

In den Bergregionen wie Ratanakiri, Mondulkiri, Stung Treng und Kratie
leben Minderheiten, die unter der Bezeichnung *Khmer Loeu* (Hochland-
Khmer) zusammengefasst werden. Die größte Gruppe unter ihnen bilden
die Tampuon; daneben gibt es die Mnong, Krung, Kavet, Brao und Jarai.
In der Öffentlichkeit spielen diese Volksgruppen allerdings keine Rolle.

Hinzu kommen schließlich noch Ausländer, die als Mitglieder von NGOs
oder aus geschäftlichen Gründen in Phnom Penh und anderen Städten
leben. Allein in der Hauptstadt gibt es Tausende von Einwohner aus dem
Westen, aus Korea und Japan – und ihre Anzahl wächst kontinuierlich.

Kleidung

Die traditionelle Kleidung Kambodschas ähnelt derjenigen in Laos und
Thailand. Jahrhundertelang ließ sich die Kleidermode sichtlich von Indien
anregen. Den *sampot*, ein dem Sarong ähnlicher Hosenrock, tragen Männer wie Frauen; er geht noch auf die Zeit des Reiches Funan zurück.

Anhand der Sampots konnte man auf die soziale Lage eines Menschen schließen. Männer und Frauen aus dem Bauernstand oder aus anderen niedrigen Schichten trugen schlichte Sarongs, deren Enden einfach zusammengenäht waren und die dann an der Taille befestigt wurden. Frauen aus besseren Kreisen bevorzugten den *ampot chang kben;* dabei wird der Sampot locker und hosenartig um die Beine gewickelt. Ursprünglich kannten weder Männer noch Frauen eine zusätzliche Bekleidung für den Oberkörper; das änderte sich erst während der französischen Kolonialherrschaft. Traditionelle Kleidung war in Kambodscha noch bis ins 20. Jh. hinein in Gebrauch, wurde dann aber von westlicher Kleidung abgelöst.

Seit 300 bis 400 Jahren tragen die Cham einfache röhrenförmige Sarongs mit Batikaufdruck. Weiße Baumwollkleidung war Priestern vorbehalten und wurde nur für religiöse Riten verwendet. Bei den ethnischen Minderheiten im Nordosten trugen die Männer einen gestreiften Lendenschurz und keinerlei Oberbekleidung, während die Frauen sich in Sarongs hüllten. Mittlerweile tragen auch die Angehörigen dieser Völker ihre althergebrachte Kleidung nur noch zu besonderen Anlässen.

Heute ist die Kleidung in Kambodscha überwiegend westlich geprägt. Trotz der hohen Temperaturen und der Luftfeuchtigkeit achten Frauen sehr darauf, ihren Körper fast vollständig zu bedecken. Dabei geht es ihnen vor allem darum, die Haut vor dem Sonnenlicht zu schützen; eine helle Haut gilt als attraktiver und zeugt von einem gehobenen Status. Frauen, die Auto fahren, tragen dabei oft armlange Handschuhe, um auch wirklich nicht den kleinsten Sonnenstrahl an sich heranzulassen. Außerdem gehen Frauen vollständig bekleidet zum Schwimmen. Auch außerhalb des Hauses tragen viele Frauen den ganzen Tag über bunte pyjamaartige Kleidungsstücke.

Im Leben der heutigen Kambodschaner spielt der Glaube eine wichtige Rolle; die Menschen orientieren sich an den Lehren des Buddhismus und halten die Geister in Ehren.

Bei besonderen Anlässen kommt aber immer noch die traditionelle Kleidung zum Zuge. Zu religiösen Festen oder Hochzeiten bevorzugen Khmer-Frauen tagsüber Sampots aus Seide und dazu Blusen aus *hol,* einer bunt gemusterten Seide, abends hingegen Kleidung aus *phamuong,* einer festeren Seide mit raffiniertem Saum. Männer tragen dann dezent gefärbte Seidenhemden und farbige Hosen. Die Farbe der Kleidung hängt vom Wochentag ab, an dem die Hochzeit gefeiert wird.

Religion

Ein Grundwissen in Bezug auf die Geschichte der Religionen ist eine Voraussetzung für das Verständnis der Tempelbauten von Angkor. Die prächtigen Tempel von Angkor sind nämlich in erster Linie sakrale Bauten, errichtet zu Ehren der Götter und Geister, denn beide, so glaubten die Menschen, greifen aktiv in das Geschehen auf Erden ein. Heute orientieren sich viele am Buddhismus.

Animismus & Geisterglaube

Kambodschaner haben ihren uralten Geisterglauben in den Hinduismus und Buddhismus hinübergerettet. Geister werden nach wie vor verehrt, aber man fürchtet sie auch. Von den Ahnengeistern, den *neak ta*, heißt es, sie mischten sich tatkräftig ins Alltagsgeschehen ein; deshalb werden militärische Siege auch mächtigen Geistern zugeschrieben. Die Menschen sind sich sicher, dass auch in Angkor Wat ein Geist lebt, und sie erweisen der Vishnu-Statue in Kuk Ta Reach (Heiligtum der königlichen Ahnen) ihre Referenz. Schreine weniger einflussreicher Geister mit kleinen Statuen darin stehen überall im Land; sie mögen schlicht aussehen, die Menschen schreiben ihnen aber große Macht zu.

In Stammesgebieten ist der uralte Animismus noch so lebendig wie zur Zeit der alten Khmer. Die ethnische Minderheit der Tampuon in den Bergregionen der Nordprovinzen bekennt sich sehr deutlich zum Animismus; Glück ist in ihren Augen kein Zufall, und Geister können hilfsbereit, aber auch bösartig sein. Eine sehr abgeschieden lebende Gruppe am Fluss Tonle Sap praktiziert noch strikt ihre animistischen Rituale: Wird ein Dorfbewohner krank, muss ein böser Geist in ihn gefahren sein. Zur Heilung dient eine Art Exorzismus, der eine Opferung einschließt. Das Opfertier kann ein Huhn oder ein Rind sein, je nachdem, welche Einsicht dem Heiler des Dorfes im Traum zuteilwurde.

Animismus & Geisterkult: Animismus, die älteste in Kambodscha nachweisbare Form von Religiosität, hat sich als äußerst beständig erwiesen. Bevor Glaubenslehren aus Indien Einzug hielten, wurde das Leben der Khmer stark von ihrem Glauben an körperlose Geister bestimmt, die überall lebten – auf dem Land, im Wasser, in Bäumen und sogar in Steinen. Verehrt wurden aber auch Ahnengeister *(neak ta)*, wobei der Kult von Schamanen geleitet wurde und blutige Opferungen einschloss. Schreine und Geisterhäuschen sieht man überall im Land, die Schamanen üben ihre Kunst bis heute aus (siehe Kasten).

Hinduismus: Der Hinduismus hatte großen Einfluss auf die kambodschanische Geschichte, denn die Lehren der Hindus und Brahmanen spielten bei der Begründung der ersten Dynastie eine große Rolle. Kaundinya, der mythische Gründer von Kambujadesa, war Brahmane; er stützte sich auf die Überlieferung der Veden. In Kambodscha übernahm man viele der kosmologischen Vorstellungen des Brahmanismus, beispielsweise den Mythos vom Berg Meru als Mittelpunkt des Kosmos und Sitz der Götter.

Größere Bedeutung erlangte schließlich aber der Hinduismus. Er kennt das Konzept der *trimurti,* eine Art Trinität dreier Gottheiten: Brahma, Vishnu und Shiva bzw. Schöpfer, Bewahrer und Zerstörer. Die Khmer huldigten vor allem Vishnu und Shiva und deren diversen Inkarnationen.

Im Hinduismus der Khmer war der *lingam*-Kult weit verbreitet; Lingams sind phallisch geformte Steine, die für Fruchtbarkeit und Wohlstand sorgten. Jayavarman II. (reg. 802–850) verknüpfte den Kult mit der Verehrung des *devaraja,* des Gottkönigs. Lingams wurden häufig nach dem König benannt, der sie eingeweiht und einem Tempel zugewiesen hatte, welcher wiederum als Abbild des Berges Meru gedacht war.

Im 11. Jh. verdrängte Vishnu Shiva von seinem Rang als oberste Gottheit. Vishnu wird in der Regel als sechsarmige Inkarnation dargestellt; er war verantwortlich für den Ausgleich zwischen guten und bösen Mächten auf Erden. Suryavarman II. (reg. 1113–ca. 1150) plante Angkor Wat ausdrücklich zu Vishnus Ehren. Die Könige von Angkor bezogen ohnehin einen großen Teil ihres Ansehens aus der engen Verbindung zu den Göttern, sie gaben Städten Götternamen oder verliehen sich selbst Namen, die einen göttlichen Bezug herstellten. Dabei blieben die Könige von Angkor allerdings einer Tradition treu: In ihren Sakralbauten blieb neben hinduistischen Tempeln auch Platz für die Verehrung der Ahnengeister.

Buddhismus: Der Buddhismus beruht auf den Lehren des Prinzen Siddhartha Gautama (563–483 v. Chr.). Siddharta wuchs völlig isoliert in üppigem Luxus in der Nähe des heutigen Nepal auf, bis er eines Tages darauf bestand, das Palastgelände verlassen zu dürfen. Mit Schrecken sah er, wie Menschen unter Alter, Krankheit und Tod litten. Nach langem Nachdenken verließ er seine Frau und seinen neugeborenen Sohn und entsagte allen weltlichen Besitztümern. Die Suche nach dem rechten spirituellen Lehrer blieb erfolglos; mit fünf Schülern machte er sich selbst auf den Weg, stellte aber fest, dass drastische Methoden wie das Erleiden von Schmerzen oder Askese ihn nicht weiterbrachten. Siddharta begab sich daher allein auf die Suche nach dem „Mittleren Pfad"; er meditierte viel und bestand mehrere Proben. Schließlich wurde ihm die Erleuchtung

Phnom Penh wurde nach Wat Phnom benannt, einem buddhistischen Tempel auf einem kleinen Berg

Mönche, die um Almosen bitten, sind ein ganz alltäglicher Anblick

zuteil – er wurde zum Buddha. Fortan lehrte er die Vier Edlen Wahrheiten, sodass auch andere ihm auf seinem Weg zur Erleuchtung nachfolgen konnten. Szenen aus seinem Leben sind auf vielen Flachreliefs in Angkor und auf Bildern in buddhistischen Tempeln jener Zeit dargestellt, denn manche Könige bekannten sich zu den Lehren Siddhartas.

Möglicherweise war der Mahayana-Buddhismus in Kambodscha schon vor der Ankunft des Theravada-Buddhismus verbreitet. Schon aus den frühen Königreichen stammen Abbildungen der typischen Mahayana-„Gottheit", des Bodhisattva (er hatte die höchste Erkenntnis erlangt, aber die Wiedergeburt gewählt, um anderen zu helfen). Der Mahayana-Buddhismus vertritt die Idee der allgemeinen Erleuchtung. Auch Jayavarman VII. bekannte sich zu diesem Konzept. Er ließ den Tempel Bayon bauen, dessen berühmte Türme mit den ernsten Gesichtern den mitleidigen Bodhisattva Lokesvara darstellen, „den Herrn, der zu uns niederblickt" und jedem Geschöpf auf Erden den Weg zum Nirvana weisen will.

Vom 13. bis 15. Jh. breitete sich schließlich der Theravada-Buddhismus in Südostasien aus: Danach ist individuelle Erleuchtung möglich, und jeder ist für seine Taten verantwortlich. Anfang des 15. Jhs. verschwand das Sanskrit, die Sprache der Mahayana-Schriften, und wich dem Pali des Theravada-Buddhismus, der bis heute kambodschanische Staatsreligion ist.

Religion im heutigen Kambodscha: Heute mischen sich in Kambodscha Elemente aller im Land heimischen Glaubensrichtungen. Die meisten Khmer halten sich zwar für Buddhisten, ihre Geisterverehrung oder das Abbrennen von Räucherstäbchen vor buddhistischen oder hinduistischen Statuen hat aber streng genommen nichts mit den Lehren des Buddhismus zu tun. Auch die staatlichen Feiertage spiegeln diese Mischung von Glaubenslehren wider, beispielsweise das Fest Pchum Ben (siehe S. 278), bei dem Millionen von Khmer in ihre Heimatdörfer reisen, um dort Tempel aufzusuchen. Außerdem besitzen die meisten Kambodschaner kleine Schreine, sogenannte Geisterhäuschen, die zu Hause oder am Arbeitsplatz aufgestellt werden und in denen sie kleine Opfergaben für die Geister spenden. Selbst am uralten Glauben an den Ahnengeist *neak ta* und an die Geister des Landes und des Wassers halten viele Menschen bis heute fest.

Als Buddhisten laden Kambodschaner gern Mönche zu sich nach Hause ein, damit diese ihren Segen spenden, und zu wichtigen Festtagen gehört der Tempelbesuch. Da die Roten Khmer die Mönchsorden aufgelöst hatten, ist die Zahl der Mönche allerdings deutlich zurückgegangen. Trotzdem ist die kambodschanische Gesellschaft sehr spirituell ausgerichtet. ∎

ERLEBNIS: Mit Mönchen meditieren

Wer als Gast des Landes kambodschanische Tempel besucht oder mit Mönchen direkt ins Gespräch kommen möchte, sollte sich an die Gepflogenheiten halten (siehe S. 21). Man kann die Kunstwerke und die Architektur bestaunen, aber auch etwas über den Buddhismus oder sogar das Finden der Mitte, das Meditieren lernen.

Dhammaduta Association – Wat Lanka
Das renommierte Kloster neben dem Unabhängigkeitsdenkmal in Phnom Penh bietet zwanglose Kurse in Meditation und Buddhismus an *(Haupttempel, Wat Lanka, 274 Sihanouk Blvd., Phnom Penh, Tel. +855(0)12-482-215 oder +855(0)23-721-001; Mo–Di, Do, Sa–So 18–19 Uhr)*. Auf Wunsch werden Kissen zum Meditieren bereitgestellt. Einer der Mönche steht draußen vor der Tempeltür und erteilt entsprechende Ratschläge.

Dhamma Latthika Battambang Vipassana Centre
Die Vipassana-Meditation ist eine 2500 Jahre alte indische Technik, die überall auf der Welt gelehrt wird. In Dhamma Latthika *(Kraper Village, Phnom Sampeau Commune, Banan District, Tel. [Herr Buoy Kuon] +855(0)12-365-310 oder +855(0)16-729-729, www.dhamma.org)* finden regelmäßig zehntägige Intensivkurse für Anfänger wie Fortgeschrittene statt; dabei meditieren die Kursteilnehmer zehn Stunden am Tag bei vollkommener Stille. Die Meditierenden bekommen außerdem vegetarische Mahlzeiten und einfache Unterkünfte. Der Ort liegt in der Nähe von Phnom Sampeau; die Einrichtung finanziert sich durch Spenden.

Singing Tree Café, Siem Reap
Eine NGO hat das vegetarische Restaurant Singing Tree Café *(Nähe Wat Bo Rd., Siem Reap, Tel. +855(0)92-635-500, www.singingtreecafe.com, Mo geschl.)* gegründet. An einigen Abenden stehen Unterredungen mit englischsprachigen Mönchen aus den Tempeln der Umgebung auf dem Programm. An anderen Tagen kann man in lockerer und freundlicher Atmosphäre an buddhistischen Meditationsübungen teilnehmen.

Natur & Landschaft

Während der Blütezeit Angkors reichte der Machtbereich der Khmer bis ins heutige Vietnam, rund um den Golf von Thailand und bis zur Malaiischen Halbinsel. Sieben Jahrhunderte später bestimmen vor allem natürliche Barrieren die Grenzen Kambodschas; das Land liegt wie eingezwängt zwischen Thailand, Laos, Vietnam und dem Meer.

Kambodscha zählt heute mit 181 035 Quadratkilometern zu den kleinsten Staaten Asiens, doch die verblüffende Vielseitigkeit der Landschaft macht dies mehr als wett. Die Oberfläche zeigt drei Hauptformen: hohe Gebirgszüge, in der Mitte ein fruchtbares Becken und ein Netz von Wasserwegen, das die Südküste mit einschließt, aber auch zahlreiche Flüsse.

Kambodschas Bergwelt

Die Bergregionen in den Nordostprovinzen an den Grenzen zu Laos und Vietnam sind von dichtem Dschungel bedeckt, der von Wäldern aus laubabwerfenden Bäumen und Bergwäldern unterbrochen wird. Diese Berge erreichen Höhen von 1500 m. Die Wälder sind zum Teil so dicht, dass es immer noch Bereiche gibt, die noch nie ein Mensch betreten hat. In Teilen des Virachey-Nationalparks, im Norden der Provinzen Ratanakiri und Stung Treng, vermutet man einige bedrohte Tierarten.

> **Die Wälder sind zum Teil so dicht, dass es immer noch Bereiche gibt, die noch nie ein Mensch betreten hat.**

Weiter westlich gibt es im Dongrek-Bergland Hochebenen mit Steilabfall. Diese bis 700 m hohen Abbrüche liegen zumeist in der östlichen Provinz Preah Vihear. Zum Kernland hin fallen sie sanfter ab und erreichen höchstens noch 90 m. In den Steppen dieser Plateaus befindet sich ein Schutzgebiet für den Saruskranich.

Die Kardamomberge, deren Südflanke die Elefantenberge schneidet, folgen der Südwestküste und verlaufen dann weiter landeinwärts. In diesem Gebiet ragt der höchste Gipfel des Landes auf, der 1810 m hohe Phnom Aoral. Die üppigen Regenwälder beherbergen alle im Land vorkommenden Arten von Säugetieren, Amphibien, Reptilien und Vögeln. Einige davon sind weltweit die letzten Vertreter ihrer Art, darunter das Siamkrokodil und die Königsschildkröte. Die Unzugänglichkeit der Kardamomberge hat die Natur bisher gut vor Schäden bewahrt; zur Gefahrenabwehr werden Teile dieser Flächen auch durch Nationalparks geschützt.

Wo die Elefantenberge zur Küste hin zurücktreten, dehnt sich ein Saum von Mangroven aus. Die Stelzwurzeln dieser tropischen Waldformation, die bis ins Meer reicht, bilden tunnelartige Gänge. Hier lebt der Schlammspringer, ein Fisch, der auch an Land geht.

Wanderer genießen die Rast beim Cha-Ung-Wasserfall nahe Ban Lung, Ratanakiri

Das Becken

Kambodschas Landschaft besteht überwiegend aus Tiefland. Die Felder
werden dort im jahreszeitlichen Rhythmus der Monsunregenfälle bestellt.
Die meisten kleinen Nutzflächen dienen dem Reisanbau. Im Allgemeinen wird der Nassreis in den bewässerten Feldermosaiken der Ebene
zweimal jährlich erntereif. In höheren Lagen benutzen die Bauern eine
trockene Anbauform, doch diese Methode bringt nur eine Ernte pro Jahr
hervor. Reis ist Kambodschas Hauptausfuhrgut, dazu kommt seit einigen
Jahrzehnten noch Kautschuk. Weitere Erzeugnisse der Landwirtschaft sind
Tropenfrüchte und Tapioka, kultiviert werden außerdem Zuckerpalmen
und Arekapalmen. Wichtig waren neben Ochsen und Wasserbüffeln die
Arbeitselefanten, die für militärische Zwecke und zum Transport schwerer
Frachten wie Stämme und Steine eingesetzt wurden. Die wenigen zahmen
Elefanten dienen heute nur noch als Reittiere für Touristen.

Gewässer

Die Mehrheit der Kambodschaner siedelt an den fruchtbaren Ufern des
Mekong und am Binnensee Tonle Sap. Letzterer dient mehr als einem
Viertel der Bevölkerung Kambodschas direkt oder indirekt als Lebens-
grundlage, denn hier werden große Mengen an Süßwasserfisch gefangen
und verarbeitet. Zur Monsunzeit schwillt der See auf das Fünffache seiner
Größe an und überschwemmt weite Flächen mit nährstoffreichem Wasser.
An den Ufern des Tonle Sap brüten zahlreiche Vögel; der See zählt zu
den Traumzielen für Ornithologen, denn hier leben u. a. Graupelikane.

Der Irrawaddy-Delfin zählt zu den bedrohtesten Arten in Kambodscha

Malaria & Denguefieber

Die von Stechmücken übertragene Infektionskrankheit Malaria ist in Kambodscha weit verbreitet. Die meisten Ansteckungen erfolgen in den regnerischen Monaten Juni bis Oktober. Die Malariamücke ist zur Zeit der Dämmerung am aktivsten. Reisende, die außerhalb von Phnom Penh und der Gegend rund um den Tonle-Sap-See unterwegs sind, gehen ein gewisses Risiko ein. Eine Malariaprophylaxe bzw. das Mitnehmen von Antimalariamedikamenten ist daher ratsam. Einige Erreger der Malaria sind allerdings resistent gegen den Wirkstoff Mefloquin.

Ernst zu nehmen ist auch das Denguefieber, eine Viruskrankheit, die ebenfalls von Stechmücken übertragen wird und für die es noch keine wirksame Behandlung gibt. Dengue-Moskitos sind tagaktiv und hauptsächlich in Städten anzutreffen. Denguefieber ist zwar weniger gefährlich als Malaria, aber dennoch ernst zu nehmen. Bei Anzeichen einer schweren grippeähnlichen Erkrankung sollte man sofort einen Arzt aufsuchen. Das Ansteckungsrisiko ist höher als bei Malaria, aber unter Reisenden immer noch ziemlich gering.

Der Gebrauch imprägnierter Moskitonetze und der Einsatz von Insektenschutzmitteln mit DEET verringern das Ansteckungsrisiko ganz erheblich. Gegen Malaria kann man schon vor der Abreise vorbeugend etwas tun. (In Kambodscha selbst sollten Sie Medikamente nur bei internationalen oder registrierten Apotheken kaufen, denn auf dem Markt gibt es viele Fälschungen oder unwirksame Imitationen.)

Da der See in der Regenzeit selbst in Wälder vordringt, können Besucher mit dem Kanu mitten durch die Wipfel 10 m hoher Bäume gleiten. Kambodschas zweite Lebensader ist der Mekong. Der Fluss entspringt im Himalaya und fließt in Stromschnellen über die Khon-Phapeng-Fälle (von der Wassermasse her die größten in Südostasien), die hier die Grenze zwischen Laos und Kambodscha bilden. Dann windet er sich südwärts durch Phnom Penh und wendet sich nach Vietnam. Im Mekong leben etwa 1300 Fischarten und der bedrohte Irrawaddy-Delfin (siehe S. 220). Ähnlich wie der Tonle Sap tritt der Fluss in der regenreichen Jahreszeit über die Ufer und setzt das zentrale Tiefland unter Wasser, wobei er das Land mit nährstoffreichen Ablagerungen für eine gute Ernte versorgt.

Umweltveränderungen

Kambodschas vielfältige Natur lohnt mehr als nur einen Besuch. Im Land wurden bisher sieben Nationalparks und mehr als 20 andere Schutzgebiete eingerichtet. Vor der Zeit der Roten Khmer und der darauffolgenden vietnamesischen Invasion waren Kambodschas große Waldgebiete nahezu intakt, aber der Krieg forderte seinen Tribut. Die Rodungsaktionen hielten in den 1990er Jahren an. Dadurch verschwanden viele Waldgebiete, geopfert zunächst für den Holzexport und dann für die Anlage von Plantagen.

In den 30 Kriegsjahren des 20. Jhs. wurden viele Tierarten bis zur Ausrottung bejagt. In den 1990er Jahren fanden Jäger heraus, dass sich Körperteile toter Tiger als vermeintlich potenzsteigernde Mittelchen verkaufen ließen. Zwischen 100 und 200 Tiger wurden pro Jahr getötet. Nur etwa 50 Tiere haben die Ausrottungsaktion überlebt. Mittlerweile wurden zahlreiche Schutzprojekte ins Leben gerufen (siehe S. 202). ■

Essen & Trinken

Die traditionelle kambodschanische Küche basiert auf Reis und Fisch, beides sowohl Hauptnahrungsmittel als auch Haupteinnahmequelle der meisten Menschen. Indischem Einfluss verdankt Kambodscha Gewürzpasten, die in Kombination mit Fisch oder Fleisch sowie Obst und Gemüse eine Balance aus salzig, süß, sauer und bitter erzeugen. Ähnlich wie die Küche anderer südostasiatischer Länder ist auch die kambodschanische dank ihrer frischen Zutaten besonders gesund.

Essen

Angesichts der vielen Reisfelder überrascht es nicht, dass Reis die Grundlage der meisten Gerichte darstellt. Die Bedeutung von Reis ist so groß, dass der kambodschanische Begriff für essen, *nam bai*, wörtlich „Reis essen" bedeutet. Die zweite Grundzutat ist Fisch. Die langen Küsten des Landes liefern Seefisch in großen Mengen, und die Vielzahl an Seen und Flüssen bietet einen offenbar nicht versiegenden Nachschub an Süßwasserfisch. Fisch wird gegrillt, frittiert oder auch getrocknet, als „Fleischklößchen" oder als *prahok* gereicht, eine würzige Fischpaste mit dem Beinamen „kambodschanischer Käse". Eine beliebte Spezialität ist *amok*, in ein Bananenblatt gewickelter und mit Kokosmilch, Zitronengras und Chili gedämpfter Fisch.

> **Ähnlich wie die Küche anderer südostasiatischer Länder ist auch die kambodschanische dank ihrer frischen Zutaten besonders gesund.**

Rind- und Schweinefleisch sowie Huhn werden meistens frittiert oder gegrillt, häufig direkt an der Straße. Nach vielen Jahrzehnten des Hungers während des Bürgerkriegs essen die Kambodschaner aber heute eigentlich fast alles: Insekten, Frösche und Schlangen sind völlig normale Zutaten. In ländlichen Lokalen kann der Besucher seine spätere Mahlzeit oft noch lebendig sehen, bevor sie nach Bedarf geschlachtet und zubereitet wird. Jede etwas größere Stadt besitzt einen Markt, auf dem Schlachter frisches Fleisch und lebende Fische und Vögel verkaufen.

Vegetarische Ernährung ist ein relativ neues Konzept. In Touristengegenden sind aber durchaus Restaurants entstanden, die auch vegetarische Mahlzeiten servieren, die allerdings häufig Fischsoßen und -pasten, allgegenwärtige Zutaten in Kambodscha, enthalten können.

Vegetarier und Tierliebhaber wird es bei der landesüblichen Behandlung des Viehs ohnehin grausen. Ein durch den Abendverkehr rasendes Motorrad mit einem Paar ausgestreckter – und häufig betäubter – Schweine oder mit Dutzenden Hühnern, die mit Draht aneinandergebunden oder in einem Bambuskäfig gefangen sind, ist kein ungewöhnlicher Anblick.

Die einzigartige kambodschanische Küche hat ihre Wurzeln u. a. in den Aromen der Nachbarländer Vietnam, Thailand und Laos. Da viele Emigrantengemeinden sich ihre Identität durch das Auf und Ab der kambodschanischen Geschichte hindurch bewahrt haben, ist auch authentische ausländische Küche hier keine Seltenheit. Im Grenzgebiet zu Thailand etwa bekommt der Besucher ausgezeichnete thailändische Currys. Ferner wenden sich zahlreiche Restaurants im ganzen Land an die chinesischen und die vietnamesischen Einwohner und servieren echt chinesisch gebratene Ente oder Nudel-*pho*. Auch die wachsenden japanischen und

In der Straßenküche vor einem Kolonialgebäude in Battambang wird Gebäck frittiert

ERLEBNIS: Kambodschanisch kochen

Die kambodschanische Küche ist zwar international weniger bekannt als etwa die thailändische, ihre Gerichte sind aber durchaus köstlich und einzigartig. Leider bekommen Besucher häufig nicht die Möglichkeit, hochklassige kambodschanische Speisen kennenzulernen, weil viele Restaurants die Rezepte für ausländische Gaumen abändern. Es gibt jedoch durchaus einige authentische kambodschanische Kochschulen, die Ausländer ein paar Gerichte zubereiten und dann auch selbst kosten lassen (siehe S. 308f).

Cambodia Cooking Class
Bei Cambodia Cooking Class *(76 Street 240., Phnom Penh, Tel. +855(0)12-524-801, www.cambodia-cooking- class. com)* geht es zunächst zum Markt, wo Gemüse, Kräuter und Gewürze beschafft werden. Nach Informationen über die Zutaten erlernen die Kursteilnehmer dann die Zubereitung kambodschanischer Klassiker wie Currypaste für *amok* (ein trockenes, in Bananenblättern gedämpftes Currygericht), um alles anschließend zu verzehren. Zum Abschluss des Kurses gibt es ein kleines Kochbuch.

Smokin' Pot
Die nicht übersteuerten Kochkurse ohne Schnickschnack bei Smokin' Pot *(229 Group 8, 20 Ousephea Village, Battambang District, Tel. +855(0)12-821-400)* beinhalten ebenfalls einen Rundgang über den Markt vor dem eigentlichen Kurs. Die Schüler bekommen am Ende ein Kochbuch zum Mitnehmen.

Sugar Palm
Als Ergebnis des jahrzehntelangen Krieges kennen viele Kambodschaner ihre eigenen kulinarischen Traditionen nicht mehr. Zum Glück besitzt Kethana von Sugar Palm *(Taphul Rd., Siem Reap, Tel. +855(0)63-964-838)* Rezepte von ihrer Mutter und ihren Großmüttern, von denen manche sogar dem Personal dieser Kochschule nicht bekannt waren. Die Kurse finden in einem schönen Holzhaus mit wunderbarer Atmosphäre statt.

koreanischen Gemeinden haben ihre jeweils eigenen Gerichte mitgebracht. Sogar westliche Klassiker wie Pizza und Fastfood sind heute in Phnom Penh und in Siem Reap zu haben.

Anders als im Westen werden Mahlzeiten in Kambodscha nicht in unterschiedlichen Gängen serviert. Stattdessen stellt man die Gerichte so, wie sie gekocht werden, einfach in großen Schüsseln mitten auf den Tisch, damit alle sich bedienen können. Bei den meisten Mahlzeiten werden Suppen in kleine Schüsseln gefüllt und dann mit Reis kombiniert.

Die Kambodschaner haben eine Schwäche für auf der Straße zubereitetes Essen. Die Menschen strömen abends in Scharen in die Parks und auf öffentliche Plätze, um ein Picknick zu genießen. In diesen Abendstunden sind viele Wagen unterwegs und bieten Speisen an, geröstete Maiskolben, frittierte Bananen, befruchtete Eier (siehe Kasten rechts) und von der Sonne gebratene Schnecken mit Chili und Salz. Stände an der Straße und Bäckereien servieren duftende Baguettes — ein Erbe der französischen Kolonialzeit.

Von wenigen Ausnahmen abgesehen, sind Desserts in Kambodscha relativ selten. Allerdings wird am Ende einer Mahlzeit häufig Obst gereicht, natürlich tropische Früchte wie z. B. *duong* (Kokosnuss), *menoa* (Ananas) und *chek* (Bananen). Andere Sorten wie *tourain* (Durian bzw. Stinkfrucht),

benannt nach ihrem durchdrin-
genden Geruch, und *khnau*
(Jackfrucht) sind nicht jeder-
manns Sache, aber einen Versuch
wert. Keinesfalls versäumen
sollten Sie saftige *svay (*Mangos)
oder *mongkut* (Mangostanen).

Trinken

Tai (Tee) ist in Kambodscha all-
gegenwärtig und wird entweder
eisgekühlt oder warm serviert,
meist kostenlos. *Kaa fey* (Kaffee)
ist auch weitverbreitet und
wird schwarz oder nach vietnamesi-

Ein leckeres Curry in Malis, einem von Phnom Penhs angesag-
ten Vierteln für Gourmets und Nachtschwärmer (siehe S. 287)

scher Art getrunken, d. h. mit Kondensmilch und oft auch mit Eiswürfeln.

Das wahre kambodschanische Nationalgetränk ist jedoch Angkor-Bier,
das in Sihanoukville gebraut und für 2 $ pro Flasche oder ganz preiswert
direkt vom Zapfhahn angeboten wird.

Auch Zuckerpalmenwein und Reiswein werden in Kambodscha produziert. Beide Getränke sind beliebt, sie haben aber auch eine spirituelle
Bedeutung. Bei einigen Bergstämmen
z. B. gehört Reiswein zu den Opfergaben
für animistische Geister, vor allem bei
Bestattungen. Für Feiern wird der Wein
häufig in großen Tontöpfen vergoren.
Wenn dieser Wein dann mit Wasser
gemischt wird, entsteht ein Getränk,
das alle gemeinsam mit Strohhalmen
aufsaugen. Reiswein ist auch in Flaschen
erhältlich und wird, ebenso wie westliche
Weine und Spirituosen, im gesamten
Land verkauft.

Teuk kralohk (Fruchtshakes) werden
ebenfalls überall im Land konsumiert.
Dabei wirft man unterschiedliche Früchte
mit einer großzügigen Portion Zucker
und zuweilen auch zusammen mit einem
Ei in den Mixer. Viele Verkäufer bieten
außerdem frisch gepressten Zucker-
palmen- und Zuckerrohrsaft an.

Das kambodschanische Leitungswasser sollten Sie besser nicht trinken.
In Flaschen abgefülltes Mineralwasser
ist dagegen überall erhältlich und
preiswert. ∎

Kambodschanische Delikatessen

Gerichte wie Ameisenlarvensuppe, frittierte Insekten und Spinnen (darunter
auch Taranteln), Hunde und Schildkröten
sind überall im Land erhältlich, allerdings
nicht nur in Kambodscha. Die folgenden
kambodschanischen Gerichte dürften
Ihnen entweder den Magen umdrehen –
oder Sie in Entzücken versetzen.

Pong tea khon (angebrütete Eier):
Anders als normale Eier enthalten diese
Enten- oder Hühnereier. Die Kambodschaner schlürfen zunächst
die das Embryo umgebende Brühe, bevor
sie die Schale ganz entfernen und das
Eigelb und das Küken mit ein wenig Salz
oder Chili und Essig vertilgen.

Prahok: Diese aus unterschiedlichen Fisch-
sorten hergestellte zerstoßene, gesalzene
und vergorene Fischpaste wird als Würze
verwendet. Wegen des Geruchs gilt *prahok*
auch als „kambodschanischer Käse".

Die Hauptstadt Kambodschas — ein faszinierendes und modernes Gemisch aus Geschichte, Kultur und vielen Elementen, die zusammen die Identität des Landes ausmachen

Phnom Penh

Kleine Buddha-Statuen in ruhender Haltung am Königspalast

Phnom Penh

Früher flogen Kambodschareisende lediglich nach Siem Reap, um dort die Tempel von Angkor zu besuchen, doch auch die Hauptstadt nimmt neuerdings wieder einen Platz auf der touristischen Landkarte ein. Dank ihrer zentralen Lage und dem internationalen Flughafen bildet die Stadt heute das Tor zu den Sehenswürdigkeiten des ganzen Landes — Angkor eingeschlossen.

Das Unabhängigkeitsdenkmal inmitten der stets belebten Straßen von Phnom Penh

Die Stadt liegt am *Chaktomuk* („vier Gesichter"), dem Kreuzungspunkt dreier Flüsse — Bassac, Mekong und Tonle Sap. Heute gehört Phnom Penh zu den wenigen Beispielen einer alten asiatischen Stadt mit malerischen Wats (Tempeln), deren Turmspitzen eine Stadtsilhouette durchbrechen, die sich hauptsächlich aus Niedrigbauten zusammensetzt. In manchen Gegenden Phnom Penhs verkaufen Händler ihre Waren noch immer vom Ochsenkarren. Mit diesem Gemisch aus altem asiatischen und kolonialzeitlichem Charme kontrastiert die flirrende Spannung einer Stadt im Aufbruch. Man kann sich der Kraft dieser Energie kaum entziehen. Mopeds rasen ohne viel Rücksicht auf Verkehrsregeln vorbei, häufig mit so

vielen Mitfahrern wie irgend möglich. Straßenhändler schieben Karren vor sich her, die mit exotischen Snacks und bunten Waren beladen sind.

Trotz der geringen Ausdehnung kann die Orientierung in Phnom Penh sehr schwierig sein. Denn obwohl das Straßennetz nach französischem Vorbild rasterartig angelegt ist, folgen nummerierte Straßen einer verwirrenden Ordnung, und das System der Hausnummern lässt keine nachvollziehbare Ordnung erkennen. Am besten ist es, sich an den Wahrzeichen zu orientieren, indem man Märkte, Denkmäler, Museen und Tempel als Bezugspunkte heranzieht. Unterwegs lässt sich die Stadt leicht in mehrere Abschnitte einteilen: den Bezirk des Königspalastes,

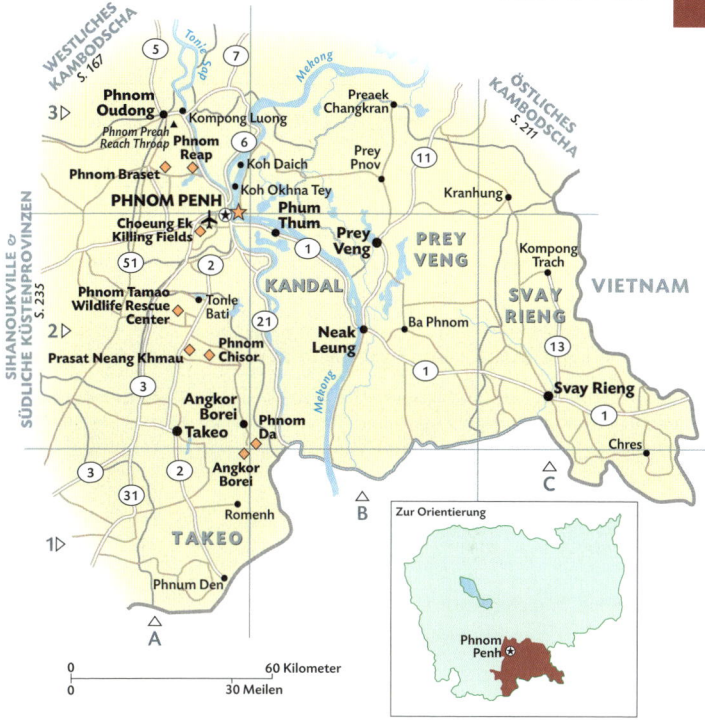

WESTLICHES KAMBODSCHA S. 167

ÖSTLICHES KAMBODSCHA S. 211

SIHANOUKVILLE & SÜDLICHE KÜSTENPROVINZEN S. 235

Phnom Oudong

Phnom Preah Reach Throap

Phnom Reap

Phnom Braset

PHNOM PENH

Choeung Ek Killing Fields

Phnom Tamao Wildlife Rescue Center

Tonle Bati

Prasat Neang Khmau

Phnom Chisor

Angkor Borei

Takeo

Phnom Da

Angkor Borei

Romenh

TAKEO

Phnum Den

Kompong Luong

Koh Daich

Koh Okhna Tey

Phum Thum

Prey Veng

KANDAL

Neak Leung

Preaek Changkran

Prey Pnov

Kranhung

PREY VENG

Ba Phnom

Kompong Trach

SVAY RIENG

VIETNAM

Svay Rieng

Chres

Zur Orientierung

Phnom Penh

0   60 Kilometer
0   30 Meilen

A   B   C

Tonlé Sap   Mekong

NICHT VERSÄUMEN

Eine Rundfahrt durch Phnom Penh in einem Tuk-tuk 70–71

Historische Khmer-Kunst im Nationalmuseum 72

Leckere Tapas im fröhlichen Friends-Restaurant 72–73

Flussfahrt im Abendrot auf dem Tonle Sap und Mekong 74–75

Fütterung der „Gangsteraffen" am Wat Phnom 79

Koloniale Eleganz in der Elephant Bar 82

Die dunkle Geschichte Kambodschas im Völkermordmuseum Tuol Sleng und auf den Killing Fields von Choeung Ek 83, 86

Preise verhandeln auf dem Russischen Markt 87

das Independence Monument und seine Umgebung, das nördliche Phnom Penh, das französische Viertel, die südliche Umgebung des Independence Monument und das westliche Phnom Penh.

Man kann die Sehenswürdigkeiten leicht an zwei oder drei Tagen besichtigen. Abgesehen von den Killing Fields liegen alle nicht mehr als fünf bis zehn Minuten mit dem Moped oder Tuk-tuk voneinander entfernt. In den letzten Jahren hat die Stadt ein Comeback erlebt; Restaurants sind aufgeblüht, und es gibt einige Boutiquen und Kunstgalerien. Nach einer Erkundung der Tempel, Museen und Märkte können Sie in einem Café oder Park in die Atmosphäre eintauchen. Betrachten Sie die Werke regionaler Künstler in einer Ausstellung, oder lassen Sie Verspannungen bei einer Massage dahinschwinden: Phnom Penh wird zu einem Erlebnis. ■

Das Stadtzentrum

Südlich des Wat Phnom am Tonle Sap liegt das Zentrum von Phnom Penh mit Boulevards, die von Bauten wie dem Königspalast, der Silberpagode und dem Nationalmuseum gesäumt werden. Hier findet der Besucher auch bedeutende buddhistische Stätten: die Sarawan-Pagode, Wat Ounalom und Wat Lanka.

Eingangstor zum Königspalast mit nächtlicher Beleuchtung

Die Geschichte der Stadt

Einer Legende nach wurde Phnom Penh 1372 gegründet, als die Dame Yeay Penh einen treibenden Kakibaum aus dem Fluss zog. Sie fand darin vier Buddhastatuen und errichtete ihnen einen kleinen Schrein auf einem Hügel. Eine Stadt entstand daraufhin rund um diese Stätte, die später Phnom Penh (Penhs Hügel) genannt wurde. 1434, nachdem Angkor aufgegeben war,

verlegte König Ponhea Yat (reg. 1405–67) die Hauptstadt an die „vier Gesichter", den Zusammenfluss von Bassac, Mekong und Tonle Sap, nahe an die wachsende Stadt Phnom Penh. Die Hauptstadt wurde zunächst nach Longvek und dann nach Oudong verlegt, bevor 1866 Phnom Penh diese Funktion übernahm.

Die französische Kolonialherrschaft (1863–1953) hatte weitreichende Auswirkungen auf die Entwicklung Phnom Penhs. Unter französischer Herrschaft wurde die Stadt in zahlreiche Bezirke eingeteilt. Viele der wichtigsten Wahrzeichen, darunter Königspalast und Nationalmuseum, wurden in dieser Zeit errichtet. Zum Erbe des französischen Kolonialismus zählen auch die weiten Boulevards der Stadt und ihre edle Architektur.

Die Einwohnerzahl stieg in den frühen 1970er Jahren drastisch an, als sich ein Strom von Millionen von Flüchtlingen in die Hauptstadt ergoss, die vor den Kämpfen zwischen Roten Khmer und den Streitkräften des Generals Lon Nol und vor der Bombardierung an der vietnamesischen Grenze geflohen waren. Doch die zwei Millionen Menschen zählende Einwohnerschaft von Phnom Penh wurde schon bald komplett aus der Stadt vertrieben, als die Roten Khmer die Macht an sich rissen. Die Hauptstadtbewohner galten als Verfechter der Neuzeit und somit als Feinde der Khmer-Revolution.

Obwohl die Stadt nach der Befreiung allmählich wieder besiedelt wurde, vergingen zehn Jahre bis zum wirklichen Wiederaufbau. Diese Entwicklung vollzog sich zum großen Teil unter der Aufsicht der Vereinten Nationen, was einen Devisenfluss nach Phnom Penh auslöste. Als Kambodscha dann zunehmend sicherer wurde, gründeten internationale Wirtschafts-unternehmen Niederlassungen, um im Land zu investieren. Der damalige Gouverneur Chea Sophara strebte eine Sanierung der Stadt an, wobei er deutliche Verbesserungen des Erscheinungsbildes und der Infrastruktur bewirkte, bevor er 2003 entlassen wurde. Seither setzt die Regierung das Verschönerungsprogramm fort.

INSIDERTIPP

Nicht alle Taxifahrer in Phnom Penh sprechen Englisch, und einige kennen sich in ihrer Stadt nicht wirklich gut aus. Halten Sie deshalb einen Stadtplan bereit, und bitten Sie für den Notfall im Hotel darum, Ihnen Ihre Zieladresse in Khmer zu notieren.

SOLANGE HANDO
National Geographic-Autorin

Die Schnelligkeit, die der Entwicklung Phnom Penhs innewohnt, erfüllt die Atmosphäre der Stadt mit einer Stimmung des Wandels. Ganze Wohnblocks scheinen über Nacht aus dem Boden zu schießen, Baustellen findet man an vielen Straßen in der Stadt. In einem Jahr oder auch in nur einem Monat kann sich das Stadtbild von Phnom Penh grundlegend wandeln.

Phnom Penh

⌖ Karte S. 63 A3

Tourismusministerium

⌖ Karte S. 71

✉ 63 St. 348, Sangkat Toul Svay Prey II, Khan Chamkamorn

☎ +855(0)23-427-130

⌚ Sa–So geschl.

$ $

www.mot.gov.kh

ERLEBNIS: Schattenspielfiguren

Vielleicht werden Forscher nie sicher sagen können, ob die ersten Schattenspielfiguren in Angkor oder schon früher aus einem Fetzen durchlöcherter Büffelhaut entstanden sind. Sicher ist, dass diese Kunst schon fast in Vergessenheit geraten war, als Mann Kosal die Figuren 1994 zu neuem Leben erweckte.

Heute können Besucher des **Sovanna Phum** (166 St. 99, Phnom Penh, Tel. +855(0)23-987-564, www.shadow-puppets.org, Aufführungen Fr & Sa 19.30 Uhr, $$) eigene Schattenspielfiguren herstellen: ein Stück Kuhhaut gerben, einfärben, zuschneiden und mit komplizierten Lochmustern dekorieren, die ein charakteristisches Merkmal dieser Kunst sind. Mittlerweile sind die Helden hinduistischer Volksweisheiten und zahlreiche

Fabeltiere wieder in Aufführungen des Sovanna Phum in der Hauptstadt und im La Noria Hotel in Siem Reap zu sehen.

Im **La Noria** (Riverside Rd., nördlich der Nationalstraße 6, Siem Reap, Tel. +855(0)63-964-242, www.lanoriaangkor.com) führen Kinder alle 14 Tage Schattentheaterstücke unter der Leitung von Krousar Thmey auf. Die NGO veranstaltet auch Workshops, in denen die Kinder das Figurenspiel und das Lederhandwerk erlernen können.

Wer keine Zeit hat, eine eigene Spielfigur herzustellen oder eine Aufführung zu sehen, kann eine Puppe im **House of Peace** (National Highway 6 in Richtung Flughafen, Siem Reap, Tel. +855(0)12-913-398, www.friedenshaus-kambodscha.de) kaufen. Erlöse aus dem Verkauf der Figuren kommen direkt der Hilfe für Waisenkinder zugute.

Königspalast & Silberpagode

 Karte S. 71

✉ Sothearos Blvd., zwischen St. 240 & St. 184

 +855(0)23-426-801

 $

Bezirk des Königspalasts

Die meisten touristischen Attraktionen Phnom Penhs befinden sich in der Nähe des Königspalasts, alle liegen nur wenige Schritte voneinander entfernt. Am besten beginnen Sie Ihre Besichtigungstour am Wohnsitz der kambodschanischen Königsfamilie, dem **Königspalast mit Silberpagode.** Der Bau entstand 1866 während des französischen Protektorats, heute ist der Palast Residenz des Königs Norodom Sihamoni (reg. seit 2004). Er gilt als wichtiges nationales Symbol. Mit Ausnahme der eigentlichen königlichen Residenz, des Khemarin-Palastes, sind Gelände und Bauten der Palastanlage zum größten Teil für die Öffentlichkeit zugänglich.

Beim Eintritt durch die Palasttore kommt man auf den eindrucksvollen **Chan-Chaya-Pavillon** zu, wo der König und seine Gäste einst traditionellen Apsara-Tänzern zuschauten. Vor dieser Halle hält der König heute noch Audienzen ab.

Zum Palast gehören zahlreiche Gebäude und Gärten innerhalb des ausgedehnten, mit Mauern eingefassten Geländes. Unter den für Besucher zugänglichen Bauten ist der prachtvolle **Thronsaal** besonders beeindruckend. Die Halle im Stil der Khmer-Architektur wird nur zu besonderen Anlässen gebraucht. Der zugehörige Turm ist 59 m hoch und den Türmen des Bayon, eines Tempels in Angkor, nachempfunden.

Die **königliche Schatzkammer** und die **Villa Napoleons III.** liegen direkt südlich der Thronhalle im Hauptinnenhof. Der Eisenpavillon wurde ursprünglich in Ägypten errichtet, wo er der französischen Kaiserin Eugénie während der Eröffnung des Suezkanals als Unterkunft diente. Napoleon III. machte den Pavillon König Norodom 1873 zum Geschenk.

Silberpagode: Am nördlichen Rand des Palastgeländes steht die prachtvolle **Silberpagode**, deren Name sich vom Fußboden herleitet, der aus 5329 Silberfliesen zusammengesetzt ist. Der ursprüngliche Bau von 1892 wurde unter König Norodom (reg. 1859– 1904) errichtet und bestand vorwiegend aus Holz. König Sihanouk ließ die Stätte 1962 erweitern.

Die Silberpagode bietet Besuchern und Kambodschanern die seltene Gelegenheit, eine historisch bedeutsame religiöse Stätte zu besichtigen, die nicht von den Roten Khmer zerstört wurde. Vielmehr hatte das Regime diese Pagode bewusst nicht angerührt, um zu demonstrieren, dass die kommunistische Bewegung die Kulturschätze des Landes zu schätzen wisse. Viele der heiligen Reliquien und andere Kostbarkeiten im Inneren der Pagode wurden aber von Soldaten der Roten Khmer zerstört. Die unversehrt erhalten gebliebenen Objekte sind immer noch spektakulär. Heute befinden sich 1650 Kunstgegenstände in diesem Tempel, die meisten sind buddhistische Statuen. Viele dieser Schätze waren Geschenke an den König oder die königliche Familie.

Sobald Sie das Gelände der Silberpagode betreten, werden Sie beeindruckt innehalten. Der Innenhof ist mit imposanten Statuen gefüllt, darunter ein hohes **Reiterstandbild des Königs Norodom.** Dieses Denkmal stellte ursprünglich Kaiser Napo-

Im Sovanna-Phum-Theater werden traditionelle Kunstformen gepflegt, z. B. das Schattenfigurentheater

leon III. dar; das Haupt des Standbildes wurde später einfach durch den Kopf König Norodoms ersetzt. Die Mauern, die den Bezirk der Silberpagode umgeben, sind mit kunstvollen, anschaulichen **Wandbildern** geschmückt, die Szenen aus dem hinduistischen Epos „Ramayana" darstellen. Der Bilderzyklus beginnt südlich vom Osteingang und verläuft dann um den gesamten Innenhof. Dieser Wandschmuck geht auf die Zeit um 1900 zurück. Obwohl die Zeit Spuren an diesen Bildern hinterlassen hat, sind sie immer noch prachtvoll.

Der Innenhof birgt zudem **zwei Stupas:** Der südliche Stupa enthält die Asche des Königs Ang Duong (reg. 1848–59) und der nördliche die des Königs Norodom.

Nach dem Aufstieg zur eigentlichen Pagode auf einer Treppe aus italienischem Marmor stößt man auf einen wahren Schatz: Der **Smaragdbuddha**, eine Statue aus dem 17. Jh. aus Baccarat-Kristall, beherrscht sofort das Bild. Direkt davor steht die Statue eines **lebensgroßen Buddhas** aus purem Gold – sie wiegt 90 kg und ist mit 9584 Diamanten besetzt.

Gleich hinter dem Thron sieht man das **königliche Bett**, auf welchem der König am Krönungstag getragen wurde. Das Bett wird von einer Marmorstatue des Buddha aus Birma, Silberarbeiten aus der Bibliothek der Silberpagode und dem Stupa König Norodoms flankiert. Am hinteren Ende des Raumes steht ein Schaukasten; er enthält

---

ERLEBNIS: Maßgeschneidert

Auf internationale Anerkennung müssen sie zwar verzichten, trotzdem sind die Schneider von Phnom Penh in der Regel geschickt und preiswert. Viele legen Wert darauf, dass die Kunden eigene Stoffe mitbringen, die sie zuvor auf dem Olympischen, auf dem Orussey- oder dem Russischen Markt erstanden haben. Bei allen Schneideraufträgen sind eine oder zwei Anproben inbegriffen.

Ehemalige Straßenkinder nähen Kleidung und Heimtextilien in rund einer Woche bei **Friends@ 240** (32 St. 240, www.friends-international.org). Diese gelungene Boutique hat Stoffe vorrätig oder kauft Materialien für die Kunden ein.

Mondiaux Tailor (85A Sihanouk Blvd., Tel. +855(0)12-867-655) ist die beste Adresse für maßgeschneiderte Anzüge. Bei Mondiaux sind Stoffe

vorrätig; ein Ausflug zum Markt ist nicht nötig. Das Schneidern eines Anzugs dauert zehn Tage und ist teurer als bei anderen Schneidern.

Die Näherinnen bei **Monika Modern Tailor** (151 Mao Tse Toung Blvd., Tel. +855(0)12-824-328) vollbringen wahre Wunderwerke anhand von Katalogfotos oder auch nur einer groben Skizze. Monika ist vor allem bei der Auslän-

dergemeinde beliebt, sodass man mit zwei bis drei Wochen Wartezeit rechnen muss.

Die zahlreichen Schneider an den **Ständen des Russischen Marktes** (Ecke St. 163 & St. 444) fertigen Kleidung sehr zügig und zu Schnäppchenpreisen an. Da sie kaum Englisch sprechen, sollte man eine Kopie oder ein Foto vom gewünschten Kleidungsstück mitbringen.

zwei Buddhastatuen, die mit Diamanten von jeweils bis zu 16 Karat geschmückt sind. Auch die Wände der Pagode sind reich verziert: mit Buddhastatuen, Apsara-Masken und Geschenken ausländischer Staatsoberhäupter.

digte, und **Stupas** mit der Asche von Prinzessin Norodom Kantha Bopha und König Norodom Suramarit (reg. 1955–60).

Beim Besuch des Palasts und der Pagode sollten Sie angemessen gekleidet sein: Knie

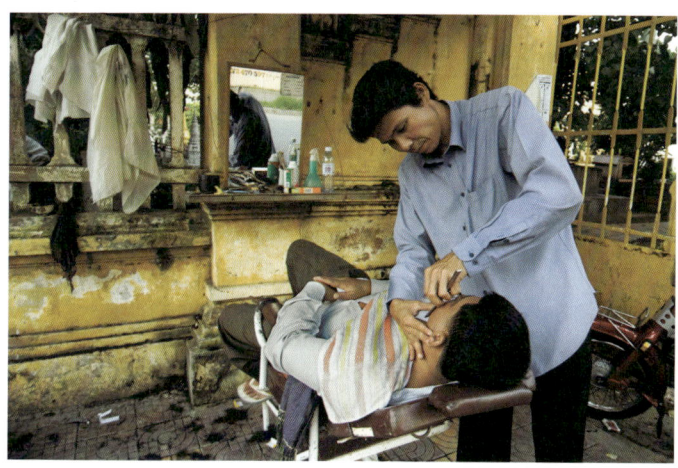

Straßenbarbiere in Phnom Penh öffnen ihre Läden am frühen Morgen und am späten Nachmittag

Zu den Bauten und Stupas im Inneren der Silberpagode gehören u. a. **Keung Preah Bat** mit „Fußabdrücken" von vier Buddhas, die Erleuchtung erlangt haben; **Phnom Mondop**, ein künstlicher Hügel, der Phnom Kailassa darstellt, wo Buddha seine Fußabdrücke im Stein hinterließ; eine große Bibliothek, angefüllt mit heiligen Texten und Abhandlungen zu verschiedenen Lehrgebieten; ein **Glockenturm**, der bei den Zeremonien das Öffnen und Schließen der Pagode ankün-

und Schultern müssen bedeckt sein, das Tragen einer Kopfbedeckung ist im Palastbezirk verboten. Für den Fall, dass man keine passende Kleidung mitgebracht hat, liegen weite Hemden zum Ausleihen bereit. Erwerben Sie einen separaten Fotopass (*$; zusätzliche Videogebühr $*), falls Sie vorhaben sollten, auf dem Gelände Foto- oder Videoaufnahmen zu machen; beachten Sie jedoch, dass Fotografieren und Filmen im Inneren der Silberpagode nicht gestattet sind.

(Fortsetzung auf S. 72)

Fahrt im Tuk-tuk durch Phnom Penh

Hitze, überfüllte Straßen und fehlende Gehwege: Phnom Penh ist nicht gerade ein idealer Ort für Spaziergänge. Durch die Stadt kommt man am besten im Tuk-tuk, einem zweirädrigen Gefährt, das von einem Motorrad gezogen wird.

Starten Sie an der Ecke von Suramarit Boulevard und Sothearos Boulevard am **Vietnamese Friendship Monument**. In westlicher Richtung führt der Suramarit Boulevard am **Hun Sen Park** vorbei. Fahren Sie weiter zum **Independence Monument** ➊ *(Ecke Norodom Blvd. & Sihanouk Blvd., Tel. +855(0)23-216-666, $)*, folgen Sie dem Kreisverkehr und setzen Sie die Fahrt auf dem Norodom Boulevard in nördlicher Richtung fort, wo Sie kolonialzeitliche Villen und Herrenhäuser sehen können.

Biegen Sie nach rechts in Street 240, die schicke Geschäftsmeile der Stadt, ein. Fahren Sie weiter auf der 240 nach Osten zum Sothearos Boulevard und biegen Sie beim **Königspalast mit Silberpagode** ➋ *(Sothearos Blvd., zwischen St. 240 & St. 184, Tel. +855 (0)23-426-801, $)* links ab.

Fahren Sie nördlich weiter zum **Nationalmuseum** ➌ *(St. 13, Sangkat Chey Chumneas, Tel. +855(0)23-211-753, $)*. Biegen Sie links in die von Kunstgalerien gesäumte Street 178 ein.

Lassen Sie wenden und folgen Sie nördlich dem Sothearos Boulevard, der am **Wat Ounalom** ➍ *(Sothearos Blvd., Tel. +855(0)12-773-361, $)* vorbeiführt; dort mündet der Sothearos Boulevard in den Sisowath Quay am **Flussufer**. Nach dem Einbiegen in Street 130 erscheinen Kolonialbauten. Umrunden Sie den Art-déco-Bau des **Zentralmarktes** ➎ *(St. 130, nördlich von St. 63, Tel. +855(0)23-216-666, $)*, ein Wahrzeichen Phnom Penhs.

In nördlicher Richtung auf Street 63 unterwegs, wenden Sie sich nach rechts in Street 114 und dann links in den Norodom Boulevard, der zur Pagode des **Wat Phnom** ➏ *(St. 96 & Norodom Blvd., Tel. +855(0)12-934-623, $)* führt.

Fahren Sie um die Pagode herum und biegen Sie rechts in Street 92 ein. Sie passieren die **Nationalbibliothek** und das **Raffles Hotel Le Royal** (siehe S. 81). Biegen Sie anschließend links in den Monivong Boulevard ab, an dem der **Bahnhof** im Art-déco-Stil liegt. Rechts wenden Sie sich zum Charles de Gaulle Boulevard

NICHT VERSÄUMEN

Königspalast • Nationalmuseum • Wat Phnom • Tuol-Sleng-Völkermordmuseum • Russischer Markt

Ein Tag im Leben eines Tuk-tuk-Fahrers: Li Heng

Li Heng steht jeden Morgen um 6 Uhr auf, verabschiedet sich von Frau und Kindern und macht sein Tuk-tuk startklar, um Gäste durch Phnom Penh zu fahren. Er verdient in der Regel umgerechnet 7,50 $ am Tag, an manchen Tagen sind es nur 2,50 $, manchmal aber auch 17,50 $. Die Tage sind lang, und Li arbeitet meist bis 9 Uhr abends.

Ursprünglich stammt Li aus der Provinz Kampong Cham; die Roten Khmer zwangen ihn einst, die Schule abzubrechen. Seit 2006 fährt er ein Tuk-tuk. 12 Jahre lang musste er ein Moped fahren, um genügend Geld für ein eigenes Tuk-tuk zusammenzusparen. Aber er ist ehrgeizig: Li arbeitet darauf hin, eines Tages ein eigenes Taxi zu kaufen.

STREET 70

Französische Botschaft

Boeng Kak

Raffles Hotel Le Royal
National-bibliothek
Wat Phnom

Tonle Sap

SSOWATH

STREET 92

US-Botschaft

Post

QUAY

Bahnhof

Kanika Catamaran

CONFEDERATION DE RUSSIE BLVD.

KAMPUCHEA

KROM

BLVD.

CHARLES DE GAULLE BLVD.

JAWAHARLAL

NEHRU

MONIVONG

STREET 130
STREET 136

Phnom Penh Nachtmarkt

Zentral-markt
Wat Ounalom
Friends Restaurant
Sarawan-Pagode
Universität der schönen Künste

STREET 178
STREET 184

National-museum

Königlicher Palast & Silberpagode

Orussey-Markt

Französisches Kulturzentrum

STREET 240

STREET 51
STREET 19

DEMOCRACY SQUARE

Olympia-stadion

SIHANOUK

BLVD.

Vietnamese Friendship Monument

SOTHEAROS BLVD.

START

Nach Choeung Ek Killing Fields Memorial 14.5 km

MONIRETH

BLVD.

Tourismus-ministerium

Olympischer Markt

SURAMIT BLVD.

Independence Monument

HUN SEN PARK

Wat Lanka

STREET 283
STREET 348
STREET 358

STREET 278

113

STREET 310

BOENG KENG KANG

Tuol Sleng

STREET 163

STREET

MONIVONG BLVD.

STREET 63

MAO TSE TOUNG BLVD.

YOTHAPOL

KHEMARAK

BLVD.

Russischer Markt

Siehe auch Karte S. 63

Vietnamese Friendship Monument

3 Kilometer

1½–4 Stunden

Russischer Markt

0   800 Meter
0   800 Yards

(Street 217). Fahren Sie weiter, bis der Charles de Gaulle Boulevard in den Monireth Boulevard übergeht; Sie sehen nun das **Olympiastadion**.

Beim Kreisverkehr biegen Sie in den Sihanouk Boulevard ein und fahren an den Gold Towers vorbei: Zwillingstürme mit 42 Stockwerken. Rechts auf der Street 51 kommen Sie zum **Wat Lanka** 7 *(Sihanouk Blvd., Tel. +855(0)23-216-666, $)*, wo Mönche Meditationskurse abhalten (siehe S. 51). Folgen Sie rechts der Street 278, dann links der Street 63 zum Mittelpunkt des Bezirks Boeng Keng Kang. Rechts auf Street 310 überqueren Sie einen Kanal. Biegen Sie dann links in Street 113 ein, sie führt zum **Tuol-Sleng-Völkermordmuseum** 8 *(Ecke St. 113 & St. 350, Tel. +855(0)23-300-698, $)*. Nach Süden führt Street 113 weiter bis zum Mao Tse Toung Boulevard, wo Sie sich nach rechts wenden. Als Nächstes biegen Sie links in Street 163 ein und beenden die Fahrt im Tuk-tuk beim **Russischen Markt** *(Ecke St. 450 & St. 163, Tel. +855(0)23-723-949, $)*.

Nationalmuseum

Nur wenige Gehminuten nördlich des Palasts liegt das einzigartige Nationalmuseum. Das Gebäude gilt als eines der schönsten Beispiele der Kolonialarchitektur in der Stadt; asiatische und kolonialzeitliche Einflüsse verschmelzen in einem auffallenden terrakottaroten Bau mit einem kunstvollen Ziegeldach, das von *nagas* (mythischen Schlangenwesen) gekrönt wird. Das

Mehr als 5000 Objekte aus dem 4. bis 13. Jh. werden allein schon in den vier Innenhöfen gezeigt. Tausende weiterer Kunstgegenstände befinden sich in den Magazinen. Moderne Kunst fehlt nicht vollständig; beispielsweise gibt es regelmäßig Wechselausstellungen zum Thema Fotografie.

Allen, die tiefer in die reiche Kunst- und Kulturgeschichte Kambodschas einzudringen hoffen, stehen mehrsprachige Museumsführer zur Seite. Außerdem erhält man eine Reihe von Büchern für eigenständige Rundgänge im Museum. Das Fotografieren ist im Inneren des Museums allerdings verboten.

Vishnu-Figur aus Bronze im Nationalmuseum

Street 178 & Umgebung

Wer sich von den Kunstwerken im Nationalmuseum inspiriert fühlt, sollte einmal einen Spaziergang entlang der Street 178 unternehmen; sie verläuft direkt nördlich vom Museum. Die **Artist's Street**, wie sie genannt wird, ist von Kunstgalerien gesäumt, die traditionelle und moderne Werke ausstellen.

Direkt an der Street 178, bei Street 13, liegen das **Friends Restaurant** und das **Mith Samlanh Center**, die von der nichtstaatlichen Organisation (NGO) Friends-International (FI) betrieben werden. Das Zentrum und das bezaubernde Restaurant haben sich in Phnom Penh einen guten Ruf erworben. Das Friends, eines der populärsten

Museum, nach einem Entwurf des berühmten französischen Architekten George Groslier unter Mithilfe von Angehörigen der École des Arts Cambodgiens erbaut, wurde 1920 von König Sisowath eingeweiht.

Das Museum beherbergt die weltweit bedeutendste Sammlung von **Kunstgegenständen aus der Vor-Angkor- und Angkor-Zeit**.

Restaurants der Stadt, wird von ehemaligen Straßenkindern im Rahmen eines zweijährigen Ausbildungsprogramms geführt. Das Mith Samlanh Center *(nicht öffentlich zugänglich)* befindet sich gleich hinter dem Restaurant; man kann es auf verschiedene Weise unterstützen, damit es weiterhin den am stärksten benachteiligten Kindern Kambodschas Beistand leistet.

Direkt westlich vom Museum, abseits von Street 178, befindet sich der ursprüngliche Campus der **Königlichen Hochschule der Schönen Künste**, die in einem reizvollen, rostroten Gebäudekomplex untergebracht ist. Die Kunsthochschule geht auf das Jahr 1918 zurück, als sie unter dem Namen École des Arts Cambodgiens ins Leben gerufen wurde. Heute bemüht sie sich, eine neue Generation junger Khmer in den traditionellen und modernen Künsten auszubilden. Archäologie, Architektur und Städtebau sowie die Schönen Künste werden am Campus an der Street 19 gelehrt, während Choreografie und Musik an einen zweiten Standort außerhalb der Stadt verlagert wurden.

Mehrere Querstraßen entfernt steht in nördlicher Richtung die **Sarawan-Pagode** an der Ecke von Street 19 und 178. Im Gegensatz zu anderen Tempeln der Stadt wurde sie noch nicht restauriert, befindet sich aber in einem guten Zustand. Abseits der üblichen Touristenwege gelegen, ist diese Pagode eine besonders friedliche Stätte.

Restaurants, Läden und Bars säumen den Sisowath Quay; die überfüllte Straße verläuft parallel zum Fluss **Tonle Sap**. Viel Betrieb herrscht an der **Uferpromenade** eigentlich den ganzen

Royal University of Fine Arts

- Karte S. 71
- 72 St. 19
- +855(0)12-444-589
- $

Sarawan-Pagode

- Karte S. 71
- Ecke St. 19 & St. 178
- $

ERLEBNIS: Kurse in der Khmer-Sprache

Khmer ist keine tonale Sprache wie Thai und daher für westliche Besucher etwas leichter zu erlernen. Es ist nicht schwierig, schnell ein paar Wörter aufzuschnappen, und Kambodschaner haben ihre Freude daran, Ausländern ihre Muttersprache näherzubringen.

Die **Royal University of Phnom Penh**, die älteste und elitärste Universität Kambodschas, bietet dreimonatige Khmer-Kurse an, aber auch Jahreskurse mit Abschlusszeugnis. Neulinge studieren bei dem legendären Sprachenlehrer Soeung Phos *(Koordinator, Institute of Foreign Languages, Tel. +855(0)12-866-826, www. rupp.edu.kh)*, der in der ganzen Welt Vorlesungen über die Khmer-Sprache gehalten hat. Für einen kurzen Aufenthalt im Land dürfte der Lehrstoff zu anspruchsvoll sein; der Kurs ist für Ausländer zugeschnitten, die als Geschäftsleute oder im sozialen Bereich arbeiten.

Als Schnupperkurs bietet das **Singing Tree Café** *(Tel. +855(0)92-635-500, www.singingtree cafe.com)* in Siem Reap einstündige Khmer-Kurse an, die von einem buddhistischen Mönch aus dem benachbarten Wat Bo erteilt werden *(Kontakt: Santey, Tel. +855(0)12-554-812)*.

Begrüßungen, Konversation und nützliche Redewendungen bilden den Inhalt dieser zwanglosen Kurse zu angemessenen Preisen (4 $ pro Std.), die je nach Wunsch von Dienstag bis Sonntag stattfinden.

Maxine's
- ✉ 71 Tonle Sap Rd.
- ☎ +855(0)12-200-617
- 💲 $$

Kanika Catamaran
- 🅰 Karte S. 71
- ✉ Sisowath Quay, liegt gegenüber St. 136
- ☎ +855(0)12-848-802
- 💲 $$$$

Chenla Luxury Boat
- ✉ Sisowath Quay, Passagierhafen bei St. 104
- ☎ +855(0)12-758-992
- 💲 $$$

Tag, zumal sich hier zahlreiche touristisch ausgerichtete Restaurants und Nachtbars angesiedelt haben. Frühaufsteher freuen sich besonders über die malerischen Sonnenaufgänge am Fluss, wo sich viele Khmer zum morgendlichen Tai Chi (siehe unten) versammeln. Für Nachteulen gibt es **Maxine's**, eine unter den Ausländern der Stadt recht beliebte Bar und ein ausgezeichneter Ort, um den Sonnenuntergang zu erwarten. Wer dagegen auf einen erholsamen Spaziergang am Fluss hofft, wird möglicherweise enttäuscht, denn hierher strömen täglich Scharen von Bettlern. Verschiedene NGOs leisten inzwischen gute Hilfsarbeit für die Armen (siehe S. 33); Bettlern direkt Geld zu geben führt eher dazu, sie in dieser

INSIDERTIPP

Nach einem Tag auf den staubigen Straßen der Hauptstadt weckt ein abendlicher Drink mit Blick auf den Mekong an der lebendigen Bar des Foreign Correspondents' Club (FCC) am Sisowath Quay die Lebensgeister.

JOHN SEATON CALLAHAN
National Geographic-Mitarbeiter

unsicheren Lage noch zu bestätigen.

Wirklich genießen können Sie die Nähe zum Wasser besser auf einer **Bootstour** auf dem Tonle Sap und dem Mekong. Die Boote folgen üblicherweise der zentralen Uferzone, die eine eindrucksvolle Sicht auf den Königspalast und die Silhouette Phnom Penhs bietet, und biegen dann in den Mekong ein. Am Mekong kann man Dörfer betrachten und einheimischen Fischern bei der Arbeit zusehen. Gerade wenn sich die Hitze in den Straßen der Stadt staut, wird man die kühle Brise beim Dahintreiben auf dem Fluss zu schätzen wissen. Am beliebtesten sind Flussfahrten bei Sonnenuntergang, doch das beste Licht zum Fotografieren hat man am frühen Morgen, wenn die aufgehende Sonne die Fassade des Königspalastes beleuchtet.

ERLEBNIS: Tai Chi in der Morgendämmerung

Wenn Sie vor Tagesanbruch aufstehen und sich ans Ufer des Tonle Sap begeben, werden Sie am Sisowath Quay nicht nur einen erhabenen Sonnenaufgang, sondern auch ein kambodschanisches Ritual erleben. Jeden Morgen nämlich versammeln sich Hunderte Khmer am Fluss, um ihre schläfrigen Glieder zu strecken und miteinander Tai Chi zu üben. Ihre gleichartigen, anmutigen Bewegungen vor den glühenden Orange- und Rottönen geben ein sensationelles Bild ab, das sich in wunderschönen Fotos einfangen lässt. Gäste sind herzlich eingeladen, sich anzuschließen und Tai Chi zu erlernen. Ein ähnliches Übungsritual ist jeden Tag am Olympiastadion (siehe S. 87) zu beobachten.

Anbieter von derartigen Schiffsfahrten findet man am gesamten zentralen Flussabschnitt; sie bieten ihre Boote in der Regel für 10 bis 15 $ pro Stunde an, abhängig von der Größe des Bootes. Ein- bis zweistündige Flussfahrten lassen sich vor Ort vereinbaren, bei hochwertigen Booten ist eine Reservierung erforderlich. Zum gehobenen Angebot zählen der gemeinnützig betriebene **Kanika Catamaran**, der Flussfahrten inklusive Nachmittagsimbiss oder Abendessen offeriert, oder das **Chenla Luxury Boat**.

In Ufernähe, einige Straßen nördlich vom Museum, liegt **Wat Ounalom**. Der Tempel, der heute allgemein als bedeutendstes Zentrum des Buddhismus in Kambodscha gilt, wurde 1443 erbaut, um darin ein heiliges Haar aus der Augenbraue des Buddha aufzubewahren. Zeitweilig lebten mehr als 500 Mönche auf dem Tempelgelände. Die Roten Khmer gingen besonders brutal gegen diesen Tempel und seine Bewohner vor. Glücklicherweise wurde die Pagode wieder restauriert, nachdem die Roten Khmer vertrieben waren.

Im zweiten Stock des Hauptgebäudes befindet sich eine Statue des **Huot Tat**, des vierten Patriarchen des kambodschanischen Buddhismus, den Soldaten der Roten Khmer umgebracht haben. Das Standbild entstand vor seinem Tod im Jahr 1971 und

Foreign Correspondents' Club (FCC)
Siehe S. 285

Wat Ounalom
🗺 Karte S. 71
✉ Sothearos Blvd.
☎ +855(0)12-773-361
💲 $

Verkehrsregeln werden auf den chaotischen Straßen Phnom Penhs kaum beachtet

ERLEBNIS: Nachtmarkt von Phnom Penh

Der Nachtmarkt von Phnom Penh (*gegen-über dem Wat Ounalom, Fr–So 17–12 Uhr; siehe Karte S. 71*) ist ein Labyrinth aus Verkaufsständen, an denen heimische Erzeugnisse angeboten werden. Zu den Waren dort gehören u. a. Gemälde, Kunsthandwerk, Kleidung, Seidenstoffe und Lebensmittel. Auf dem Marktgelände finden außerdem nachts Musik- und Tanzaufführungen statt. Der Freiluftmarkt liegt strategisch günstig an der populären Uferpromenade in unmittelbarer Nähe vieler Hauptattraktionen von Phnom Penh und damit auch in der Nähe vieler Restaurants und Bars.

Das Tourismusministerium knüpft hohe Erwartungen an den Markt. Man hofft auf eine Erweiterung, damit er wie andere erfolgreiche Märkte Südostasiens, z. B. in Bangkok oder Luang Prabang, die regionale Wirtschaft belebt.

Independence Monument

 Karte S. 71

✉ Ecke Norodom Blvd. & Sihanouk Blvd.

💲 $

Vietnamese Friendship Monument/ Democracy Square

 Karte S. 71

✉ Sothearos Blvd., an der Ecke Suramarit St.

☎ +855(0)23-211-593

💲 $

wurde später von den Roten Khmer in den Fluss geworfen, um dem Buddhismus symbolisch ein Ende zu bereiten. Die Statue wurde später aus dem Fluss geborgen und im Wat Ounalom restauriert. Gegenüber diesem Standbild steht die **Statue eines früheren Patriarchen der buddhistischen Thummayuth-Sekte**. Im dritten Stock des Hauptgebäudes können Sie weitere Belege für das Wüten der Roten Khmer gegen die Religion betrachten: einen Marmorbuddha aus Birma, der in Stücke geschlagen und später wiederhergestellt wurde, und eine Buddhastatue aus Zement, deren silberne Hülle abgerissen wurde. Immerhin blieb das **Augenbrauenhaar** des Buddha unversehrt; momentan ist es unterhalb eines Stupa gleich hinter dem Hauptgebäude zu sehen.

Independence Monument & Umgebung

Mit dem Bau des Independence Monument begann man 1953 anlässlich der Unabhängigkeit Kambodschas von der Fremdherrschaft. 1958, fünf Jahre nach der Unabhängigkeitserklärung, wurde das Unabhängigkeitsdenkmal fertiggestellt. Der namhafte kambodschanische Architekt Vann Molyvann (geb. 1926) entwarf das Denkmal, wobei er sich hauptsächlich von Elementen des Angkor-Tempels Banteay Srei (siehe S. 161f) inspirieren ließ, ohne aber auf eine moderne Handschrift zu verzichten. Das Bauwerk dient auch dem Gedenken an alle Opfer der Kriege und wird auch **Victory Monument** genannt. 2007 leitete die kambodschanische Regierung eine groß angelegte Restaurierung des Denkmals ein, wobei zusätzlich mehrfarbige Fontänen rund um die Stätte angelegt wurden; für viele einheimische Khmer sind die bunten Fontänen inzwischen die Hauptattraktion.

Das recht streng gehaltene **Vietnamese Friendship Monument** liegt kaum 1 km nordöstlich vom Unabhängigkeitsdenkmal entfernt am

Democracy Square. Das Denkmal ist den vietnamesischen Soldaten gewidmet, die die Roten Khmer 1979 stürzten und das Land befreiten. Der Platz kam 1998 zu seinem Namen, als viele Khmer hier mit großer Ausdauer gegen den Wahlsieg der Kambodschanischen Volkspartei protestierten. Im Rahmen des allgemeinen Verschönerungsprogramms wurde der Platz in einen Park mit einer weiteren großen, farbenprächtigen Fontäne (mit musikalischer Untermalung) umgewandelt.

Westlich vom Unabhängigkeitsdenkmal liegt **Wat Lanka**. Als einer der fünf ältesten Tempel der Stadt wurde Wat Lanka 1422 zunächst als Bibliothek gegründet. Ursprünglich stand der Tempel nordöstlich von Wat Phnom, er wurde 1916 verlegt. Der Tempel war lange Zeit eng mit der königlichen Familie verbunden, weil das kambodschanische Königshaus bis 1967 für seinen Unterhalt sorgte. Viele Angehörige der Königsfamilie besuchten die Tempelschule. Heute leben hier 247 Mönche aus allen Teilen Kambodschas. Außerdem besuchen 300 Schüler die weiterführende Schule, die sich auf dem Tempelgelände befindet. Für alle, die sich tiefer auf den Buddhismus einlassen möchten, werden ab 18 Uhr Meditationskurse abgehalten.

Wat Lanka liegt direkt am Bezirk **Boeng Keng Kang** (BKK) von Phnom Penh, der gelegentlich den freundlichen Beinamen „NGO-Land" trägt, da dort viele nichtstaatliche Organisationen angesiedelt sind. Viele Ausländer haben sich den BKK-Bezirk als Wohnort gewählt; die neu entstandenen Apartmenthäuser, die diesem westlichen Zustrom entgegenkommen, sind leicht auszumachen. Wegen der großen Zahl westlicher Einwohner gibt es hier viele Restaurants, Bars, Cafés, Bäder und Läden. **Street 278**, gegenüber dem Wat Lanka, liegt im Herzen des Bezirks BKK, wo sich Pensionen der mittleren Kategorie drängen.

Nördliches Phnom Penh

Der **Zentralmarkt** (Psar Thmei) ist bis unters Dach angefüllt mit praktisch allem,

Wat Lanka
- ⛰ Karte S. 71
- ✉ Sihanouk Blvd. (St. 274)
- 💲 $

Zentralmarkt
- ⛰ Karte S. 71
- ✉ St. 130, im Norden von St. 63

Der einsame Elefant von Phnom Penh

30 Jahre lang war ein 3 m großer Elefant in Phnom Penhs Straßen kein ungewöhnlicher Anblick: Die Elefantendame Sambo war unterwegs, damit Besucher auf ihr reiten konnten. So betrüblich der Anblick eines Elefanten in der Stadt auch war: Die dickhäutige alte Dame galt als ein Symbol des Widerstands.

Sambo wuchs mit ihrem Wärter Sin Son auf einem Bauernhof auf. 1977 entkam sie mit knapper Not einem Anschlag der Roten Khmer. Als Sin Son 1979 aus dem Arbeitslager zurückkehrte, erfuhr er, dass Sambo am Leben war und für schwerere Arbeiten in den Kardamombergen eingesetzt wurde. Er sorgte für Sambos Freilassung und brachte sie nach Phnom Penh. Schließlich wurde eine in Hongkong ansässige Stiftung auf die Elefantendame aufmerksam: Im Januar 2012 konnte sie endlich in den Ruhestand gehen.

Der Zentralmarkt im Art-déco-Stil ist einer der größten klassischen Märkte Asiens

Wat Phnom

- Karte S. 71
- Ecke St. 96 & Norodom Blvd.
- +855(0)12-934-623
- $

was man sich nur wünschen kann — und manchem, was man sich niemals wünschen würde! Der gelbe Art-déco-Kuppelbau, ein Werk des Architekten Vann Molyvann, ist ein Wahrzeichen von Phnom Penh. *Psar Thmei* heißt wörtlich übersetzt „neuer Markt", doch der Name „Zentralmarkt" hat sich wegen seiner Lage durchgesetzt. Der Zentralmarkt birgt eine beeindruckende Auswahl an Gütern von Lebensmitteln über Kleidung bis zu Elektrogeräten. Die Stände mit ihrer Last von farbenprächtigen Blumen und Früchten geben großartige Fotomotive ab.

Ein Bummel über einen der Märkte *(psar)* gehört zu einem Besuch der Stadt unbedingt dazu. Dort findet man im Grunde alles – von gefälschten Designersonnenbrillen über exotische Früchte bis zu zahllosen Shirts, auf denen Angkor Wat abgebildet ist. Jeder Markt hat eine ganz charakteristische Atmosphäre. Die Märkte sind üblicherweise täglich von 6 bis 17 Uhr geöffnet, die ungünstigste Zeit für einen Besuch ist zwischen 12 und 14 Uhr, wenn die Hitze absolut erdrückend wird.

Weiter im Norden liegt der hoch aufragende **Wat Phnom**, vielleicht die berühmteste Pagode der Stadt. Wat Phnom thront auf der Höhe des einzigen Hügels von Phnom Penh; hierher brachte die Dame Penh die vier Buddhastatuen, die sie am Ufer des Mekong fand. Der Haupteingang zur Pagode weist einen prachtvollen Treppenaufgang auf, der von Löwen- und Nagafiguren bewacht wird. Beim Aufstieg zu dieser Hügelpagode erblickt man ein Tempelgebäude (*vihara*), zahlreiche **kleine Schreine** und einen riesigen **Stupa**. Viele Khmer kommen jeden Tag hierher und beten für Glück und Wohlstand. Wem die Wünsche in Erfüllung gegangen sind, der kehrt zum Dank mit Opfergaben zurück. Im umliegenden Park wimmelt es von Menschen.

INSIDERTIPP

Erklimmen Sie die gewundene Treppe zum hoch aufragenden Wat Phnom; dort genießen Sie einen weiten Ausblick über Phnom Penh und bekommen einen guten Eindruck von der Stadt.

SIMON WILLIAMS
The Nature Conservancy

Die auffälligsten Bewohner des Tempelareals sind allerdings die heimischen Affen; zu ihren unerfreulichen Angewohnheiten gehört das Stehlen von Geldbörsen.

Wer das Echte, Alte und Historische liebt, dürfte allerdings ein wenig enttäuscht sein, denn der ursprüngliche Tempel existiert gar nicht mehr; das Heiligtum wurde mehrmals, nämlich 1434, 1890, 1894 und 1926, gründlich restauriert bzw. umgebaut. Ein großer Stupa auf dem rückwärtigen Gelände birgt die Überreste des Königs Ponhea Yat (reg. 1405–67) und seiner Familie. Auf ihn geht die Entscheidung von 1434 zurück, die Hauptstadt Kambodschas von Angkor nach Phnom Penh zu verlegen. An die Gründerin der Stadt und des Tempels erinnert die **Statue der Dame Penh** zwischen Stupa und Heiligtum. Der Altar soll speziell Frauen viel Glück bringen.

Französisches Viertel

Das Stadtviertel direkt östlich vom Wat Phnom zeugt noch vom Glanz der kolonialen Vergangenheit Kambodschas. Viele der Bauten wurden aufwendig restauriert und

Französisches Kulturzentrum

Von den imposanten Herrenhäusern abgesehen, die Erinnerungen an die Belle Époque wachrufen, ist das französische Kulturzentrum *(218 St. 184, Phnom Penh, Tel. +855(0)23-213-124)* das wohl schönste Erbe der französischen Kolonialmacht in Kambodscha. Mit Niederlassungen in Siem Reap *(Bldg. 418, Wat Bo St.)* und Battambang (Prek Mohatep Village, Svay Por Commune) ist das Centre Culturel Français (CCF) eine echte Bastion der französischen Kultur. Das CCF, heute eher ein Anlaufpunkt für heimwehkranke Franzosen und frankophile Touristen als für Einheimische, organisiert hervorragende kulturelle Veranstaltungen: Kunstausstellungen, Spezialveranstaltungen und Gastvorträge. Le Cinema, eines der wenigen Lichtspieltheater Phnom Penhs, zeigt internationale Dokumentar- und Arthouse-Filme. In den Buchläden und Bibliotheken des CCF findet man französische Bücher, Zeitschriften und Zeitungen.

ERLEBNIS: Einkaufen für einen guten Zweck

Die Nicht-Regierungsorganisationen produzieren und verkaufen hochwertige Seidenstoffe, Kunsthandwerk und anderes. Hier können Sie mit gutem Gewissen kaufen, die Erlöse kommen sinnvollen Zwecken zugute und tragen zur Ausbildung besonders schutzbedürftiger Menschen bei. Die Produkte der NGOs sind auf Märkten und in eigenen Boutiquen erhältlich.

Die **Cambodian Craft Cooperation** (22C St. 371, Phnom Penh, Tel. +855(0)11-984-879, www.cambodian-craft.com) CCC unterstützt kleine und von Familien geführte Textil- und Handwerksbetriebe, indem sie ihnen Kenntnisse in fortschrittlicher Betriebsführung und Vermarktung vermittelt.

Friends 'n' Stuff ist ein fröhlicher Laden (215 St. 13, Phnom Penh, Tel. +855(0)12-426-748, www.friends-international. org), der schön gestaltete Taschen, Kleidung und Schmuck nach Entwürfen von ehemaligen Straßenkindern und ihren Eltern anbietet. Er liegt direkt neben dem Friends Restaurant (siehe S. 72).

Frauen, die bisher keine Perspektive hatten, lernen die Herstellung von Seidenstoffen, Kunsthandwerk, Spielzeug und mehr bei **Nyemo** (Phnom Penh & Siem Reap, Tel. +855(0)23-213-160, www.nyemo.com). Diese nichtstaatliche Organisation leistet zahlreiche soziale Dienste für benachteiligte Frauen Kambodschas.

Rajana Association ist ein landesweites einkommens- und ausbildungsorientiertes Projekt für junge Kambodschaner. Rajana-Boutiquen (Phnom Penh, Siem Reap, & Sihanoukville, www.rajanacrafts.org) bieten fair gehandeltes Kunsthandwerk, naturbelassene Gewürze, Schmuck und Textilien an.

Der eigenartige Marktstand bei **Tooit Tooit** (Stand 312, Russischer Markt, Phnom Penh, www.friends-international. org) hebt sich vom übrigen Tumult dort ab. Die Eltern ehemaliger Straßenkinder tragen zum Schulbesuch der Kinder bei, indem sie Produkte aus Recyclingmaterialien herstellen.

Die anerkannte Weberin Carol Cassidy betreibt **Weaves of Cambodia** (Preah Vihear oder 24 St. 29, Phnom Penh, Tel. +855(0)12-737-116, www.village focus.org), wo Opfer von Landminen und andere behinderte Menschen in traditioneller Seidenweberei unterrichtet werden und atemberaubende Kreationen herstellen.

Postamt
- 🅰 Karte S. 71
- ✉ St. 13, Ecke St. 102
- ☎ +855(0)23-725-400

Van's Restaurant
- ✉ 5 St. 102, Ecke St. 13
- ☎ +855(0)23-722-067
- 💲 $$$–$$$$

wiederhergestellt; andere benötigen dringend entsprechende Maßnahmen. Im Herzen des einstigen französischen Viertels liegt der Marktplatz beim **Postamt**, wo Banken, Büros und Hotels im Stil der Belle Époque das Stadtbild beherrschten. Das zitronengelbe Postamt gilt als eines der schönsten Beispiele der Kolonialarchitektur in der Stadt. Es entstand 1894 und wurde zu Beginn des 21. Jhs. restauriert; noch heute dient es als Hauptpostamt.

Neben dem Postamt an Street 102 liegt **Van's Restaurant**, ein edles Speiseres-taurant, das zutiefst von der bewegten Geschichte Phnom Penhs und Kambodschas geprägt ist. Das elegante Herrenhaus hat die Bank von Indochina 1898 erbaut, in den 1960er Jahren ging es dann in den Besitz der Familie Van über, die es in ein Wohnhaus mit Büros umwandelte. Als die Familie vor den Roten Khmer fliehen musste, nutzte die Regierung das Anwesen zur Lagerung von Munition und legte im alten Banktresorraum ein Versteck für Gold und Edelsteine an. Das Haus wurde 2003 seinen alten Besitzern zurückgegeben, die es restaurierten und dort u. a. ein erstklassiges französisches Restaurant unterbrachten.

Außer dem Van's gibt es hier noch einen weiteren restaurierten Kolonialbau, den **Stammsitz der Asia Insurance** (5 St. 13, Tel. +855(0)23-427-981). Am nördlichen Zugang zum Marktplatz befindet sich auf der linken Seite die alte Polizeistation.

Weiter westlich an Street 92 steht die **Nationalbibliothek**.

de das Hotel in den Jahren 1957 / 58 erweitert. Zu seinen Gästen zählten berühmte Persönlichkeiten, darunter Charly Chaplin, Jacqueline Kennedy, Bill Clinton und die Königin von Spanien. In den 1970er Jahren wurde das Haus in Le Phnom umbenannt; damals wohnten hier Journalisten.

Das Hotel verfiel unter den Roten Khmer allmählich; die neuen Herren richteten sich darin Büros und Wohnungen

Botschaft der USA

🗺 Karte S. 71

✉ 1 St. 96, Sangkat Wat Phnom

☎ +855(0)23-728-000

🕐 Sa–So geschl.

Nationalbibliothek

🗺 Karte S. 71

✉ Daun Penh (St. 92)

☎ +855(0)12-951-582

🕐 Sa–So geschl.

💲 $

Raffles Hotel Le Royal

🗺 Karte S. 71

✉ 92 Rukhak Vithei Daun Penh, Ecke Monivong Blvd. & St. 92

☎ +855(0)23-981-888

💲 $$$$–$$$$$

Raffles Hotel Le Royal, Phnom Penh

Die Roten Khmer hassten jede Form von Bildung und Intelligenz; sie zerstörten deshalb einen großen Teil der Bücher und nutzten die Bibliothek als Schweinestall. Einige an sicheren Orten versteckte Bücher wurden der Bibliothek zurückgegeben, nachdem das blutige Regime beendet war.

Ebenfalls an Street 92 steht das **Raffles Hotel Le Royal**, lange Zeit ein Symbol für kolonialzeitlichen Luxus in der Hauptstadt. 1929 erbaut, wur-

für ihre Kader und für chinesische Berater ein. Nachdem die Vietnamesen schließlich die Macht übernahmen, wurde das Hotel unter dem Namen Samakki neu eröffnet. Es blieb jahrelang in einem erbärmlichen Zustand, auch als Angestellte der Übergangsverwaltung der Vereinten Nationen bis in die frühen 1990er Jahre darin wohnten. Das Hotel Le Royal gewann erst 1997 etwas von seinem alten Glanz zurück, nachdem

Bahnhof
- Karte S. 71
- St. 107, Ecke Confederation De La Russie

Französische Botschaft
- Karte S. 71
- 1 Monivong Blvd.
- +855(0)23-430-026
- Fr–So geschl.

die Hotelgruppe Raffles das Anwesen erwarb und restaurierte. Heute ist das Raffles Le Royal wieder ein Symbol für die Prachtentfaltung der Kolonialzeit. Die **Elephant Bar** des Hotels gilt als Institution: ein perfekter Ort, um sich bei einem Drink zurückzulehnen und die Umgebung auf sich wirken zu lassen.

Gleich links am belebten Monivong Boulevard liegt der **Bahnhof** mit deutlich ausgeprägten Art déco-Elementen.

Die alte **französische Botschaft** liegt am nördlichsten Abschnitt des Monivong Boulevard. Als Phnom Penh 1975 den Truppen der Roten Khmer in die Hände fiel, suchten etwa 800 Ausländer und

600 Kambodschaner Schutz auf dem Botschaftsgelände. Daraufhin drohten die Roten Khmer, alle auf dem Gelände befindlichen Personen zu töten, sollten die Flüchtlinge nicht ausgeliefert werden. Kambodschanische Frauen, die mit Ausländern verheiratet waren, durften in der Botschaft bleiben, kambodschanische Männer jedoch, deren Frauen aus dem Ausland stammten, lieferten die Franzosen aus. Die dramatischen Trennungsszenen zwischen Freunden, Kollegen und Familien sind im Film „Killing Fields – Schreiendes Land" von 1984 nachempfunden. Die meisten Khmer, die aus der Botschaft ausgewiesen

ERLEBNIS: Khmer-Boxen

Thai-Boxen *(muay Thai)* ist weltberühmt; bevor Thailand überhaupt existierte, gab es aber bereits *Bokator*, eine alte Kampfkunst der Khmer. *Pradal Serey* (das Khmer-Boran-Boxen) entwickelte sich aus dem Bokator, aus dem Pradal Serey ging wiederum das Thai-Boxen hervor.

Die Kambodschaner übertreffen ihre Nachbarländer zwar nicht unbedingt im Boxsport, doch Bokator, wörtlich „den Löwen angreifen", führt den Kampfsport immerhin auf ein höheres Niveau. Flachreliefs an den Tempeln von Angkor Wat stellen Khmer beim Ausüben einer Kampfkunst dar, und ein Handbuch aus dem 11. Jh., das kürzlich entdeckt wurde, verzeichnet Kampftechniken aus der Zeit von Jayavarman VII. Die Tradition wurde von den Roten Khmer, die den Meistern der Kampfkunst misstrauten, fast ausgelöscht, wird aber seit neuestem von einer Handvoll alter Meister wieder zu neuem Leben erweckt.

Cambodian Bokator Academy
Kramas sind Schals in traditionellen Farben, die jeweils einer bestimmten Stufe der Meisterschaft zugeordnet sind und ein Tier (z. B. Affe, Löwe, Elefant oder Krokodil) repräsentieren. Ausländer, die einen Krama erwerben wollen, können an der Akademie *(169E St. 161, Sangkat Orussey II, Phnom Penh, Tel. +855(0)12-651-845, 5 $ pro Std. oder 120 $ pro Monat, Kurse Mo–Fr 17.30–18.30 Uhr & Sa–So ganztägig)* bei Großmeister San Kim Sean studieren. Er arbeitet derzeit daran, die rund 10 000 Methoden der Kunst zu katalogisieren und zu normieren; sie umfassen den Einsatz von Waffen ebenso wie den Nahkampf.

Paddy's Fitness Centre
Gäste können Pradal Serey (Freistilboxen) in diesem Studio *(63 Street 294, Phnom Penh, Tel. +855(0)12-217-877, www.paddysgym.com)* trainieren: Unterricht von Montag bis Freitag von 17 bis 20 Uhr *($$)*.

Die Killing Fields von Choeung Ek zählen zu den schrecklichsten Zeugnissen der Herrschaft der Roten Khmer

wurden, erklärten die neuen Machthaber zu Feinden; höchstwahrscheinlich wurden alle ermordet. Ausländer durften immerhin noch mehrere Wochen lang in der Botschaft bleiben, bevor sie das Land verlassen mussten. Für kurze Zeit diente die Botschaft dann als Waisenhaus, heute dient sie wieder französisch-diplomatischen Zwecken.

Südlich des Independence Monument

Von zwei wichtigen Sehenswürdigkeiten abgesehen, gibt es südlich von Boeng Keng Kang nicht allzu viele Touristenattraktionen, und deshalb kommen auch nur wenige Besucher hierher. Dabei kann man in dieser Gegend durchaus einen authentischen Eindruck vom Leben in Phnom Penh gewinnen.

Das **Tuol-Sleng-Völkermordmuseum** ist vielleicht die erschütterndste Stätte in ganz Phnom Penh. Aus der einstigen Oberschule Tuol Svay Prey machten die Roten Khmer das größte Gefängnis und die berüchtigtste Folter-

kammer des Landes; bekannt wurde sie auch unter dem Namen S 21. Die Häftlinge lebten unter unmenschlichen Bedingungen und wurden tage- oder monatelang systematisch gefoltert, damit sie vermeintliche „Verschwörungen" eingestanden. Nachdem die Gefangenen ihre „Taten" gestanden hatten, wurden sie zu den Killing Fields von **Choeung Ek** transportiert und brutal hingerichtet. Von den schätzungsweise 16 000 Menschen, die in S 21 inhaftiert waren, hat mutmaßlich kaum ein Dutzend überlebt.

Die Stätte wurde 1979 in ein Museum und Mahnmal umgewandelt. Das Gefängnis wurde dabei in dem Zustand belassen, in dem man es vorgefunden hatte, als die Roten Khmer aus der Stadt flohen. Auf dem gesamten Gelände erläutern Schilder die Geschehnisse in jedem einzelnen Raum, weisen auf die Zellen von Gefangenen hin und erklären Besuchern auch den Stacheldraht an den Balkonen, der Gefangene daran hindern

(Fortsetzung auf S. 86)

Tuol-Sleng-Völkermordmuseum

⚑ Karte S. 71
✉ Ecke St. 113 & St. 350
☎ +855(0)23- 300-698 oder +855(0)23-210-358
💲 $

Kriegsverbrechertribunal

Der erste Versuch, die Führungselite der Roten Khmer zur Verantwortung zu ziehen, war das People's Revolutionary Tribunal, das abgehalten wurde, nachdem die Vietnamesen die Roten Khmer 1979 gestürzt hatten: ein Schauprozess, der rechtsstaatliche Standards vermissen ließ.

Das Tuol-Sleng-Völkermordmuseum zeigt Bilder von Opfern des Genozids im einstigen S-21-Gefängnis

Die Roten Khmer setzten ihren Guerillakrieg bis in die 1990er Jahre hinein fort; daher baten die Ministerpräsidenten der kambodschanischen Regierung, Hun Sen und Prinz Ranariddh, offiziell die Vereinten Nationen um Unterstützung, damit die Anführer der Roten Khmer vor Gericht gestellt werden konnten. Als Überläufer aus den Reihen der Roten Khmer und ehemalige „Häftlinge" aus Thailand allmählich nach Phnom Penh zurückkehrten, sah man ihrer Ankunft mit gemischten Gefühlen entgegen. Aufgrund der politischen Lage konnten sich mehrere ranghohe Anführer nach Pailin, einer langjährigen Hochburg der Roten Khmer, zurückziehen. Einige wenige wurden inhaftiert, doch mehrere Mitglieder der obersten Führungselite der Roten Khmer setzten sich ab, darunter Bruder Nummer eins Pol Pot, Verteidigungsminister Son Sen und der berüchtigte Militärchef Ta Mok. Jahre vergingen, ohne dass den Verbrechern auch nur ein Haar gekrümmt wurde.

Im Januar 2001 billigte die kambodschanische Nationalversammlung endlich ein Gesetz, das die juristische Aufarbeitung des Terrors ermöglichte. Langwierige Verhandlungen zwischen der kambodschanischen Regierung und den UN folgten. Strittige Fragen waren u. a. das Ernennungsverfahren von Richtern und Anklägern sowie die Machtbefugnisse des Gerichts. Einigkeit wurde schließlich im Juni 2003 erzielt.

Die kambodschanische Regierung hatte darauf bestanden, dass die Prozesse in Kambodscha und von kambodschanischen Richtern und Anwälten geführt werden sollten. Das unzureichende Rechtssystem des Landes und die Tragweite der Verbrechen ließen eine internationale Mitwirkung schließlich notwendig erscheinen. Das als „Hybridtribunal" bezeichnete Sondergericht war eine ungewöhnliche Konstruktion, da hier sowohl nationales als auch internationales Recht zum Tragen kamen. Das Gericht sollte von der kambodschanischen Regierung wie von internationaler Seite finanziert werden, beschäftigt waren dort einheimische wie internationale Anwälte, Richter, Untersuchungs- und Verwaltungsbeamte.

Das beschränkte Mandat erlaubte dem Gericht lediglich, Hauptverantwortliche für Verbrechen anzuklagen, die zwischen dem 17. April 1975 und dem 6. Januar 1979 in Kambodscha begangen wurden. Verdächtige können nach internationalem Recht wegen Völkermord, Verbrechen gegen die Menschlichkeit und Kriegsverbrechen sowie für unter kambodschanisches Recht fallende Vergehen wie Mord, Folter oder religiöse Verfolgung angeklagt werden. Lebenslänglicher Freiheitsentzug ist die Höchststrafe, da die kambodschanische Verfassung die Todesstrafe nicht mehr vorsieht. Das Gericht hatte fünf Spitzenfunktionäre der Roten Khmer in Haft genommen und angeklagt: Kaing Guek Eav (genannt

Duch), ehemals Chef des berüchtigten Gefängnisses Tuol Sleng, außerdem Nuon Chea, den einstigen Chefideologen, Khieu Samphan, Staatsoberhaupt des „Demokratischen Kampuchea", Ieng Sary, Außenminister und rechte Hand Pol Pots, und Ieng Thirith, den einstigen Sozialminister.

Das Gericht nahm seine Arbeit im November 2007 auf. Der Prozess gegen Duch begann im März 2009. Die Autorität des Gerichts wurde durch zahlreiche Korruptionsvorwürfe untergraben. Weitere Informationen über die Prozesse findet man unter *www.cambodiatribunal.org.*

Ein Rundgang durch das Gericht (*Extraordinary Chambers in the Courts of Cambodia, Nationalstraße 4, Phnom Penh, Tel. +855(0)23-219-814, www.eccc.gov.kh*) ist an anhörungsfreien Tagen möglich.

Dokumentation der Gräueltaten der Roten Khmer

Seit seiner Gründung im Jahr 1995 ist das Documentation Center of Cambodia (DC-Cam; *66 Sihanouk Blvd., Tel. +855(0)23-211-875, www.dccam.org*) das weltweit führende Forschungszentrum und Archiv für die Gräueltaten der Roten Khmer. Als unabhängige NGO ist das DC-Cam bemüht, die Geschichte des Regimes der Roten Khmer für zukünftige Generationen zu dokumentieren und zu bewahren. Das Zentrum hat bereits große Mengen an Informationen gesammelt und geordnet, die dem Kriegsverbrechertribunal als Beweismaterial dienen.

Wer sich eingehender mit dieser Problematik auseinandersetzen möchte, findet im öffentlichen Informationsraum des DC-Cam genügend Materialien über die Schreckensherrschaft der Roten Khmer. Das Zentrum gibt eine Zeitschrift, *Searching for the Truth*, heraus, die auf Khmer und Englisch erscheint. Sie ist online, beim DC-Cam und an anderen Orten in ganz Kambodscha erhältlich.

**Choeung Ek
Killing Field
Memorial**

🅐 Karte S. 63 A2

✉ Sangkat Choeung
Ek, Khan Dang-
kor

☎ +855(0)12-646-
574

💲 $

sollte, dem Verhör oder der
Folter durch einen Sprung in
den Tod zu entfliehen. In einigen Räumen auf der linken
Seite des Geländes werden
Bilder von zu Tode Gefolter-
ten gezeigt, die man hier gefunden hat.

Die Roten Khmer haben
alles peinlich genau doku-
mentiert; so wurden alle
Gefangenen bei der Ankunft
in S 21 fotografiert. Diese
Schwarzweißporträts stehen
im Mittelpunkt einer Ausstel-

lung, die einem ganz besonders unter die Haut geht. Die
flehenden und verlorenen
Blicke der Opfer scheinen den
Betrachter zu verfolgen. Gezeigt werden dazu auch die
Folterinstrumente, viele davon waren schockierend pri-
mitiv. Das Museum zeigt außerdem die Bilder des Überlebenden von Tuol Sleng, Vann
Nath (geb. 1946), die Folte-
rungen und Misshandlungen
von Gefangenen darstellen.
Heute ist Vann Nath ein nam-
hafter Khmer-Künstler; seine
künstlerische Begabung half
ihm damals, im Gefängnis zu
überleben, weil er für hoch-
rangige Offiziere malte.

Obwohl es nicht gerade in
der Nähe des Museums liegt,
begeben sich viele Besucher
von Tuol Sleng anschließend
direkt zum **Choeung Ek
Killing Field Memorial**; es
liegt 14 km südwestlich von
Phnom Penh. Dabei folgen sie
dem Weg der Tausenden von
Gefangenen von Tuol Sleng,
die gewöhnlich direkt aus dem
Gefängnis zu dem abgelegenen Feld gebracht wurden, wo
sie ermordet und in Massen-
gräber geworfen wurden.
Orientierungslose Gefangene,
die, gefesselt und mit verbundenen Augen, bei Nacht an-
kamen, wurden häufig einfach
zu Tode geprügelt, um Muni-
tion zu sparen. Die Stätte, die
vorher einmal ein Obstgarten
und ein chinesischer Friedhof
war, ist zu einem der blutigs-
ten Symbole der kambodschanischen Geschichte geworden.

An den überfüllten Ständen des Russischen Marktes ist alles zu
haben – ob nun Töpferwaren oder Kleidung, Fleisch oder Gemüse

Das narbenübersäte Land rund um das Mahnmal lässt ahnen, wie viele Tote in den 129 Massengräbern dieser Stätte verscharrt liegen. Schilder erläutern das Geschehen an den einzelnen Orten in Khmer und in englischer Sprache. Knochen und zerfallende Kleidung sind überall auf dem Gelände zu kleinen Haufen aufgeschichtet. Ein **Stupa** als Mahnmal birgt Tausende Schädel, die man in den Killing Fields fand. Einheimische Museumsführer stehen bereit.

Nach dem bedrückenden Besuch des Tuol-Sleng-Museums und der Killing Fields kann man südlich vom S 21 auf ein freundlicheres Erlebnis hoffen: den berühmten **Russischen Markt (Psar Toul Tom Pong)**. Der Name des Marktes geht auf die vielen Russen zurück, die in den 1980er Jahren dort ihre Waren verkauften. Architektonisch weniger interessant als andere Märkte der Stadt, hält der Russische Markt dafür die beste Auswahl von typischen Waren bereit. Ein Stand reiht sich an den anderen, und alle bieten Seidenstoffe, Schnitzereien, Malereien, Kunsthandwerk und Kuriositäten an. Da der Markt sich hauptsächlich an Touristen wendet, pflegen die Händler ihre Preise zu verdoppeln. Lernen Sie, auf Khmer *t'lai naa* („zu teuer") zu sagen, und feilschen Sie.

Westliches Phnom Penh

Kambodscha war zwar niemals Schauplatz olympischer Spiele, doch die Khmer sind dennoch stolz auf ihr **Phnom Penh National Olympic Stadium** aus den 1960er Jahren; es liegt auf dem National Sports Complex. Sportfans erkundigen sich am besten nach lohnenden Veranstaltungen.

Unweit vom Olympiastadion liegt der **Olympische Markt**. Weil er weniger interessant ist als Zentralmarkt und Russischer Markt, ist der Andrang deutlich geringer. Der Markt bietet im Obergeschoss eine große Auswahl von Stoffen in zwei Abteilungen: einer mit Baumwolle und synthetischen Geweben und einer mit traditionellen Materialien, die die Khmer für besondere Anlässe verwenden.

Wer von „Marktforschung" noch nicht genug hat, sollte sich auch auf dem **Orussey-Markt** umsehen. Dieser Markt ist in einem modernen Bau untergebracht und hat Trachtenschmuck und Kleidung im Angebot. ■

Russischer Markt

◪ Karte S. 71
✉ Ecke St. 450 & St. 163

Phnom Penh National Olympic Stadium

◪ Karte S. 71
✉ Ecke Sihanouk Blvd. & Monireth Blvd.
☎ +855(0)12-930-177
$ $

Olympischer Markt

◪ Karte S. 71
✉ Ecke St. 286 & St. 193

Orussey-Markt

◪ Karte S. 71
✉ Ecke St. 182 & St. 141

Die Umgebung von Phnom Penh

In der Umgebung Phnom Penhs gibt es einiges zu entdecken. Viele Sehenswürdigkeiten befinden sich in den umliegenden Provinzen. Ein Tagesausflug bietet Einblick in die Geschichte, Kultur und Tierwelt des Landes.

Die Tempel von Oudong, der einstigen Hauptstadt in der Zeit nach Angkor

**Koh Daich &
Koh Okhna Tey**

Karte S. 63 A3

An Tempeln findet man hier u. a. **Phnom Da** aus dem Reich von Funan, **Phnom Chisor** und **Ta Phrom** aus der Angkor-Zeit sowie die Hauptstädte **Longvek** und **Oudong** aus der Epoche nach Angkor. Naturfreunde können den **Phnom Tamao Zoological Garden** und das **Wildlife Rescue Center** besuchen oder an unzähligen Seen und Reisfeldern Vögel beobachten. Wer sich für Kunsthandwerk interessiert, kann auf **Koh Daich** fündig werden. Erholungsorte und Ausflugsziele der Khmer bieten die Gelegenheit, Einheimischen zu begegnen.

Mekong Island

Ziele eines Tagesausfluges von Phnom Penh sind **Koh Daich** und **Koh Okhna Tey**, benachbarte Inseln, die etwa 10 km nordöstlich der Stadt in den Flüssen Tonle Sap und Mekong liegen. Auf beiden gibt es Dörfer, wo die traditionelle Weberei gepflegt wird. Der geruhsame Lebensrhythmus dieser Dorfgemeinschaften bietet einen Gegensatz zum Chaos der Hauptstadt. Verwirrenderweise sind beide Inseln auch unter dem Namen **Mekong Island** bekannt.

Beide Inseln sind von Labyrinthen aus unbefestigten Wegen überzogen, die an

Holzhäusern auf Pfählen vorbeiführen. Koh Daich ist vielleicht die hübschere der beiden. Ein beliebtes Ausflugsziel liegt an der Nordspitze der 12 km langen Insel. In der Trockenzeit zieht sich das Wasser des Flusses von **Kbal Koh** — einem Sandstrand — zurück. Insulaner, Einwohner Phnom Penhs und Reisende kommen hier an den Abenden zusammen, um Grillhähnchen, Obst und Gemüse, vor allem Bananen und Mais, zu genießen; die Feldfrüchte sind eine Einnahmequelle der Insulaner neben ihrer Haupttätigkeit, dem Weben.

Sie werden den Händlern kaum entgehen können, die Ihnen Seiden- und Baumwolltücher sowie Schals präsentieren. Im Dorf ist man auf die traditionelle Weberei von Seiden- und Baumwolltüchern spezialisiert, dazu gehören das Seidengewebe *phamuong*, das für Kleidung verwendet werden kann, oder fertige Erzeugnisse wie der *krama* (der traditionell gemusterte Schal). Wer im November auf die Insel kommt, trifft vielleicht

rechtzeitig zu den Bootsrennen ein, die von zwei der drei Pagoden der Insel aus starten.

Die Inseln sind nur mit Booten zu erreichen, die man in Phnom Penh bei Street 136 ($$$) mieten kann. Mit dem Motorrad können Sie aber auf der Nationalstraße 6 auch zum Westufer des Mekong fahren und dann auf einer Fähre ($) übersetzen. Sollten Sie sich dafür entscheiden, überqueren Sie zunächst die

Bewohner der Müllhalden

Etwa 500 der ärmsten Einwohner Kambodschas warten zunächst, bis der Müll mehrmals sortiert wurde, bevor sie darin nach Essbarem und noch verwendbaren Dingen suchen. Die Einwohner der Müllhalde Stung Meanchey im Südwesten der Stadt leben buchstäblich auf einer Giftmülldeponie. Obwohl der Bau einer neuen Verbrennungsanlage für medizinische Abfälle geplant ist, hat man noch 2008 biomedizinische Abfälle in Stung Meanchey gefunden, die Blut und organisches Material enthielten. Angehörige der Cambodia Charity Development Foundation (*www.ccdfkh.org*) begleiten Touristen und Freiwillige auf einen Markt, damit sie dort Brot und frisches Obst und Gemüse kaufen. Dann verteilen sie die Lebensmittel eigenhändig an die Bedürftigsten — eine bewegende Erfahrung.

Kompong Luong
Karte S. 63 A3

Phnom Oudong
Karte S. 63 A3

Japanese Friendship Bridge. Beim Überqueren der Brücke achten Sie auf die Wellblechdächer am Flussufer: Angehörige des muslimischen Cham-Volkes leben hier auf traditionelle Art als Fischer. Beim Weiterfahren kommen Sie an einer Reihe von Restaurants vorüber. Halten Sie Ausschau nach kleinen blauen Schildern,

Freitagsgebet in einer der kleinen Moscheen von Phnom Penh am Tonle Sap

die auf Fährüberfahrten hinweisen. Sollten Sie die erste verfehlen, wenden Sie sich nach rechts auf die Uferstraße zu und fahren Sie weiter nordwärts, bis Sie die Internationale Schule erreichen. Dort finden Sie einen Fährenleger für Autos und Motorräder.

Phnom Oudong & Nationalstraße 5

Nördlich von Phnom Penh führt die Nationalstraße 5 bald auf eine Landenge, die auf beiden Seiten von Wasser umgeben ist. Im Osten liegen Pfahlbauten und der Tonle Sap. Im Westen sieht man Fischzuchtbetriebe neben der Straße und ausgedehnte Reisfelder, die am Horizont mit den Teichen verschmelzen, hinter denen die Hügel und Stupas von Phnom Oudong nach einer etwa halbstündigen Fahrt auftauchen.

37 km von Phnom Penh, dicht beim Dorf Preak G'dam, liegen mehrere traditionelle Silberschmiedesiedlungen. Am leichtesten ist **Kampong Luong** zu erreichen; das Dorf liegt gleich hinter Preak G'dam an einer schmalen Straße auf der rechten Seite; ein verwitterndes Schild der Cambodian Craft Corporation weist unmittelbar vor einem Sportplatz darauf hin. Die Silberschmiede, die zumeist in Familienbetrieben arbeiten, verbringen ihre Tage im Schatten ihrer Häuser. Die hohen Kosten für Silber haben zu einer Verwendung von Kupferlegierungen und Versilberungen geführt, doch die Schmuckstücke, Bestecke, Kästen und Schalen sind einzigartig in ihrer Gestaltung.

Phnom Oudong: Bald nachdem Sie Kampong Luong verlassen haben, nähern Sie sich **Phnom Oudong** ($). Oudong, „die Siegreiche", war fast 250 Jahre lang die Hauptstadt der Nach-Angkor-Zeit. Longvek (auch: Longva) liegt 5 km weiter nördlich von Phnom Oudong an der

Nationalstraße 5, Sehenswertes ist hier nicht erhalten geblieben.

Rund 20 Monarchen herrschten von Oudong aus, darunter König Norodom und sein Vater Ang Duong (reg. 1848–59), in dessen Regierungszeit die reichste Periode der Nach-Angkor-Zeit fiel. Einige Sehenswürdigkeiten haben sich rund um die alte Hauptstadt Oudong erhalten, die sich über mehrere Berge erstreckte, vor allem die auf dem höchsten Berg: Phnom Oudong (oder Phnom Preah Reach Throap).

Nähert man sich Phnom Oudong, verzweigt sich die Straße: Der Hauptzugang liegt auf der linken Seite, ein ruhigerer Hintereingang liegt rechts. Vor der Abzweigung zum Hintereingang sieht man einen imposanten vergoldeten Tempel im modernen Stil. Am Tempel entlang führt eine steile Straße zum Nordeingang. Falls Sie einen Wagen gemietet haben, lassen Sie Ihren Fahrer hier halten und später am Haupteingang auf der anderen Seite vorfahren. Für Motorradfahrer oder Reisegruppen führen die Stufen vom Haupteingang direkt zum Buddha-Stupa, von dort kann man dem Rundweg am Damm entlang folgen.

ERLEBNIS: Fahrradtouren

Die topografische Beschaffenheit Kambodschas mit ausgedehnten Ebenen und rauen Gebirgen ist ideal für Radtouren jeder Art geeignet. Geruhsame Überlandtouren bieten hervorragende Gelegenheiten, die Schönheit der Landschaften zu erleben, und bei sportlichen Abenteuern mit dem Mountainbike sind Regionen des Landes zu entdecken, die sich erst allmählich dem Tourismus öffnen.

Grasshopper Adventures

Als Veranstalter von Radtouren durch 13 asiatische Länder hat Grasshopper (*Thailand: +66(0) 87 929 5208, USA: +(818) 912-7101, www.grasshopperadventures.com*) Kambodschareisen im Angebot, von Tagesausflügen rund um Phnom Penh über mehrtägige Angkor-Tempeltouren bis hin zu mehrwöchigen Abenteuerreisen durch mehrere Länder. In einigen Angeboten sind neben Radtouren auch Trekking, Bootfahren und Fotografieren inbegriffen, sodass unterhaltsame, historisch und kulturell erlebnisreiche Touren zustande kommen.

Pepy Ride

Der Schwerpunkt dieser NGO liegt auf dem Bildungsaspekt. Pepy (*No. 188, Salakanseng Village [Nationalstraße 6 zum Flughafen, beim ACLEDA/Western Union], Siem Reap, Tel. +855(0)12-474-150, www.pepyride.org*) verbindet Tourismus mit Spendensammeln und gestaltet auf diese Weise Radtouren durch ländliche Gegenden. Die Teilnehmer zahlen für eine Tour, in der Verpflegung und Unterkunft inbegriffen sind, und beteiligen sich mit einer Spende oder einem Förderbeitrag von 500 $ pro Woche an einem gemeinnützigen Projekt. In ein- und dreiwöchigen Touren besichtigen die Teilnehmer Projekte, die von diesen Beiträgen finanziert werden. Die Teilnehmer sehen, wie ihr Geld verwendet wird, und nehmen an freiwilligen Aktivitäten teil, wie z. B. der Besichtigung historischer Tempel mit einheimischen Kindern. Mehrmonatige Touren führen von Siem Reap durch Phnom Penh bis an die Küste auf zumeist ebenen, unbefestigten Straßen. Fahrräder werden von Pepy bereitgestellt.

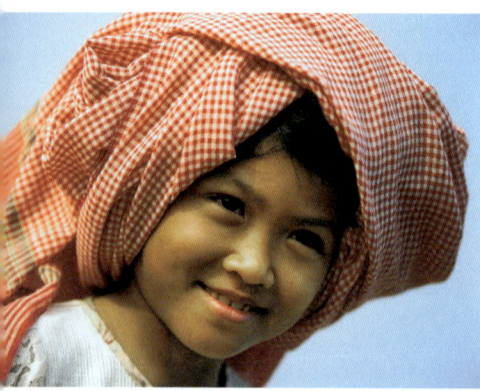

Mädchen mit einem *krama*, dem traditionellen Baumwolltuch

Die am rückwärtigen Parkplatz sowie an den rund 500 Stufen zum Phnom Preah Reach Throap (Hügel des königlichen Reichtums) errichteten Stupas bergen die sterblichen Überreste von Angehörigen der Königsfamilie. Hier gewährt der **Buddha-Stupa** einen sensationellen Blick auf die Landschaft. Obwohl seine Grundfläche tiefer als die der benachbarten Stupas liegt, überragt seine Turmspitze alle anderen. Der Stupa, 2002 vom Königspaar Norodom Sihanouk in Auftrag gegeben, birgt Reliquien des Buddha.

Die Stupas, die den Damm säumen, enthalten die Asche des Königs Srei Soryapor (reg. 1603–18) und entweder die seiner Gemahlin oder des Königs Ang Duong. Von dort sind auch die Stupas am kleineren Damm geradeaus und links zu sehen. Folgt man dem Weg eine alte Steintreppe hinunter, gelangt man zum

Stupa im Angkor-Stil für König Monivong (reg. 1927–41), der mit kunstvollen Basreliefs verziert und zusätzlich mit vier Gesichtern geschmückt ist. Die übrigen Bauten am bergab führenden Weg sind in den Jahren des Krieges schwer beschädigt oder zerstört worden. Heute sind sie verschiedenen Wesen gewidmet, darunter den Ahnengeistern eines hochdekorierten Generals, Preah Ko. Weiter hinten am Berg, dem Standort eines grandiosen Tempels, **Vihear Preah Ath Roes**, wurden eine Buddhafigur und ein Tempel, die die Roten Khmer 1977 gesprengt hatten, wiederhergestellt.

INSIDERTIPP

Kaufen Sie sich einen *krama*, das traditionelle karierte Vielzwecktuch. An kalten Winterabenden hält er warm, er schützt vor Sandstürmen und verleiht Ihnen eine landestypische Erscheinung.

TREVOR RANGES
NATIONAL GEOGRAPHIC-Autor

Steigen Sie die Stufen weiter hinab, erreichen Sie bald den Fuß des Berges. Von dort führt eine unbefestigte Straße zum Haupteingang, wo man meist von Leuten angesprochen wird, die um Gäste für die dortigen Restaurants werben. Nach einer langen Wanderung ist es allerdings auch gar nicht so übel, im Schatten zu liegen und an einer Kokosmilch zu nippen. Bevor Sie den Ort verlassen, beachten Sie den **Gedenkturm** zur Erinnerung an die Opfer der Roten Khmer.

Wenn Sie Oudong verlassen, können Sie auf dem selben Weg zurückkehren und ein paar Stunden auf Koh Daich (siehe S. 88) verbringen oder sich die weiter nördlich gelegenen schwimmenden Dörfer um **Kampong Chhnang** (siehe S. 180) ansehen. Interessieren Sie sich für eine Reihe bemerkenswerter Tempel, bietet sich ein zweistündiger Umweg (inklusive Tempelbesichtigung) an, wobei Sie südlich in die Route 51 abbiegen, die wiederum in die Nationalstraße 5 einmündet, von wo Sie in Richtung Koh Daich fahren können.

Phnom Braset und Phnom Reap liegen an der Route 130, einer Schotterstraße, die von Route 51, fast 10 km von Oudong entfernt, ostwärts führt. Nach 30-minütiger Fahrt auf dieser Straße erreicht man die **Phnom Braset Mountains**, zwei kleine Gipfel, deren Tempelbauten verschiedene Stilrichtungen aufweisen. Auf der Höhe der ersten, kleineren Anhöhe stehen Neang Kong Siim, ein moderner Tempel in chinesischem Stil, und Baksei Chaim Krong, ein Stupa, der in den 1990er Jahren angeblich aus alten

Ruinen wiederhergestellt wurde. Auf dem höheren Gipfel im Norden steht ein unscheinbarer moderner Tempel.

Besucher können auf einem unbefestigten Parkplatz (vor der steilen Straße, die, von Nagas flankiert, zum modernen Tempel hinaufführt) parken. Von dort folgen Sie einem Weg, der zu einem ruhenden Buddha und dann hinunter zum **Prasat Neang Krub Leakh** (Tempel der idealen Frau) führt. In diesem Tempel aus dem 16. Jh., der teilweise eingestürzt und notdürftig mit Ziegelsteinen ausgebessert ist, sind viele der ursprünglichen Reliefs erhalten

Phnom Braset & Prasat Neang Krub Leakh
🅰 Karte S. 63 A3
Ⓢ $

Phnom Reap
🅰 Karte S. 63 A3
Ⓢ $

Krama

Der charakteristischste Bestandteil der Khmer-Tracht ist womöglich der *krama*, ein karierter Schal mit gestreiften Enden, der aus farbigem Tuch gefertigt wird. Der Krama gilt schon seit der Zeit von Preah Bath Hun Tean im 1. Jh. als wesentlicher Bestandteil der Khmer-Kleidung. Vielfältig einsetzbar, wird er wie ein Sarong oder Schal oder als Schutz vor Sonne, Staub und Wind getragen. Der Krama kann um den Kopf und sogar um die Füße geschlungen werden. Frauen binden ihn um die Schultern, um ihre Babys zu tragen, er wird aber auch als behelfsmäßiger Beutel eingesetzt. Die bekanntesten Kramas werden in den Provinzen Takeo und Kompong Cham hergestellt.

ERLEBNIS: Foto-Rundgänge

Mit seiner 20-jährigen Erfahrung als professioneller Fotograf kann der gebürtige Brite Nathan Horton zu Recht Tipps geben, wie man ein gutes Foto macht. Doch Hortons Foto-Rundgänge gehen weit über einfache technische Fragen hinaus. Vielmehr geht es ihm um Ästhetik, das Aufsuchen von Motiven unter optimalen Lichtbedingungen, und um Ethik, insbesondere die respektvolle Annäherung an die Porträtierten, die man ja keinesfalls stören sollte. Seine Touren sind so konzipiert, dass sie dem Massentourismus aus dem Weg gehen und die Wahrnehmung der Teilnehmer schärfen. Hortons Anliegen ist es, seinen Schülern unterwegs auch die Kultur und Geschichte Kambodschas nahezubringen.

In seinem Studio in Phnom Penh, dem So Shoot Me Studio (*1. Stock, 126 St. 136, Tel. +855(0)92-526-706, www.nathanhorton photography.com*), bietet Horton Tagesausflüge zu nahe gelegenen Zielen an, wie z. B. Kampong Chhnang (siehe S. 180) und Oudong (siehe S. 180). Er veranstaltet aber auch individuell zugeschnittene Reisen durch das ganze Land.

geblieben. Ein Blick in das Tempelinnere enthüllt mehrere weibliche Statuen.

Einige Minuten von Phnom Braset entfernt liegt **Phnom Reap**, eine Ansammlung von extravaganten buddhistischen Tempeln in ländlicher Umgebung. Sie sind im klassischen Angkor-Stil erbaut; ihre schmuckvollen, äußeren Basreliefs aus rotem Zement stellen Szenen aus dem Leben Buddhas und der hinduistischen Mythologie dar.

Die beiden Eingänge zum Tempelgelände liegen mehrere hundert Meter voneinander entfernt. Jeder Eingang ist von einem Tor eingefasst, von Bayon-Gesichtern gekrönt und mit Basreliefs bedeckt. Der erste Eingang führt zu einer eindrucksvollen Reproduktion von Angkor Wat, deren Inneres allerdings fast leer und undekoriert ist, mit Ausnahme eines kleinen Schreines und mehrerer Statuen, die an einer Wand aufgereiht

sind. Interessanter ist der Nachbartempel mit einem Kaleidoskop farbiger Statuen und Basreliefs.

Zum zweiten Eingang von Phnom Reap gehört ein Damm im Stil des Angkor Thom. Er führt zum größeren, neueren Bezirk, in dem vier vollständige Tempel im Angkor-Stil und ein ziemlich großes künstliches Wasserreservoir angelegt wurden. Mehrere Tempel sind noch im Bau.

Im Süden von Phnom Penh: Provinz Takeo

Die Stadt Takeo liegt rund 80 km südlich von Phnom Penh an der Nationalstraße 2. Auf dem Weg dorthin passieren Sie belebte Vororte der Hauptstadt, die bald ausgedehnten Reisfeldern und kleinen Dörfern weichen. An der Straße nach Takeo gibt es mehrere Stätten von historischem und archäologischem Wert. Alle können an einem Tag besichtigt werden, vorausgesetzt, dass man früh genug aufbricht.

Die am weitesten entfernten Stätten, die Stadt **Angkor Borei** und das benachbarte **Phnom Da**, schaut man am besten morgens an; man sollte also dort beginnen und sich dann wieder Richtung Phnom Penh „vorarbeiten". Sowohl Angkor Borei als auch die Tempel um Phnom Da sind Stätten der frühesten Khmer-Kultur in Kambodscha. Funde lassen vermuten, dass die Gegend bereits im 2. Jh. v. Chr. besiedelt war; möglicherweise war das Gebiet sogar der Mittelpunkt des Funan-Reiches.

Der größte Teil der künstlerischen und archäologischen Zeugnisse, die in der Region gefunden wurden, stammt aus dem 6. und 7. Jh., also mutmaßlich aus der Zeit der „Eroberung" Funans durch das benachbarte Chenla. Zu diesen Schätzen gehören buddhistische und hinduistische Plastiken, die auf eine wohlhabende Gesellschaft mit hohem künstlerischen Entwicklungsstand schließen lassen, sowie Inschriften in Stein, darunter die frühesten bekannten Zeugnisse der Khmer-Sprache.

Der Kunststil, der in dieser Epoche entstand, ist nach der kleinen Anhöhe namens Phnom Da benannt, wo sich mehrere bedeutende Tempel befinden. Die schönsten Beispiele für Plastiken im Phnom-Da-Stil werden im Nationalmuseum in Phnom Penh (siehe S. 72) gezeigt, doch einige schöne Stücke in sehr gutem Zustand sind auch in einem kleinen **Museum** (*$*) in Angkor Borei zu bestaunen. Diese Werke zählen zu den eindrucksvollsten, die jemals in Kambodscha geschaffen wurden.

Der **Tempel** auf dem Phnom Da ist ein Turm (*prasat*) des 11. Jhs. aus Sandstein und Ziegeln, der aller Wahrscheinlichkeit nach am Standort eines früheren Tempels der Funan-Zeit erbaut wurde. Der alte Tempel war Shiva geweiht und enthielt *yonis*,

Takeo
⛰ Karte S. 63 A2

Phnom Da
⛰ Karte S. 63 B2
💲 $

Herausragende Werke der Bildhauerei aus Phnom Da werden im Nationalmuseum von Phnom Penh gezeigt (siehe S. 72)

Die kambodschanische Tigerin namens Kmi ruht sich im Phnom Tamao Wildlife Rescue Center aus

weibliche Fruchtbarkeitssymbole; ursprünglich waren auch Lingams (siehe S. 48) enthalten. Einer dieser Lingams befindet sich im Museum von Angkor Borei. Im Tempel selbst ist ansonsten wenig Interessantes übrig geblieben.

460 m entfernt liegt in südwestlicher Richtung der **Ashram Maha Rosei**, der dem auf der Anhöhe von Phnom Da zeitlich vorangeht; er wurde im 7. oder 8. Jh. erbaut. Die Gestalt des winzigen, gut erhaltenen Tempels unterscheidet sich auffallend von den Tempeln der Angkor-Zeit; das gilt auch für die Statuen, die man dort fand. Dies weist auf die fremden Einflüsse in dieser Region, aber auch auf die Kontinuität von Kunst und Architektur hin, die auf die Verlegung der Macht von Angkor Borei nach Sambor Prei Kuk folgte.

Phnom Da liegt 5 km südöstlich von Angkor Borei und 5 km nordwestlich der vietnamesischen Grenze. Das gesamte Gebiet wird durch altertümliche und moderne Kanäle bestimmt, die die Reisfelder durchziehen und sich bis nach Vietnam erstrecken, wo sich einst der wichtigste Hafen von Funan, Oc Eo, befand. Wer beide Stätten besichtigen möchte, fährt zunächst in die Stadt **Takeo**, wo kleine Rennboote ($$$$$) für eine 30-minütige Fahrt auf den Kanälen zu mieten sind. Eine Kanalfahrt ist in der Regenzeit, wenn das Wasser über die Kanalufer tritt, die umliegenden Reisfelder überschwemmt und Phnom Da in eine Insel verwandelt, ein besonders schönes Erlebnis. Eine unbeschilderte Schotterstraße abseits der Nationalstraße 2 führt nach Angkor Borei und an Prasat Neang Khmau und Phnom Chisor vorüber, sollte aber nur mit einem geländegängigen Wagen oder einem Geländemotorrad und nur in Begleitung eines Reiseleiters in Angriff genommen werden.

Der Tempel von Phnom Da selbst ist, von seiner historischen Bedeutung abgesehen, nicht besonders sehenswert, der Ashram Maha Rosei ist unvergleichlich. Unternimmt man noch eine Bootsfahrt und einen Besuch des Angkor Borei, wo sich das Museum befindet, ergibt sich

durchaus ein zweistündiger Ausflug von Takeo aus.

Etwa 24 km von Takeo, nördlich Richtung Phnom Penh, liegt die holprige Schotterstraße, die nach Angkor Borei zurückführt. Schnell gelangt man darauf nach **Phnom Chisor** (*$*). Zwei Treppen führen dort zum Tempel hinauf, den leichtesten Zugang hat man aber vom südlichen Treppenaufgang. Er beginnt neben einer Schule, wo freundliche Schulkinder eifrig ihre elementaren Englischkenntnisse anbringen. Rund 400 Stufen sind zurückzulegen, um das Tempelgelände zu erreichen.

Oben am Treppenaufgang findet man mehrere neuere Tempelbauten vor, bevor man den eigentlichen alten Tempel erreicht. Von einem kleinen

Phnom Chisor

⚠ Karte S. 63 A2

Löwen, Tiger & Bären

Der Zoologische Garten Phnom Tamao mit seinem Wildtierschutzzentrum (siehe S. 98) ist weit mehr als nur ein Zoo. In den Grenzen eines rund 2025 Hektar großen Waldes bietet der zoologische Garten einheimischen Tieren, die durch illegalen Handel bedroht sind, einen Rückzugsort. Im Zentrum werden Tiere auf die Auswilderung vorbereitet oder, falls das nicht möglich ist, lebenslang gepflegt. Mehr als 1200 Arten sind derzeit in Phnom Tamao beheimatet, darunter Elefanten, Gibbons, Löwen, Malaienbären und Indochinesische Tiger.

Ein Besuch des Auswilderungszentrums ist überraschend erfreulich und angenehm. Mehrere NGOs stellen Geld und Unterstützung für das Zentrum bereit und tragen dazu bei, dass ein hoher Standard in der Tierpflege eingehalten wird.

40 km von Phnom Penh entfernt gelegen, ist das Tierschutzzentrum am besten per Tuktuk zu erreichen. Individualreisende befahren den Norodom Boulevard in südlicher Richtung, bis er in die Nationalstraße 2 einmündet; dann weiter geradeaus und durch Takmao in Richtung Takeo fahren. Biegen Sie rechts in eine unbefestigte Straße ein, an der ein Schild auf den Tierpark hinweist, und folgen Sie dieser Straße weiter bis zum Zentrum (7.30–17 Uhr).

Ausländische Besucher werden um eine Eintrittsgebühr gebeten (*$$*), sie tragen damit zur Unterhaltung der Parkanlagen bei. Heimische Führer begleiten Besucher durch den großen Park, wobei sie gern die schönsten Tiere zeigen. Vergessen Sie nicht, ihnen für ihre Hilfe ein Trinkgeld zu geben.

Phnom Tamao Zoological Garden mit Wildlife Rescue Center
⛰ Karte S. 63 A2

Wat blickt eine Buddhafigur nach Osten, wo das Haupteingangstor des Tempels in der Ferne liegt. Der große Lingam im Westen ist vom Fuß des Treppenaufgangs neben dem Bodhibaum sichtbar. Hinter dem ruhenden Buddha liegen die Überreste von Suryaparvata (Berg des Sonnengottes), einem Bau des späten 10. bis frühen 11. Jhs. Vollendet wurde er wahrscheinlich um 1015.

INSIDERTIPP

In der Provinz Takeo sollten Sie Phnom Chisor nicht auslassen, einen Bergtempel aus dem 11. Jh. mit herrlichem Blick auf das Mekong-Delta. Und Sie sollten die schönen Ruinen von Ta Prohm aus dem 12. Jh. am Tonle Bati besuchen.

MIRIAM STARK
National Geographic-Expertin

Wie bei den meisten hinduistischen Tempeln der damaligen Zeit liegt der Tempeleingang im Osten. Am Fuß des östlichen Treppenaufgangs mit 405 Stufen liegen die Tempel von Sen Chhmo und Sen Ro Vang, das ferne Eingangstor zum Gelände und gleich dahinter Tonle Oum — ein rechteckig angelegter See. Der Tempel ist größtenteils zerfallen, eine Folge der Kriege des 20. Jhs. Dem Bodhibaum nördlich des Eingangs erging es besser: Er hat immerhin schon mehr als 140 Jahre durchgehalten. Der Tempel und der sensationelle Blick von der Ruine sind trotzdem eindrucksvoll.

Beim Aufstieg zum Tempel sind das Relief des Hanuman, der auf einem Elefanten reitet, und die Naga-Schlange über dem Eingang beachtenswert. Auf dem Tempelgelände werden ein kleiner Vishnu-Schrein und der große, zentrale Turm des Heiligtums von zwei Bibliotheken flankiert.

Im Hauptschrein versieht ein Paar das Amt der Museumswärter. Die beiden weisen Besucher auf Buddha, Vishnu und Shiva hin, die im Hauptsaal dargestellt sind. Shiva wird durch einen Lingam aus Stein symbolisiert, der von den Berührungen unzähliger Verehrer blank gerieben ist.

Ein kurzes Stück hinter der Kreuzung mit der Nationalstraße 2 gelangt man zum stillen **Prasat Neang Khmau** aus dem 10. Jh., auch Tempel der Schwarzen Dame oder Jungfrau genannt (*$*). Da die Stätte direkt an der Straße liegt, lohnt sich ein Zwischenstopp. Der Tempel ist nach einer „schwarzen Dame" benannt, die ihn gegründet haben soll, nachdem man sie wegen Promiskuität aus ihrem Königreich verbannt hatte — oder nach einer Jungfrau, die hier gefangen gehalten wurde, um einem solchen Verhalten

vorzubeugen. Zwei von mindestens drei originalen Ziegel-
tempeltürmen sind an einem
Innenhof erhalten geblieben,
flankiert von einer Schule und
einer Pagode. Eine Statue der
Schwarzen Dame steht im
Innern einer kleinen Pagode
neben den Tempeltürmen,
wird aber oft unter Verschluss
gehalten.

Auf dem Rückweg nach
Phnom Penh können Sie
beim **Zoologischen Garten
Phnom Tamao mit Natur-
schutzzentrum** (siehe S. 97)
anhalten, wo Tiere aus rund
1200 heimischen Arten leben.
Wer Entspannung sucht, kann
bis nach **Tonle Bati** (*$*) wei-
terfahren, einem Wochenend-
refugium für Liebespaare und
Familien, die am Seeufer regionale Köstlichkeiten genießen. In einem Restaurant können Gäste im Schatten sitzen
und den modernen Tempel
am gegenüberliegenden Ufer
betrachten.

In der Eintrittsgebühr zum
See inbegriffen ist der Zugang
zu den Tempeln **Ta Prohm**
und **Yeay Peau** aus dem späten 12. bis frühen 13. Jh. Die
beiden gut erhaltenen Tempel, im Bayon-Stil erbaut im
Auftrag Jayavarmans VII. von
Angkor Thom, repräsentieren
das männliche und weibliche
Prinzip. Sie waren ursprünglich sowohl dem Buddha als
auch hinduistischen Gottheiten geweiht. Der Tempel
Ta Prohm birgt eine Anzahl
kopfloser Buddhafiguren aus
dem 13. Jh. sowie mehrere

Lingams. Ta Phrom, der größere der beiden Tempel, ist
noch immer bezaubernd;
Wildblumen wachsen im
westlichen Innenhof hinter
der inneren Einfriedung, wo
ein großer, zentraler Turm von
Bibliotheken und von Galerien eingefasst wird. Das Gelände selbst ist seit den Tagen
von Funan kontinuierlich besiedelt. Die eigentlichen Tempel sind gut erhalten; Spuren
einer Erweiterung und Restaurierung gehen auf das
16. Jh. zurück.

Prey Veng
Karte S. 63 B2

**Millionen kambodschanischer Landbewohner arbeiten zur
Erntezeit in den Reisfeldern**

Bewohner des Dorfes Chrang Chambres in der Provinz Prey Veng verarbeiten Fische zu *prahok*, einer vergorenen Fischpaste

Prey Veng, Svay Rieng & die vietnamesische Grenze

Mit Ausnahme von Gästen, die ein besonderes Interesse an Geschichte haben oder auf der Durchreise nach Vietnam sind, verirren Touristen sich eher selten in die Provinzen im Südosten von Phnom Penh, da es hier insgesamt weniger zu sehen gibt als in den meisten ländlichen Gegenden Kambodschas.

Prey Veng, das im Osten an Phnom Penh angrenzt, ist eine überwiegend landwirtschaftlich geprägte Provinz mit gastfreundlicher Bevölkerung aus Khmer und Vietnamesen. Hier sind vor allem die Stadt Prey Veng und Ba Phnom sehenswert.

Prey Veng (Stadt) liegt etwa 32 km nördlich von der Nationalstraße 1 an der Route 11. Prey Veng ist vielleicht die am wenigsten erschlossene Provinzhauptstadt Kambodschas; ein paar unbefestigte Straßen führen in ein Stadtzentrum mit einem Unabhängigkeitsdenkmal in Miniaturformat. Hier genießen Sie einen ruhigen Spaziergang an einer kleineren Ausgabe der Uferpromenade von Phnom Penh.

Ba Phnom ($) ist eine der ältesten und bedeutendsten religiösen Stätten Kambodschas. Sie gilt als „Wiege der Khmer-Kultur"; schon Jayavarman II. (reg. 802–850), der Gründer von Angkor, hielt hier eine religiöse Zeremonie ab, um seinen Herrschaftsanspruch über ganz Kambodscha zu bekräftigen. Das zeigt, wie wichtig es für Könige war, ihre Macht mit der vorangegangener Herrscher zu verknüpfen. So unternahmen die Könige von Chenla wie auch die Herrscher von Angkor immer

INSIDERTIPP

Nach Vietnam fährt man üblicherweise (und preiswert) mit dem Bus, obwohl Fahrpläne (und Grenzbestimmungen) sich häufig ändern. Aktuelle Informationen findet man unter *www. canbypublications.com/ cambodia/buses.htm.*

TREVOR RANGES
NATIONAL GEOGRAPHIC-Autor

wieder Reisen nach Ba Phnom, um an diesen Riten teilzunehmen.

Die Zeremonien, die in Ba Phnom vollzogen wurden, waren oft mit Opferungen von Tieren und sogar Menschen verbunden; Letztere kamen noch in der zweiten Hälfte des 19. Jhs. vor (siehe Kasten). Auf der Anhöhe stehen eine Anzahl farbenprächtiger Tempel aus Zement und die Ruinen von Preah Vihear Chann, einem Tempel aus dem 11. Jh., der am Fuße des Hügels lehnt.

Östlich von Ba Phnom liegt die Provinz **Svay Rieng** mit ihrer gleichnamigen Hauptstadt, eine der ärmsten Gegenden in ganz Kambodscha. Es gibt kaum einen Grund, auf der Durchreise anzuhalten. Die Stadt selbst ist ziemlich dicht besiedelt; sie profitiert vom zunehmenden Handel zwischen Kam-

bodscha und Vietnam, dessen Grenze nur 40 km entfernt ist. Viele reisen deshalb lieber gleich in die ruhige **Stadt Svay Rieng** weiter, wo man häufiger mit einem Lächeln als mit Kaufangeboten begrüßt wird.

Im Grenzland mit seinen grünen Bergen findet man nur wenige Kulturdenkmäler. Die hier ansässige Khmer-Krom-Bevölkerung grenzt sich von der kambodschanischen Kultur ab. Ihre Angehörigen sprechen vietnamesisch-kambodschanische Dialekte. Die Gegend ist schwer zugänglich. Grenzbeamte erwarten von Touristen, die ein kambodschanisches Visum an diesem Grenzübergang wünschen, dass sie Fotokopien ihrer Pässe aus der Stadt *(15 Min. entfernt)* mitbringen. ■

Ba Phnom
🅰 Karte S. 63 B2

Svay Rieng
🅰 Karte S. 63 C2

Blutopfer

Die Tempel von Ba Phnom gehen auf das Reich Funan zurück und galten noch lange Zeit danach als Orte von großer spiritueller Kraft. Auch die mächtigen Angkor-Könige hielten hier ihre Zeremonien ab.

Rituelle Opferungen von Büffeln vollzog man zu Ehren der Göttin Durga, einer Inkarnation der Gattin Shivas, die den Büffeldämon Mahisa bezwang. Bis ins späte 19. Jh. hinein kam es bei religiösen Zeremonien in Ba Phnom allerdings auch zu Menschenopfern. Augenzeugen berichteten von der Enthauptung eines Sklaven oder Verbrechers, woraufhin die Anhänger des Kultes den hervorbrechenden Blutstrom untersuchten, aus dem man die Regenfälle der kommenden Erntezeit vorhersagen zu können glaubte.

Zahlreiche Boutiquen, Cafés und neokolonialer Luxus im Schatten großartiger alter Tempel

Siem Reap
& Tonle Sap

Straßenstand im Dorf Chong Khneas am See Tonle Sap

Siem Reap & Tonle Sap

Die Stadt Siem Reap liegt etwa in der Mitte des Großraums Angkor. Seit europäische Reisende die Tempel des damals noch kleinen Dorfes im späten 19. Jh. „entdeckten", hat sich die Stadt zur Touristendestination gewandelt.

Seit der Jahrtausendwende sind neue Hotels und Pensionen, Restaurants und Bars, Läden und Massagesalons förmlich aus dem Boden geschossen. Trotzdem gibt es in der Stadt immer noch viel Sehenswertes, vom Royal Crusade for Independence Garden und dem Fluss Siem Reap bis hin zur Architektur im französischen Kolonialstil und den buddhistischen Klöstern. Die meisten Besucher bleiben im Durchschnitt drei Tage, um sich die Tempel von Angkor anzusehen, ein schwimmendes Dorf auf dem See Tonle Sap zu besuchen und vielleicht noch ein wenig Kultur mitzunehmen, wie den

traditionellen Apsara-Tanz oder einen Besuch im Dorf der Seidenweber. In dieser Gegend gibt es außerdem eine Reihe von privaten und wohltätigen Organisationen, die mit Behinderten arbeiten. Hier können Besucher also etwas lernen, die vor Ort produzierten Waren kaufen oder auf ehrenamtlicher Basis mitarbeiten. Wer gern einkauft, wird begeistert sein von den örtlichen Märkten, den Boutiquen und dem Nachtmarkt, auf dem Kunsthandwerk, Seide und zahlreiche andere interessante Dinge angeboten werden.

Die meisten Sehenswürdigkeiten von Siem Reap sind bequem zu Fuß oder mit dem Rad zu erreichen (viele Hotels und Pensionen vermieten Fahrräder). Wenn Sie auf eigene Faust losziehen, vergessen Sie den Stadtplan nicht. Die meisten Straßen haben zwar keine Namen, aber die einheimischen Tuk-tuk-Fahrer kennen sich im Allgemeinen sehr gut aus und ihre Preise sind moderat. Im Zentrum von Siem Reap kosten Fahrten mit dem Tuk-tuk pauschal 1 $.

Zu den Sehenswürdigkeiten außerhalb der Stadt an der Nationalstraße 6 gehören ein Waffenfriedhof, der in ein Kriegsmuseum umgewandelt wurde, sowie eine Keramikwerkstatt und ein Seidenweberdorf. Außerdem gibt es hier einen Reitstall und einen 18-Loch-Golfplatz.

Nördlich von Siem Reap lassen sich bei einem entsprechend frühen Start mehrere Attraktionen zu einem Tagesausflug kombinieren. Der herrlich auf einem Berg gelegene Tempel von Phnom Bok, der wunderschöne Tempel von Banteay Srei

0   40 Kilometer
0   20 Meilen

5 ▷

KULEN PRUM TEP
WILDLIFE
SANCTUARY

ZENTRALKAMBODSCHA
S. 193

68

SIEM REAP

Varin

67

4 ▷

Moung

Khna Krau

Saen Sokh

67

PREAH
VIHEAR

68

Kralanh

Kbal Spean

NATIONAL-
PARK
PHNOM
KULEN

6

Banteay
Srei

Museum für Landminen
& Wiedergutmachung

Svay Leu

Sasar
Sdam

Tbaeng

Angkor
Wat

Phnom
Bok

Beng
Mealea

Puok

66

Kulturdorf
Happy Ranch

Siem Reap

Roluos

3 ▷

Institut für
traditionelle
Khmerstoffe

Großer
Neuer Markt

Popel

BOENG PEAE
WILDLIFE
SANCTUARY

Prasat
Phnom
Kraom

Aranh

Dam Daek

63

Prek Toal

Chong
Khneas

Kompong
Pleuk

6

Kouk Thlok
Kraom

2 ▷

WESTLICHES
KAMBODSCHA
S. 167

Tonle Sap

Kompong
Khleang

△
A

Stoung

KAMPONG
THOM

Zur Orientierung

Phnom
Penh ✳

1 ▷

Kompong
Luong

△
B

5

△
C

und die nicht weit entfernten Flussschnitzereien von Kbal Spean sind alle Teil des Archäologieparks Angkor. Sie lassen sich mit einem Besuch im Zentrum für biologische Vielfalt (siehe S. 163) und dem Museum für Landminen und Wiedergutmachung (siehe S. 163) verbinden. Die abgelegeneren Ruinen des Tempels Beng Mealea (und Koh Ker) erfordern allerdings einen separaten Ausflug (siehe S. 160).

Die Stadt ist außerdem ein guter Ausgangspunkt für Ausflüge zum See Tonle Sap. Hier liegt auch Prek Toal (siehe S. 123), eines der wichtigsten Vogelschutzgebiete des Landes. Die Ausflüge können in den meisten Hotels und Pensionen gebucht werden. ■

Siem Reap (Stadt)

Den Mittelpunkt der meisten Städte in Kambodscha bildet ein Markt. In Siem Reap liegt der Innenstadtbereich zwischen dem Alten Markt (Psar Chas) an der Pokambor Avenue und dem Zentralmarkt (Psar Kandal) ein paar Blocks weiter nördlich. Auf dem Alten Markt gibt es Dinge des täglichen Bedarfs und zunehmend Waren, die auf Touristen abzielen.

Eine schmale Gasse mit Boutiquen und Restaurants in der Innenstadt von Siem Reap

Siem Reap

🄰 Karte S. 105 B3

Tourismusbüro

✉ Gegenüber vom Raffles Grand Hotel d'Angkor;

✉ Nahe dem Alten Markt an der Straße Nr. 10

☎ +855(0)92-631-600

Auf dem **Alten Markt** (Psar Chas) findet man zwar immer noch ein großes Angebot an Kunsthandwerk und Souvenirs aus Kambodscha wie etwa Seidenprodukte, silberne Betelnuss-Behälter und Stein- und Holzarbeiten, doch bekommt man hier auch große Mengen importierter Waren aus China, Laos, Thailand und Vietnam. Natürlich kann man auf diesem Markt das eine oder andere Schnäppchen machen, aber hochwertige Arbeiten kauft man besser in den kleineren Geschäften oder bei den Artisans d'Angkor (siehe S. 116).

Der belebteste Teil der Innenstadt befindet sich zwischen der Hospital Street und dem Sivatha Boulevard, der vom Alten Markt zum Zentralmarkt etwa vier Blocks weit Richtung Nordwesten führen.

Fast alle Geschäfte in diesem Bereich haben sich auf Touristen eingestellt: Freiluftrestaurants, Boutiquen, Massagesalons und Internet-Cafés sind hier besonders verbreitet und befinden sich überwiegend in farbenfroh restaurierten Gebäuden aus der französischen Kolonialzeit. Hier gibt es auch die meisten Banken, Wechselstuben und Apotheken.

Im Zentrum dieses Touristenviertels liegt die knapp 100 m lange **Pub Street** mit ihren vielen Restaurants und Boutiquen. Hier finden sich ein paar Angebote für Partygänger und Nachtschwärmer. Zwei kleine Gassen südlich und nördlich der Pub Street haben sich zur **„Restaurant-Gasse"** mit einigen der besten Küchen der Stadt und zur **„Lounge Avenue"** entwickelt, in der eine besonders entspannte Atmosphäre herrscht.

Nur knapp 100 m nordöstlich vom Alten Markt liegt der **Wat Preah Prohm Rath** am Ufer des Flusses, eines der vielen buddhistischen Klöster. Der Tempel wurde 1915 eingeweiht. Die ursprüngliche Pagode stammt von 1945, doch der Umbau von 2008 hat das Gesicht des Haupt-Viharas deutlich verändert. Der Innenhof, der jetzt von einer hohen Lateritmauer eingefasst ist, enthält 44 bunte Tafeln, die Szenen aus dem Leben Buddhas darstellen. Im Tempel selbst befindet sich ein großer sitzender Buddha, der „die Erde als Zeugin anruft".

Im Westen der Innenstadt liegen interessante Märkte: der **Mittags-Nacht-Markt** und der **Angkor-Nacht-markt**, beide an derselben von Ost nach West verlaufenden Straße hinter dem Sivatha Boulevard. Der neuere Mittags-Nacht-Markt befindet sich östlich des Nachtmarkts. Wie sein Name vermuten lässt, öffnet er schon zur Mittagszeit.

INSIDERTIPP

Auf der Suche nach preiswerter und federleichter Kunst? Auf dem Alten Markt gibt es in Pergament geprägte Statuen aus Angkor. Sie kosten um 20 $ und sehen so wertvoll aus, als gehörten sie ins Museum.

ALAINA APPLEMAN
National Geographic-Autorin

Auf diesen eher kleinen Markt folgt der Angkor-Nachtmarkt, ein strohgedecktes „Dorf", in dem es handgemachtes Spielzeug, Produkte aus Reispapier, Lampen, Holz- und Steinarbeiten, Taschen, Kleidung und vieles andere zu kaufen gibt. Neben den Geschäften findet man hier auch Werkstätten, die Island Bar im Stil eines Dschungelgartens und den Massagesalon namens **Dr. Fish**, in dem kleine Fische die abgestorbene Haut

Alter Markt
- Karte S. 111
- Innenstadt, Kreuzung Hospital St. & Pokambor Ave. am Fluss Siem Reap

Wat Preah Prohm Rath
- Karte S. 111
- Weniger als 100 m nördlich vom Alten Markt an der Pokambor Ave. (verläuft parallel zum Fluss Siem Reap)
- $

Mittags-Nacht-Markt
- Karte S. 111
- 2 Blocks südwestlich der Pub St. & 1 Block westlich des Sivatha Blvd. auf der von Ost nach West verlaufenden Straße vor dem Nachtmarkt

Angkor-Nacht-markt
- Karte S. 111
- 2 Blocks südwestlich der Pub St. & 1 Block westlich des Sivatha Blvd. auf der von Ost nach West verlaufenden Straße gleich hinter dem Mittags-Nacht-Markt

Zentralmarkt
- Karte S. 111
- Ecke Achamean St. & Sivatha Blvd.

Royal Independence Gardens
- Karte S. 111
- Ecke Pokambor Ave. & Nationalstraße 6
- $

Nationalmuseum von Angkor
- Karte S. 111
- 968 Charles de Gaulle St.
- +855(0)63-966-601
- $$$
- www.angkornationalmuseum.com

von den Füßen der Kunden zupfen. Die Musiker, die am Markteingang spielen, sind allesamt Opfer von Landminen. Um mehr über ihr Schicksal zu erfahren, können Sie sich den Dokumentarfilm über Minen ansehen, der im **Kino** des Marktes läuft. Hier werden außerdem Filme über die Roten Khmer gezeigt.

In der Nähe des geographischen Stadtzentrums an der Ecke Achamean Street und Sivatha Boulevard liegt der **Zentralmarkt** Psar Kandal. Die Stände unter dem Wellblech-Kuppeldach bieten Kleidung, Schmuck, Kunsthandwerk, Bücher und Uhren zum Verkauf an, aber die übrigen Märkte der Stadt dürften interessanter sein.

Die **Royal Independence Gardens** an der Ecke von Pokambor Avenue und Nationalstraße 6 westlich der Stone Bridge bilden das Zentrum

der nördlichen Stadtbezirke. Die Gärten, die so heißen, weil die Residenz des Königs an sie angrenzt, gehören dem Raffles Grand Hotel d'Angkor. Viele der besten Hotels haben sich rund um die Parkanlage angesiedelt.

Auf der Südseite des Parks befinden sich zwei bedeutende Schreine. Am **Schrein Preah Ang Chek-Preah Ang Chorm** stehen die Menschen Schlange, um die ausgestreckten Handflächen zweier Buddhastatuen (Ang Chorm ist die kleinere der beiden) mit geweihtem Wasser zu benetzen. Vor dem Schrein singen Mönche und bieten ihren Segen an, und eine traditionelle Khmer-Band spielt außergewöhnlich melodische Musik. Die gesamte Atmosphäre ist eher festlich als fromm. Etwas weiter westlich, auf einer Verkehrsinsel in der Mitte der Nationalstraße 6, befindet

---

ERLEBNIS: Eigene Keramiken & Bronzen im traditionellen Khmer-Stil

Das Nationale Zentrum für Khmer-Keramik (an der Nationalstraße 6 in Richtung Flughafen, 2 km hinter dem Kambodschanischen Kulturdorf, Tel. +855(0)63-210-004, www.khmerceramics.com) ist ein erfolgreiches Projekt, das sehr bescheiden begonnen hat. Das kleine Zentrum außerhalb von Siem Reap versucht, die klassischen Künste und traditionellen Techniken wieder aufleben zu lassen. Ton aus dem nahen Banteay Srei wird auf einer fußbetriebenen Scheibe geformt, im Nachbau eines antiken Khmer-Ofens gebrannt und dann mit einer Kombination aus

Holzasche, Laterit, Sandstein und Ton glasiert. Besucher können hier nicht nur den Archäologen bei ihrer Suche nach Tonscherben helfen, sondern auch an den Töpferkursen teilnehmen, deren Dauer zwischen einer Stunde und drei Wochen liegt. Hier kann jeder seine eigenen Kunstwerke schaffen. Die Einnahmen kommen der Ausbildung junger Khmer aus ländlichen Gegenden zugute. In einem neueren Bronzeguss-Projekt unterrichten ältere Künstler junge Khmer ohne ausreichende Schulbildung, damit diese alte Kunstform nicht ausstirbt.

sich der **Ya-Tep-Schrein** mit der Reliquie eines machtvollen *neak ta* (Geist der Ahnen), der als eine Art Schutzheiliger von Siem Reap fungiert.

Nordöstlich der Royal Gardens an der Pokambor Avenue, die schließlich zum Haupteingang der Tempelanlage von Angkor führt, liegt das leidlich hilfreiche **Tourismusbüro von Siem Reap**. Im **Nationalmuseum von Angkor** rund 100 m weiter nordöstlich werden die verschiedenen Epochen in der Geschichte des Landes ebenso erläutert wie die Kunststile, die sich im Laufe der Zeit entwickelten. Die hochwertigen Exponate aus diversen Tempeln sind gut durchdacht präsentiert. Die von Angkor Wat inspirierte Galerie der Tausend Buddhas ist besonders beeindruckend.

Nordöstlich vom Museum an der Straße zum Angkor-Park liegt das **Kinderkrankenhaus Jayavarman VII**. Es zeugt von den erfolgreichen Bemühungen von Dr. Beat Richner, der sich seit 1975 für die kambodschanischen Kinder einsetzt. Finanziert werden diese Krankenhäuser überwiegend durch Spenden, die bei den klassischen „Beatocello"-Konzerten (Beat & Cello) des Doktors gesammelt werden *(Tel. +855(0)63-964-803, www.beatocello.com).*

Rund zehn Brücken führen von der Westseite der Stadt über den Fluss Siem Reap auf die ruhigere und weniger

Einheimische beim Frühstück auf dem Vietnamesischen Markt, auch bekannt als Alter Markt

erschlossene Ostseite. Einst konnten hier Rucksacktouristen preiswert unterkommen, doch in den Seitenstraßen zwischen dem Fluss und der Wat Bo Road haben sich mittlerweile mehrere Boutique-Hotels und Restaurants angesiedelt, die meist wohltätigen Zwecken gewidmet sind. Günstige Unterkünfte gibt es hier aber auch noch.

Von der Old Market Bridge am Alten Markt an der südöstlichen Spitze der Stadt ist es nicht weit bis zum **Wat Damnak**, einer Stätte buddhistischen Lernens. Hier befindet sich auch das **Zentrum für Khmer-Studien** mit seinen mehr als 5000 Schriften

(Fortsetzung auf S. 112)

Wat Damnak
- Karte S. 111
- Salakamreuk Commune an der Old Market Bridge
- +855(0)63-761-810
- $

www.watdamnak.org

Siem Reap mit dem Fahrrad

Genug Tempel gesehen? Wie wäre es dann mit einer Runde durch die Stadt, um auch alles andere kennenzulernen? Siem Reap ist klein genug für einen Spaziergang, aber manche Hotels und Pensionen vermieten Fahrräder, das ist noch unterhaltsamer. Aber bitte auf die Einbahnstraßen und unaufmerksame Autofahrer achten!

Los geht es am **Alten Markt (Psar Chas)** ❶ (*siehe S. 106; Ecke Hospital St. & Pokambor Ave.*), wo jede Menge Kunsthandwerk lockt. Beachten Sie auch die Gebäude rund um den Markt, von denen viele aus der französischen Kolonialzeit stammen.

Folgen Sie dem Fluss Richtung Nordosten bis zur Wat-Bo-Brücke, der dritten, an der Sie vorbeikommen, die gegenüber dem Alten Markt eingeschlossen. (Mit dem Rad ist es sicherer, die Straße an der zweiten Brücke zu überqueren, um eine Einbahnstraße nicht in falscher Richtung zu befahren.) Folgen Sie der Straße über die Brücke nach **Wat Bo** ❷ (*siehe S. 112; 2 Blocks östlich der Wat-Bo-Brücke, 1 Block hinter der Wat Bo Rd., $*) und betreten Sie den Haupt-Vihara, um sich die schönen Wandmalereien anzusehen.

Gehen Sie zurück zum Fluss und biegen Sie am Ostufer nach rechts in den Park ab. Nach etwa 1,5 km Richtung Norden biegen Sie hinter der zweiten Brücke in die erste Straße rechts ein. Nach etwa zwei Blocks stoßen Sie dann auf **Angkor Wat im Miniaturformat** ❸ (*siehe S. 112; 2 Blocks südlich & etwa 1 Block östlich von Wat Po Lanka, $*). Am Flussufer geht es nun wieder auf der Ostseite weiter Richtung Nordosten. Die Straße, die von der nächsten Brücke weiter nördlich in Richtung Osten abzweigt, führt zum **Wat Preah An Kau Sai** ❹ (*siehe S. 112; östliches Ufer des Flusses Siem Reap, $*). Jenseits des Klosters stehen die Überreste von zwei Türmen aus der Angkor-Ära.

Gegenüber dem Tempel auf der anderen Seite des Flusses liegt die Stein- und

NICHT VERSÄUMEN

Alter Markt (Psar Chas) • Wat Bo • Wat Preah An Kau Sai • Nationalmuseum von Angkor

Holzbearbeitungswerkstatt **Banteay Srei Fine Arts**. Weiter geht es Richtung Nordwesten bis zur Hauptstraße, an der gleich links das **Nationalmuseum von Angkor** ❺ (*siehe S. 109; 968 Charles de Gaulle St., Tel. +855 (0)63-966-601, $$$*) auftaucht. Es besitzt eine beeindruckende Sammlung von Artefakten.

Vom Museum aus geht es auf der Charles de Gaulle Street nach Süden zum Tourismusbüro und den Royal Independence Gardens. Im **Raffles Grand Hotel d'Angkor** ❻ (*1 Charles de Gaulle St., Tel. +855(0)63-963-888, $*), dem ältesten Hotel der Stadt, können Sie etwas trinken oder zu Mittag essen. Überqueren Sie die Straße vor dem Hotel und unternehmen Sie einen Spaziergang durch die **Royal Independence Gardens** (*siehe S. 108*) zwischen dem Grand Hotel und dem Königspalast. Auf der Südseite des Parks entlang der Nationalstraße 6 finden Sie zwei buddhistische Schreine. Der auf der Parkseite ist der **Schrein Preah Ang Chek–Preah Ang Chorm** ❼ (*siehe S. 108; Nationalstraße 6 & Royal Independence Gardens, $*). Auf einer Insel in der Mitte der Straße liegt der **Ya-Tep-Schrein**, der einem *neak ta* geweiht ist, einem Geist der Ahnen und Beschützer der Stadt.

N

Kinderkrankenhaus
Jayavarman VII.

Banteay Srei
Fine Arts

CHARLES DE GAULLE STREET

0   800 Meter
0   800 Yards

Nationalmuseum von Angkor **5**

Raffles Grand
Hotel d'Angkor **6**

Tourismus-
büro

4 Wat Preah
An Kau Sai

Wat Preah
An Kau Saa

Wat Po
Lanka

3 Angkor Wat
im Miniaturformat

ROYAL
INDEPENDENCE
GARDENS

Schrein
Preah Ang Chek-
Preah Ang Chorm

7

STEIN-
BRÜCKE

6

Ya-Tep-
Schrein

Königliche
Residenz

STREET 2

BOULEVARD

STREET 3

OUM KHUN STREET

STREET 5

SIVATHA

POKAMBOR AVENUE

Siem Reap

WAT BO

6

WAT BO ROAD

ACHAMEAN STREET

WAT BO
BRIDGE

Wat Bo

2

WAT BO ROAD

Zentral-
markt

HOSPITAL STREET

PUB STREET

SIVATHA

Wat Preah
Prom Rath

Singing
Tree Café

Angkor
Nacht-
markt

Mittags-Nacht-
Markt

Tourismus-
büro

BOULEVARD

STREET 10

POKAMBOR

Alter
Markt **1**

START

AVENUE

OLD
MARKET
BRIDGE

Wat
Damnak

63

Artisans
d'Angkor

Siehe auch Karte S. 105

► Alter Markt

🕐 1–3 Stunden

↔ 5–8 Kilometer

► Ya-Tep-Schrein

Wat Bo

- 🅐 Karte S. 111
- ✉ Über die Wat-Bo-Brücke nach Osten
- 💲 $

Wat Po Lanka, Wat Preah An Kau Saa & Wat Preah An Kau Sai

- 🅐 Karte S. 111
- ✉ Nordöstliches Siem Reap
- 💲 $

Großer Neuer Markt

- 🅐 Karte S. 105 B3
- ✉ Nationalstraße 6, östlich des Stadtzentrums (neben dem Angkor Grand Guesthouse)

Kambodschanisches Kulturdorf

- 🅐 Karte S. 105 B3
- ✉ An der Nationalstraße 6 (Airport Rd.), Svay Dangkum Commune, Krous Village
- ☎ +855(0)63-963-836 (auch Fax)
- 💲 $$

www.cambodianculturalvillage.com

Cambodian Living Arts

- ✉ 37 St. 105 (an der Ecke St. 242), Sangkat Boeng Prolit, Khan 7 Makara
- ☎ +855(0)12-797-578 (Siem Reap)
- 💲 $

www.cambodianlivingarts.org

zu den Khmer und anderen südostasiatischen Themen. Der Tempel ist außerdem der Sitz der Life & Hope Association, einer Organisation, die sich für benachteiligte Kinder und Erwachsene einsetzt.

Weiter nordöstlich, wo die Wat Bo Road die Achamean Street kreuzt, liegt auf der anderen Seite der Wat-Bo-Brücke **Wat Bo**, einer der ältesten und heiligsten Tempel der Stadt. Der Haupt-Vihara wurde im 18. Jh. errichtet, und die schönen Wandmalereien stammen aus dem 19. Jh. Hier finden jeden Nachmittag Meditationsübungen statt. Vergleichbare Veranstaltungen gibt es im nahe gelegenen **Singing Tree Café** (siehe S. 51; 2. Straße zwischen Wat Bo Rd. & dem Fluss, Tel. +855(0)92-635-500, www.singingtreecafe.com).

Die nächste Brücke, nur einen Block nördlich der Steinbrücke, führt zu einer eigenartigen Attraktion: **Angkor Wat im Miniaturformat** ($). Zu den handgeschnitzten und gegossenen Kunstwerken, die es in diesem kleinen und etwas heruntergekommenen Museum zu betrachten gibt, gehören Modelle von Angkor Wat, Bayon und Banteay Srei.

Der nordöstlichste Teil des Flusses führt in den weniger dicht besiedelten Randbezirk am **Archäologiepark**, doch vorher kommt noch der bevölkerungsreichste Stadtteil in Sicht. Die Pfahlbauten am Fluss sind einen Ausflug wert,

da sich dieses Viertel deutlich von den touristisch orientierten Stadtteilen unterscheidet.

Nahe der Straße am Fluss liegen drei von Siem Reaps schönsten Tempeln dicht beieinander: **Wat Po Lanka, Wat Preah An Kau Saa** und **Wat Preah An Kau Sai**. Der interessanteste darunter ist Wat Preah An Kau Sai. Er wurde 1911 auf den Laterit-Ruinen eines Tempels aus der Angkorzeit errichtet. Auf dem Gelände befindet sich auch das **Haus des Friedens**, das die traditionellen Schattenpuppen verkauft (siehe S. 66).

INSIDERTIPP

Mystères d'Angkor *(siehe S. 289)* **ist ein Boutique-Hotel hinter dem Wat Po Lanka. Es wurde um ein altes Khmer-Haus herum erbaut und besitzt einen wunderschön gekachelten Pool und ein gutes Restaurant.**

BRIAN MCNAMARA
National Geographic-Autor

An der Nationalstraße 6

Die Nationalstraße 6 führt durch die Stadt; an ihr liegen mehrere Sehenswürdigkeiten. Im Osten des Ortes in der Nähe des Busbahnhofs steht der **Große Neue Markt** (Psar Leu Thom Thmei).

Nordwestlich der Stadt an der Straße zum Flughafen

führt das **Kulturdorf** seinen Besuchern die vielfältige Geschichte der kambodschanischen Kultur vor Augen.

Im letzten Jahrzehnt hat die Einrichtung **Cambodian Living Arts** daran gearbeitet, die traditionellen Künste Kambodschas wiederzubeleben. Im Zentrum wird das Wissen der überlebenden Meister aufgezeichnet.

Das **Kriegsmuseum** weiter westlich hinter dem Angkor Reach Hotel ist eher ein Depot für rostende Kriegsmaschinerie. Die Führer, von denen einige den Krieg überlebt haben, berichten anrührend.

An der Nationalstraße 6 gibt es zwei Golfplätze: das

Sofitel Angkor Phokeethra Golf & Spa Resort *(Charles de Gaulle St., Khum Svay Dang, Kum Angkor, Tel. +855(0)63-964-600, www.sofitel.com, $$$$$)* und das **Angkor Golf Resort** *(Tel. +855(0)23-212-887, www.angkor-golf.com, $$$$$).*

Die Landschaft rund um Siem Reap ist ebenfalls sehenswert. Auf der **Happy Ranch** *(Anfahrt über die Airport Rd., Tel. +855(0)12-920-002, www.thehappyranch.com, $$$$–$$$$$)* können Sie Reitstunden nehmen oder ausreiten. Mit **Quad Adventure Cambodia** können Sie die Dörfer der Umgebung und die Reisfelder auch erforschen. ■

Kriegsmuseum

✉ Kasekam Village, Sra Nge Commune

💲 $

Quad Adventure Cambodia

✉ Near Wat Damnak (Ausschilderung beachten)

☎ +855(0)17-784-727

💲 $$$$

www.quad-adventure-cambodia.com

Rund um Siem Reap

Für die Fahrt auf der Route 63 von Siem Reap zum See Tonle Sap nehmen Sie am besten ein Tuk-tuk. Die meisten Leute strömen zum schwimmenden Dorf Chong Khneas, doch auf dem Land gibt es genauso viel Interessantes zu sehen. Die entlegeneren schwimmenden Dörfer (siehe S. 119) sind authentischer.

Das Dorf Chong Khneas auf dem See Tonle Sap südlich von Siem Reap

Institut für traditionelle Khmer-Stoffe

🗺 Karte S. 105 B3

✉ Nr. 472, Viheachen Village, Svaydongkum Commune (Straße zum See Tonle Sap, nahe der Krokodilfarm)

☎ +855(0)63-964-437

💲 $

http://iktt.esprit-libre.org/en

Fahrt zum See Tonle Sap

Halten Sie auf der Fahrt Richtung Süden von Siem Reap zum Tonle Sap an der Route 63 Ausschau nach dem **Institut für traditionelle Khmer-Stoffe**, das auf der rechten Seite direkt hinter einer Kurve liegt. In dem Holzhaus befinden sich ein Verkaufsraum und eine Werkstatt.

Ein paar Kilometer weiter Richtung Tonle Sap erwartet Sie eine weitere Sehenswürdigkeit: das Dorf **Aranh**. Achten Sie auf das verblasste blaue Schild, das auf das Dorf

am Fluss hinweist. Es liegt direkt an einer der kleinen Brücken über den Siem Reap. Die Straße führt über die Brücke nach Wat Pu, aber die eigentliche Attraktion ist Aranh. Biegen Sie am Flussufer rechts ab und folgen Sie dem Weg durchs Dorf. Vor den Häusern trocknen Fisch und Reis, dazwischen liegen Bananengärtchen. Kinder begrüßen Sie mit einem begeisterten »Hello«. Kehren Sie nach etwa 3 km an der zweiten Brücke auf die Route 63 zurück und setzen die Fahrt zum See fort.

Phnom Kraom

Die Route 63 verbindet Siem Reap mit dem auf einem Berg gelegenen Tempel Phnom Kraom. Vor dem Berg werden Sie vielleicht an der Anmeldestelle für Bootsfahrten (siehe S. 122) angehalten; sagen Sie den Angestellten einfach, dass Sie zum Tempel wollen. Der 16 km südlich von Siem Reap gelegene Phnom Kraom war einer der drei Orte, die Yasovarman I. (889–900) für den Bau seiner Tempel ausgewählt hatte. Seinen Staatstempel ließ er bei Phnom Bakheng errichten. Die Tempel von Phnom Kraom und Phnom Bok waren kleinere Komplexe in einem ähnlichen Stil mit drei Sandsteintürmen zu Ehren von Brahma, Shiva und Vishnu (siehe S. 48).

Dem Tempel **Prasat Phnom Kraom** hat die Witterung zugesetzt, aber die Hauptattraktion ist ohnehin die Aussicht, vor allem in der Regenzeit, wenn die erhöhten Straßen zum See aussehen wie lange Fangarme, die sich vom Fuß des Berges ins Wasser ausstrecken.

Beng Mealea

Wenn Sie etwas mehr Zeit für die Tempelbesichtigungen eingeplant haben, sollten Sie einen Tagesausflug zu den abgelegenen Ruinen von **Beng Mealea** unternehmen. Der Komplex – einer der größten aus der Angkor-Ära – ist von Suryavarman II. (1113–ca. 1150) in Auftrag gegeben

worden. Ursprünglich lag der Bau an einer der alten Verbindungsstraßen des Königreichs, doch im Bürgerkrieg des 20. Jhs. eroberte der Dschungel die Anlage zurück.

INSIDERTIPP

In den Dorfläden an der Straße, die Richtung Norden aus Siem Reap herausführt, wird Palmzucker verkauft, ein nach Gras schmeckender Saft der Dattelpalme, der zu Süßigkeiten verkocht wird.

PAT HENLEY
National Geographic-Autorin

Beng Mealea wurde Ende der 1990er Jahre wiederentdeckt, aber Landminen und Banditen haben Besucher ferngehalten. Dank neuer Straße und einem Holzpfad ist der Besuch des Tempels sicherer geworden, obwohl es natürlich einen Teil des Reizes ausmacht, über die herumliegenden Steine zu klettern. Fast überall in Beng Mealea hat die wuchernde Pflanzenwelt gesiegt. Diese einsamen Ruinen zu besuchen, ist ein beinahe magisches Erlebnis und den halben Tag, den man dafür benötigt, mehr als wert.

Andere empfehlenswerte Ausflüge von Siem Reap führen nach Koh Ker (siehe S. 208) und Preah Khan (siehe S. 159). ■

Prasat Phnom Kraom

🅰 Karte S. 105 A3

✉ Auf dem Phnom-Kraom-Berg, 12 km südlich von Siem Reap; der Zugang zur Treppe liegt direkt vor der Abzweigung zum Hafen von Siem Reap, Chong Khneas Commune

💲 $

Beng Mealea

🅰 Karte S. 105 B3

✉ 60 km östlich von Siem Reap abseits der Rte. 67

💲 $

Hier lernt die neue Künstler-generation

Die überaus kunstvollen Bas-Reliefs von Banteay Srei oder die Werke im National-museum von Phnom Penh sind beeindruckende Beweise für das Geschick der Künstler und Kunsthandwerker der Angkor-Zeit und im Frühen Königreich. Heute werden die alten Traditionen und Techniken wieder von jungen Leuten erlernt.

Artisans d'Angkor: Frauen malen kambodschanische Szenen auf Seide

Über viele Generationen hinweg haben die Künstler ihre Techniken weitergegeben, doch unter dem Regime der Roten Khmer, in deren albtraumhafter Welt kein Platz für die schönen Künste war, wurden viele der Meister hingerichtet, die den jungen Leuten ihr Wissen hätten vermitteln können. In den Jahrzehnten nach der Befreiung vom Pol-Pot-Regime haben kleine Gruppen und Organisationen dennoch damit begonnen, die traditionelle Khmer-Kunst wiederzubeleben.

1992 wurde die Chantiers-Écoles de Formation Professionnelle (CEFP) in Siem Reap eröffnet, eine Schule, an der junge Kambodschaner lernen, sich durch die Herstellung von Kunsthandwerk ihren Lebensunterhalt zu verdienen. Mithilfe europäischer Künstler hat die CEFP ein Ausbildungsprogramm für ärmere Kambodschaner entwickelt. Diese Ausbildung hat sich als so erfolgreich erwiesen, dass die Europäische Union 1998 die Gründung einer Zweigstelle unterstützte: Artisans d'Angkor *(Stung Thmey St., Siem Reap, Tel. +855(0)63-963-330)*.

Die Lehrlinge verbringen sechs Monate in den Kursen der Chantiers-Écoles in

INSIDERTIPP

Am Flughafen von Phnom Penh gibt es einen Shop von Artisans d'Angkor, in dem die jungen Künstler ihre Werke zu günstigen Preisen anbieten.

BRIDGET A. ENGLISH
National Geographic-Autorin

Artisans d'Angkor: Reproduktion von Sandstein-figuren aus den Tempeln der Umgebung

Siem Reap. Sie lernen in einer der vier Abteilungen: Seidenmalerei, Stein-Bildhauerei, Holzschnitzerei und Polychromie – Lackieren und Vergolden von Sandstein oder Holz.

Als Inspiration dienen die Monumente der Umgebung, und bei ersten Projekten wie dem Schnitzen kleiner Büsten von Jayavarman VII. erlernen die jungen Leute den richtigen Umgang mit den handgemachten Werkzeugen. Anschließend folgen weitere drei bis sechs Monate zur Verfeinerung der Fertigkeiten. Die Studenten in der Polychromie-Abteilung lernen beispielsweise, Skulpturen so aussehen zu lassen wie antike Artefakte. Die Seidenmaler, viele unter ihnen sind taube oder stumme Frauen, orientieren sich an den Wandmalereien von Wat Bo, um fantastische Kunstwerke hervorzubringen. Nebenbei lernen diese Studenten die internationale Gebärdensprache.

Bei Artisans d'Angkor werden mittlerweile pro Jahr rund 75 Lehrlinge in zwölf Werkstätten überall in der Provinz Siem Reap ausgebildet, dabei sind Arbeitsplätze für mehr als 1000 Menschen entstanden. Diese modernen Künstler stehen aber nicht nur in der Tradition ihrer Vorfahren, sie bewahren auch deren Werke. Unter der Aufsicht von Archäologen haben in Artisans d'Angkor ausgebildete Künstler z. B. fehlende Teile des Bas-Reliefs von Kbal Spean (siehe S. 160) ergänzt. Daneben schaffen sie aber auch eigene Werke, etwa den Pavillon der Ehre am Flughafen von Phnom Penh.

Nationales Seidenzentrum

Da es sich um einen nachwachsenden Rohstoff handelt, erschien Seide als ideales Produkt, um der verarmten Landbevölkerung zu einem Einkommen zu verhelfen. 1993 gründete das Nationale Seidenzentrum (CNS) im Bezirk Puok von Siem Reap eine Seidenfarm. Heute produziert diese Seidenraupenzucht hochwertige Stoffe in den traditionellen Webarten und Mustern wie *hol* und *phamuong*, die ursprünglich nur bei religiösen oder offiziellen Zeremonien getragen wurden. Angeboten werden auch Führungen durch die Seidenfarm und die Ausstellung traditioneller Werkzeuge und Kleidung, und man lernt einiges über den Sponsor der Anlage, die Chantiers-Écoles de Formation Professionnelle.

Tonle Sap

Wenn Flüsse die Lebensadern Kambodschas sind, dann ist der Tonle Sap gewissermaßen die Pumpe. Dieser große See ist der Mittelpunkt eines Landes, das von Flüssen, Stauseen und gefluteten Reisfeldern durchzogen wird.

Schon die Kinder müssen lernen, ihr Boot durch die schwimmenden Dörfer des Tonle Sap zu steuern

Der See ist mit dem **Fluss Tonle Sap** verbunden, einem ungewöhnlichen Gewässer, das zu verschiedenen Jahreszeiten in unterschiedliche Richtungen fließt. Der Beginn der Regenzeit trifft mit der Schneeschmelze im Himalaya zusammen, also im Quellgebiet des Mekong. Die Fluten des Mekong, die in der Nähe von Phnom Penh den Tonle Sap kreuzen, drücken dann das Wasser im Tonle Sap flussaufwärts, was den See nahezu um das Fünffache vergrößert und seine Wassertiefe von 1 bis 2 auf 11 m ansteigen lässt.

Wenn die Regenzeit im November endet, verliert der Mekong seine Macht und das überschüssige Wasser strömt aus dem See wieder ab. Dann fließt der Tonle Sap in umgekehrter Richtung nach Südosten, vorbei an Phnom Penh und ins Meer hinaus. Zur Feier dieses Ereignisses wird bei Vollmond im November in Phnom Penh das Wasserfest **Bonn Om Tuk** gefeiert, bei dem auch Bootsrennen ausgetragen werden.

Das nährstoffreiche Wasser des Mekong trägt zur Erhaltung des Ökosystems im Tonle Sap bei, zu dem u. a. über

200 Fischarten gehören, von denen viele während des Hochwassers flussaufwärts wandern. Der Zug vieler exotischer Wasservögel (siehe S. 121) hat sich ebenso dem Steigen und Fallen des Wassers angepasst wie die Lebensweise einiger Säugetiere, etwa die des Otters.

Wenn Sie auf der Route 63 von Siem Reap aus Richtung Süden bis hinter die Abzweigung nach Aranh (siehe S. 114) fahren, sehen Sie in der Nähe von Phnom Kraom (siehe S. 115) die Ticketverkaufsstelle für Bootsfahrten auf dem See. Zu den Angeboten gehören Tagesfahrten nach Chong Khneas und Prek Toal, aber auch längere Fahrten nach Battambang und Phnom Penh (siehe S. 122). Es empfiehlt sich allerdings, die Fahrten im Voraus bei einem Veranstalter zu buchen, statt sie erst hier zu organisieren.

Schwimmende Dörfer

Neben der Tierwelt bietet der See auch Millionen von Kambodschanern eine Heimat. Zu den schwimmenden oder auf Stelzen erbauten Dörfern gehören z. B. **Prek Toal, Chong Khneas** und **Kampong Pleuk**; diese liegen Siem Reap am nächsten. Obwohl der See bei maximaler Füllung nur sieben Prozent der Gesamtfläche des Landes bedeckt, leben auf dem Wasser und an den Ufern mehr als 25 Prozent der Bevölkerung.

Chong Khneas: Wegen seiner Nähe zu Siem Reap strömen Touristen in Scharen nach Chong Khneas, doch für einen authentischeren Einblick ins Alltagsleben in den schwimmenden Dörfern sollte man ruhig etwas weiter reisen (z. B. nach Kampong Pleuk oder Prek Toal). Allerdings hat sich in Chong Khneas in den letzten Jahren einiges getan – vielleicht durch die Programme des **GECKO-Umweltzentrums**, einer regierungsnahen Organisation, die das Umweltbewusstsein der Menschen in diesen Feuchtgebieten fördert. Wenn Sie am Hauptquartier halten, können

Chong Khneas
🗺 Karte S. 105 B3

**GECKO
Environment
Center**
✉ Haupthafen von Siem Reap, Phnom Kraom, Chong Khneas Commune
💲 $
http://jinja.apsara.org/gecko

Das fragile Ökosystem des Tonle Sap

Leider macht sich das Bevölkerungswachstum auch im Ökosystem des Sees bemerkbar. Die Überfischung und die Rodung von Wäldern in den alljährlich überfluteten Uferzonen haben dem See nicht gutgetan. Die überschwemmten Wälder, die Fischen und anderen Tieren zur Fortpflanzung dienen, sind in der zweiten Hälfte des 20. Jhs. um fast 40 Prozent geschrumpft. Deshalb ist der See Tonle Sap zum Biosphärenreservat erklärt worden – mit den Kernregionen Prek Toal, Boeng Tonle Chhmar und Stung Sen. Dahinter steht die Absicht, umwelt- und sozialverträgliche Aktivitäten zu fördern. Eine interessante, von der privaten Organisation Krousar Thmey initiierte Ausstellung mit dem Titel „Tonle Sap, Quelle des Lebens" informiert über das fragile Ökosystem des Sees. Zu sehen ist sie in der Schule für blinde Kinder an der Straße von Siem Reap zum Archäologiepark.

Ein Aranga-Marabu am Ufer des Sees Tonle Sap

Sie mehr über die Arbeit des Zentrums erfahren.

Wie die meisten schwimmenden Dörfer ist Chong Khneas genau so aufgebaut wie jedes andere Dorf auf dem Land auch. Die Gebäude stehen dicht beieinander, darunter auch solche, die nicht als ganz normale Läden angelegt wurden, z. B. schwimmende Tankstellen mit integriertem Laden. Genau wie bei den weiter entfernt festgemachten Hausbooten fällt bei den Häusern auf, wie stolz die Besitzer auf sie sind – viele sind blau gestrichen, mit hübschen Türbalken und Fensterläden versehen und mit blühenden Pflanzen geschmückt.

Auf den breiteren „Straßen" des Dorfes gibt es sowohl Häuser, die eigentlich Boote sind, als auch Boote, die als Häuser genutzt werden. (Die Boote haben Motoren, damit ihre Besitzer sie je nach Jahreszeit wegfahren

können.) Weiter verbreitet scheint das Standardhaus zu sein. Es besitzt eine Veranda, auf der man mit Gästen sitzt. Sie führt in die Wohnräume und die Küche, die mit Holz beheizt werden. Wie überall verfügen viele dieser Häuser über einen Fernseher – die Antennen verraten es.

Das Leben auf dem See scheint recht ruhig zu verlaufen. Die Männer fischen und die Frauen knüpfen Netze, während ihre kleinen Kinder in Hängematten schlafen. Junge Mädchen und ältere Frauen paddeln mit kleinen Booten durchs Dorf und verkaufen allerlei, von Frischware und Reis bis hin zu Shampoo und Waschmitteln. Tatsächlich sind bis zu 30 Prozent der Dorfbewohner keine Fischer, sie arbeiten in Bereichen wie Handel und Bootsbau.

Die Bewohner von Chong Khneas betreiben etwa eine Krokodilfarm. Die wild gefangenen und nachgezüchteten Krokodile werden in Gruben an der Hauptanlegestelle gehalten. Die zahllosen Tiere sind eine Touristenattraktion, man hält sie aber vornehmlich, um Fleisch und Leder zu gewinnen.

Die Dorfkinder gehen in schwimmende Schulen, und in manchen Dörfern gibt es private Einrichtungen, in denen Vietnamesisch unterrichtet wird. Einige Dörfer besitzen schwimmende Kirchen.

Die Fischerei ist saisonabhängig, da der kommerzielle

Fischfang nur in den trockenen Monaten, wenn die Dörfer weiter vom Ufer entfernt liegen, gestattet ist. In der Regenzeit dürfen die Fischer nur den Eigenbedarf decken.

Kampong Pleuk: Bei vielen Touren nach Chong Khneas ist zusätzlich noch ein Abstecher in das sehenswerte Pfahlbaudorf Kampong Pleuk enthalten. Die meisten der fast 2500 Einwohner, die überwiegend von Khmer abstammen, leben vom Fischfang. Obwohl die sehr hohen Häuser fest auf ihren Stelzen verankert sind, ziehen die Bewohner regelmäßig um. In der Trockenzeit, wenn der See schrumpft, bauen sich die Einwohner von Kampong Pleuk Hütten dichter am Wasser. Wenn das Wasser wieder steigt, werden die Hütten abgebaut, und sie ziehen zunächst in die unteren Etagen ihrer Häuser auf Stelzen und bei höherem Wasserstand in die oberen. Unter diesen Bambus-„Wolkenkratzern" befinden sich auch eine Pagode und eine Grundschule in luftiger Höhe über dem See.

Kampong Pleuk liegt nur ein Stück südlich der Roluos-Tempelgruppe. Mit einem

ERLEBNIS: Vögel beobachten

Die kambodschanische Naturschutzbehörde hat zusammen mit internationalen Organisationen 40 wichtige Schutzgebiete im ganzen Land ausgewiesen. Mit einem der größten Süßwasserseen Asiens sowie diversen Feuchtgebieten und Flüssen bietet Kambodscha perfekte Brutbedingungen für viele bedrohte Vogelarten wie etwa Saruskranich, Barttrappe, Argala-Marabu, Milchstorch, Graupelikan, Bengalgeier, Schmalschnabelgeier, Weißschulteribis und den Nationalvogel Kambodschas, den Riesenibis.

Eine Reihe von Organisationen wie die Wildlife Conservation Society und das **Naturschutzzentrum Sam Veasna** *(No. 0552, Group 12, Wat Bo Rd., Siem Reap, Tel. +855(0)63-963-710, www.samveasna.org)* haben in Zusammenarbeit mit den Gemeinden Touren zur Beobachtung der Vögel ausgearbeitet. Dieses Angebot ist Teil eines größeren Projekts, das die Entwicklung der Gemeinden, Naturschutz und ökologisch vertretbaren Tourismus vereint. Exotische Vögel sind im ganzen Land zu sehen, darunter auch in den Ruinen des Preah Khan in Angkor, die Hunderten Arten eine Zuflucht bieten. Ein absolutes Muss für Vogelliebhaber sind jedoch Prek Toal (siehe S. 123), die Schutzzone für Biodiversität in Seima (siehe S. 202), Ang Trapaeng Thmor (siehe S. 185) und das Tmatboey-Ibis-Projekt (siehe unten und S. 203).

Zum Tmatboey-Ibis-Projekt im Schutzgebiet Kulen Prum Tep, das 2007 den Preis für verantwortungsvollen Tourismus *(www.responsibletourismawards.com)* gewonnen hat, gehören die verschiedensten Lebensräume, von offenem Wasser und überfluteten Wäldern bis hin zu Grasland und Hochwäldern. All diese Lebensräume bieten bedrohten und gefährdeten Vogelarten eine Zuflucht. Manche Regionen sind so abgelegen, dass Sie mehrere Tage dafür einplanen sollten; Tourpakete vermittelt das Sam-Veasna-Naturschutzzentrum, das überall in Kambodscha Vogelbeobachtungstouren anbietet, auch in Prek Toal, das von Siem Reap bequem in einem Tag zu erreichen ist.

ERLEBNIS: Bootsfahrten auf dem Tonle Sap

Sowohl der See als auch der Fluss Tonle Sap bieten mit ihren blühenden Fischerdörfern einen großartigen Einblick in die Kultur der Khmer – von der fantastischen Landschaft ganz zu schweigen. Ob
Sie sich nun für einen Tagesausflug oder eine mehrtägige Fahrt zu entfernteren Zielen entscheiden, die Bootsfahrt auf dem See wird ganz sicher das Highlight Ihrer Reise.

Tagesausflüge

Von Siem Reap aus starten ganze Scharen bunt bemalter Langboote zu Tagesfahrten. Am besten buchen Sie den Ausflug in Ihrem Hotel oder bei einem Veranstalter wie **Terre-Cambodge** *(Tel. +855 (0) 92-476-682, www.terrecambodge.com)*. Die Ziele liegen eine Stunde oder mehr vom Festland entfernt – bringen Sie also Ihr Picknick mit und

Eine Bootsfahrt auf dem Tonle Sap ist ein beliebter Tagesausflug von Siem Reap

brechen Sie früh auf, wenn das Wasser noch ruhig ist.

Eine etwa einstündige Fahrt vom Anleger in Siem Reap führt nach Kampong Pleuk (siehe S. 121), ein Dorf auf Stelzen. Diese für Monsune gebauten Häuser sind in der Trockenzeit durch Wege miteinander verbunden, die sich in der Regenzeit in Kanäle verwandeln. Ganz in der liegt ein überschwemmter Wald.

Wenn Sie schon einmal vor Ort sind, sollten Sie mit einer Naturschutzorganisation das Vogelschutzgebiet Prek Toal besuchen, z. B. mit einer Gruppe unter Leitung des **Naturschutzzentrums Sam Veasna** *(No. 0552, Group 12, Wat Bo Rd., Siem Reap, Tel. +855(0)63-963-710, www.samveasna.org)* oder von **Osmose** *(www.osmosetonlesap.net)*. Bei beiden ist der Eintritt *($$$$$)* ins Naturschutzgebiet im Ausflugspreis enthalten. Die besten Zeiten, um viele Vögel zu sehen, sind der frühe Morgen oder der späte Nachmittag. Falls Sie am Nachmittag ankommen, können Sie dort auch übernachten.

Mehrtagesfahrten

Als angenehme Verbindung von Luxus und Kultur werden Bootsfahrten mit Übernach-
tung immer beliebter. Der französische Veranstalter **Compagnie Fluviale du Mekong** *(Tel. +855(0)12-240-859, www.CFMekong.com)* bietet Dreitagesfahrten mit zwei Übernachtungen von Phnom Penh nach Siem Reap an. Rechtzeitige Buchung ist wichtig, da viele Fahrten in Ho-Chi-Minh-Stadt (Saigon) starten und in Phnom Penh, wo Sie zusteigen können, nur ein kurzer Stop eingeplant ist. Das Boot geht täglich vor Anker, und auf den geführten Touren bekommen Sie ein Silberschmiededorf, einen Tempel aus dem 19. Jh. und ein schwimmendes Dorf zu sehen. Die Kojen sind selbst nach westlichem Standard bequem und die Verpflegung ist fantastisch.

Boote als Transportmittel

Schnellboote sind eine prakti-
sche Art, von Siem Reap nach Phnom Penh oder Battam-
bang zu gelangen. Außerdem geht es genauso schnell oder noch schneller als auf der Straße.

Eine preiswerte Fähre ver-
kehrt zwischen Siem Reap und Phnom Penh, eine andere auf der Strecke von Siem Reap nach Battambang. Die Fähren erreichen die Hauptstadt in etwa sechs Stunden oder Battambang in vier, was aber von der Wassertiefe und der Fließ-
richtung des Flusses abhängt.

Fahrzeug können Sie in der Trockenzeit direkt bis ans Seeufer fahren und dort ein Boot mieten. Die Vermieter meist stundenweise ab, nicht nach Personenzahl.

Eine Fahrt zum See Tonle Sap lässt sich gut mit der großartigen Aussicht von der historischen Tempelanlage auf dem **Phnom Kraom** (siehe S. 115) verbinden. Mit dem Tuk-tuk kommen Sie zwar am einfachsten auf den Phnom Kraom, aber ein selbst organisierter Ausflug nach Chong Khneas inklusive privat gechartertem Boot ist deutlich teurer als ein Touren-Paket, bei dem Sie aber meistens keinen Aufenthalt am Tempel einlegen können. Die beste Lösung ist wohl, die Fahrt zu den schwimmenden Dörfern bei einem kleinen Tourveranstalter zu buchen und dann auf eigene Faust mit dem Tuk-tuk zum Tempel zu fahren.

Prek Toal

Das an der Nordwestspitze des Sees gelegene Prek Toal ist eine der drei Kernregionen des Biosphärenreservats Tonle Sap. (Die beiden anderen sind Boeng Tonle Chhmar und Stung Sen.) Hauptattraktion von Prek Toal sind Wasservögel, darunter Pelikane, Kormorane und Schlangenhalsvögel. Weitere Tierarten hier sind Flughunde und Plumploris – die zu den kleinsten Primaten der Welt gehören.

Besuche in Prek Toal müssen von der Wildlife Conservation Society (WCS) genehmigt werden, die das Vogelschutzgebiet überwacht und für die Instandhaltung eine Gebühr von den Besuchern erhebt (*$$$$$*).

INSIDERTIPP

Bei Hochwasser auf dem Tonle Sap sollten Sie unbedingt mit dem Boot nach Prek Toal fahren, ins schwimmende Dorf am Rand eines saisonal überschwemmten Waldes. Hier brüten mehr Wasservögel – darunter viele seltene Arten – als sonst irgendwo auf dem südostasiatischen Festland.

KAREN COATES
National Geographic-Autorin

Viele kleinere Veranstalter versuchen, ohne Genehmigung nach Prek Toal zu fahren, und stoßen dabei gelegentlich auf bewaffnete Fischer, die ihre Fanggründe schützen. Am besten unternehmen Sie von Siem Reap aus eine Tagestour nach Prek Toal. Die Fähren von und nach Siem Reap und Battambang fahren am Rand des Dorfes vorbei, was zumindest für einen ersten Eindruck und ein paar schöne Fotos ausreicht. ■

Geheimnisvolle Gesichtertürme, kunstvoll verzierte Monumente und jahrhundertealte künstlerische und religiöse Errungenschaften

Angkor

Aus jeder Türöffnung und jedem Fenster im Bayon-Tempel blicken lächelnde Gesichter

Angkor

Die Epoche von Angkor (802–1431) nahm ihren Anfang, als Jayavarman II. (reg. 802–850) zum _Chakravartin_, einem universellen König gekrönt wurde, nachdem er ein Land ähnlicher Größe wie das heutige Kambodscha bezwungen hatte. Der Gründungsvater des Khmer-Reiches entschied sich, die erste Hauptstadt in Hariharalaya, 13 km südwestlich von Siem Reap in Roluos anzusiedeln.

In Hariharalaya begann Indravarman I. (reg. 877–889), der Nachfolger von Jayavarmans Sohn, eine Tradition, die nachfolgende Könige fortsetzen sollten. Er ließ die Ahnentempel Preah Ko und Bakong errichten und veranlasste den Bau des gewaltigen Indratataka-Stausees.

Die Roluos-Tempelgruppe ist ein guter Ausgangspunkt für den Besuch von Angkor. Dies gilt insbesondere für all jene, denen die Geschichte der Könige von Angkor und die Entwicklung der Architekturstile sowie die zunehmende Verwendung religiöser Symbolik zum Verständnis dienen soll.

Hariharalaya war zwar die erste Hauptstadt des Khmer-Reiches, aber es war nicht der Vorläufer von Angkor. Unter dem Begriff „Angkor" wird oft ein bestimmter Tempel oder eine einzelne Stadt verstanden, was nur teilweise zutrifft. Im Lauf der Zeit wurden viele Städte innerhalb des heutigen Archäologischen Parks von Angkor errichtet. „Angkor", eine moderne Version des Sanskrit-Wortes _nagara_, bedeutet „Stadt". Das Wort steht in der modernen Khmer-Sprache für ausgedehnte Tempelanlagen, die durch bevölkerungsreiche religiöse und politische Gemeinden unterstützt wurden.

Was wir heute unter Angkor verstehen, entwickelte sich, nachdem Yasovarman I. entschieden hatte, die Hauptstadt seines Reiches näher zu den heiligen Gewässern des Siem-Reap-Flusses zu verlegen. Auf dem Hügel Phnom Bakheng gründete Yasovarman den Tempel der Stadt Yasodharapura. Der König wurde so sehr verehrt, dass die Hauptstadt des Khmer-Reiches von seinen Bewohnern fast 500 Jahre lang Yasodharapura genannt wurde. Yasovarmans Tempel auf dem Phnom Bakheng ist ein guter und zweckmäßiger Startplatz für einen Besuch von Angkor. Mehrtagespässe gelten schon am Abend vor dem aufgedruckten Datum, und Bakheng ist bei Sonnenuntergang ein eindrucksvoller, wenn auch überfüllter Aussichtspunkt.

In den Jahrhunderten nach Yasovarmans Regierung wurde Yasodharapura

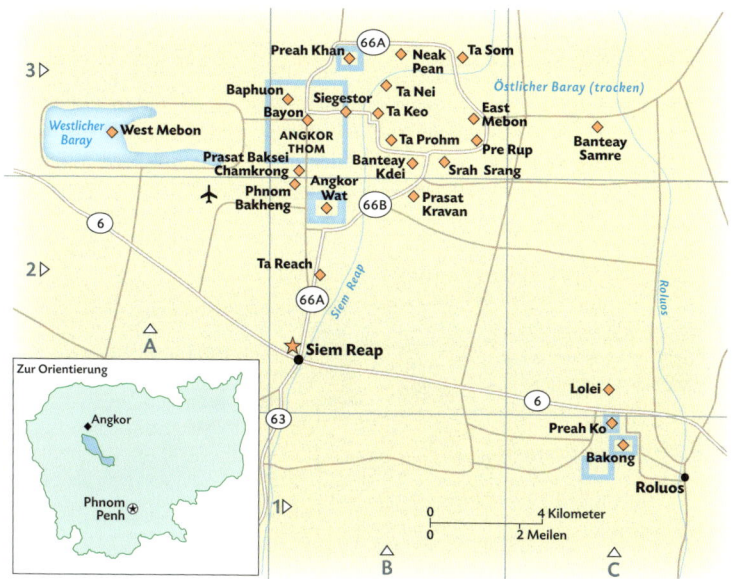

aufgegeben. Die nachfolgenden Könige bauten ihre eigenen Tempel, befestigten Städte und gewaltige öffentliche Wasserspeicher. Von diesen Bauwerken sind Angkor Wat and Angkor Thom die bedeutendsten und bekanntesten. Angkor Wat, wörtlich „Stadttempel", ist das größte religiöse Bauwerk der Welt. Angkor Thom, die „Große Stadt", ist eine befestigte Stadt, deren prunkvolle Tore sich auf eine Landfläche von 203 Hektar mit Dutzenden religiöser und königlicher Steinbauten öffnen.

Der im 12. Jh. unter Suryavarman II. (reg. 1113–ca. 1150) erbaute Tempel Angkor Wat gilt zu Recht als eine der Hauptattraktionen. Er ist nicht nur wegen seiner Größe, sondern auch wegen seiner kunstvollen Ausgestaltung berühmt. Touristen, die mehrere Tage Zeit haben, besuchen Angkor Wat normalerweise mehr als nur einmal.

Wenngleich Angkor Wat der berühmteste Tempel in Angkor ist, war der von Jayavarman VII. (reg. ca. 1181–1218) erbaute Angkor Thom in den letzten Jahrhunderten des Reiches das eigentliche Prunkstück der Hauptstadt. Die mythologisch inspirierten Dämme und kunstvoll verzierten Tortürme sind eine Augenweide. Bayon ist mit seinen Gesichtertürmen ebenso atemberaubend wie Angkor Wat. Zu Angkor Thom gehören auch der aus dem 11. Jh. stammende Tempel Baphuon, die Begrenzungsmauer des Königlichen Palastes und die ausgeschmückte Terrasse des Leprakönigs sowie die Terrasse der Elefanten.

Andere Stätten sind Ta Phrom und Preah Khan, die Tempel Östlicher Mebon und Pre Rup sowie der erlesene rosarote Sandsteintempel Banteay Srei.

Einige Touristen planen den Besuch der Tempel chronologisch. Für diejenigen, die wenig Zeit haben, ist es jedoch praktischer, die Tempel nach ihrer räumlichen Nähe zu besichtigen. Das nachfolgende Kapitel folgt dieser Variante. ∎

Angkor Wat & Umgebung

Die Entwicklung von Angkor begann im heutigen Roluos, wo Jayavarman II. seine Hauptstadt Hariharalaya gründete und Indravarman I. die Tempel Bakong und Preah Ko erbauen ließ. Kurz darauf gründete Yasovarman I. die Stadt Yasodharapura, in deren Nähe Suryavarman III. später Angkor Wat errichten ließ.

Angkor Wat bei Sonnenuntergang

Roluos Gruppe

Jayavarman II. (reg. 802–850), der im Jahr 802 zum König von Kambodscha gekrönt wurde, begann an drei Stellen mit der Errichtung von Bauwerken. Einer dieser Punkte, Hariharalaya (in der Nähe des heutigen Roluos), wurde zur Hauptstadt ernannt. Auch wenn Jayavarman II. von den nachfolgenden Königen als Gründer des Reiches aner-

kannt wurde, so war es doch Indravarman I. (reg. 877–889), der eine Tradition begründete, die mehrere Jahrhunderte fortgeführt werden sollte. Sein Ahnentempel (Preah Ko), der Staatstempel (Bakong) und der Wasserspeicher (Indrataka Baray) inspirierten viele der nachfolgenden Könige.

Einer der ältesten Tempel der Angkor-Epoche ist **Preah Ko**. Eine Inschrift anlässlich der Gründung im Jahr 879 berichtet von der Weihung von drei Shiva-Statuen und drei weiblichen Gottheiten zu Ehren früherer Könige. Damit förderte Indravarman die Vergöttlichung der Könige, ehrte seine Ahnen und legte den Grundstein für die königliche Beauftragung zum Bau von Ahnentempeln.

Der Name des Tempels basiert auf der Geschichte der Brüder Preah Ko und Preah Keo, von denen einer ein Stier und einer ein Mann war. Der Erstgenannte wurde mit Nandi, dem Reittier von Shiva, assoziiert. Drei Nandi-Statuen knien dem Tempel zugewandt in den Anlagen.

Neben den Nandi-Statuen sind die mit aufwendigen Stuckreliefs geschmückten Türme die Attraktion von Preah Ko. Während ein Großteil der Stuckarbeiten verfallen ist, sind die mit Girlanden und mystischen Wesen geschmückten Türstürze aus Sandstein über den Eingängen der Türme und den Scheinportalen gut erhalten.

Der 881, nur zwei Jahre nach Preah Ko vollendete **Bakong** im Herzen von Hariharalaya, war der erste Khmer-Tempelberg in Angkor. Die fünfstufige Pyramide repräsentiert den Berg Meru. An der Spitze von Bakong wurde Shiva in Form des Lingam Sri Indreshvara verehrt. Bakong ist von drei Mauerringen und zwei Wassergräben umgeben, von denen der äußerste

trockengelegt ist. Vier Dämme mit siebenköpfigen Nagas, deren Schlangenkörper niedrige Balustraden bilden, führen in den Tempel hinein.

Vom östlichen Eingangsturm des inneren Mauerrings führt der Damm an mehreren kleinen Bauwerken vorbei. Das kleine quadratische Gebäude im Norden beherbergte die Stele, auf der Indravarman als „Löwe unter den Königen" geehrt wurde.

INSIDERTIPP

Ein Besuch von Angkor bei Sonnenaufgang? Gegenüber dem Haupteingang verkaufen freundliche Damen in Zeltrestaurants Kaffee und Baguettes zum Frühstück.

JOHN SEATON CALLAHAN
National Geographic-Mitarbeiter

Die zwei langen Hallen weiter östlich datieren aus dem 12. oder 13. Jh. In der Nordostecke der Anlage befindet sich das buddhistische Kloster Wat Bakong.

Vor dem Aufstieg auf die Pyramide lassen sich bei einer Umrundung des inneren Mauerrings fünf der ehemals acht Türme betrachten.

Pavillons am Ende der Zugangsstraßen beherbergen Statuen von Nandi, die jedoch bis auf die Statue im westlichen Pavillon kaum noch zu

Angkor Wat

⬛ Karte S. 105 B3, 127 B2 & 161

✉ 5 km nördlich von Siem Reap an der Route 66A

$ $$$$–$$$$$

erkennen sind. Wer an einer der Treppen nach oben schaut, wird feststellen, dass der Tempel ein falsches Größenverhältnis vermittelt. Jede der vier Ebenen über der ersten Ebene ist etwas kleiner, wodurch der Tempel höher erscheint. Löwen säumen den Treppenaufgang zur Spitze des Tempels, und an den Ecken der drei unteren Ebenen stehen Elefanten, die ebenfalls von Ebene zu Ebene kleiner werden. Auf der vierten Ebene stehen noch zehn der ehemals zwölf Türme, die Lingams enthielten, und auch

Teile des Basreliefs sind erhalten. Die Reliefs auf der Südseite des Tempels stellen *asuras* (Dämonen) dar.

Auf der höchsten Stufe des Tempels steht das 15 m hohe Zentralheiligtum, ein lotosförmiger Prasat, der bezeichnend für die Architektur des 12. Jhs. ist. Von der ursprünglichen Struktur des Prasat ist nur das Fundament erhalten.

Nördlich von Bakong und Preah Ko liegt der Tempel **Lolei** auf einer Insel im heute trockenen Wasserreservoir **Indratataka Baray** von Indravarman II. Obwohl schon am fünften Tag seiner Herrschaft mit dem Bau des Baray begonnen wurde, starb Indravarman I. vor seiner Fertigstellung. Das Fundament für den Tempel in seiner Mitte war jedoch schon gelegt. Sein Sohn Yasovarman I. (reg. 889–910) vollendete den nördlichen Deich des Baray.

Lolei besteht aus vier Ziegeltürmen, auch wenn deren Ausrichtung vermuten lässt, dass der ursprüngliche Plan sechs Türme vorsah. Wie bei Preah Ko sind vor den zwei östlichen Türmen *dvarapalas* postiert, Wächter aus Sandstein. Die Scheinportale bestehen aus einteiligen Sandsteinplatten. Die Reliefs auf den Türen und Türstürzen sind gut erhalten. In der Mitte der Türme befindet sich eine kleine Plattform, auf der wahrscheinlich ein Lingam stand. Die vier Sandsteinrinnen, die von der Plattform

Mit Apsaras geschmückte „Bibliothek" in Angkor Wat

Die Besichtigung von Angkor Wat

Für den Archäologischen Park von Angkor sind Eintrittskarten für einen, drei oder sieben Tage zum Preis von 20, 40 und 60 $ erhältlich. Mehrtageskarten können nur am Südeingang des Parks erworben werden. In Banteay Srei sind Tageskarten erhältlich. Die Eintrittskarten müssen an allen Tempeleingängen vorgezeigt werden und gelten nur an aufeinanderfolgenden Tagen. Eintrittskarten, die nach 17 Uhr erworben werden, gelten auch für den Sonnenuntergang am Abend vor dem ersten Geltungstag. Die Eintrittskarten sind für alle Monumente gültig, außer den folgenden drei, für die eine extra Gebühr erhoben wird: Beng Mealea (5 $), Koh Ker (10 $) und Phnom Kulen (20 $).

Die Tempel können Sie mit dem Fahrrad, einem Tuk-tuk, einem Auto oder Kleinbus erkunden. Das Mieten von Motorrädern ist in Siem Reap verboten. Ein Fahrrad leihen Sie für 2 bis 3 $ pro Tag aus, Tuktuks für 15 bis 20 $ und Autos für 25 bis 30 $. Besuche weiter entfernt liegender Attraktionen wie Banteay Srei, Kbal Spean und Beng Mealea kosten je nach Transportmittel zwischen 20 und 75 $. Hotels und Gästehäuser sind bei der Suche nach einem geprüften Führer für den Park gerne behilflich (etwa 20 $/Tag). Je nachdem, welche Tempel besichtigt werden sollen, geben Tuk-tuk-Fahrer gerne Unterstützung bei der Planung.

wegführen, sind *snanadronis* (Ausgussrinnen), in denen über den Lingam gegossene Trankopfer abfließen konnten.

Heute grenzt der Tempel an das buddhistische Kloster Wat Lolei.

Phnom Bakheng & Prasat Baksei Chamkrong

Nach dem Tod seines Vaters Indravarman II. begann Yasovarman I. mit dem Bau seines Staatstempels auf dem **Phnom Bakheng**. Dieser war größer als die später errichtete Stadt Angkor Thom und von vier etwa 4 km langen Erdwällen umgeben, von denen der westliche später als Stützmauer für den westlichen Baray diente.

Der Tempel konnte über Treppen im Osten, Norden und Westen erreicht werden. Heute haben Besucher die Wahl zwischen dem **Elefantenweg** und einem Weg für Fußgänger. Auf dem Elefantenweg können Besucher auf dem Rücken der Kolosse auf der Südseite auf den Hügel hinaufreiten. Der **Sicherheitsweg** für die Fußgänger windet sich um die Nord- und Westseite des Hügels.

Die beste Annäherung an den Tempel erfolgt von Osten, der ursprünglichen Ausrichtung. Wer mit dem Rücken zum Tempel steht und zum unteren östlichen Treppenaufgang schaut, entdeckt am Fuß der Stufen ein kleines Gebäude, das einen **Fußabdruck von Buddha** enthalten soll.

Die Stufenpyramide von Bakheng ist bauähnlich mit Bakong (siehe S. 129), dem Staatstempel von Yasovarmans Vater. Die Plattform des Tempels wurde aus dem Fels gehauen und ist von terrassierten Sandsteinplattformen umgeben. Am Fußende der Treppenaufgänge, die auf die Spitze des Tempels führen, standen vier Statuen des heiligen Stiers Nandi. Die Nandi-Statue am südlichen Treppenaufgang wurde restauriert.

Abseits des Besucheransturms

Im Jahr 2008 wurde Angkor von einer Million Touristen besucht. Die Anzahl der Besucher nimmt jedes Jahr weiter zu, und es wird schwierig, die Tempel in Ruhe zu fotografieren. Das besondere Erlebnis, der erste oder einzige Besucher eines Tempels zu sein, ist unbeschreiblich. Hier einige Tipps, die dabei helfen, dem schlimmsten Ansturm zu entgehen:

Früh aufstehen und andere Tempel besuchen: Während Hunderte zum Sonnenaufgang nach Angkor Wat strömen (den man vom Tempel aus aber eigentlich gar nicht sehen kann), sollten Sie den Sonnenaufgang stattdessen von Srah Srang aus genießen, um dann einer der ersten Besucher in Ta Prohm oder dem östlichen Mebon zu sein.

Noch früher aufstehen: Wer mit der Morgendämmerung in Angkor Wat ankommt, kann das erste Sonnenlicht bei der Südbibliothek einfangen. Dann, während alle anderen in Angkor Wat ankommen, kann Neak Pean angesteuert werden.

Weniger populäre Tempel erkunden: Jeder Tourist besichtigt Angkor Wat und Bayon. Die Erkundung kleinerer Tempel wie Ta Nei und Prasat Phnom Bok ist ebenfalls lohnenswert, und dort trifft man nur einen Bruchteil der Besucher an.

Angkor in der Regenzeit: Selbst die regenreichsten Monate September und Oktober sind größtenteils sonnig. Der See und die Stauseen sind gefüllt, die Landschaft grün und die Besichtigung von überdachten Tempelanlagen wie Angkor Wat bei Regen angenehm und friedvoll.

Ein Picknick mitnehmen: Um die Mittagszeit ist es zugegebenermaßen heiß, andererseits aber auch ruhig. Jetzt bietet sich eine gute Gelegenheit, einen schattigen Tempel oder einen Tempel mit sehenswerten Innenräumen wie Angkor Wat oder Preah Khan zu besuchen.

Wie in Bakong wirkt auch dieser Tempel durch perspektivische Täuschung höher als er ist. Die Höhe der Pyramidenstufen verringert sich nach oben; auch die Löwen werden nach oben hin immer kleiner.

Auf dem Bakheng stand einst ein Quincunx (vier Türme an den Ecken, ein Turm im Zentrum). Die vier, das **zentrale Heiligtum** umgebenden Türme wurden im 16. Jh. für einen sitzenden Buddha abgebaut, der nicht mehr existiert. Im Zentralheiligtum stand der Shiva-Linga Yasodharesvara. Der Tempel wurde 907 Shiva geweiht. Die Ecken des Heiligtums sind mit *devatas* (weiblichen Gottheiten) geschmückt, und über den vier Eingängen erscheinen die Gesichter der 33 Hindugottheiten.

Unterhalb von Phnom Bakheng liegt Prasat Baksei Chamkrong. Der zu Ehren der Eltern von Harshavarman I. (reg. ca. 910 bis ca. 923) errichtete Tempel enthielt Statuen von Shiva und seiner Eskorte. Rajendravarman II. (reg. 944–968) ließ den Tempel umbauen und widmete ihn 947 wieder Shiva, der einer Inschrift am östlichen Eingang zufolge in Form einer goldenen Statue verehrt wurde. Die Inschrift huldigt auch der Abstammungslinie der Könige, die auf Jayavarman II., dem Gründer des Khmer-Reiches, zurückgeht, und sogar Kambu, dem mythischen Namensbruder von Kambudjaesa – heute Kambodscha (siehe S. 24).

Angkor Wat

Der „Tempel, der eine Stadt ist" oder „Stadttempel" ist das größte religiöse Monument der Welt. Einschließlich des Wassergrabens und der Innenanlagen bedeckt er eine Fläche von fast 203 Hektar. Obwohl Suryavarman II. (reg. 1113–ca. 1150) den Bau des Tempels zu Beginn seiner Herrschaft in Auftrag gab, wurde er erst nach seinem Tod, in der zweiten Hälfte der Angkor-Epoche, vollendet. Suryavarman war ein Vishnu-Anhänger, und so war der Tempel ursprünglich wahrscheinlich Vishnu geweiht. Der Name Angkor Wat leitet sich von seiner Umwandlung in ein buddhistisches Heiligtum mehrere hundert Jahre später ab, als der Theravada-Buddhismus Staatsreligion war. Nach dem Fall von Angkor 1431 wurde die Stadt als Hauptstadt aufgegeben, aber die Anlagen von Angkor Wat wurden bis zur Machtergreifung der Khmer Rouge durchgehend von buddhistischen Mönchen bewohnt. In Anbetracht der Größe ist es ratsam, den Tempel mit einem fachkundigen Führer zu besichtigen. Andererseits ist Angkor Wat einer der wenigen Tempel, in dem Schilder auf die wichtigsten Sehenswürdigkeiten hinweisen.

Der Tempel nimmt nur ein Zehntel des von einem Wassergraben umgebenen Areals ein; das übrige Land wurde vom Königspalast und anderen Gebäuden eingenommen. Man nimmt an, dass Angkor Wat nicht nur als Vishnu-Tempel, sondern auch als Mausoleum oder als Observatorium erbaut wurde. Wie die meisten Hindutempel in Angkor, besonders diejenigen, die als Staatstempel dienten, ist der Tempel eine Repräsentation des Berges Meru, Wohnsitz der Götter (siehe S. 150).

Angkor Wat ist nach Westen ausgerichtet, was für einen Tempel ungewöhnlich ist. Die **Hauptzugangsstraße** führt von Westen über den 190 m breiten Wassergraben und durch den westlichen

Einheimische Touristen erkunden Angkor Wat

Gopuram (Eingangstor oder Pavillon) in die eigentliche Tempelanlage. Der **Westgopuram** besteht aus mehreren Eingängen, von denen die mittleren drei mit Lotostürmen gekrönt sind. Die kleineren mittigen Eingänge waren für den Hofstaat reserviert, während die nördlichen und südlichen Eingänge groß genug für Elefanten sind.

INSIDERTIPP

Die meisten Tempel in Angkor sind nach Osten ausgerichtet, und so haben Fotografen am Morgen die beste direkte Ausleuchtung. Die einzige Ausnahme ist der nach Westen orientierte Angkor Wat.

DAVID LAMB
NATIONAL GEOGRAPHIC-Mitarbeiter

Der südliche der drei mittleren Eingänge führt in das Heiligtum des königlichen Ahnen **Kuk Ta Reach**, in dem eine große achtarmige Statue von Vishnu steht. Dabei könnte es sich um die Statue handeln, die früher im zentralen Heiligtum stand. Mehrere *neak ta* (Ahnengeister) sollen Angkor Wat heimsuchen, und diese Vishnu-Statue soll von Ta Reach, einem königlichen Geist, beseelt sein. Jedes Jahr im Januar oder Februar, abhängig vom Mondwechsel,

findet die *Leang-Ta-Reach-*Zeremonie statt: Musikanten treten auf; ein Schamane stimmt einen Sprechgesang an und tanzt, bis der Geist von Ta Reach von ihm Besitz nimmt. Kurz vor dem Eingang von Kuk Ta Reach gibt es einige Einschusslöcher im äußeren Türrahmen zu entdecken; eine Erinnerung an den Bürgerkrieg in Kambodscha.

Am Ende des zweiten Dammes erheben sich die Türme von Angkor Wat. Hier lohnt es, sich vor dem Weitergehen zum Gopuram umzudrehen, um die ersten von fast 3000 Apsara-Reliefs zu bewundern. Auch wenn es sich um *devatas* (weibliche Gottheiten) handelt, werden die Reliefdarstellungen in Angkor als *apsaras* (himmlische Tänzerinnen) bezeichnet, die während „des Quirlens des Milchozeans" (siehe S. 151) entstanden sind. Dieser Mythos wird in einer der beeindruckenden Galerien dargestellt. Die Apsaras von Angkor sind fast alle einzigartig mit ihren unterschiedlichen Frisuren, Gewändern, Schmuck und Posen.

Der 350 m lange innere Damm, der zum eigentlichen Tempel führt, wird von Naga-Balustraden in Schlangengestalt flankiert und von sechs Treppen unterbrochen, die nach Norden und Süden zu den Straßen der Stadt reichten. Die vierte Treppe führt zu zwei großen **Bibliotheken aus Stein**.

Etwas weiter entfernt liegen zwei Teiche. Der **nördliche Teich** ist fast das ganze Jahr über mit Wasser gefüllt und ein beliebter Standort, um den Tempel auf einem Foto zu verewigen. Von der Nordwestecke des Teiches aus können alle Türme als Bildebene in der Spiegelung des Wassers fotografiert werden.

Der innere Damm endet an einer Treppe, die auf eine große **kreuzförmige Terrasse** führt, die für Zeremonien genutzt wurde. Hier finden gelegentlich Apsara-Vorführungen der himmlischen Tänzerinnen statt.

Der Weg durch den nächsten Gopuram führt zu den Reliefgalerien, die sich um den Tempel ziehen. Auf dem Weg zum zentralen Heiligtum gelangen Besucher zu einem Kreuzgang, der nach den miteinander verbundenen Kraggewölbekorridoren benannt wurde, die vier große, nicht überdachte Wasserbecken umschließen.

Die nördliche und südliche Seite dieses Raumes sind als **Echohalle** und **Halle der tausend Buddhas** bekannt. Wer Lust auf ein kleines Experiment hat, sollte sich mit dem Rücken zur Wand stellen und sich mit der flachen Hand auf den Brustkorb schlagen: So entsteht durch die hohe Tür im Norden des Raumes ein akustischer Effekt. Die Halle der tausend Buddhas (Preah Poan) wurde in der Nach-Angkor-Epoche hinzugefügt.

ERLEBNIS: Sonnenaufgang & Sonnenuntergang in Angkor

Bei der großen Anzahl von Tempelpyramiden mit spektakulären Ausblicken gibt es zahlreiche Möglichkeiten, einen Sonnenaufgang oder Sonnenuntergang zu genießen. Die Spiegelungen im Wasser eines *Baray* (Stausees), eines Wassergrabens oder des königlichen Bades sind ebenso magisch wie die langsam verblassenden Farben eines Tempelturms gegen die untergehende Sonne.

Yasovarman I. (reg. 889–910) ließ drei Tempel auf Bergkuppen erbauen, von denen einer der erste Staatstempel von Yasodharapura wurde, nun bekannt als Angkor. Der Sonnenuntergang auf dem Phnom Bakheng (siehe S. 131), von dem aus Yasovarmans Staatstempel aus dem 9. Jh. West Baray, Tonle Sap und Angkor Wat überblickt, ist sehr beliebt. Auch wenn die um die beste Position für ihre Fotos rangelnden Besuchergruppen die Atmosphäre beeinträchtigen können, ist Bakheng ein malerischer Platz für den Sonnenuntergang am ersten Abend, da der Mehrtagespass schon am Abend vor dem ersten Geltungstag genutzt werden kann (siehe S. 131).

Die atemberaubende Aussicht auf dem Phnom Kraom (siehe S. 115), am Ufer des Tonle Sap, ist bei Sonnenuntergang besonders spektakulär. Yasovarmans Türme der hinduistischen Trimurti, die von den Elementen verwittert sind, erreicht man nach einem mäßig schwierigen Spaziergang.

Für den Sonnenaufgang empfiehlt sich Prasat Phnom Bok (siehe S. 160). Ein steiler Anstieg führt zu drei Tempeln, den anmutigen Schwestern von Phnom Kraoms Tempeln. Prasat Phnom Bok liegt etwa 24 km nordöstlich von Siem Reap und ist der perfekte Ausgangspunkt für einen Tagesausflug nach Banteay Srei (siehe S. 161).

Eine Besuchergruppe beim Sonnenaufgang in Angkor Wat

Inschriften auf den Säulen aus dem 16. bis 18. Jh. berichten von Pilgern, die Buddha-Statuen brachten und hier gelobten, ihr Leben dem Buddhismus zu widmen. Die meisten Statuen wurden während des Bürgerkriegs im 20. Jh. entfernt oder zerstört.

Eine weitere Treppe führt durch eine dunkle Galerie weiter zum **innersten Mauerring**, wo sich die fünf Türme des zentralen Heiligtums vor dem Betrachter erheben. Sie sind für Besucher nicht mehr zugänglich. Früher waren sie dem König und seinen hohen Priestern vorbehalten. Die **Bakan** genannten Türme sind von Treppen umgeben. Die westlichen Treppen haben eine Steigung von 50 Grad (die anderen von 70 Grad), und die Stufen sind absichtlich sehr schmal. Diese Technik

wurde angewandt, um sicherzustellen, dass die Gläubigen den Tempel rückwärts verließen und sich beim Abstieg nicht umdrehen konnten.

Die obersten Räume sind für die Öffentlichkeit nicht zugänglich, aber auch ein Gang um den Mauerring flößt schon Bewunderung für die Bakan ein, von denen sich der mittlere 55 m über den Boden erhebt. Bei Ausgrabungen wurde unter dem Zentralheiligtum ein Brunnen entdeckt, der genauso tief wie der Turm hoch ist und der einen Sarkophag enthielt. Dabei wurde auch ein kleiner sitzender Buddha freigelegt, der sich heute in der Ostgalerie hinter den Bakan befindet.

Besonders zu erwähnen sind 16 Apsara-Reliefs in der Südostecke des Innenhofs zur Linken. Besucher sollten nach dem Rundgang um die Bakan zum Haupteingang zurückkehren, um zu den Basrelief-Galerien zu gelangen.

Die Basreliefs von Angkor

Die Basreliefs von Angkor Wat sind zusammenhängende Flachreliefs, die sich rund um die dritte Galerie des Tempels ziehen. Die Flachreliefs geben Episoden aus den Hindu-Epen „Ramayana" und „Mahabharata" wieder, schildern aber auch eine Prozession von Suryavarman II.

Im Gegensatz zu den meisten Tempeln sollten die Reliefs gegen den Uhrzeigersinn, beginnend mit dem Südabschnitt der Westgalerie, betrachtet werden. Dies wird mit hinduistischen Todesritualen in Verbindung gebracht (siehe S. 150).

Westgalerie, Südflügel — Die Schlacht von Kurukshetra: Diese Szene stellt die letzte Schlacht der Fehde zwischen der Pandava-Familie (links) und der Kaurava-Familie (rechts) dar; der letzten

Tempel & ihre Funktion

TEMPEL	KÖNIG	ERBAUT	FUNKTION	GEWEIHT
Preah Ko	Indravarman I.	879	Ahnentempel	Shiva
Bakong	Indravarman I.	881	Staatstempel (Hariharalaya)	Shiva
Indratataka	Indravarman I.	889	Baray (Stausee)	
Lolei	Yasovarman I.	893	Ahnentempel	Shiva
Bakheng	Yasovarman I.	etwa 900	Staatstempel (Yasodharapura)	Shiva
Yasodharatataka	Yasovarman I.	etwa 900	Östlicher Baray (Stausee)	
Prasat Kravan	Harshavarman I.	etwa 921	Hindutempel	Vishnu/Lakshmi
Prasat Thom	Jayavarman IV.	etwa 930	Staatstempel (Koh Ker)	Shiva
Östlicher Mebon	Rajendravarman II.	952	Ahnentempel	Shiva
Pre Rup	Rajendravarman II.	961	Staatstempel (Yasodharapura)	Shiva
Banteay Srei	Guru von Jayavarman II.	967	Hindutempel	Shiva
Ta Keo	Jayavarman V.	1000	Staatstempel (Yasodharapura)	Shiva
Königspalast & Phimeanakas	Suryavarman I.	Ende 10.–11. Jh.	Palast in Yasodharapura	Shiva
Preah Vihear	Suryavarman I.	etwa 11.–12. Jh.	Hindutempel	Shiva
Westlicher Baray	Suryavarman I.	frühes 11. Jh.	Baray (Stausee)	
Baphuon	Udayadityavarman II.	etwa 1055–1066	Staatstempel (Yasodharapura)	Shiva
Angkor Wat	Suryavarman II.	frühes 12. Jh.	Staats-/Totentempel	Vishnu
Angkor Thom	Jayavarman VII.	spätes 12. Jh.	Hauptstadt von Yasodharapura	
Terr. der Elefanten	Jayavarman VII.	etwa 1200	Zeremonielle Plattform	
Preah Khan	Jayavarman VII.	1191	Ahnentempel (Vater)	Buddha/Lokesvara
Ta Prohm	Jayavarman VII.	1186	Ahnentempel (Mutter)	Buddha/Pranjnaparamita
Terr. d. Lepra-Königs	Jayavarman VII.	etwa 1200	Unbekannt	
Bayon	Jayavarman VII.	spätes 12.–13. Jh.	Staatstempel (Yasodharapura)	Buddha
Banteay Chhmar	Jayavarman VII.	spätes 12.–13. Jh.	Ahnentempel (Sohn)	Lokesvara

Episode des „Mahabharata"-Epos.

Südwestlicher Pavillon: Die Basreliefs in der Südwestecke stellen Episoden aus dem „Ramayana"-Epos dar: Szenen mit Vishnu und Shiva und das Quirlen des Milchozeans.

INSIDERTIPP

Für die Besichtigung von Angkor empfiehlt sich festes Schuhwerk. Der Boden ist oft uneben, und die Treppen haben steile, ungleiche Stufen. Im Gestrüpp könnten Schlangen lauern.

SOLANGE HANDO
National Geographic-Autorin

Südgalerie, Westflügel – Historische Prozession: Diese Galerie erinnert an den König Suryavarman II. Er wird auf dem Relief zweimal dargestellt und kann leicht identifiziert werden, da er größer als die ihn umgebenden Figuren ist. Zunächst ist er in einer Sänfte unter Schirmen sitzend zu sehen. In dem anderen Relief steht er auf dem zwölften Elefanten einer von Dienern angeführten Prozession.

Südgalerie, Ostflügel – Himmel und Höllen: In dieser Galerie, die in einem schlechten Zustand ist, werden die 37 Himmel und 32 Höllen der buddhistischen Mythologie dargestellt. Yama, der mit 18 Armen dargestellte Gott des Todes, richtet darüber, wer in einen der Himmel und wer in eine der Höllen kommt.

Ostgalerie, Südflügel – Quirlen des Milchozeans: Das „Quirlen des Milchozeans" ist ein Schöpfungsmythos, in dem sich *asuras* (Dämonen) und *devas* (Götter) zusammenschließen, um Amrita, das Elixier der Unsterblichkeit zu gewinnen. Um dies zu erreichen, wird der Berg Mandara mithilfe der Naga Vasuki gedreht (gequirlt). Vishnu taucht mehrmals auf, insbesondere in seiner Inkarnation als Kurma (siehe S. 151).

Östlicher Gopuram, Damm, Inschrift & Stupa: Vom östlichen Gopuram aus führt ein Damm über den Wassergraben, der für Besucher von wenig Interesse ist. Hinter dem Gopuram, in dem Korridor vor dem Nordflügel der Ostgalerie, entspricht eine Inschrift an der Innenwand dem Ziegelstupa (Begräbnisturm) im Osten. Die Inschrift aus dem 18. Jh. gedenkt der Ehefrau und des Sohnes eines Provinzgouverneurs.

Ostgalerie, Nordflügel – Vishnus Sieg über die Asuras (Dämonen): Die Reliefs stammen aus dem 16. Jh., nachdem Angkor Wat zum Theravada-Buddhismus umgewandelt worden war. Die Szenen zeigen Vishnu im Kampf mit den Asuras.

Nordgalerie, Ostflügel – Krishnas Sieg über Bana: Diese Basreliefs stammen ebenfalls aus dem 16. Jh. und huldigen Vishnu, der in seiner Inkarnation als Krishna den Dämonen Bana besiegt. Shiva, der als Asket dargestellt wird, kann durch seinen Dreizack identifiziert werden.

Nordgalerie, Westflügel – Kampf zwischen Devas & Asuras: Dieses Relief stellt wohl den Kampf um Amrita dar, der dem Quirlen des Milchozeans folgte. Shiva reitet auf dem heiligen Stier Nandi und Brahma auf seinem Reittier, der Gans Hamsa. In-dra kämpft vom Rücken Aira-vatas aus, dem dreiköpfigen Elefanten. In der Mitte des Re-liefs reitet Vishnu auf einem Garuda (halb Mensch, halb Vogel). Hier werden 21 Göt-ter mit Reittieren dargestellt.

Nordwestpavillon: Die ero-dierten, aber beeindrucken-den Reliefs in der Nordwest-ecke stellen Szenen aus dem „Ramayana"-Epos dar.

Westgalerie, Nordflügel – Schlacht von Lanka: Das Re-lief stellt ein Kapitel aus dem „Ramayana" dar. Rama und der Affengeneral Hanuman führen die Affenarmee gegen den Dämonenkönig Ravana, der Sita, Ramas Ehefrau, ent-führt hat und auf der Insel Lanka gefangen hält. ■

Ein Affe erkundet die von Bäumen umstandenen Anlagen von Angkor Wat

Angkor Thom

Yasodharapura (Angkor) wurde 1177 durch die einfallenden Cham stark geschwächt. Vier Jahre später besiegte Jayavarman VII. den Cham-König und begann mit dem Wiederaufbau. Im Herzen der Stadt erbaute er Angkor Thom, die „Große Stadt". Die von einem Wassergraben mit einem Umfang von 13 km umgebene Stadt war über fünf Tore erreichbar.

Das Südtor von Angkor Thom

Angkor Thom

- Karte S. 127 B3, 161
- 8 km nördlich von Siem Reap an der Rte. 66A beim Hwy. 6
- Eintritt in der Eintrittskarte für Angkor inbegriffen (siehe S. 131)

Jede der Dammstraßen wird von neunköpfigen Naga-Balustraden flankiert, die auf der rechten Seite von 54 *asuras* (Dämonen) und auf der linken Seite von 54 *devas* (Göttern) gehalten werden (siehe S. 150). Die Eingänge der Tortürme sind auf vier Seiten von Gesichtern gekrönt. Sie sind groß genug, um Elefanten passieren zu lassen und werden auf beiden Seiten von dreiköpfigen Elefanten bewacht, die Lotosblüten pflücken. Das gut erhaltene **Südtor** bietet die besten Fotomotive.

Die anderen Tortürme lohnen ebenfalls einen Besuch. Das **Siegestor** führt nicht ins Zentrum der Stadt, sondern zur Terrasse der Elefanten und zum Königspalast. Ein Spaziergang auf dem Mauerring führt in südlicher Richtung zum **Osttor** oder Tor der Toten, das vermutlich für Begräbnisprozessionen benutzt wurde. Bitten Sie Ihren Fahrer, Sie am Siegestor aussteigen zu lassen und Sie etwa 15 Minuten später am Osttor wieder abzuholen.

Bayon

Jayavarman VII. erbaute seinen Staatstempel im Zentrum von Angkor Thom. Als erster Staatstempel, der Buddha geweiht war, unterscheidet er sich in der Bauweise erheblich von früheren Staatstempeln, die rechteckige, pyramidenförmige Repräsentationen des Berges Meru darstellten. Bayon war ursprünglich ebenerdig, wurde aber später auf drei Terrassen aufgestockt. Dank der guten Befestigungsanlagen von Angkor Thom wurde die Stadt auch von nachfolgenden Königen als Hauptstadt genutzt. Statt neue Staatstempel zu bauen, wurde Bayon immer wieder umgebaut und erweitert.

Gesichtertürme: Bayons charakteristisches Merkmal sind die Gesichtertürme. Von den ursprünglich 49 Türmen stehen noch 37. Von fast allen blicken vier Gesichter in die vier Himmelsrichtungen. Die **Hauptterrasse**, von der man auf viele lächelnde Gesichter blickt, bietet tolle Fotomotive.

Basreliefs: Eine weitere Attraktion von Bayon sind die sehenswerten Reliefgalerien.

Die **äußeren Reliefs** sind Bestandteil der ursprünglichen Anlage von Jayavarman VII. und erinnern an seinen Sieg über die Cham, bieten aber auch einen Einblick in das Alltagsleben von Angkor. Die **innere Galerie** entstand später und stellt Episoden aus der hinduistischen Mythologie dar. Die Wände sind auf drei Ebenen mit sorgfältig gearbeiteten Szenen bedeckt.

INSIDERTIPP
Besuchen Sie Bayon vor Tagesanbruch und beobachten Sie, wie die Morgensonne nach und nach die lächelnden Gesichtertürme aufleuchten lässt.

SIMON WILLIAMS
The Nature Conservancy

Rundgänge führen üblicherweise entlang des **südlichen Abschnitts der Ostgalerie** und der **Ostseite der Südgalerie**. In diesem Teil der Ostgalerie ist dargestellt, wie die Khmer-Armee in den Krieg zieht, und neben Bürgern, die mit Aktivitäten wie der Essenzubereitung und dem Opfern eines Büffels beschäftigt sind, tauchen auch Chinesen auf. Der erste Abschnitt der Südgalerie stellt die grausame Seeschlacht dar, in der Jayavarman VII. die Cham besiegte sowie Alltagsszenen entlang des Flussufers.

Bayon
- **A** Karte S. 127 B3, 161
- ✉ 10 km nördlich von Siem Reap an der Rte. 66A beim Hwy. 6
- 💲 Eintritt in der Eintrittskarte für Angkor inbegriffen (siehe S. 131)

Baphuon

- Karte S. 127 B3
- 10 km nördlich von Siem Reap an der Rte. 66A beim Hwy. 6
- Eintritt in der Eintrittskarte für Angkor inbegriffen (siehe S. 131)

Teile des Tempels werden restauriert, und einige Räume sind gesperrt, aber das **zentrale Heiligtum** mit einem kleinen sitzenden Buddha ist zugänglich. Ein größerer Buddha, der 1933 unter dem Heiligtum entdeckt wurde, befindet sich im nahen Vihear Prampil Loveng (siehe S. 147).

Wer den Tempel von Norden her verlässt, sieht am Wegesrand eine sitzende Statue des meditierenden Jayavarman VII., eine Ikone kambodschanischer Kunst.

INSIDERTIPP

Bitten Sie Ihren Führer oder Tuk-tuk-Fahrer, Ihnen Tempel abseits der Touristenwege zu zeigen. Der Zauber von Angkor wirkt vor allem in den ruhigen, einsamen Momenten.

KAREN COATES
National Geographic-Autorin

Baphuon

Nördlich von Bayon an der Straße zum Nordtor liegt der Eingang zu **Baphuon**. Dieser eindrucksvolle Pyramidentempel, der vor Angkor Thom unter der Herrschaft von Udayadityavarman II. (reg. 1050–68) erbaut wurde, diente als Staatstempel und repräsentiert den Berg Meru. Die fünf Stufen, die von einem einzelnen Turm gekrönt waren, erheben sich etwa 24 m über den Boden. Es wird angenommen, dass das fehlende zentrale Heiligtum aus leichten Materialien bestand und mit Bronze bedeckt war. Das zweitgrößte Bauwerk in Angkor ist ein Opfer seiner eigenen Größe und wird vermutlich eines Tages unter seinem eigenen Gewicht kollabieren.

Vom östlichen Gopuram aus führt ein 198 m langer, erhöhter und von Teichen flankierter Zugangsdamm zum Tempel hinüber. Auf halbem Weg steht ein kreuzförmiger Pavillon, der ursprünglich für die Kunst von Angkor einzigartige Reliefs enthielt: detaillierte Bilder auf Paneelen, die von unten nach oben zu lesen waren. In den 1960er Jahren wurde der Tempel in 300 000 nummerierte Einzelsteine zerlegt und sollte dann wieder zusammengebaut werden, wobei beschädigte oder fehlende Steine ersetzt werden sollten. Die Pläne für den Zusammenbau wurden jedoch durch die Khmer Rouge zunichtegemacht. Teilnehmer des ursprünglichen Projekts haben sich nun wieder zusammengefunden, um das Puzzle zu vollenden.

Baphuon bleibt während der Rekonstruktion geschlossen. Es kann möglich sein, den hinteren Teil des Tempels zu besichtigen, in dem der **westliche Gopuram** restauriert wurde. Auf der dem Betrachter abgewandten Seite sind Beispiele der **Basreliefs** zu sehen. Wer in Richtung Osten blickt, erkennt auf der zweiten Ebene der Pyramide die Form eines riesigen liegenden Buddhas. Der Kopf ruht auf der linken Seite.

Von der Nordseite des Tempels führt eine kleine Tür in den Mauerring zur Linken. Von dort gelangen Sie direkt zu den Phimeanakas und dem Königspalast. Als Alternative bietet sich an, den Weg zurückzugehen, den Tempel zu verlassen und dem südlichen Teil der Terrasse der Elefanten zu folgen, der zum Haupteingang der Palastanlage führt.

Königspalast

Während seiner Amtszeit ließ Rajendravarman II. (reg. 944–968) in Yasodharapura nörd-lich und westlich des heutigen Zentrums von Angkor Thom einen Königspalast errichten. Dieser wurde auch von nachfolgenden Herrschern, die verschiedene An- und Umbauten vornahmen, viele hundert Jahre bewohnt.

Das Areal erscheint überraschend frei von Ruinen. Da der Palast und die meisten anderen Gebäude aus Holz bestanden, sind sie schon lange verfallen. Nur die Phimeanakas, einige Teiche und ein paar kleinere Steingebäude sind erhalten.

Phimeanakas: Wer den ersten Teil dieses Tempels errichtete, ist unbekannt. Suryavarman I. erbaute die Pyramide,

Der allmächtige Lingam

Lingams sind phallische Fruchtbarkeitssymbole und waren sowohl in präangkorianischer Zeit als auch während der Angkor-Epoche ein wesentlicher Bestandteil der religiösen Anbetung. Diese Anbetung leitet sich aus dem indischen Hinduismus ab und wurde von den animistischen Khmer, nach deren Glauben sich Geister in Steinen verkörpern können, übernommen. Lingams sind meist aus Stein; es gibt sie aber auch aus Edelmetallen wie Silber und Gold. Ein Lingam wurde in einer symbolischen Vulva oder *yoni* mit einer *snanadroni* (Ausgussrinne) aufgestellt, aus der Trankopfer, die über den Lingam gegossen wurden, ablaufen konnten.

Auch wenn Lingams irgendwann grundsätzlich mit Shiva assoziiert wurden, repräsentieren sie ursprünglich die hinduistische Trimurti: Eine quadratische Grundform stellte Vishnu dar, ein achteckiges Mittelstück stand für Brahma und eine abgerundete Spitze symbolisierte Shiva. Als der Shiva-Kult vorherrschte, wurden Lingams als spirituelle Verbindung zu Shiva angebetet und könnten in dem *Devaraja* (Gottkönig)-Kult, mit dem die Könige ihre Göttlichkeit begründeten, eine maßgebliche Rolle gespielt haben. Die heiligsten Shiva-Lingams sowie die Staatstempel, in denen sie aufgestellt waren, wurden nach den Königen benannt, die ihre Weihung angeordnet hatten. Yasovarmans Staatstempel enthielt den Lingam Yasodharesvara, „Ruhmreicher Herrscher" und der heute als Phnom Bakheng (siehe S. 131) bekannte Tempel wurde ursprünglich Yasodharesvara genannt.

Nach dem Tod eines Königs vereinigte sich sein Geist mit Shiva, und der König erhielt einen postumen Namen, der synonym mit dem Lingam und dem Tempel war. Nur hochgestellten Priestern und dem König war der Zugang zu den mystischen Tempelbergen erlaubt, dem Wohnsitz der Götter.

Eine in Seide gekleidete Statue von Vishnu am Eingang von Angkor Wat

aber es gibt Anhaltspunkte dafür, dass ihr andere Bauten vorangingen. Die obersten Ebenen der Pyramide waren wahrscheinlich aus Holz, und Zhou Daguan beschrieb sie als von einem »goldenen Turm« gekrönt (siehe S. 28). Phimeanakas bedeutet „himmlischer Palast", aber dies war *nicht* der Palast, in dem der Herrscher residierte. Es wird erzählt, dass die Könige von Angkor jede Nacht auf den Tempel stiegen, um eine mächtige neunköpfige Naga in Gestalt einer Frau zu lieben (so erzählte es zumindest Zhou Daguan). Besucher können den Tempel über eine Treppe an der Westseite besteigen.

Nördlich des Tempels liegen zwei Teiche, die von Männern und Frauen getrennt benutzt wurden (Srah Srei und Srah Bros). Der **größere Teich** ist am West- und Südufer von terrassierten Wänden mit Reliefs von Apsaras, Nagas, Krokodilen und Fischen eingefasst. Der **kleinere Teich** ist dagegen schmucklos. Dort im Norden führt ein Gopuram durch die Ringmauer, und ein Weg schlängelt sich zu den Terrassen und zum Königsplatz.

Terrasse des Leprakönigs: Die Terrasse am Nordende des Königsplatzes und nördlich der Terrasse der Elefanten wird über eine Treppe an der Rückseite betreten. Die kleine Plattform ist von zwei Stützmauern umgeben, zwischen denen ein tiefer, schmaler Korridor liegt. Auf der Terrasse sitzt eine nackte, androgyne Statue mit gefletschten Zähnen. Diese **Statue** ist eine Reproduktion; das Original befindet sich im Nationalmuseum in Phnom Penh (siehe S. 72). Es besteht Einigkeit darüber, dass die Statue Yama, den Gott des Todes oder Richter über die Unterwelt darstellt und nicht einen an Lepra erkrankten König.

Die Terrasse ist von zwei 6 m hohen Stützmauern umgeben. Diese sind auf mehreren Ebenen mit **Basreliefs** geschmückt, die lächelnde *devatas* (weibliche Gottheiten), Apsaras, Figuren mit Schwertern und Keulen und mehrköpfige Nagas zeigen. Die zweite Mauer wurde wohl erbaut, um die ursprüngliche Terrasse zu erweitern oder die erste Mauer zu stützen.

Terrasse der Elefanten: Die obere Plattform ist der interessanteste Abschnitt der fast 305 m langen, den Königsplatz überblickenden Terrasse. Ähnlich wie die Terrasse des Leprakönigs weist auch hier die untere äußere Stützwand **Reliefs** auf. Auf der Vorderseite der Mauer ist der dreiköpfige Elefant Airavata dargestellt. In einem Raum hinter dieser Mauer, der über eine Treppe von der Hauptplattform erreicht werden kann, stellen mehrere **Halbreliefs** das fünfköpfige Pferd Balaha dar, eine Inkarnation des Bodhisattva Lokesvara. Auf der oberen Plattform finden sich auch zwei lebensgroße Airavatas, die den Dämonen

Zirkus

Hinweise auf *seak boran* (traditionellen Zirkus) finden sich schon zu präangkorianischer Zeit, und während der Blütezeit der Zivilisation gab es immer wieder Zirkusaufführungen. Reliefs in Bayon, der Terrasse der Elefanten und Angkor Wat stellen Gaukler, Akrobaten, Zauberer und Schwertschlucker dar.

Während die Zirkustechniken über die Jahrhunderte hinweg verloren gingen, wandern noch heute *pahi*, reisende Medizinmänner, übers Land. Pahi verkaufen medizinische Heilmittel und führen Zaubertricks wie die Schlangenbeschwörung auf, bei denen sie teilweise von abgerichteten Affen begleitet werden.

Heute gibt es sowohl in Battambang als auch in Phnom Penh *seak samai* (modernen Zirkus). Unter einem großen Zelt werden im **Phare Ponleu Selpak Center**, das den Zirkus mit traditionellem und modernem Tanz verbindet, benachteiligte Khmer-Kinder als professionelle Zirkusartisten ausgebildet (*Anh Chanh Village, Ochar Commune, Battambang, Tel. +855(0) 53-952-424, www.phareps.org; siehe S. 306*).

Sovanna Phum in Phnom Penh (*111 St. 360, Ecke St. 105, Tel. +855(0)23-987-564, www.shadowpuppets.org*) kombiniert Zirkus mit Schattenpuppentheater und bietet auf Anfrage auch Seminare an (*siehe S. 66*).

Kala flankieren und von Apsaras umgeben sind.

Die Hauptplattform der Terrasse liegt am südlichen Ende der **Siegesallee**. Der König führte seine Truppen durch das **Siegestor** in den Krieg. Die zentrale Plattform der Terrasse liegt am Eingang des Königspalastes und ist mit Reliefs von *garudas* (halb Vogel, halb Mensch), Naga-Balustraden und Löwenstatuen geschmückt. In den Reliefs entlang der Plattform werden Zirkusartisten und öffentliche Spektakel dargestellt, die auf dem Königsplatz stattfanden.

Königsplatz: Die Terrasse der Elefanten wird entlang des Königsplatzes von dem beeindruckenden Halbrelief einer Elefantenprozession geschmückt. Der Königsplatz war ursprünglich mehrere 100 m lang und 37 bis 46 m breit. Auf dem Platz fanden Prozessionen, öffentliche Versammlungen und andere Zeremonien statt. Der chinesische Delegierte Zhou Daguan (siehe S. 28) beschrieb monatlich stattfindende Veranstaltungen, zu denen auch eindrucksvolle Feuerwerke gehörten, für die große, nicht überdachte Zuschauertribünen für Tausende Besucher errichtet wurden.

Prasats Suor Prat & die Kleangs: Auf der gegenüberliegenden Seite des Platzes erhebt sich eine Reihe identischer Türme, die **Prasats Suor Prat**, „Türme der Seiltänzer". Nach einer Legende führten Seiltänzer zwischen den Türmen akrobatische Kunststücke auf.

ERLEBNIS: Angkor aus der Vogelperspektive

Nach einer Legende wird Angkor Wat von einem Geist beherrscht, der verhindert, dass Vögel über den Tempel fliegen. Zudem hat die Regierung Kambodschas für Verkehrsflugzeuge ein Flugverbot ausgesprochen. Touristen können jedoch von einem Heißluftballon oder einem Helikopter aus einen Blick aus der Vogelperspektive auf die majestätischen Tempel werfen.

Die Sicht auf Angkor Wat aus einem Heißluftballon (**Angkor Balloon** *1 km westlich von Angkor Wat, Tel. +855(0)11-886-789, 15 $*) in fast 198 m Höhe ist spektakulär: Der Blick von oben auf Prasat Phnom Bakheng im Nordwesten ist die perfekte Perspektive, um die aus dem Felsen gehauene Stufenpyramide zu würdigen. Die Sonnenuntergänge über dem westlichen Baray sind atemberaubend. Die Heiß-luftballons sind von einem Netz umhüllt, sodass sich selbst Besucher mit Höhenangst sicher fühlen sollten. Der Ballon steigt während der Hochsaison alle zehn Minuten in die Höhe. Es empfiehlt sich, für Fahrten zum Sonnenauf- und Sonnenuntergang schon früh dort zu sein.

Flüge mit **Sokha Helicopters** (*Verkaufsbüro: 24 Sivatha Rd., Siem Reap, Tel. +855(0)63-966-072, www.sokhahelicopters.com, 110 $ für 12 Min., 250 $ für 30 Min.*) dauern 12 bis 30 Minuten und starten vom Inlandsflughafen von Siem Reap in der Nähe der Tempel. Auf längeren Flügen werden Tempel, zu denen auch die Roluos-Gruppe gehört, mit den schwimmenden Dörfern und Siem Reap kombiniert. Erweiterte Touren und Charterflüge konzentrieren sich auf gute Fotomotive oder weiter entfernt liegende Attraktionen.

Hinduistische Devas und Asuras flankieren die südliche Dammstraße von Angkor Thom

Trotz des seltsamen Namens ist der Zweck der Türme unbekannt. Nach Zhou Daguan dienten sie der Streitschlichtung: Die streitenden Parteien wurden in einen der Türme gesperrt. Nach einigen Tagen soll man – der Legende nach – erkannt haben, welche Partei im Unrecht war, diese wurde nämlich krank. Die zwölf Türme stehen in regelmäßigen Abständen auf beiden Seiten der Siegesallee.

Hinter den Prasats Suor Prat überblicken zwei Sandsteinbauten, **Kleangs**, den Königsplatz. Ihre Funktion ist unbekannt, aber Inschriften, die den Treueeid auf den König wiedergeben, lassen vermuten, dass sie von den Provinz-fürsten genutzt wurden, wenn diese zu Besuch waren.

Vihear Prampil Loveng: Wer in östlicher Richtung auf der Siegesstraße weiter in Richtung Siegestor geht, kommt kurz nach den Prasats Suor Prat zu einer kleinen Abzweigung nach rechts (Süden). Eine niedrige Mauer umgibt einen allmählich ansteigenden terrassierten Schrein. Im Vihear Prampil Loveng steht ein 4 m hoher **Buddha**, der von den erhobenen Köpfen der Naga Muchalinda beschattet wird. Der Buddha wurde 1933 in einer Grube unter dem Zentralheiligtum von Bayon in Teilstücken entdeckt. Vielleicht wurde die

**Srah Srang &
Banteay Kdei**

🅰 Karte S. 127 B3

✉ 13 km nördlich
von Siem Reap
an der Rte. 66A
beim Hwy. 6

💲 Eintritt in der
Eintrittskarte für
Angkor inbegrif-
fen (siehe S. 131)

Statue während des Bilder-
sturms nach dem Tod von
Jayavarman VII. zerstört. Es
könnte sich dabei um den Bud-
dharaja aus dem Zentralheiligtum von Bayon handeln. Nach
seiner Rekonstruktion wurde
der Buddha 1935 König Sisowath Monivong (reg. 1927–
41) übergeben, der verfügte,
dass er im Vihear Prampil Loveng aufgestellt werden sollte.

Preah Pithu: Wer dem Weg
durch das Nordtor von Angkor
Thom folgt, kann im Nordteil

von Brahma und Vishnu flankiert wird. Gegenüber von
Preah Pithu liegen **Tep
Pranam** und **Preah Palilay**,
die für Besucher nichts wirklich Interessantes bieten.

Östlich des Siegestors
Srah Srang & Banteay Kdei:
Srah Srang bietet eine wunderbare Kulisse, um den Sonnenaufgang zu genießen. Der
Ort ist als königliches Bad
bekannt, aber Inschriften
deuten darauf hin, dass das
„Wasser zum Nutzen aller

Das Heilige Schwert

Preah Khan oder das „Heilige Schwert von
Kambodscha", war über tausend Jahre lang
das Nationalheiligtum des Königreichs. Der
Ursprung der Tradition ist unbekannt. Ein Relief in Bayon zeigt Jayavarman VII. (reg. etwa
1181–1218), wie er das Heilige Schwert in den
Händen hält. Er weihte auch den buddhistischen Tempelkomplex Preah Khan (siehe
S. 159, 164), in dem das Heilige Schwert, das
für den Schutz des Königreichs verantwortlich war, in einem ungewöhnlich gestalteten
Gebäude untergebracht gewesen sein könnte. Der chinesische Chronist Zhou Daguan
(siehe S. 28) besuchte Angkor im 13. Jh. und

erzählte, er habe den König „auf einem Elefanten stehend und das Heilige Schwert in
seiner Hand haltend" gesehen.

Zu Beginn des 20. Jhs. wurde das 108 cm
lange Stahlschwert mit seinem mit Edelsteinen geschmücktem Griff und einer Schwert-
scheide aus Gold und Silber, auf der Szenen
aus dem hinduistischen Epos „Ramayana"
dargestellt waren, Tag und Nacht von den
Nachfahren brahmanischer Wächter bewacht. Nach der Machtergreifung der Khmer
Rouge verschwand das Schwert aus dem Königspalast in Phnom Penh und ist bis heute
verschollen.

der Stadt fünf als Preah Pithu
bekannten Tempeln einen
Besuch abstatten. Während
die meisten Tempel Vishnu
geweiht sind, ehrt der öst-
lichste Tempel Buddha. Im
Zentralheiligtum sind Reliefs
von Buddha zu sehen. Im
Tempel westlich davon findet
sich auf einem nach Westen
zeigenden Türsturz ein zehn-
armiger, tanzender Shiva, der

Kreaturen gespeichert wurde".
Srah Srang ist seit seinem Bau
durch Rajendravarman II. im
10. Jh. bei den Einheimischen
ein beliebtes Ausflugsziel für
ein Picknick und zum Baden.
Jayavarman VII., der den benachbarten Tempel Banteay
Kdei errichten ließ, baute am
Westufer eine **Anlegestelle**
mit Naga-Balustraden, Garudas und Löwen. Von dieser

Anlegestelle, gegenüber von Banteay Kdei, bietet sich der beste Blick auf den Teich.

Der Sonnenaufgang in Srah Srang kann mit einem Spaziergang durch Banteay Kdei kombiniert werden. Der Tempel gleicht von der Bauart Ta Prohm und Preah Khan. Es wird angenommen, dass Banteay Kdei während der Regierungszeit von Jayavarman VII. als buddhistisches Kloster und Ahnentempel genutzt wurde.

Banteay Kdei ist nach Osten ausgerichtet und der Westplattform von Srah Srang zugewandt. Vor den mit Gesichtertürmen bedeckten Gopurams stehen auf beiden Seiten des Eingangs 2 m hohe Garudas. Ein Stück weiter westlich erreichen Besucher eine rechteckige Terrasse und dann den äußeren Gopuram. In seiner **Haupthalle** sitzt ein Buddha. Dieser war nicht Teil des ursprünglichen Tempels, denn die meisten Abbildungen von Buddha wurden nach dem Tod von Jayavarman VII. systematisch zerstört.

Hinter dem Eingang führt ein Damm zu der großen, nicht überdachten **Halle der Tänzerinnen** mit Apsara-Reliefs auf den Pfeilern. Wahrscheinlich wurden hier rituelle Tänze aufgeführt.

Das **Zentralheiligtum** scheint stark verwüstet worden zu sein. An der nach Westen ausgerichteten Fassade findet sich kurz vor dem westlichen inneren Gopuram das Relief eines Buddhas. Das

INSIDERTIPP

Die vom Dschungel eingeschlossenen Ruinen von Ta Prohm kontrastieren dramatisch mit der Weite von Angkor Wat. Nehmen Sie sich Zeit, die von Wurzeln überwucherten Korridore zu erkunden.

CHRISTY RIZZO
Expertin für Abenteuerreisen

Bildnis wurde wohl verschont, weil es hinter einer hölzernen Dachverkleidung versteckt war.

Ta Prohm: Bitten Sie Ihren Fahrer, Sie am Westausgang von Banteay Kdei abzuholen und zum Osteingang von Ta Prohm zu fahren. Der nordwestlich von Banteay Kdei gelegene Ta Phrom ist in seinem natürlichen Zustand belassen worden. Hoch aufragende Baumwollbäume und Würgefeigen umklammern den Tempel, und ihre Wurzeln klettern über die Mauern. Die Wurzeln der in den Mauernischen sprießenden Setzlinge wachsen durch jede Fuge und bringen so die Türme und Räume zum Einsturz.

Ta Prohm wurde von Jayavarman VII. zu Ehren seiner Mutter, vergöttlicht als Bodhisattva Pranjnaparamita, „Perfektion der Weisheit", als

(Fortsetzung auf S. 152)

Ta Prohm

- Karte S. 127 B3
- 3 km westlich von Banteay Kdei an der Rte. 66A
- Eintritt in der Eintrittskarte für Angkor inbegriffen (siehe S. 131)

Interpretation der Tempelsymbolik

Im 1. Jh., im Königreich Funan, bauten kambodschanische Könige Tempel als irdische Repräsentation des Berges Meru, der mystischen Wohnstätte der Götter. Die ersten Könige ließen ihre Tempel auf Bergen errichten. Später jedoch wurden immer komplexere Meru-Versionen in Auftrag gegeben, etwa Stufenpyramiden.

Die Gesichtertürme von Bayon sind voller Symbolik

Die Pyramiden waren von Mauerringen und Wassergräben umgeben, die die Kontinente und Meere rund um den Berg Meru darstellen sollten. Im Zentralheiligtum des Tempels wurde ein heiliger Gegenstand aufbewahrt, normalerweise ein Lingam (siehe S. 143), durch den der Geist des Königs vergöttlicht wurde und der als spirituelle Verbindung zur Gottheit diente.

Phnom Bakheng

In der Angkor-Epoche nahm die symbolische Komplexität der Tempel zu. Als Yasovarman I. (reg. 889–910) die Stadt Yasodharapura gründete, ließ er Bakheng erbauen, einen der ersten durch den Berg Meru inspirierten Pyramidentempel. Bakhengs sieben Ebenen symbolisierten die sieben Himmel des Gottes Indra. Die zwölf Türme auf jeder aufsteigenden Ebene entsprachen den Tierkreiszeichen. Insgesamt gab es 108 Türme, eine Zahl, die im Hinduismus und im Buddhismus von großer Bedeutung ist. Maximal 33 Türme waren gleichzeitig sichtbar, was der Anzahl der hinduistischen Gottheiten entspricht.

Angkor Thom & Bayon

Als im 12. Jh. Angkor Thom erbaut wurde, war religiöser Symbolismus in zunehmend komplexerer Form typisch für die Tempelbauten. Das geheimnisvolle Lächeln der Gesichter von Bayon (siehe S. 141) und die Stadttore von Angkor Thom sind bleibende Mysterien. Jayavarman VII. (reg. ca. 1181–1218) war der

Überzeugung, ein Bodhisattva zu sein, ein erleuchtetes Wesen, das dem Nirvana entsagt hat, um wiedergeboren zu werden und anderen zu helfen. Die Gesichter des Buddha oder Lokesvara (Bodhisattva des Mitgefühls) könnten daher die Züge von Jayavarman VII. aufweisen. Als Türme eines buddhistischen Mahayana-Tempels könnten die Gesichter von Bayon aber auch Lokesvara oder Buddha darstellen, wie der chinesische Gesandte Zhou Daguan im 13. Jh. angegeben hatte.

Bayons Symbolismus beginnt außerhalb der Stadt, an den Dammstraßen von Angkor Thom. Diese sind flankiert mit Statuen von Dämonen und Göttern, die die Körper von Nagas halten. Da Nagas die Dammstraßen schon zu Zeiten von Bakong schmückten (siehe S. 129), wurden diese Straßen in Zusammenhang gebracht mit der Regenbogenbrücke in der hinduistischen Mythologie, die die Welt der Menschen mit denen der Götter verbindet. Die Dämonen und Götter in Angkor Thom scheinen in Anspielung auf das Quirlen des Milchozeans (siehe unten) mit Tauziehen beschäftigt zu sein.

Angkor Wat

Angkor Wat wurde von Suryavarman II. (reg. 1113 bis etwa 1150) hinterlassen, der mit der Tradition brach, indem er Vishnu zum höchsten Gott erhob. Angkor Wats größtes Rätsel ist seine Ausrichtung nach Westen. Als einziger Tempel in Angkor ist er nicht nach Osten ausgerichtet. Auch ungewöhnlich ist die Anordnung der Reliefs gegen den Uhrzeigersinn. Da es im Hinduismus Brauch ist, Totentempel gegen den Uhrzeigersinn zu begehen, und der Westen oft mit dem Tod assoziiert wurde, wird angenommen, dass Angkor Wat als Mausoleum für Suryavarman II. erbaut wurde. Andere sind der Meinung, dass eine westliche Ausrichtung der Anbetung von Vishnu entsprach und der Tempel als Ort der Verehrung für einen vergöttlichten König zu deuten ist.

Das Quirlen des Milchozeans

Der weitverbreitete hinduistische Schöpfungsmythos, das Quirlen des Milchozeans oder -meeres, wird oft in Khmer-Tempeln dargestellt. Am bemerkenswertesten präsentiert er sich in der Ostgalerie von Angkor Wat (siehe S. 138). Die Erzählung beginnt damit, dass *asuras* (Dämonen) und *devas* (Götter) durch den Mangel an *amrita*, dem Elixier der Unsterblichkeit, geschwächt waren, welches während zweier Schöpfungen des Universums verloren ging.

Als beide Seiten darum kämpften, Amrita zu gewinnen, löste Vishnu den Streit, indem er beide Seiten dazu brachte, gemeinsam den Milchozean zu quirlen. Die Götter und Dämonen wechselten sich dabei ab, am Kopf- und Fußende einer riesigen Schlange, der Naga Vasuki zu ziehen. Die Schlange wickelte sich um den Berg Mandara, der als Quirlstab

diente. Über tausend Zeiten hielt die Naga dieses Tauziehen aus, bis sie fast den Ozean vergiftete, weil sie sich übergeben musste. Shiva rettete das wertvolle Elixier, indem er das Erbrochene von Vasuki trank, das den Gott vergiftete und blau anlaufen ließ.

Als der Berg Mandara drohte, im Wasser zu versinken, nahm Vishnu seine Inkarnation als Schildkröte Kurma an und kroch unter den Berg, um ihn über Wasser zu halten. Mit der Zeit wurde der Atem der Naga schwerfällig und heiß und erstickte die Dämonen beinahe. Gerade noch rechtzeitig tauchte das Elixier auf und mit ihm andere Gottheiten, zu denen auch die verführerischen *apsaras* (himmlische Tänzerinnen) gehörten.

Die Dämonen hielten das Elixier zwar zuerst in ihren Händen, doch letztendlich waren die Götter mit Hilfe von Vishnu siegreich.

Ta Nei & Ta Keo

🅐 Karte S. 127 B3

✉ 1 km westlich
von Ta Prohm an
der Rte. 66A

💲 Eintritt in der
Eintrittskarte für
Angkor inbegrif-
fen (siehe S. 131)

buddhistisches Kloster erbaut. Preah Khan (siehe S. 159, 164) vergöttlichte seinen Vater und diente einem ähnlichen Zweck. Wie Preah Khan wurde der ebenerdige Tempel von einem gewaltigen Mauerring umschlossen, in dem eine große Stadt lag.

INSIDERTIPP

Besteigen Sie Ta Keo von Osten, selbst wenn Sie von der Westseite des Tempels kommen. Die Ostseite ist weniger steil und daher sicherer.

TREVOR RANGES
National Geographic-Autor

Es empfiehlt sich, Ta Prohm von Osten zu betreten und im Westen zu verlassen, wo man vom Fahrer etwa eine Stunde später abgeholt werden kann. Hinter dem äußeren Mauerring führt ein Damm am ersten von zwei Wassergräben vorbei zum ersten von vier Gopurams. Hier sind die Bäume zu sehen, die den Tempel nach und nach zerstören.

Als Nächstes kommt die rechteckige **Halle der Tänzerinnen**, die nach den Apsara-Reliefs auf den Pfeilern benannt ist und wohl für Tanzaufführungen genutzt wurde. Von hier führen hölzerne Fußwege durch die am wenigsten eingestürzten Korridore und an riesigen Baumwurzeln vorbei zum **zentralen Mauerring** und zum **Heiligtum**.

Wegen seiner Komplexität und der überraschenden Anzahl versteckter Reliefs ist ein Führer empfehlenswert.

Ta Nei: Nördlich von Ta Prohms Westgopuram liegt Ta Nei versteckt im Dschungel. Es ist nur zu Fuß oder mit dem Fahrrad erreichbar. Der Zugang erfolgt über eine Pforte neben den öffentlichen Toiletten zwischen Ta Prohm und Ta Keo. Besucher können sich hier absetzten und von ihrem Fahrer später auf der Westseite von Ta Keo abholen lassen. Die Straße nach Ta Nei führt mehrere Kilometer lang durch schattigen Wald.

Der vermutlich von Jayavarman VII. beauftragte Tempel wurde restauriert, ist aber in einem baufälligen Zustand. Riesige Bäume umklammern den fast vollständig zerstörten Mauerring. Der Tempel kann nur durch den Gopuram im Osten betreten werden. Der Pfad nach Ta Nei, dem Besucher in nördlicher Richtung folgen sollten, endet an der Westseite des Tempels. Der beste Startpunkt für eine Besichtigung ist der Osteingang. Um danach Ta Keo zu erreichen, muss man den gleichen Weg zurückgehen und sich am Ende der Straße rechts halten.

Ta Keo: Die Stufenpyramide Ta Keo ist nach Osten ausgerichtet. Der hoch aufragende Staatstempel von Jayavarman V. (reg. etwa 968–1001) steht auf einer Waldlichtung. Der Tempel ist unvollendet, was vermutlich daran liegt, dass der König während des Baus verstarb.

Ta Keo ist 22 m hoch und wird von **fünf Türmen** gekrönt, von denen jeder auf einer eigenen Plattform steht. Treppen führen auf die Spitze, wo im Zentralheiligtum der Buddha-Schrein besichtigt werden kann.

Krankenhauskapelle (Chapel of the Hospital) & Spean Thma: Gegenüber von Ta Keo wurde die Krankenhauskapelle neben einem der 102 Krankenhäuser errichtet, die Jayavarman VII. erbauen ließ. Eine Inschrift erwähnt *dharmasalas* (Rastplätze), die der König entlang der Straßen planen ließ, die weit entfernte Provinzen mit der Hauptstadt verbanden. Zu diesen Verbindungen gehörten auch Steinbrücken wie **Spean Thma** an der Straße von Ta Keo nach Thommanom.

Chau Say Tevoda & Thommanon: Westlich von Spean Thma stehen zwei kleine Tempel, die unter Suryavarman II. erbaut wurden. Bei einer Annäherung an Chau Say Tevoda von Osten her wird ein breiter, von Stelen gesäumter Damm und eine kreuzförmige Plattform erreicht. Ein erhöhter Weg führt zum Gopuram. Der Weg durch den Torturm führt zum **Zentralheiligtum**, dessen Außen-

seite sowohl ursprüngliche als auch rekonstruierte Devatas schmücken. Die **südliche Bibliothek** verfügt über ein gut erhaltenes Giebelrelief. Wer den Tempel durch den Nordgopuram verlässt, steht direkt vor Thommanon. Der Tempel wurde in den 1960er Jahren restauriert, doch es ist schwer zu erkennen, wo Restaurierungen vorgenommen wurden. Thommanon weist gut erhaltene Reliefs auf. Bemerkenswert sind die Giebelfelder im Vestibül des **Zentralheiligtums** und der Türsturz über der östlichen Tür des Prasat, der Vishnu zeigt. Die Straße von Thommanon führt zum Siegestor. ■

Weltberühmte Devatas schmücken den Thommanon Tempel

Apsaras

Verschiedene historische hinduistische Texte erzählen die Geschichte vom Quirlen des Milchozeans (siehe S. 151). *Asuras* **(Dämonen) und** *devas* **(Götter) quirlten und stampften den Milchozean, um** *amrita,* **das Elixier der Unsterblichkeit, zu gewinnen. Dabei tauchten auch die** *apsaras* **auf, himmlische Tänzerinnen, die am oberen Ende des Reliefs in Angkor Wat entlangfliegen.**

In hinduistischen Überlieferungen verführten Apsaras die Götter durch ihre Schönheit. Zudem waren sie begnadete Tänzerinnen, weshalb sie auch von den Künstlern von Angkor in den Tempeln dargestellt wurden. In Angkor Wat finden sich über 3000 Reliefdarstellungen von Apsaras. Jede wird mit einer eigenen Pose und Haartracht, mit eigenem Gewand und Schmuck dargestellt.

INSIDERTIPP

Von all den *apsaras* **in Angkor Wat lächelt nur eine so, dass man ihre Zähne sieht. Man findet sie auf der rechten Seite des Haupteingangs. Verpassen Sie sie nicht!**

TERRESSA DAVIS
Heritage Watch

Während die Tempel von Angkor mit der gelassenen Schönheit der Apsaras geschmückt sind, wurde ihnen auch im realen Leben nachgeeifert: In den Tempeln Preah Khan, Banteay Kdei und Ta Prohm lebten angeblich Tausende Tänzerinnen. Ihnen waren Hallen für zeremonielle Tänze gewidmet, deren Pfeiler und Türstürze Reliefs von Apsaras schmückten. Die Tradition der Apsara-Tänzerinnen geht zumindest bis auf das erste kambodschanische Königreich Funan zurück, das im Jahr 243 v. Chr. einen Abgesandten nach China schickte, der als Gastgeschenk Tänzerinnen des Hofes mitbrachte. Als die Siamesen zu Beginn des 14. Jhs. mehrmals in Kambodscha einfielen, nahmen sie Tausende Tänzerinnen mit, die die Kunst des klassischen Tanzes in Thailand begründeten oder stark beeinflussten.

Abgesehen von den oben genannten Ausnahmen fanden Tanzaufführungen der Apsaras nur am königlichen Hof oder in Tempelanlagen statt, um die Könige, die Ahnen oder die Götter zu ehren. Nach dem Fall von Angkor ging die Kunst des Apsara-Tanzes verloren, bis ihn König Ang Duong (reg. 1848–59) wieder aufleben ließ. Im 20. Jh. setzte sich Königin Sisowath Kossamak Nearireach für den Apsara-Tanz ein. Sie ließ die Kostüme und Choreografien anhand von Reliefs aus dem 12. Jh. wieder aufleben. Als die Roten Khmer versuchten, die traditionellen Künste zu zerstören, wurde der Apsara-Tanz durch in Flüchtlingslagern und im Exil lebende Meister am Leben erhalten. Glücklicherweise hatte Königin Kossamak auch ihre Enkelin, Prinzessin Norodom Bopha Devi unterrichtet, die die Bemühungen ihrer Großmutter unterstützte.

Heute studieren Apsara-Tänzerinnen an der Royal University of Fine Arts. Von früher Kindheit an lernen sie über 1500 komplizierte Posen, von denen viele präzise Bewegungen der Finger und des Handgelenks verlangen. Bei Tanzvorführungen tragen die Tänzerinnen kunstvolle Seidengewänder und goldene Tiaras oder Masken und werden von einem Orchester begleitet, das sakrale Musik spielt.

Hotels und Restaurants in Siem Reap zeigen Apsara-Aufführungen im Rahmen von Dinner-Shows.

Rund um den östlichen Baray

Rund um den östlichen Baray, einen riesigen Stausee, warten Tempel aus den Herrschaftszeiten verschiedener Könige. Es ist möglich, alle Tempel in einem halben Tag zu besuchen und danach den Sonnenuntergang auf dem Phnom Bok zu genießen. Die Tempel nördlich von Angkor Thom sind ruhiger.

Ein Junge spielt in der Nähe des östlichen Baray am Wasser

In der südwestlichen Ecke des östlichen Baray liegt **Prasat Kravan**, das Kardamom-Heiligtum, vielleicht das feinste Ziegelmonument der Angkor-Epoche. Der im Jahr 921 wahrscheinlich von Harshavarman I. (reg. ca. 910 – ca. 923) Vishnu geweihte Tempel ist aus mehreren Gründen außergewöhnlich. Zum einen bestehen die **fünf Türme** aus nahezu quadratischen Ziegeln, die fast nahtlos gestapelt sind. Zum anderen sind die Innenwände des zentralen und des nördlichen Turms mit sehenswerten **Basreliefs** geschmückt, die direkt in das Ziegelwerk gemeißelt wurden.

Die Abbildungen zeigen Vishnu und seine Gefährtin Lakshmi in verschiedenen Inkarnationen. Die Reliefs im Zentralturm sind fast vollständig restauriert. Auf der nach Osten zeigenden Wand ist Vishnu in seiner letzten Inkarnation zu sehen. Die Wände nach Süden und Norden zeigen Vishnu in Gestalt des Zwerges Vamana und Vishnu

Pre Rup

- Karte S. 127 B3, 161
- 2 km östlich von Rte. 66B Rte. an der 66A
- Eintritt in der Eintrittskarte für Angkor inbegriffen (siehe S. 131)

Banteay Samre

- Karte S. 127 C3
- 5 km östlich von Pre Rup via Rte. 66A und Rte. 204
- Eintritt in der Eintrittskarte für Angkor inbegriffen (siehe S. 131)

mit vier Armen auf einem *garuda*, halb Mensch und halb Vogel. Im Nordturm wird Lakshmi in verschiedenen Inkarnationen dargestellt. Das Teilrelief an der Nordwand ist aufgrund von Restaurationsarbeiten in den 1960er Jahren unvollständig. Damals wurden fehlende oder beschädigte Ziegel des Tempels ersetzt.

INSIDERTIPP

Bringen Sie einen Kompass mit; Führer erklären die Tempel normalerweise nach den Himmelsrichtungen. Ein Kompass ist daher für die Erkundung der Khmer-Tempel und ihrer Ausschmückung unerlässlich.

TREVOR RANGES
NATIONAL GEOGRAPHIC-Autor

Pre Rup

Hinter Srah Srang in Richtung Osten liegt Pre Rup. Der im Jahre 961 geweihte Tempel war der Staatstempel von Rajendravarman II. (reg. 944–968), nachdem er die Hauptstadt nach mehreren Jahrzehnten in Koh Ker zurück nach Yasodharapura (Angkor) verlegt hatte.

Die Stufenpyramide Pre Rup ist, wie es die Tradition der Staatstempel vorsah, ein Tempelberg. Der dreistufige Tempel war mit fünf Türmen in Quinkux-Stellung gekrönt, von denen der zentrale dem

Lingam Rajendrabhadresvara geweiht war. Die vier anderen ehrten Shiva, Vishnu und Uma als Vergöttlichung von Rajendravarman II., seinen Halbbruder, König Hashavarman, seine Ahnen mütterlicherseits und seine Tante mütterlicherseits.

Kurz vor dem östlichen Treppenaufgang, flankiert von Bibliotheken, steht ein kleines **rechteckiges Becken**, von dem angenommen wird, dass es als Krematorium diente. Es war üblich, „den Leichnam umzubetten" (die wörtliche Bedeutung des Wortes *pre rup*), wenn die Verstorbenen eingeäschert wurden. Es gibt jedoch keine Belege für die Durchführung solcher Rituale.

Die zweite Plattform ist von zwölf Ziegeltürmen umgeben. **Vier zusätzliche Türme** auf der obersten Ebene werden von Gottheiten bewacht. Diese *dvarapalas,* von denen einige gut erhalten sind, wurden in das Mauerwerk gemeißelt und dann mit Stuck bedeckt.

Andere Unterscheidungsmerkmale vom Tempel Pre Rup, der einen eigenen künstlerischen Stil hervorbrachte, sind die kunstvollen **Sandsteinreliefs** auf Türstürzen, kleinen Säulen und Scheinportalen.

Östlicher Baray

Nördlich von Pre Rup führt die Straße durch eine mit Bäumen bewachsene Böschung. Auf beiden Seiten des Weges liegen ausgedehnte Reisfelder.

Dies ist Yasodharatataka, der Stausee von Yasovarman I., der heute als östlicher Baray bekannt ist. Für das riesige öffentliche Wasserwerk musste der Fluss Siem Reap sein ursprüngliches Bett verlassen.

Im Zentrum des Baray liegt der **östliche Mebon**. Der in Stil und Bauart Pre Rup gleichende Tempel von Rajendravarman II. wird von fünf Türmen gekrönt. Der Tempel ist pyramidenförmig; allerdings war diese Bauweise weniger offensichtlich, als er noch von Wasser umgeben war, das bis zu 3 m in die Tiefe reichte.

Aus jeder Himmelsrichtung führen Treppen, früher von Wasser überspült, zu den als Anlegestelle dienenden Plattformen. Von der östlichen Anlegestelle aus führt ein Weg um die **erste Terrasse**, an deren Ecken Elefanten stehen.

An dem schmalen Fußweg auf der **zweiten Terrasse** stehen ebenfalls vier Elefanten, von denen die südwestliche Statue die kunstvollsten Details aufweist. Diese Elefanten sind etwas kleiner als die auf der ersten Terrasse; eine Technik, durch die der Tempel höher erschien.

Auf der **obersten Ebene** thronen fünf Türme. Im zentralen Turm stand ein Shiva Lingam, während die vier anderen Türme Darstellungen der Ahnen des Königs in Form von Gottheiten enthielten. Die Türstürze und Scheinportale auf dem Turm sind schöne Beispiele des Pre Rup-Kunststils. Der östliche Türsturz des Hauptturms stellt Indra auf Airavata dar.

Banteay Samre

Südöstlich vom östlichen Baray, auf der vom östlichen Mebon nach Osten führenden Straße, liegt Banteay Samre, die „Zitadelle der Samré." Der Name leitet sich von der Legende eines Gurkenbauers ab, der dem Volk der Samré angehörte. Der König hatte dem Gärtner befohlen, jeden zu töten, der die

Die Meisterwerke im Innenhof des östlichen Mebon

Im Innenhof der zweiten Terrasse des östlichen Mebon stehen fünf rechteckige Bibliotheken und acht Ziegeltürme, die Lingams enthielten. Sie weisen kunstvoll bearbeitete Türstürze aus Sandstein sowie Säulen und Scheinportale von erlesener Schönheit auf. Die Türme waren mit kleinen Löchern bedeckt, in denen der Stuck verankert wurde. Bei einem Rundgang um den Innenhof können Besucher die wunderbar gearbeiteten Reliefarbeiten betrachten.

Gurken stehlen wollte, aber eines Nachts betrat er selbst den Garten. In der Dunkelheit erkannte der loyale Gärtner den König nicht und tötete ihn. Der König hatte keinen Thronfolger hinterlassen, und so bekam der königliche Elefant die Aufgabe, einen neuen Herrscher zu wählen. Der Dickhäuter kniete vor dem Gärtner nieder, der daraufhin zum König ernannt wurde. Da ihm die Unterstützung der

Aristokratie fehlte, zog sich der Samré-König in eine von Mauern umgebene Zitadelle zurück. Nachdem der König sich all derer entledigt hatte, die ihm nicht loyal waren, regierte er über sein Land.

Auch wenn der Ursprung des Namens von Banteay Samre fraglich ist, so ist die Benennung der Zitadelle begründet. Der von Suryavarman II. (reg. 1113–ca. 1150) hinterlassene Tempel ist von einem eindrucksvollen 6 m hohen Mauerring mit direkten Zugängen zu den erhöhten Dammstraßen im Osten und Westen umgeben.

Das **Zentralheiligtum** liegt innerhalb eines zweiten Mauerrings, die beide konzentrische Galerien aufweisen. Beachtenswert sind die Naga-Balustraden entlang des inneren Mauerrings. Diese Nagas, die symbolisch mit Wasser assoziiert werden, weisen darauf hin, dass der Mauerring als Wassergraben diente.

Wer dem Weg um den Wassergraben folgt, kann die kunstvollen Türstürze über den Eingängen betrachten. Das Giebelfeld über dem Türsturz der **Nordostbibliothek** zeigt Vishnu, wie er auf einer gewundenen Naga ruht, während Brahma aus seinem Nabel wächst.

Nördlich von Angkor Thom

Das Nordtor von Angkor Thom ist zwar das ruhigste, weist dafür aber kaum erhaltene Bildhauerkunst auf. Hinter dem Nordtor liegen drei spektakuläre Monumente, die von Jayavarman VII.

Preah Khan, eine königliche Stadt von Jayavarman VII.

(reg. ca. 1181–1218) in Auftrag gegeben wurden, sowie die Überreste eines einst großen, aber inzwischen trockenen Baray. Diese Tempel sollten Sie am besten am frühen Morgen besichtigen.

Preah Khan: Der Tempel des Heiligen Schwerts liegt in Nagara Jayasri, der „glücklichen, siegreichen Stadt", der letzten großen Errungenschaft von Jayavarman VII. Der zu Ehren seines Vaters erbaute Tempel barg Schreine für 515 Personen, die durch die Weihung hinduistischer und buddhistischer Abbildungen vergöttlicht wurden.

Die Gründungsstele berichtet von 97 840 Menschen, die im Dienst der Stadt standen, darunter tausend Gelehrte und tausend Tänzerinnen. Es wird angenommen, dass Preah Khan eine buddhistische Universität war, die von der zweiten Frau Jayavarmans VII. geleitet wurde. Im Tempel könnte aber auch, wie der Name nahe legt, das Nationalheiligtum des Königreichs, das Heilige Schwert aufbewahrt worden sein (siehe S. 148). In Anbetracht seiner Größe sollten sich Besucher Preah Khan vom Osten her annähern und ihn im Westen verlassen, wo sie vom Fahrer wieder abgeholt werden können. Der Tempel weist eine horizontale Ausrichtung auf, in dem das Zentralheiligtum entlang der Ost-West-Achse liegt.

Die Stadt wird durch den äußeren Mauerring betreten. Eine Allee führt zu einem beeindruckenden **Mauerring aus Sandstein** mit 72 Garudas, von denen jeder 5 m groß ist und die alle 50 m aus der Wand herausragen.

INSIDERTIPP
Besichtigen Sie den abgelegenen Tempel Preah Khan. Der ruhige, vom Dschungel überwucherte Komplex liegt abseits der Touristenströme.

SIMON WILLIAMS
The Nature Conservancy

Der Pfad endet auf einer erhöhten Plattform und an dem mittleren von drei kreuzförmigen Gopurams (Toreinfahrt oder Pavillon), durch die man in den eigentlichen Tempel gelangt. Innerhalb dieses dritten Mauerrings ist das erste Gebäude die eindrucksvolle **Halle der Tänzerinnen**, in der Apsaras die Säulen zieren.

Vor Erreichen des zentralen Hofes empfiehlt sich ein Abstecher nach Norden (nach rechts), wo ein Pfad in östlicher Richtung zu einem ungewöhnlichen **zweistöckigen Bauwerk** auf großen, runden Säulen führt. Dort könnte einst das Heilige Schwert aufbewahrt worden sein.

Zum Gopuram zurückkehrend, der in den zentralen Hof führt, gelangt man in ein
(Fortsetzung auf S. 164)

Fahrt rund um Angkor

Die Zivilisation von Angkor war nicht auf diese Gegend begrenzt: Nördlich der Stadt war Phnom Kulen eine bedeutende religiöse Stätte, und die Reliefs im Fluss Kbal Spean weihten das Wasser von Angkor. Banteay Srei und Phnom Bok waren ebenfalls bedeutende Tempel. Neben diesen Sehenswürdigkeiten können Besucher im Rahmen eines Tagesausflugs Hilfsorganisationen besuchen.

Ein Tuk-tuk mit Passagieren fährt durch die Tore von Angkor Thom

Viele Touristen unternehmen einen Ausflug zu dem Tempel Banteay Srei aus dem 10. Jh., der 32 km nördlich von Siem Reap liegt. Nach dem Besuch des Tempels werden oft auch die Reliefs von Kbal Spean besichtigt. Entlang des Weges liegen weitere Attraktionen. Die Tour sollten Sie mit dem Fahrer schon am Vorabend planen, damit er weiß, dass er mehr als die üblichen Sehenswürdigkeiten anfahren soll. Weil es sinnvoll ist, früh am Morgen aufzubrechen, sollten Sie die für Banteay Srei und für Kbal Spean benötigte Eintrittskarte für den Archäologischen Park von Angkor spätestens am Vorabend erwerben.

Es empfiehlt sich, um ca. 5 Uhr morgens zu starten. **Prasat Phnom Bok ❶**

NICHT VERSÄUMEN

Prasat Phnom Bok • Banteay Srei • Kbal Spean • Angkor Centre for Conservation of Biodiversity • Cambodian Landmine Museum & Relief Facility

liegt 24 km nordöstlich von Siem Reap auf einem 212 m hohen Hügel. Der Tempel auf dem Phnom Bok war einer von drei Tempelbergen, die Yasovarman I. (reg. 889–910), der Gründer von Yasodharapura (Angkor), erbauen ließ. Der Tempel ist baugleich mit Phnom Kraom (siehe S. 115), aber die Reliefs am

Prasat von Phnom Bok sind weit besser erhalten. Der Tempel, der über eine lange und steile Treppe zugänglich ist, bietet einen wunderbaren Platz, um den Sonnenaufgang zu genießen.

Der nächste Halt ist **Banteay Srei** ❷, ein Meisterwerk angkorianischer Kunst und Architektur. Trotz der abgelegenen Lage ist Banteay Srei, „die Zitadelle der Frauen", einer der beliebtesten Tempel von Angkor. Sein kurioses Miniaturformat, die Konstruktion aus rosafarbenem Sandstein und die kunstvollen filigranen Reliefarbeiten machen ihn zu einer der größten künstlerischen Errungenschaften der Angkor-Epoche.

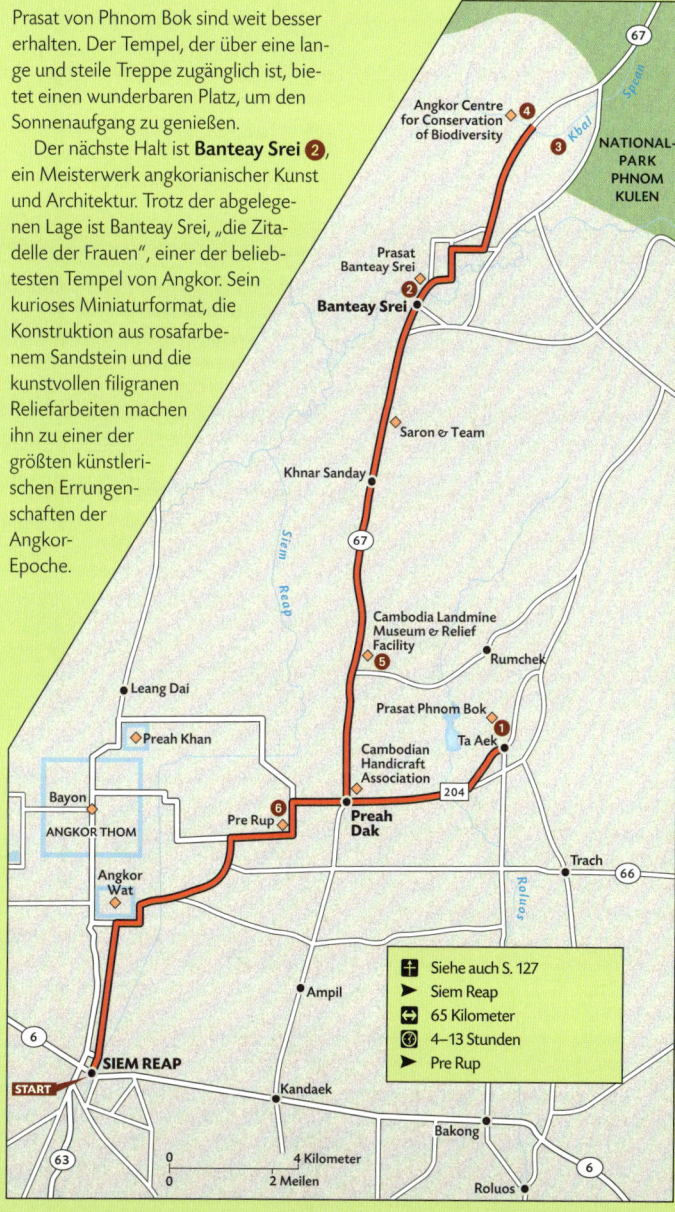

Banteay Srei ist einer der wenigen Tempel, die nicht für einen der Könige von Angkor erbaut wurden. Er wurde von einem Berater Rajendravarmans II. (reg. 944–968) und Guru seines Sohnes, des Kind-Königs Jayavarman V. (reg. ca. 968–1001), in Auftrag gegeben. Der nach dem in seinem Zentralheiligtum stehenden Shiva-Lingam Tribhuvanamahesvara benannte Tempel wurde etwa zum Zeitpunkt des Todes von Rajendravarman fertiggestellt.

INSIDERTIPP

Verpassen Sie nicht Banteay Srei, einen wunderschönen kleinen hinduistischen Tempel aus dem 10. Jh., erbaut aus rosafarbenem Sandstein. Er wirkt wie eine Miniatur, da er eine menschlichere Größe als Angkor Wat oder Angkor Thom hat. Bringen Sie ein Stativ für Ihre Kamera mit.

PAT HENLEY
National Geographic-Mitarbeiterin

Die Steinmetzarbeiten von Banteay Srei sind besonders kunstvoll. Der dichte rosafarbene Sandstein des Tempels erlaubte es den Künstlern, Techniken aus der Holzbearbeitung anzuwenden. Fast die gesamte Oberfläche des Tempels ist ausgeschmückt. Episoden aus dem „Ramayana" und dem „Mahabharata" finden sich auf Türstürzen und in Giebelfeldern. Andere künstlerische Elemente sind die *devas* (männliche Gottheiten) und *devatas* (weibliche Gottheiten), die die Eingänge bewachen. Das Zentralheiligtum ist von frei stehenden Skulpturen umgeben, die halb Mensch, halb Tier sind.

Nur 18 km nördlich von Banteay Srei erreicht man den **Fluss Kbal Spean** ❸ einen der Quellflüsse des Siem Reap, dessen Wasser von den Kulen-Bergen zu den Tempeln und *barays* von Angkor fließt. Für die Khmer waren die Berge und Flüsse mit ihren mythologischen Entsprechungen in den hinduistischen Überlieferungen verbunden, und ihr Wasser war ihnen heilig. Folglich ließen sie im Flussbett religiöse Reliefs anfertigen. Eine Inschrift aus dem 11. Jh. beschreibt Kbal Spean nach den vielen Reihen phallischer Lingams, Repräsentationen der Fruchtbarkeit, die das Wasser weihten, während es über die heiligen Reliefs floss, treffend als »Fluss der tausend Lingams«.

Zu den Reliefs gehören auch Darstellungen von Shiva, Uma, Vishnu und einigen Wassertieren. Die Reliefs liegen entlang eines schattigen, mäßig schwierigen Fußwegs (1,6 km), der Teil des Phnom-Kulen-Nationalparks ist. Der Weg führt zuerst zu einem Wasserfall, dann zu den Lingams und schließlich zu der natürlichen Steinbrücke, nach der Kbal Spean benannt wurde. Bei der Brücke sind zwei Szenen mit dem ruhenden Vishnu in sich gegenüberliegende Felswände gemeißelt. Je nach Wasserstand sind die Reliefs mehr oder weniger gut zu sehen.

Die Tagestour kann einen Abstecher zum **Nationalpark Phnom Kulen** (*14 km östlich von Banteay Srei, $$$$$*) beinhalten. Der Berg Kulen hatte schon vor der Gründung von Angkor große religiöse Bedeutung. Jayavarman II. (reg. 802–850), der Gründer des Khmer-Reiches, wurde in einem Tempel auf diesem Berg zum König gekrönt. Weil die in Ruinen liegenden Tempel nicht zugänglich sind, ist ein Wasserfall die größte Attraktion. Auch wenn dieser am Wochenende ein beliebtes Ausflugsziel für die Einheimischen ist, so rechtfertigt er doch nicht unbedingt die 20 $ Eintritt, die hier verlangt werden.

Das **Angkor Centre for Conservation of Biodiversity** ❹ (ACCB; *Rte. 67, 42 km nordöstlich von Siem Reap, Tel. +855 (0)99-604-017, $*), Rettungsstation für Wildtiere und Naturschutzgebiet, liegt neben dem Eingang von Kbal Spean. Montags bis freitags bietet das ACCB um 13 Uhr kostenlose Führungen an, auf der die Teilnehmer u. a. Schuppentiere, Adler und Stachelschweine sehen können.

Weiter südlich entlang der Route 67 beschäftigt die kleine Bildhauereiwerkstatt von **Saron and Team** *(Kor Koh Jrum Village, Rte. 67, Tel. +855(0)92-991-002, $)* behinderte und invalide Kambodschaner, die religiöse Figuren aus dem Buddhismus, Hinduismus und Christentum herstellen. Der Laden liegt etwa 3 km südlich von Banteay Srei. Ein Schild an der Ostseite der Straße weist den Weg.

Etwa 6 km südlich von Banteay Srei können Besucher im **Cambodia Landmine Museum & Relief Facility** ❺ *(Mondul 3 Village, Slorkram Commune, Rte. 67, 24 km nordöstlich von Siem Reap, Tel. +855(0)12-598-951, $)* etwas über die entsetzlichen Auswirkungen der Landminen auf die Bevölkerung Kambodschas erfahren. Anhand von Porträts wird gezeigt, wie Landminen das Leben von Kindern beeinträchtigt haben und wie ihnen durch ein Projekt des Museums und einer angegliederten Organisation geholfen wird. Das Projekt stellt Bildungsangebote bereit und setzt sich für die Räumung von Landminen ein.

Ein anderes Projekt, das sich um Kambodschaner mit Behinderungen kümmert, ist die **Cambodian Handicraft Association for Landmine and Polio Disabled** *(nördlich der Kreuzung von Rte. 67 & Rte. 204, Tel. +855(0)12-913-861, www.bigpond.com.kh/users/wthan*

Der kunstvoll verzierte hinduistische Tempel von Banteay Srei

chashop). Dort werden Kunstfertigkeiten vermittelt, und in der Werkstatt werden viele der Seidenprodukte hergestellt, die in dem Verkaufsraum ausgestellt sind.

Nach Westen abbiegend zurück in Richtung Siem Reap führt die Route 204 durch das Dorf **Preah Dak**. Die Dorfbewohner verkaufen Handarbeiten sowie frisches Zuckerrohr, dass in großen Pfannen zubereitet wird. Die Verkäufer bieten gerne eine Kostprobe an.

Es ist empfehlenswert, in **Pre Rup** ❻ (siehe S. 156) anzuhalten, um den Sonnenuntergang zu genießen. Der Staatstempel von Rajendravarman II. ist zu jeder Tageszeit spektakulär und ein guter Platz, um den Tagesausflug abzuschließen.

Neak Pean & Ta Som

 Karte S. 127 B3

✉ Neak Pean:
2,5 km östlich
von Preah Khan
an der Rte. 66A;
Ta Som: 2 km
östlich von Preah
Khan an der 66A

$ Eintritt in der
Eintrittskarte von
Angkor inbegrif-
fen (siehe S. 131)

Labyrinth miteinander ver-
bundener Räume, Korridore
und Innenhöfe. Einem der
Korridore fehlt das Dach und
vor einem anderen erhebt
sich das **Zentralheiligtum**.
Früher stand hier eine Abbil-
dung von Lokesvara in Gestalt
des Vaters von Jayavarman VII.
Heute schmückt ein Stupa
(Begräbnisturm) das innerste
Heiligtum. Die Schreine für
Shiva, Vishnu und die früheren Könige von Angkor liegen
nördlich, westlich und südlich
des Heiligtums.

Der Südweg führt an zer-
bröckelnden Türmen vorbei
zu einem Schrein. Besser ist
der Weg nach Norden (nach
rechts) durch immer kleiner
werdende Eingänge, von denen der kleinste der Eingang
zu **Shivas Schrein** ist. Wer
den Schrein in östlicher Richtung (nach rechts) verlässt,
gelangt zu den schönsten
Reliefs des Tempels, die den
auf einer Naga ruhenden
Vishnu darstellen.

Zurück im Zentralheiligtum
führt der Weg in westlicher
Richtung (nach rechts) in Rich-

tung des Vishnu-Schreines zu
einem **kleinen Innenhof**. Die
Wand zur Rechten ist mit Ein-
siedlern geschmückt, die unter Jackfruchtbäumen sitzen
und meditieren. Hinter diesem Innenhof liegt der
Schrein für Vishnu.

Neak Pean: Die Anlage Neak
Pean, östlich von Preah Khan,
wurde in einer Inschrift als
»ansteigende Lotosblüte, die
das Bildnis des höchsten Gottes trägt« beschrieben. Dieses
Bildnis spielt auf die Legende
von Brahma an, der aus Vishnus Nabel in Form einer Lotosblüte geboren wurde und
symbolisch die Wiedergeburt
von Angkor nach dem erlö-
senden Sieg von Jayavar-
man VII. über die Cham repräsentiert. Das lotosförmige
Zentralheiligtum erhebt sich
aus dem zentralen Teich, der
von vier weiteren Teichen umgeben ist.

Der **zentrale Teich** könnte
den mystischen See Anavata-
pa darstellen. Der See war die
Heimat der Nagas Nanda und
Upananda. Diese Symbolik

Westlicher Baray & westlicher Mebon

Der westliche Baray, (13 x 2,3 km), der von
Suryavarman I. (reg. 1003 bis etwa 1049) in
Auftrag gegeben wurde, war eines der größ-
ten hydraulischen Projekte von Angkor. Dies
ist auch der einzige Baray, der immer noch
Wasser führt.

Der westliche Mebon liegt auf einer Insel
in der Mitte des Baray (nur mit dem Boot zu
erreichen). Die Insel, die am Wochenende ein
beliebtes Ausflugsziel für die Einheimischen

ist, beherbergte einst einen großen liegenden Vishnu aus Bronze (heute im Nationalmuseum in Phnom Penh, siehe S. 72).
Von dem Tempel ist nur wenig erhalten.
Die Fahrt mit dem Tuk-tuk und dem Boot
(vom Pier in der Mitte des Südufers des Baray, $$)
lohnt sich nur für Besucher, die länger als
eine Woche in der Gegend bleiben und ein
paar erholsame Stunden abseits des Trubels
der Tempel verbringen möchten.

Die stimmungsvollen Ruinen in Ta Som

wird durch Inschriften unterstützt, die Neak Pean als »heilige Insel« beschreiben, »die ihren Zauber aus ihren Teichen zieht, dessen Wasser die Pilger von ihren Sünden reinigte«. Zusätzlich ist das Zentralheiligtum von **zwei Schlangen** umgeben. Ihre Köpfe erheben sich am Osteingang, und ihre Schwänze sind hinter dem Tempel verschlungen.

Eine Straße führt durch den Jayatataka Baray zum nördlichen Teich. Wer die Treppen in den ausgetrockneten Teich hinabsteigt, gelangt in die kleinen **Gewölbe**. Hier konnten Pilger Waschungen vornehmen.

Die **Reliefs**, die die vier Heiligtümer von Neak Pean und den zentralen Prasat schmücken, stellen Szenen aus dem Leben Buddhas dar.

Ta Som: Dieser buddhistische Tempel wurde ebenfalls von Jayavarman VII. in Auftrag gegeben. Der Eingang liegt im Westen. Durch den **äußersten Gopuram**, der mit lächelnden Gesichtern von Lokesvara gekrönt ist, führt der Weg im inneren Mauerring um den zentralen Tempelkomplex, vorbei an rekonstruierten frei stehenden Giebelfeldern. Der letzte, von den Wurzeln eines Feigenbaumes überwucherte Gopuram ist mit den geheimnisvoll lächelnden Gesichtern und den *devatas* ein beliebtes Fotomotiv.

Sich im Labyrinth der zahlreichen Korridore und Lichtungen zurechtzufinden kann durchaus schwierig sein, aber es macht auch Spaß, den Tempel wie ein Forscher zu erkunden. ■

Prachtvolle Tempel und exotische Tiere in grenznahen Provinzen, wo sich einst Garnisonsstädte der thailändischen Invasoren aneinanderreihten und wo auch Pol Pot sein Ende fand

Westliches Kambodscha

Stupas am Wat Tahm Rai Saw in Battambang

Westliches Kambodscha

Das westliche Kambodscha umfasst die meisten Provinzen an der Grenze zu Thailand sowie in den Ebenen südlich vom Tonle Sap und nördlich des Kardamomgebirges. Reisende sollten Erkundungen in Battambang beginnen und Tagesausflüge unternehmen. Viele Besucher wenden sich anschließend den Highlights an der Nationalstraße 5 zwischen Battambang und Phnom Penh zu.

Die ehemalige Residenz des französischen Gouverneurs in Battambang

Am Ende reist man in die nordwestlichen Provinzen Banteay Meanchey und Oddar Meanchey, die von Thailand, Battambang und Siem Reap aus zu erreichen sind.

Im geographischen Zentrum des kambodschanischen Westens liegt die Provinz Battambang. Ihre gleichnamige Hauptstadt ist Kambodschas zweitgrößte Stadt. Allerdings machen nur wenige Touristen hier Halt. Nichtsdestoweniger haben die entspannte Atmosphäre Battambangs und die umliegenden natürlichen und historischen Attraktionen eine Reihe touristischer Einrichtungen entstehen lassen.

Die Nationalstraße 5 verbindet Phnom Penh mit Battambang und führt auf ihrem Weg durch Oudong, Kampong Chhnang und Pursat. Oudong war nach der Aufgabe Angkors (siehe S. 29) 248 Jahre lang die Hauptstadt Kambodschas. Kampong Chhnang und Pursat besitzen beide einige Sehenswürdigkeiten. Kampong Chhnang

ist als Fischereihafen und dank der benachbarten Töpferdörfer bekannt, Pursat für das schwimmende Dorf Kampong Luong sowie für einen Schrein einer alten Gottheit. Pursat fungiert für abenteuerlustige Reisende darüber hinaus als Ausgangspunkt für Expeditionen in das südliche Kardamomgebirge.

Von Siem Reap aus verkehren Fähren über den Tonle Sap nach Battambang. Nur wenige Passagiere nehmen bei der Überfahrt das Vogelschutzgebiet bei Prek Toal wahr, das zwar in Battambang liegt, aber eher als Ziel eines Tagesausflugs von Siem Reap (siehe S. 123) geeignet ist.

Von Battambang aus reisen viele Touristen in Richtung Westen nach Thailand. Sie fahren dabei über Sisophon zum Grenzort Poipet, der für seine Kasinos und Trickbetrüger bekannt ist. Wer es besonders aufregend mag, reist stattdessen von Battambang aus nach Pailin, eine kleine, entlegene Provinz, in deren Wäldern sich die Roten Khmer drei Jahrzehnte lang versteckt hielten. Wieder andere fahren lieber ins südliche Pursat und zum Nordrand des Kardamomgebirges, wo einige der letzten exotischen Tierarten Südostasiens überlebt haben.

Falls Sie noch mehr Zeit haben, können Sie eine Rundreise durch die Grenzprovinzen unternehmen. Diese führt zunächst in Richtung Norden in die Provinz Banteay Meanchey, die einige Tempel aus der Zeit von Angkor zu bieten hat. Anschließend geht es an der thailändischen Grenze entlang nach Anlong Veng, Pol Pots letzter Ruhestätte, bevor die Reise weiter nach Siem Reap führt. ∎

Battambang & Umgebung

Battambang wurde 1795 während der thailändischen Besetzung gegründet. Die Thai zogen mehr als ein Jahrhundert später ab, und die Kambodschaner kehrten zurück. Während des Zweiten Weltkriegs besetzten die Japaner die Stadt, sie wurde dann aber erneut an die Thai abgetreten. Diese legten hier ein Kriegsgefangenenlager an und ließen Zwangsarbeiter die Nationalstraße 5 bauen.

Die Morgensonne taucht die Boulevards und die historischen Läden von Battambang in ein warmes Licht

Nach dem Krieg übergab man Battambang wieder an Kambodscha, die Leidensgeschichte war damit aber noch nicht beendet. Die Roten Khmer evakuierten die Stadt 1975 und zwangen Tausende, den „Todesdamm" von Kamping Puoy zu errichten. Dann lag die Gegend bis 1996 mitten im Kriegsgebiet.

Heute gilt Battambang als Kambodschas „zweite Stadt", seine breiten, aber leeren Boulevards und das müde Nachtleben wirken jedoch provinziell. Die Stadt besitzt einige Märkte, eine Reihe älterer Wats, einen schönen Park am Fluss und einige gut erhaltene Gebäude aus der französischen Kolonialzeit. Es lohnt sich also trotzdem, einige Tage hier zu verbringen, um sich auszuruhen und Ausflüge zu unternehmen. Zu den historischen Attraktionen zählen die Tempel Ek Phnom und Phnom Banon aus dem 11. Jh. Die schöne Landschaft schmücken alte Holzhäuser, Dörfer, deren Bewohner immer noch der traditionellen Landwirtschaft nachgehen, und ein Weingut. Darüber hinaus dient ein Stausee als Ziel für Wochenendausflügler.

Battambang (Stadt)

Der Legende nach geht Battambang auf Ta Dambong Kranhoung zurück, der seine Macht aus einem magischen Stab bezog und den örtlichen König absetzte. Der jüngste Sohn des Königs floh daraufhin in ein Kloster. Nach sieben Jahren, sieben Monaten und sieben Tagen befand sich der Prinz gerade auf dem Weg zurück in sein Reich, als er einem Brahmanen begegnete, der ihm ein Pferd anvertraute. Dieses Wunderpferd verlieh ihm große Kraft und flog mit ihm durch die Lüfte. Ta Dambong Kranhoung warf seinen Stab nach dem Prinzen, verfehlte diesen aber, sodass der Stab zu Boden fiel und von einem Fluss verschlungen wurde. Ta Dambong Kranhoung flüchtete, und der Prinz gründete sein neues Reich bei Bat Dambang, was „verlorene Stadt" bedeutet. In Battambang sind heute sowohl eine Statue von Ta Dambong Kranhoung *(im Kreisverkehr, in den die Nationalstraße 5 von Phnom Penh mündet)* als auch ein Reiterstandbild des Prinzen *(nördliches Ende der St. 3)* zu bewundern.

Besucher bekommen den besten Eindruck, wenn sie Battambang zu Fuß erkunden. Während der heißeren Sommermonate empfiehlt sich jedoch ein Fahrrad oder ein Motorradtaxi *(motodop)* — Reisende sollten sich bei der Besucherinformation oder in ihrer Unterkunft nach Verleiherunternehmen oder Tuk-tuk-Touren erkundigen.

INSIDERTIPP

Mit über 800 historischen Bauwerken besitzt Battambang deutlich mehr gut erhaltene Architektur als die meisten Städte in Südostasien.

TERRESSA DAVIS
Heritage Watch

Der **Zentralmarkt** (Psar Nat), das Zentrum der Stadt, ist der ideale Ort, um einen Rundgang durch Battambang zu beginnen. Wie viele Märkte der Khmer richtet er sich weniger an Touristen als an die örtliche Bevölkerung, die hier in den kühleren Morgenstunden ihre Besorgungen macht. Im Zentrum verkaufen Juweliere Edelsteine. Smaragde und Rubine aus dem nahe gelegenen Pailin sind allerdings schwieriger zu bekommen, da die Minen schon lange erschöpft sind (siehe S. 176).

Der **Wat Phiphetaram** (oder Wat Phephittam) liegt unmittelbar nördlich vom Markt. Jeden Morgen betteln

Battambang

◾ Karte S. 169 A3

Besucherinformation

✉ 2 Blocks westlich der New Iron Bridge, dann ein halber Block nördlich

☎ +855(0)12-969-542
Fax +855(0)53-730-217

💲 $

Zentralmarkt

✉ Zwischen St. 1 & St. 3 am Westufer des Sangker, 3 Blocks nördlich der Old Iron Bridge

Wat Phiphetaram

✉ Rund 90 m nördlich des Zentralmarkts

💲 $

Battambang Provincial Museum

✉ St. 1, Kamakor Village, Svay Por Commune, Battambang District (Nähe Postamt)

🕐 Sa–Mo geschl.

💲 $

Wat Tahm Rai Saw

✉ Zwischen St. 2 & St. 3, 1 Block westlich hinter dem Battambang Provincial Museum

💲 $

Gouverneurs-residenz

✉ 4 Blocks westlich der New Iron Bridge

🕐 So geschl.

💲 $

Wat Sangker, Wat Pachhaa, Wat Kandal, Wat Borvil & Wat Bo Knong

✉ Nördlich des Parks an der Straße am Fluss

💲 $

die Mönche des Tempels in der Umgebung der nahe gelegenen Kolonialgebäude um Almosen. Das Kloster ist eines der ältesten in der Stadt, und sein schattiges Gelände garantiert einen angenehmen Aufenthalt. Der Wat Phiphetaram liegt nur einen kurzen Spaziergang vom Sangker entfernt, wo Sie Boote mieten können *(einige Blocks nördlich vom Busbahnhof/Bootsanleger)*, um die Sehenswürdigkeiten am Fluss zu besichtigen.

Das **Battambang Provincial Museum** am südlichen Stadtrand enthält Kunstwerke aus ganz Kambodscha, darunter einige aus dem 7. Jh. Das Museum ist oft geschlossen, vor allem nachmittags. Eine spezielle Galerie, die über regionale Attraktionen, Kultur und Geschichte informiert, ist aber meist zugänglich.

Einen Block westlich hinter dem Museum befindet sich der **Wat Tahm Rai Saw** (Pagode der Weißen Elefanten). Dieser 1840 erbaute Tempel (auch Wat Damrey Sar genannt) enthält Statuen weißer Elefanten. Neben diesen recht plastischen Darstellungen und der Pracht des Tempels faszinieren auch die vielfältigen Stilrichtungen der Stupas rund um den Tempel.

Im Süden der am Fluss entlang verlaufenden Straße Nr. 1 führt eine Abzweigung nach rechts zu den Regierungsgebäuden, herrlich erhaltenen Bauten aus der Kolonialzeit. Die Residenz des Gouver-

neurs wurde von italienischen Architekten für den letzten siamesischen Gouverneur Battambangs entworfen. Kaum vorstellbar, dass in diesem Gelände einst das *kamphaeng* stand, eine in den späten 1830er Jahren von den Siamesen errichtete Festungsanlage, die Stallungen, Elefanten und mehr als hundert Kanonen fasste. In der nahen Besucherinformation erhalten Reisende nicht nur Landkarten und Tipps; das Büro organisiert auch Ausflüge zu den Attraktionen der Umgebung.

Das östliche Ufer des Sangker weist hübsche Kolonialhäuser und Tempel auf. Hier befindet sich auch der H. E. Sar Kheng Park. An der nördlich vom Park am Fluss entlangführenden Straße befinden sich weitere wichtige Tempel der Stadt Battambang, die alle ihren ganz eigenen Reiz haben: **Wat Sangker, Wat Pachhaa, Wat Kandal, Wat Borvil** und **Wat Bo Knong.**

Die kambodschanische Eisenbahn

Die Eisenbahnlinie zwischen Phnom Penh und Battambang wurde 1942 fertiggestellt und ist seither kaum modernisiert worden. Jahrzehntelange Kriege entlang den 60 Jahre alten Gleisen und die Erosion durch den jährlichen Monsunregen haben viele der Brücken beschädigt, die nicht ersetzt, sondern lediglich geflickt wurden. Züge treten die quälend langsame Reise nur zweimal in der Woche an, am Samstag nach Phnom Penh und am Sonntag zurück nach Battambang. Während der Woche wimmelt es auf der Strecke von Bambuswaggons, kleinen motorisierten Schienenfahrzeugen mit Bambusrahmen, die einige Passagiere sowie ein paar Ziegen oder ein Motorrad befördern. Diese beängstigend schnellen und lauten Vehikel sind für die Landbevölkerung ein unverzichtbares Transportmittel und gleichzeitig eine aufregende Touristenattraktion.

Es sieht jedoch so aus, als bahnte sich auch hier der Fortschritt langsam seinen Weg. Das wäre zu begrüßen, denn die normalen Züge sind laut, langsam und manchmal auch gefährlich. Im Jahr 2008 etwa überfielen bewaffnete Banditen einen Zug und raubten sämtliche Ausländer aus. Anlass neuer Planungen ist, dass Singapur durch eine Eisenbahnlinie mit dem chinesischen Kunming verbunden werden soll. Und da diese Bahnlinie auch durch Kambodscha führt, müssen die veralteten Gleise des Landes schon bald durch neue und breitere ersetzt werden. Für die „Bambuszüge" wird es dann vermutlich schwieriger; Besucher sollten sich also sicherheitshalber bei der Besucherinformation in Battambang nach dem aktuellen Stand der Dinge erkundigen (siehe S. 171).

Die Abende in Battambang sind eher ruhig. Es gibt aber ein Ereignis, das Besucher sich nicht entgehen lassen sollten, nämlich die Zirkusvorstellung in **Phare Ponleu Selpak**. Dieser Zirkus wurde von Künstlern gegründet, die nach der Niederlage der Roten Khmer aus thailändischen Flüchtlingslagern zurückkehrten. Es ist nicht ganz einfach, den Zirkus zu finden, und die Vorstellungen beginnen zu sehr unterschiedlichen Zeiten, es handelt sich aber um eine einzigartige Erfahrung (siehe S. 145).

Nördlich von Battambang

Die vergnügliche Fahrt ins nördliche Umland von Battambang, entweder mit dem Auto oder einem Motorrad-taxi, das man bei der Besucherinformation bestellt hat, unterscheidet sich deutlich von der unbequemeren Reise nach Süden. Im Norden Battambangs führt die fast perfekte Flussstraße am Sangker entlang und windet sich durch Bananenwäldchen und die Dörfer der „Mittelschicht". Die Atmosphäre erinnert an ein Tropenparadies. Nach etwa 16 km auf dieser gut ausgeschilderten Straße erreicht man den **Wat Ek Phnom**. Der hölzerne buddhistische Tempel auf dem Parkplatz wurde 2000 an der Stelle eines älteren Bauwerks errichtet, das seinerseits ebenfalls ein früheres ersetzt hatte – so hat man es hier schon rund 700 Jahre lang gehalten. Der ältere Steintempel dahinter datiert auf

Wat Ek Phnom
- Karte S. 169 A3
- Phum Tkov, Khum Peam Ek, Srok Steung Sangke, Khet Battambang
- $

Wat Samraoung Knong & Killing Field

🏛 Karte S. 169 B3

✉ Etwa 10 km nördlich von Battambang im Ek Phnom District den Sangker über-queren & rechts halten

💲 $

Prasat Basseat

🏛 Karte S. 169 B3

✉ Khum Tapoan, Srok Steung Sangke, Khet Battambang; bei Ek Phnom, etwa 8 km von Norea

💲 $

das 11. Jh. Er wurde vermutlich 1027 erbaut, also von Suryavarman I. (reg. 1003–ca. 1049). Der Tempel wurde von siamesischen Invasoren und später von den Roten Khmer erheblich beschädigt, sodass die erhaltenen Teile heute fast wie ein Kartenhaus wirken. Der Tempel besitzt einige gut lesbare Inschriften in Sanskrit und ein paar schöne Flach-reliefs. Auf den Stürzen sind unter anderem das Quirlen des Milchozeans (siehe S. 151) und der einen Elefanten reitende Vishnu dargestellt.

Anschließend geht die Fahrt in südlicher Richtung zurück nach Battambang. Wenn Sie hier abbiegen, kom-men Sie ins Dorf Daun Teaw, wo viele Einheimische in einer Trockenfischfabrik arbeiten, die *prahok* herstellt, eine scharfe Fischpaste. Wer hier den Sangker überquert und nach rechts fährt, gelangt auf dieser Alternativroute zurück nach Battambang schon bald

zum **Wat Samraoung Knong**. Dieser 1907 erbaute Tempel stellt eine Verbindung aus kolonialer und Khmer-Architektur dar. Während des Pol-Pot-Regimes diente er als Gefängnis. Ein Denkmal hinter dem Teich, an dem die Mön-che wohnen, beherbergt die sterblichen Überreste der hier ermordeten 10008 Opfer.

Ein Tagesausflug nach Ek Phnom lässt sich mit einem Besuch von **Prasat Basseat** östlich von Battambang ver-binden; diese Ruinen gehören zu einem weiteren im 11. Jh. von Suryavarman I. erbauten Tempel. Auf dem Weg vom Wat Samraoung Knong nach Süden sollte man das Dorf Norea links von der Straße nicht auslassen: Hier leben zahlreiche muslimische Cham, die in der Gegend mehrere Moscheen erbaut haben. Pra-sat Basseat ist inmitten einer schönen Landschaft zu finden. Der Tempel ist weitgehend verfallen. Dass überhaupt noch etwas erhalten geblie-ben ist, grenzt an ein Wunder: Die Roten Khmer hatten be-gonnen, die *prasats* (Türme) abzureißen, um daraus einen Damm zu bauen. Der Legende zufolge rief der zum Tempel gehörige Zauber dann Schutzgeister herbei.

Südlich von Battambang

Ein weiteres Ziel für einen Tagesausflug findet sich 16 km südlich von Battambang. Die Hauptattraktion stellen hier zwei Bergkuppen dar, von

Gymnastik am frühen Abend in einem Park am Fluss in Battambang

ERLEBNIS: Verantwortungsbewusster Tourismus

Auch in Kambodscha sind Touristen nicht nur in der Rolle unbeteiligter Zuschauer. Ihre Anwesenheit hat Auswirkungen, etwa auf die Tempel, wo ihre Hände und Füße die Steine abnutzen, aber auch auf die Menschen, die mehr und mehr vom Einkommen aus dem Tourismus abhängen.

Verantwortungsvolle Touristen sind sich ihres Einflusses auf die historischen Monumente, die Kultur und die Menschen im Land bewusst. Besucher sollten sich an die kulturelle Etikette (siehe S. 21) halten und Unternehmen und Organisationen unterstützen, die sich um eine positive Entwicklung bemühen.

Schutz der kambodschanischen Kinder

Ein besonders deprimierender Anblick sind die auf der Straße bettelnden und arbeitenden Kinder. Kambodschas rund 24 000 Straßenkinder sind zahlreichen Gefahren ausgesetzt: Krankheiten, mangelhafter Hygiene, Unterernährung sowie körperlichem und sexuellem Missbrauch. Doch auch wenn diese flehenden Kinder das Herz des Besuchers rühren, ist es aus einer Reihe von Gründen besser, ihnen kein Geld zu geben.

Das **ChildSafe Network** (www.childsafe-international. org) widmet sich dem Schutz der Kinder vor allen möglichen Formen des Missbrauchs. ChildSafe hat ein Netzwerk aus Unternehmen, Tuk-tuk-Fahrern und Pensionen aufgebaut und Tipps für Reisende zusammengestellt, um gefährdete Jugendliche zu schützen. Jeder Reisende kann seinen Beitrag leisten, indem er sich die handlichen „ChildSafe Travelers Tips" bei den Unternehmen wie Friends-International (www.friends-international.org) in Phnom Penh besorgt und sich an folgende Leitlinien hält:

• Unterstützen Sie Organisationen, die Mitglied bei ChildSafe sind.
• Kaufen Sie nichts bei Kindern auf der Straße oder in Tempeln und geben Sie bettelnden Eltern oder Kindern kein Geld.
• Kaufen Sie von ChildSafe zertifizierte Produkte.
• Seien Sie sich der Gefahren des Waisenhaus-Tourismus bewusst.
• Nehmen Sie niemals ein Kind in Ihr Hotelzimmer mit.
• Unterstützen Sie keine Unternehmen, die die Prostitution tolerieren oder fördern.
• Informieren Sie die örtlichen Behörden (Polizei-Hotline Tel. +855(0)23-997-919) oder ChildSafe (Hotline Tel. +855 (0)12-311-112), wenn Sie ein Kind in Gefahr sehen.

Kambodschas kulturelles Erbe bewahren

Heritage Watch (www.heritagewatchinternational.org) wurde gegründet, um die Plünderung von Friedhöfen und Tempeln in ganz Kambodscha zu unterbinden. Die Organisation widmet sich der kambodschanischen Kultur. Sie gibt Hinweise zum Schutz des kulturellen Erbes, pflegt ein Verzeichnis von Unternehmen, die sich um die Erhaltung bemühen, und organisiert Aufklärungskampagnen. Die herausragenden, um die Bewahrung der kambodschanischen Kultur bemühten Unternehmen sind in der kostenlosen Publikation „Stay Another Day Cambodia" (www.stay-another-day.org) aufgelistet. Angeschlossene Organisationen fördern einen Tourismus, der »die natürlichen, historischen und kulturellen Ressourcen schont«. Diese Läden und Restaurants bilden benachteiligte Kambodschaner aus, stellen sie an oder unterstützen sie auf andere Weise (siehe S. 80). Das **Cambodian Community-Based Ecotourism Network** (www.CCBEN.org; siehe S. 222) ist ein Zusammenschluss von Einrichtungen, die sich um einen authentischen Kontakt mit der kambodschanischen Kultur und Natur bemühen.

Tempelbesichtigungen

Auch wenn die einzelne Berührung eines Reliefs keinen Schaden anrichtet, werden jahrhundertealte Kunstwerke und Überreste der kambodschanischen Geschichte doch erheblich in Mitleidenschaft gezogen, wenn Millionen von Besuchern dies tun. Beim Besuch von Siem Reap ist es ratsam, sparsam mit Wasser umzugehen, da das absinkende Grundwasser die Standfestigkeit der majestätischen Tempel gefährden könnte.

Juwelen finden

Die 1970er und 1980er Jahre markierten den Höhepunkt des kambodschanischen Bergbaus. Obwohl kambodschanische Rubine früher aufgrund des hohen Eisengehalts, der die Steine dunkel färbt, als minderwertig galten, katapultierten neue Behandlungsverfahren das Land an die Spitze der Rubinexporteure. Leider profitierten hiervon in erster Linie die Roten Khmer, da sie die Provinz Pailin kontrollierten. Früher legten einzelne Edelsteinsucher schlichte Gruben an, doch im Laufe der Zeit sind richtige Bergwerke entstanden. Inzwischen hat die Regierung den Abbau in Pailin wieder stark eingeschränkt, in Pailin und Battambang bekommt man aber immer noch problemlos ungeschliffene und geschliffene Steine.

Vor allem Ratanakiri ist immer noch bei Edelsteinsuchern beliebt, die auf eigene Faust nach qualitativ hochwertigen Zirkonen und Granat graben. Internationale Unternehmen haben dagegen Konzessionen für groß angelegte Abbauvorhaben in Mondulkiri und in Ratanakiri erworben. Betrieben werden dort unter anderem Gold- und Bauxitminen.

Die Funde der privaten „Schatzsucher" werden auf dem Markt in Ban Lung (siehe S. 225) verkauft. Der Besucher kann hier durchaus gute Onyxe und Amethyste zu vernünftigen Preisen erwerben, sollte sich allerdings vor Smaragden und anderen Edelsteinen zu günstigen „Sonderpreisen" hüten.

Altes Haus

✉ Gut 2 km südlich von Battambang auf dem Weg zum Phnom Banon

💲 $

Amatak Prasat Phnom Banorn Grape Wine Company

🅰 Karte S. 169 B2

✉ Nr. 72, Group 6, Botsala Village, Chheu Teal Commune, Banan District; etwa 3 km südlich von Battambang

☎ +855(0)12-665-238

Phnom Banon

🅰 Karte S. 169 A2

✉ 30 km südlich von Battambang

💲 $

denen eine einen alten Tempel, Phnom Banon, trägt, während sich auf der anderen Phnom Sampeu befindet, ein weiterer Schauplatz von Gräueltaten der Roten Khmer. Der Ausflug kann eigentlich mit jedem der beiden Gipfel beginnen, es ist aber schöner, den Rückweg nach Battambang vom Phnom Sampeu aus anzutreten.

Etwa 2 km die Straße am Fluss entlang und südlich der Stadt, unmittelbar hinter Wat Kor, sollten Sie Ausschau nach einem Zeichen für ein **Altes Haus** (Khor Song) halten, einem von vielen an der Straße durch das Dorf Wat Kor. Diese Häuser sind aus dem Hartholz des *pchek*-Baums gebaut und weisen die für die damalige Zeit typischen doppelstöckigen Dächer auf. Das erste, das im Jahr 1907 errichtete Khor Song, besitzt eine schöne Decke und alte Möbelstücke.

Wenn sich die Straße südlich vom Dorf Wat Kor in gutem Zustand befindet (d. h., wenn die Monsunschäden repariert worden sind), könnten Sie die Gelegenheit nutzen, das Landleben direkt kennenzulernen. **Kampong Seyma**, dessen Wat heilige Steine *(seyma)* enthält, die Battambang angeblich magischen Schutz verleihen, bietet Fahrten auf Ochsenkarren durch die Reisfelder an. Das Dorf Ksach Puoy verfügt über einige hübsche Obstgärten. Weiter die Straße hinunter sollte man nach den Schildern für die **Amatak Prasat Phnom Banorn Grape Wine Company** halten, die Kambodschas einzigen Rotwein produziert. Neben der Straße gibt es oft einen Stand für eine Weinprobe.

Weiter südlich findet sich **Phnom Banon**. Auf diesem 76 m hohen Hügel steht der aus dem 11. Jh. stammende Wat Banon, den der Shiva-Verehrer Udayadityavarman II. (reg. 1050–68) erbaut haben soll. Der Tempel in seiner heutigen Form könnte aber auch von Jayavarman VII. (reg. ca. 1181–1218) stammen, der

Löwen sind auch Kunstwerke aus dem ursprünglichen Tempel erhalten, u. a. Reliefs und Stürze an den Türmen. Mehrere *yonis*, die Shiva-Lingams bergen, sind ebenfalls zu sehen. Die Füße Buddhas am nördlichen Turm und die gesichtslosen *devatas* (weibliche Gottheiten) sind allerdings repräsentativer für das Schicksal der ursprünglichen Dekoration, deren Großteil im

**Phnom Sampeu &
Killing Caves**

🅰 Karte S. 169 A2

✉ 9 km südwestlich
von Battambang

$ $

Juweliere auf Battambangs Zentralmarkt

den Tempel für den Buddhismus umgewidmet hat.

Eine Treppe mit 352 Stufen führt zu fünf *prasats*, die noch in recht gutem Zustand sind. Alle fünf Türme bestehen aus Sandstein und Laterit. Neben den *nagas* (mythologischen Schlangenwesen) am Fuß der Treppe und den an ihrem oberen Ende platzierten

Laufe der Jahrhunderte Plünderern zum Opfer fiel.

Auf dem Rückweg hält man sich links in Richtung **Phnom Sampeu** (Bootberg). Nach einer Fahrt von 15 bis 30 Minuten gelangt der moderne, farbenfrohe Wat Phnom Sampeu ins Blickfeld. Die Hauptattraktion hier ist jedoch nicht der Tempel am

Ein Straßenrestaurant im Kasinoviertel von Bavet

Dhamma Latthika Battambang Vipassana Center

✉ Kraper Village, Phnom Sampeu Commune, Banan District; 8 km südlich vom Phnom Sampeu

☎ +855(0)12-365-310 oder +855(0)16-729-729 (Mr. Buoy Kuon)

$ $

www.latthika.dhamma.org

Kamping Puoy

✉ 24 km vom Phnom Sampeu an der Seitenstraße neben Route 57

$ $

Pailin & Samlot

▲ Karte S. 169 A2

Fuß der Klippe selbst, sondern der spektakuläre Blick vom Berggipfel. Zu sehen sind von hier aus auch die **Killing Caves** der Roten Khmer. Wer nicht an einer relativ anstrengenden Wanderung interessiert ist, kann auch die steile Straße hinter dem Tempel hinauffahren, um zu den Höhlen und zum Gipfel zu gelangen.

In dem unscheinbaren rechteckigen Gebäude auf halber Höhe – früher eine buddhistische Pagode – verhörten die Roten Khmer Tausende von Menschen, bevor sie sie ermordeten und ihre Leichen in die nahe gelegenen Felsspalten warfen, die deshalb als Killing Caves gefürchtet waren. Die Treppe führt vom Verhörraum hinunter in die größte Kammer, wo ein kleiner Schrein Gebeine von Opfern enthält.

Weiter bergauf führt eine Treppe zu einigen Pagoden auf dem Gipfel. Auf dem Weg nach oben entdeckt man Flugabwehrgeschütze, eine Hinterlassenschaft der Roten Khmer. Trotz der Gefechte am Berg sind die vor allem in den 1960er Jahren erbauten Stupas und Tempel auf dem Phnom Sampeu intakt geblieben. Bemerkenswert ist der fast unversehrte Zustand des Begräbnisturms, der dem Gedenken an die Ehefrau des Widersachers der Roten Khmer, Marschall Lon Nol (1913 bis 85), gewidmet ist.

Ein spektakulärer Blick bietet sich, wenn Sie hinter dem Phnom Sampeu weiter auf der Straße bleiben. Wer am Wegweiser zum **Dhamma Latthika Battambang Vipassana Center** rechts abbiegt, hat die Möglichkeit, an zehntägigen Meditationsübungen teilzunehmen (siehe S. 51). Vom Eingang des Zentrums blickt man auf die Berge. Mit dem Phnom Sampeu im Rücken blickt der Besucher weiter vorne rechts auf den krokodilförmigen Phnom Krapeu (Krokodilberg). Der Wat Giribunyaram steht links auf dem Drung Muon (Hühnerhaus), während sich das Drung Dtia (Entenhaus) hinter dem Betrachter befindet.

Der Kamping Puoy (See der Morgenröte) befindet sich etwa 24 km nördlich vom Phnom Sampeu an einer Seitenstraße, die etwa 800 m vom Berg entfernt auf die Route 57 trifft. Tatsächlich handelt es sich um einen Stausee, den die Roten Khmer von Tausenden von Zwangsarbeitern anlegen ließen. Mehr als 10 000 von ihnen starben bei den Bauarbeiten. Trotz seiner tragischen Geschichte kommen die Dorfbewohner und Menschen aus Battambang an Wochenenden gern an den See.

Pailin, Samlot & die thailändische Grenze

Die kleine Provinz Pailin gehört zu den besonders abgelegenen Regionen Kambodschas und spielt in der Folklore der Khmer eine faszinierende Rolle, da Ta Dambong Kranhoung (siehe S. 171) aus Pailin stammte. In der jüngeren Geschichte war die Provinz eine wichtige Enklave der Roten Khmer, die ihre Offensive 1968 in der Stadt Samlot

begannen und sich dort bis 1998 hielten. In dieser Zeit verschafften sie sich mit dem Holz der Wälder und dank der Rubin- und Smaragdminen die nötigen Einnahmen, um ihre militärischen Operationen zu finanzieren. Um den Roten Khmer diese Ressourcen zu entziehen, unternahm die Regierung mehrere Militäreinsätze, deshalb zählt die

Glücksspiel

Früher gehörten Pferderennen und Schildkrötenkämpfe zu den populären Glücksspielen in Kambodscha; zumindest der Schildkrötenkampf war recht grausam. Heute setzt man sein Geld z. B. bei Regenwetten ein, man wettet also darauf, ob und wie stark es regnen wird.

Wer einmal sein Glück versuchen möchte, kann sich unter die Thailänder und Vietnamesen mischen, die die Kasinos in den Grenzstädten von Bavet bis Poipet bevölkern. Die Zimmerpreise beginnen bei 30 $, wobei darin oft schon Chips für 15 $ enthalten sind, mit denen man chinesische Glücksspiele, Roulette oder Blackjack spielt.

Das Nagaworld Hotel and Casino in Phnom Penh (siehe S. 284) bietet allerdings größere Annehmlichkeiten. Das Publikum ist dort vor allem kambodschanisch und koreanisch. Hier kann man zur Musik einer Band sein Glück schon mit relativ geringen Einsätzen versuchen.

Gegend zu den am stärksten mit Minen verseuchten Regionen in Kambodscha.

Die Region ist schwer zu erreichen. Von hier aus können Sie Bergstämme besuchen und Ausschau nach seltenen Tieren halten. In der Stadt Pailin werden Edelsteine und Holzmöbel angeboten. ■

Zwischen Phnom Penh & Battambang

Da die Nationalstraße 5 zu den besseren Strecken des Landes zählt, dauert die Reise zwischen Phnom Penh und Battambang nicht länger als fünf bis sechs Stunden. Besucher sollten zusätzlich ein paar Stunden für Besichtigungen einplanen. Die Sehenswürdigkeiten liegen ein bis zwei Stunden voneinander entfernt.

Das fruchtbare kambodschanische Becken an der Nationalstraße 5 bietet spektakuläre Himmel

Oudong
🗺 Karte S. 169 C1

Kampong Chhnang
🗺 Karte S. 169 C1

Nach dem Start in Phnom Penh kommt nach 37 km in nordwestlicher Richtung die ehemalige Hauptstadt **Oudong** in Sicht; ein beliebtes Ziel für Tagesausflüge. Der Spaziergang an den Stupas (siehe S. 92) entlang dauert etwa eine Stunde.

Etwa zwei Stunden von Phnom Penh und 66 km hinter Oudong liegt **Kampong Chhnang**, die Hauptstadt der gleichnamigen Provinz, deren Name „Hafen der Töpfe" bedeutet. Er bezieht sich auf die Lage am Tonle Sap und die Töpferwaren, für die diese Provinz bekannt ist.

Bei der Fahrt in die Stadt fällt der Blick auf von Unkraut überwucherte, verfallene französische Kolonialbauten. Die Stadt ist einer der größten Fischereihäfen am Tonle Sap. Auf dem Weg zum Fluss führt die Nationalstraße 5 an einem Markt und einer kleineren

Version von Phnom Penhs Unabhängigkeitsdenkmal vorbei. Wer nun rechts abbiegt, kann am **Wat Yeah Tep** einen schönen Blick auf den Fluss genießen. Weiter die Straße hinunter fungiert ein Informationsschalter gleichzeitig als Anleger für Bootsfahrten zu einem schwimmenden Dorf (\$\$). Hübsch sind auch der morgendliche Fischmarkt und einige kleinere Boote, mit denen Gäste durch die engen Gassen des schwimmenden Dorfes fahren können (\$).

Das recht versteckte Töpferdorf **Ondong Rossay**, knapp fünf Minuten außerhalb von Kampong Chhnang, lohnt einen Abstecher. Sie gelangen über die südliche Abzweigung an der vom Unabhängigkeitsdenkmal wegführenden Straße, die bald nach links in eine unbefestigte Straße übergeht, zu diesem kleinen Dorf (siehe Kasten).

Etwa 64 km hinter Kampong Chhnang ist die Provinz Pursat erreicht. Hier sollten Sie die Abzweigung neben der Sukimex-Tankstelle außerhalb von Krakor nehmen und der Straße bis zum Ende folgen. Dort erwarten Sie die Boote, die zum schwimmenden Dorf **Kampong Luong** fahren.

Etwa 28 km hinter Krakor liegt die Provinzhauptstadt **Pursat**. Obwohl die Provinz Pursat die viertgrößte in Kambodscha ist und sich vom Ufer des Tonle Sap bis zum Kardamomgebirge erstreckt, leben hier relativ wenige Menschen. Bekannt ist die Provinz vor allem für ihre Orangen und die reizvolle Landschaft. Auch die Stadt Pursat am gleichnamigen Fluss ist überraschend schön. Das auf die Bearbeitung von Marmor spezialisierte Dorf **Banteay Dei** und das dortige Flussufer sind besonders sehenswert (siehe S. 188).

Unmittelbar hinter Pursat fährt man eine unbefestigte Straße hinunter zum Schrein des **Neak Ta Khleang Muong**, erkennbar an einer von einem Vogel gekrönten Statue. Der Schrein ehrt den kambodschanischen General Khlean Muong, der sich vor einer Schlacht gegen siamesische Invasoren das Leben nahm. Anschließend sorgte der Geist des Generals dann offenbar für einen Sieg. ■

Wat Yeah Tep

✉ Kampong Chhnang, 103 km von Phnom Penh

 \$

Kampong Luong

🗺 Karte S. 169 C1

Chhnang-Tontöpfe

Ende des 13. Jhs. besuchte der berühmte chinesische Gesandte Chou Ta-Kuan (siehe S. 28) ein Dorf an den Ufern des Tonle Sap. Er war von den dort hergestellten Tontöpfen so beeindruckt, dass er die Gegend „Hafen der Töpfe" nannte. Dieser Name blieb haften. Noch heute produzieren einige Dörfer in Kampong Chhnang, wörtlich „Hafen" und „Töpfe", die charakteristischen Terrakottagefäße. Viele Dorfbewohner wenden noch immer jahrhundertealte Techniken an; dieses Wissen wird von einer Generation an die nächste weitergegeben – auch wenn gelegentlich moderne Hilfsmittel zum Einsatz kommen. Die Töpfe und Krüge werden in ganz Kambodscha vertrieben, häufig von fliegenden Händlern, von denen manche ihre Waren immer noch auf Ochsenkarren befördern.

Körperliche & seelische Folgen des Krieges

Kambodscha wurde durch die Kriege und Unruhen des 20. Jhs. nahezu ausgelöscht. Ein kriegerischer Konflikt folgte dem anderen, und mehr als 30 Jahre lang versetzten Soldaten eine hilflose Bevölkerung in Angst und Schrecken.

Die politischen Unruhen erreichten 1969 ihren ersten Höhepunkt. Damals begannen die USA, Bomben auf das nordöstliche Kambodscha zu werfen, eine fatale Folge des Vietnamkrieges. Nur Monate später brach in Kambodscha der Bürgerkrieg aus, der sich in einer von den Roten Khmer geführten „Revolution" entlud

Überall im Land werden noch immer Minen geräumt

(1975–79). Unter diesem Deckmantel verbarg sich ein Völkermord, in dessen Verlauf Millionen von Menschen ums Leben kamen. Diese Gewaltexzesse und ihre Folgen veränderten das Land nachhaltig.

Leider hört man immer noch tragische Geschichten. Ein auf dem Feld arbeitender Junge tritt auf eine Landmine. Da er seinen Sohn nicht schnell genug in ein Krankenhaus bringen kann, amputiert sein Vater das Bein des Jungen mit einer Handsäge. In einer anderen Provinz entdeckt ein Kind ein glänzendes Metallobjekt, ein neues Spielzeug. Das Mädchen und seine Freundinnen spielen mehrere Tage damit, bis das Objekt, eine Streubombe, hinfällt und detoniert.

Derartige Dinge passieren in Kambodscha seit mehr als 30 Jahren. Die USA haben hier in ihrem „geheimen Krieg" mehr Bomben abgeworfen als im Zweiten Weltkrieg. Dazu zählen geschätzte 285 Millionen Streubomben in Kambodscha, Laos und Vietnam, von denen rund 30 Prozent bis heute unter der Erde verborgen liegen und noch intakt sind.

Während des rund 30-jährigen Krieges sind außerdem mehr als acht Millionen Landminen vergraben worden. Diese verheerenden Waffen erhielten von Pol Pot den Spitznamen „perfekte Soldaten". Die Minen stellen immer noch eine große Bedrohung dar. Die UN schätzen die Zahl der bisher unentdeckten Landminen in Kambodscha auf vier bis sechs Millionen.

Die Zahl der Menschen mit körperlichen Verletzungen (fast 50 000 allein aufgrund von Landminen) lässt sich ermitteln, über psychische Erkrankungen infolge des Krieges lässt sich nur spekulieren. Derartige Erkrankungen sind so weit verbreitet und Therapieplätze so rar, dass selbst eine Schätzung schwierig ist.

Während der Zeit der Roten Khmer wurden viele Familien auseinandergerissen. Kinder mussten mit ansehen, wie ihre Eltern ermordet wurden, und selbst Babys und Kleinkinder wurden eingesperrt, gefoltert und hingerichtet. Alle Kambodschaner, die „Glück hatten" und überlebten, kennen diese Ereignisse, so auch Theary C. Seng, Autorin von „Daughter of the Killing Fields: Asrei's Story". Seng weiß: Die traumatischen Symptome in der kambodschanischen Gesellschaft sind zahlreich, vielfältig und tief verwurzelt.

Kambodschas einziges psychiatrisches Krankenhaus schätzte 2008, dass 28 Prozent der Bevölkerung unter posttraumatischen Störungen leiden. Seng ist anderer Auffassung: »Ich gehe von mehr als 80 Prozent aus.« Viele Überlebende bemühen sich, die Traumata zu verarbeiten. Seng ermutigt zum Schreiben als Therapie, da das Beschreiben Distanz und Kontrolle schaffe. Als Leiterin des **Zentrums für gesellschaftliche Entwicklung** sorgt

Seng für eine Umgebung, in der Opfer ihre Geschichten ausführlich schildern können.

Mitglieder von Sportclubs bemühen sich, ihre zahlreichen amputierten Landsleute zur Teilnahme an Wettbewerben zu ermutigen. Die kambodschanische Nationale Volleyballliga für Behinderte, deren Mitglieder überwiegend durch Minen verletzt wurden, ist stolz auf ihre Erfolgsgeschichte: Das Team belegte 2007 den dritten Platz im Weltcup für Stand-Volleyball. Diese Liga unterhält in den Provinzen regionale Teams. Ein Spielplan findet sich unter *www.StandUpCambodia.net.*

Das dunkle Erbe des Krieges

Der Jahrzehnte dauernde Krieg hat bei vielen Kambodschanern posttraumatische Störungen und andere seelische Probleme hinterlassen. Das Land verfügt aber nicht über Einrichtungen zur Behandlung dieser Krankheiten — von denen viele auch 30 Jahre nach dem Ende der Gräuel noch nicht einmal diagnostiziert sind.

Heute gibt es in ganz Kambodscha nur 32 einheimische Psychiater und acht Spezialisten für derartige Erkrankungen. Dies ist nur ein geringer Fortschritt gegenüber 1994, als das Land seine erste psychiatrische Tagesklinik eröffnete und noch keinen einzi-

gen eigenen Experten vorzuweisen hatte. Ku Sunbaunat, der Leiter der Abteilung für geistige Gesundheit bei der Regierung, erklärte der *Phnom Penh Post*, dass die Kambodschaner »Hunderte Psychiater« benötigten, um all diese Patienten zu behandeln, dass die negative Wahrnehmung der Psychiater als »Irrenärzte« junge Menschen jedoch von diesem Berufsweg abhalte.

Touristen sollten bei Kontakten mit Einheimischen immer bedenken, dass viele dieser Menschen Unvorstellbares erlitten haben. Verständnis und freundliche Umgangsformen sind daher besonders angebracht.

Nördliche Grenzprovinzen

Die beiden nördlichen Grenzprovinzen Banteay Meanchey und Oddar Meanchey gehörten früher zu Battambang bzw. Siem Reap. Während des letzten halben Jahrtausends wurde diese Grenzregion mehrfach von Thailand annektiert. Die lokale Kultur weist deshalb viele Gemeinsamkeiten mit derjenigen in den angrenzenden thailändischen Regionen auf.

Fernstraßen verbanden Angkor mit seinen Vorposten in Thailand, zu denen auch die Stadt Banteay Chhmar mit ihren massiven Mauern zählte. Für den heutigen Reisenden bedeutet die Nähe zu Thailand vor allem, dass thailändische Baht nützlicher sind als Dollars, dass man eher als anderswo in Kambodscha thailändisches Essen bekommt und dass häufig Thailändisch gesprochen wird.

Nur wenige Touristen kommen überhaupt bis in die nördlichen Provinzen. Zu den kleineren Attraktionen an der Straße zwischen Siem Reap und Battambang gehören Dörfer, in denen Steinmetze und Seidenweber gute Arbeit leisten. Naturliebhaber können ein Schutzgebiet für bedrohte Vogelarten bei Ang Trapaeng Thmor besuchen, einen *baray* (Stausee) aus der Angkor-Epoche. Wer noch weiter nach Norden reist, kommt zum letzten Zufluchtsort der Roten Khmer in **Anlong Veng**, wo Pol Pot seine letzten Tage verbrachte. Was auch immer man unternimmt – eine Rundreise durch die Grenzprovinzen bietet immer wieder Ausblicke auf spektakuläre Landschaften.

In einem Dorf zwischen Poipet und Sisophon werden Knoblauchzehen getrocknet

Poipet
Poipet verkörpert den Unterschied zwischen Kambodscha und Thailand fast idealtypisch.

Die in der Trockenzeit staubige und in der Regenzeit morastige Grenzstadt vereint auffällige Armut und grellen Reichtum. Nähert man sich der Grenze, weichen niedrige Ladenhäuser mit barfüßigen Kindern plötzlich hohen Hotelbauten mit Kasinos und gut gekleideten Gästen.

INSIDERTIPP

Niemand besucht Poipet wegen seiner Atmosphäre. Ein Aufenthalt in dieser Grenzstadt ist dennoch lohnend, weil er einen prägnanten Eindruck von der ärmeren Bevölkerung im Land vermittelt.

KAREN COATES
NATIONAL GEOGRAPHIC-Autorin

Die Viertel rund um die Kasinos ähneln eher Einkaufszentren in Bangkok als den vornehmen Bezirken Phnom Penhs. Wer nicht am Glücksspiel interessiert ist, hat kaum einen Grund, sich in Poipet aufzuhalten; das Wichtigste ist hier der Stempel im Pass an der thailändischen Grenze. Wer wirklich einmal sein Glück versuchen möchte, dem stehen gleich etliche **Kasinos** offen (siehe S. 179). Der Grenzübergang ist von 7 bis 20 Uhr geöffnet.

Poipet ist durch die Nationalstraße 5, die in die Nationalstraße 6 mündet, mit Siem Reap verbunden. Die letztgenannte Straße führt an einer Reihe von Sehenswürdigkeiten vorbei, und die exzellente Strecke zwischen den beiden Städten macht die Fahrt angenehm. Die Entfernung zwischen Poipet und Siem Reap lässt sich in drei Stunden bewältigen. Der einfachste Halt auf dieser Route ist das Steinmetz-Dorf **Choob**, etwa 11 km östlich der relativ langweiligen Provinzhauptstadt Sisophon. Choob ist nicht zu übersehen, da beide Seiten der Straße mit Werkstätten und Sandstein-Statuen besetzt sind. Die größeren Statuen werden direkt von Hotels und anderen Unternehmen versandt, kleinere Stücke wie Darstellungen Jayavarmans VII., *apsaras*, Elefanten und Lingams kann man direkt vor Ort erwerben.

Etwa 1,5 km westlich von Choob führt ein Abzweig zum Seidendorf **Phnom Srok** und dem Saruskranich-Reservat bei **Ang Trapaeng Thmor**. Nur 30 Minuten auf einer guten unbefestigten Straße sind es nach Phnom Sruk; dieser Ort hat von einem (von der EU unterstützten) Projekt profitiert, bei dem Dorfbewohner in der Seidenraupenzucht unterwiesen wurden. Sie ziehen Maulbeerseidenspinner auf, pflücken die Kokons, gewinnen und färben die Seide und weben daraus Schals und Kleider. Falls gerade jemand im Büro des **Khmer Silk Village** ist, kann man um eine Führung bitten.

Poipet
◭ Karte S. 169 A3

Choob
◭ Karte S. 169 A3

Phnom Srok
◭ Karte S. 169 A3

Schutzgebiet für den Saruskranich bei Ang Trapaeng Thmor
✉ Sam Veasna
Nr. 552,
Group 12,
Wat Bo Rd.
☎ +855(0)63-963-710
💲 $$$$$
www.samveasna.org

Khmer Silk Village
✉ 32 km von Choob an einer Seitenstraße neben Nationalstraße 6
💲 $

Obwohl die Entfernung vom Seidendorf nur wenige Kilometer beträgt, ist es besser, sich nach dem Weg zum nahe gelegenen *baray* **Ang Trapaeng Thmor** zu erkundigen. Dieser Stausee wurde angeblich schon in der Epoche von Angkor angelegt. Die Theorie wird durch die alte Fernstraße gestützt, die direkt an ihm vorbeiführt, außerdem

Abgelegene und vergessene Ruinen verleihen dem Sonnenaufgang einen ganz besonderen Reiz

Banteay Chhmar

- Karte S. 169 A4
- 97 km nördlich von Sisophon an der Route 56
- $–$$

durch die eindeutig aus dieser Zeit stammende Brücke unmittelbar vor dem See. Die Roten Khmer ließen ihn durch Zwangsarbeiter erneuern, heute dient er als Schutzgebiet für Saruskraniche, die in der Trockenzeit, insbesondere von Februar bis März, hier rasten. Das Sam Vaesna Center for Wildlife Conservation in Siem Reap (siehe S. 122) organisiert Touren für Vogelliebhaber.

Wer von Ang Trapaeng Thmor in Richtung Siem Reap fährt, sollte die Straße direkt durch das Dorf (und nicht die rechte, die zurück zum Büro des Khmer Silk Village führt) nach **Kralanh** nehmen; der Ort liegt an der Kreuzung der Route 68 nach Oddar Meanchey mit der Nationalstraße 6 nach Siem Reap. Obwohl diese Straße nicht ganz so problemlos zu befahren ist, ist sie reizvoller, weil die Strecke teilweise der alten Fernstraße folgt und an einer noch intakten Brücke aus der Angkor-Zeit vorüberführt. Es gibt in den nördlichen Grenzprovinzen mehrere dieser alten Brücken; diese ist die schönste.

Nördlich von Poipet

Die wundervollen, einsam gelegenen Tempel von Banteay Chhmar, Prasat Ta Prohm und Banteay Tuop aus der Angkor-Zeit befinden sich in einem relativ ursprünglichen Zustand, auch wenn Spuren des Verfalls nicht zu übersehen sind. Die Tempel liegen abseits der üblichen Wege — in der Nebensaison verirren sich nur alle ein bis zwei Wochen Besucher hierher. Diese Tempel lassen sich auf der Route entlang der Nordgrenze von Anlong Veng durch Samraong besichtigen, sie eignen sich aber auch als Ziel eines Tagesausflugs von Battambang oder sogar von Poipet aus.

Route 56 ist die schlechteste unter den größeren Straßen

in Kambodscha und führt durch ein besonders wenig erschlossenes Gebiet. Dies war nicht immer so. **Banteay Chhmar** war eine der großen Städte von Angkor und lag in der Nähe der alten Fernstraße, die die Hauptstadt der Khmer mit Phimai verband, damals ein wichtiges Zentrum und heute eine Stadt in Thailand. Die mysteriös »Zitadelle der Katze« genannte Stadt Banteay Chhmar konnte sich, was Größe und Pracht betrifft, durchaus mit Angkor Thom und Angkor Wat messen. Noch heute vermittelt der Graben um den Ort einen Eindruck von der einstigen Größe.

Es ist faszinierend, hier ganz allein über Geröll zu steigen und durch dunkle Türen zu treten, um die erhalten gebliebenen **Flachreliefs** zu bestaunen. Viele der Reliefs aus Banteay Chhmar befinden sich heute aber in Museen, etwa in Phnom Penh und Battambang.

Trotzdem findet man in diesem Komplex immer noch

Moskitoschutz nicht vergessen!

Die Umgebung von Banteay Chhmar gilt als minenfrei, frei von Moskitos ist sie aber keineswegs. Im Tempelkomplex wimmelt es von Insekten, und es ist wichtig, sich wirksam zu schützen, da das Gebiet in der heißen Malariazone liegt.

INSIDERTIPP

Bei einem Rundgang um Banteay Chhmar fällt einem eine 12 m breite Lücke in der Außenmauer auf. Sie zeugt noch immer von Plünderungen Ende der 1990er Jahre und macht klar, warum Reisende niemals antike Kunstwerke als Souvenirs kaufen sollten.

TERRESSA DAVIS
Heritage Watch

derartige Reliefs, vor allem im Bereich der äußeren Galerie. Hier sind mehrarmige Avalokiteshvaras (Lokesvara, der Bodhisattva des Mitgefühls) und zahlreiche Schlachtszenen zu bewundern. Der Besucher erhält aber auch Einblick in Jayavarmans VII. Privatleben. So wird der König etwa zusammen mit seiner Frau und seinen Konkubinen gezeigt. Diese Darstellungen haben Historikern bei der Rekonstruktion des damaligen Alltagslebens sehr geholfen.

Insgesamt gibt der Tempel den Forschern aber immer noch Rätsel auf. Rund um den zentralen Stupa stehen vierseitige Türme im Bayon-Stil (von denen nur noch wenige völlig intakt sind). Obwohl es sich um einen Begräbnistempel handeln dürfte, vermutlich für Jayavarmans VII. Sohn, *(Fortsetzung auf S. 190)*

Mit dem Fahrrad durch Pursat

Die am gleichnamigen Fluss gelegene Stadt Pursat begeistert durch ihre schöne Lage, ihre Kolonialarchitektur und die Freundlichkeit der Menschen. Die Stadt ist klein genug, um sie zu Fuß kennenzulernen. Eine gemütliche Radtour ist aber eine reizvolle Alternative.

Auf dem Land sind Fahrräder ein beliebtes Fortbewegungsmittel

Die Tour beginnt am einstigen **Museum von Pursat** an der Ecke Nationalstraße 5 und Street 1. Das Gebäude dient heute als Schule, das in den 1960er Jahren erbaute Museum gilt aber weiterhin als Wahrzeichen von Pursat.

Mehrere Blocks in nördlicher Richtung entfernt liegt der **Neue Markt** ❶ *(St. 1)*. Hier sollte man vorbeischauen, wenn man einen typisch kambodschanischen Markt erleben möchte. Die Verkäufer der berühmten *kroch po sat* (Orangen aus Pursat) haben ihre Stände an der dem Fluss zugewandten Seite des Marktes.

Vier Blocks hinter dem Markt machen die Geschäftshäuser Behördenbauten Platz. Viele dieser Gebäude im Kolonialstil sind zwar jüngeren Datums, doch einige, wie z. B. die Residenz des Gouverneurs, stammen aus den 1940er Jahren.

NICHT VERSÄUMEN

Koh Sompeau Meah • Magic Fish • Wat Po • Wat Banteay Dei • Banteay Dei Village

Als eines der ersten fällt die **Besucherinformation** *(St. 1)* ins Auge; dort sind Karten von Stadt und Provinz erhältlich. Am schönsten wirken die Bauten des **Parks des 7. Januar** ❷ *(St. 1)* vom Ufer aus. Der Name erinnert an den Tag der Befreiung vom Regime des Pol Pot, der den ursprünglichen Park zerstört hatte.

Knapp 1 km nördlich vom Park liegt in der Mitte des Flusses die **Koh Sompeau Meah** (Goldboot-Insel) ❸ *(gegenüber dem Krankenhaus, St. 1, $)*. Der Name der

Insel bezieht sich auf ein Boot, das einer Legende nach hier auf Grund gelaufen sein soll. Nach erfolglosen Versuchen, es wieder freizubekommen, überließen die Dorfbewohner das Boot schließlich dem Fluss, wo es langsam von Pflanzen überwuchert und zu einer Insel wurde. Premierminister Hun Sen sponserte den Bau eines knapp 50 m langen „Bootes" aus Beton. Rundherum entstand ein Park.

Wenn Sie der Street 1 nach Norden folgen, erreichen Sie bald das Restaurant **Magic Fish** am Flussufer des Pirsat. Der **Wat Po** ❹ (*$*) liegt weiter flussabwärts, jenseits einer alten Holzbrücke, die unmittelbar auf die Straße führt, über die man zum Tempel gelangt. Nach dem

Besuch des Tempels führt der Weg eine unbefestigte Straße hinunter und durch ein schattiges Dorf.

Kehrt man zurück auf die gepflasterte Straße, erscheint hinter der Goldboot-Insel der **Wat Banteay Dei** ❺ (*$*) direkt gegenüber der neuen Brücke. Die Hauptpagode ist mehr als 100 Jahre alt. Nun geht es durch den hinteren Bereich des Tempelbezirks in östliche Richtung zum **Banteay Dei Village** ❻, dessen Einwohner vom Marmorschneiden leben. Falls Sie an den Dorfkreuzungen immer nach rechts abbiegen, können Sie ihnen bei der Arbeit zusehen; am Ende stoßen Sie neben einer kleinen Holzbrücke wieder auf die Hauptstraße.

Magic Fish

Wat Po ❹

Street 1

Pursat

Koh Sompeau Meah ❸

Governor's Residence

Park des 7. Januar ❷

Wat Banteay Dei ❺

Besucher-information

Banteay Dei Village ❻

STREET 9

Neuer Markt ❶

Unbefestigte Straße

STREET 5

STREET 6

STREET 4

STREET 3

STREET 2

Museum von Pursat

START

5

0 — 800 Meter
0 — 800 Yards

Siehe auch Karte S. 169

Altes Museum von Pursat

8–10 Kilometer

2–3 Stunden

Banteay Dei Village

Prasat Ta Prohm

- Karte S. 169 A4
- Südlich vom südlichen Damm bei Banteay Chhmar; 97 km nördlich von Sisophon
- $–$$

Banteay Tuop

- Karte S. 169 A4
- An der Seitenstraße 8 km südlich von Banteay Chhmar
- $

Anlong Veng

- Karte S. 169 C4

Prinz Sri Indrakumara, deuten die Reliefs in der Umgebung auf einen älteren ursprünglichen Bau hin.

Unmittelbar südlich vom zerstörten Damm nach Banteay Chhmar führt eine kleine unbefestigte Straße zum **Prasat Ta Prohm**. Wie der Ta Prohm von Angkor wird dieser Turm von den vier Gesichtern Lokesvaras gekrönt. Diese Version besteht aus einem kleinen, weitgehend intakten Prasat, der von einem Graben umgeben ist.

Die strategische Lage von Banteay Chhmar am Weg nach Thailand in der Nähe einer Schneise im Dongrekgebirge wird durch das nahe gelegene **Banteay Tuop** (Armeefestung) belegt. Der Abzweig nach Banteay Tuop liegt 8 km südlich von Banteay Chhmar. Auch wenn sie künstlerisch nicht mit anderen Sehenswürdigkeiten der Gegend mithalten können, sind die massiven **Türme** ein imposanter Anblick.

Da die Reise hinaus nach Banteay Chhmar mehrere Stunden in Anspruch nimmt, sollten Besucher eine Übernachtung in einer Privatunterkunft in einem der benachbarten Dörfer erwägen. Auf diese Weise erhält man manchmal sogar Einblicke in die Seidenweberei (siehe S. 222).

Die Provinz Oddar Meanchey

Anlong Veng ist eine kleine Grenzstadt in der Provinz Oddar Meanchey rund 145 km nördlich von Siem Reap und nur 11 km von Thailand entfernt. Das schläfrige Provinzstädtchen war der letzte Zufluchtsort der Roten Khmer. Da die meisten Attraktionen der Stadt mit dieser Facette ihrer Geschichte zu tun haben, dürften wohl nur diejenigen, die sich sehr für die Geschichte der Roten Khmer interessieren, die lange Reise auf sich nehmen.

Nördlich von Anlong Veng liegt an der gepflasterten

Über die Grenze

Zwischen Kambodscha und Thailand gibt es insgesamt sechs Grenzübergänge: Anlong Veng, Duang Lem, Koh Kong, O Smach, Pailin und Poipet. Die meisten Ausländer dürfen ohne Visum für 15 Tage nach Thailand einreisen, wobei gelegentlich ein Nachweis über die Weiterreise verlangt wird.

An den Grenzübergängen Bavet, Kaam Samnor, Phnom Den, Preak Chak und Trapeang Phlong nach Vietnam gibt es für Ausländer keinen Visaservice, sodass man sich vorab um ein Visum kümmern muss.

Kambodschanische Visa sind gewöhnlich an der Grenze von Thailand und Laos erhältlich. Wer aus Vietnam einreist, bekommt allerdings nur in Bavet und Kaam Samnor ein solches Dokument. Unbedingt erforderlich für kambodschanische Visa sind Passfotos und US-Dollar. Inzwischen bekommt man sein Visum für Kambodscha auch unter *www.mfaic.gov.kh/evisa*, und zwar mit Angabe der Kreditkartennummer und mit einem Foto im Datenformat JPEG (siehe auch S. 269).

Traditioneller Fischfang in einem Kanal bei Anlong Veng in der Provinz Oddar Meanchey

Straße, die vom **Friedens-tauben-Denkmal** wegführt, die letzte Bastion der Roten Khmer und ihres „Bruders Nummer eins", Pol Pot. Kurz vor der thailändischen Grenze führt ein Pfad zu seiner letzten **Ruhestätte**. Nach seinem mysteriösen Tod im Jahr 1998 wurde sein Leichnam auf einem Scheiterhaufen aus Reifen und Möbeln verbrannt. Sein „Grab" ziert ein schmuckloser Schuppen, der immer noch Pilger anzieht.

Trotz seiner Lage in der Provinz Oddar Meanchey ist Anlong Veng eigentlich nur von Siem Reap aus zu erreichen. In der Trockenzeit sind die Straßen besser, aber immer noch nicht gut. Wer mehrere Tage zur Verfügung hat, kann von Siem Reap aus

eine Rundfahrt durch Anlong Veng hinüber nach Preah Vihear (siehe S. 204) und dann zurück durch Koh Ker (siehe S. 208) und Beng Mealea (siehe S. 115) unternehmen. Wer sich für diese mehrtägige Tour interessiert, sollte in Siem Reap Kontakt mit einem Reiseveranstalter aufnehmen.

Die Provinzhauptstadt von Oddar Meanchey, **Samraong**, hat nur wenig zu bieten. Reisende, die zur nördlichen Grenzstadt **O Smach** oder zu den Tempeln an der Route 56 fahren möchten, kommen jedoch zwangsläufig auch hierher. Die Grenze bei O Smach ist aber nur denjenigen zu empfehlen, die eine Abkürzung für die Reise durch das östliche Thailand hinauf nach Vientiane in Laos suchen. ∎

Samraong
⛰ Karte S. 169 B4

O Smach
⛰ Karte S. 169 B4

Die künstlerische Pracht von Sambor Prei Kuk, die schwindel-
erregende Höhe von Preah Vihear und weitere einsame und
abgelegene Tempel

Zentral-
kambodscha

Die gewaltigen Ruinen des Tempels Beng Mealea

Zentralkambodscha

Zentralkambodscha setzt sich aus zwei Provinzen zusammen: Kampong Thom unmittelbar östlich des Tonle Sap — ungefähr das geographische Zentrum Kambodschas — und Preah Vihear, zwischen Kampong Thom und Thailand gelegen. Die Region umfasst herrliche Naturschutzgebiete mit exotischer Flora und Fauna sowie entlegene Tempelkomplexe wie Sambor Prei Kuk aus dem 7. Jh.

Kampong Thom, die wenig aufregende Hauptstadt der gleichnamigen Provinz, liegt etwa auf halbem Weg zwischen Phnom Penh und Siem Reap an der Kreuzung der Nationalstraße 6 und der Route 64 nach Preah Vihear im Norden. Kampong Thom liegt nah an den historischen Ruinen von Sambor Prei Kuk, ursprünglich unter dem Namen Isanapura bekannt und vermutlich im 7. Jh. die Hauptstadt des Chenla-Reiches. Andere Tempel der Gegend stammen aus dem 7. bis 11. Jh. Am bequemsten erreicht man die kleinen Ruinen von Prasat Kuh Nokor (auch Prasat Kuha Nokor) und den auf einer Bergkuppe errichteten Wat Phnom Santuk. In der Provinz befinden sich außerdem zwei der drei Naturschutzgebiete am Tonle Sap: das Boeng Tonle Chhmar und das Biosphärenreservat Stung Sen.

Die meisten historischen und archäologischen Attraktionen der Provinz Preah Vihear sind deutlich weniger frequentiert als jene in Siem Reap. Obwohl das Straßennetz in ganz Kambodscha weiter ausgebaut wird, ist es momentan immer noch recht schwierig, zu diesen Tempeln zu gelangen. Dies gilt besonders für die Regenzeit, wenn viele Straßen ohne ein geländegängiges Motorrad oder ein allradgetriebenes Auto gar nicht mehr befahrbar sind.

Koh Ker diente im 10. Jh., als Jayavarman IV. den Thron usurpierte und zur Legitimation seiner Herrschaft Monumentalbauten errichten ließ, fast 20 Jahre lang als Hauptstadt Angkors. Der örtliche Sandstein bildete die Grundlage grandioser Tempelbauten.

Preah Khan in Kampong Svay ist ein massiver Tempelkomplex aus der Zeit Jayavarmans II. im 9. Jh. Der Tempel trägt aber auch die für das 12. und 13. Jh. typischen architektonischen Zeichen des Königs Jayavarman VII. Obwohl Preah Kahn an der alten Verbindungsstraße zwischen Angkor und den weiter entfernten Provinzen liegt, handelt es sich heute um einen der besonders isolierten Tempelkomplexe Kambodschas.

NICHT VERSÄUMEN

Weiter nördlich thronen die spektakulären Ruinen von Prasat Preah Vihear auf den Klippen des Dongrek-Gebirges; von hier aus blickt man nach Thailand hinüber. Als die Unesco Prasat Preah Vihear 2008 in die Liste des Weltkulturerbes aufnahm, war das Resultat ein erbitterter Grenzkonflikt zwischen Kambodscha und Thailand (siehe S. 205).

Prasat Preah Vihear, einer der eindrucksvollsten Tempel des Landes, ist über Anlong Veng oder Koh Ker normalerweise ganzjährig zugänglich. ■

Zur Orientierung

Phnom Penh

THAILAND

Dongrek-Gebirge

Prasat Preah Vihear

211

212

Kantuot Samraong

Choam Ksant

4

Romunh

LAOS

KULEN PRUM TEP WILDLIFE SANCTUARY

213

Mekong

211

Kulen

Tbeng Meanchey

Trapeang Pring

Koh Ker

Mlu Prey

215

PREAH VIHEAR

3

64

Beng Mealea

66

216

Nach Siem Reap

Preah Khan

Phnom Deik

213

SIEM REAP

BOENG PEAE WILDLIFE SANCTUARY

6

Alte Brücke

Kompong K'day

Toek Moleang

64

219

Klaeng

ÖSTLICHES KAMBODSCHA S. 211

2

Stoung

6

220

Sway Pak

BOENG TONLE CHHMAR BIOSPHERE RESERVE

Sambor Prei Kuk

KAMPONG THOM

Boeng Tonle Chhmar

Prey Pros Resort

Kampong Thom

Tonle Sap

Wat Phnom Santuk

Dang Kda

STUNG SEN BIOSPHERE RESERVE

Santuk

1

Kompong Thnor

6

C

WESTLICHES KAMBODSCHA S. 167

A

Prasat Kuh Nokor

71

Unbefestigte Straße

0   40 Kilometer

0   20 Meilen

B

SIEM REAP e TONLE SAP S. 103

Kompong K'day

Provinz Kampong Thom

Die Provinz Kampong Thom liegt direkt östlich vom Tonle Sap und besitzt eine Reihe faszinierender Tempel. Hauptattraktion ist der wundervolle Komplex in Sambor Prei Kuk aus der Vor-Angkor-Zeit. Weitere interessante Ziele sind das Boeng Tonle Chhmar und das Biosphärenreservat Stung Sen.

Bauern und ihre Kinder beim nächtlichen Auflesen von Grillen in einem Reisfeld in Kampong Thom

Kampong Thom
⛰ Karte S. 195 B1, 207

Wat Kampong Thom
✉ 90 m westlich der Brücke über den Fluss Sen an der Nationalstraße 6

Der Name Kampong Thom (großer Hafen) ist ein wenig verwirrend, da sich hier gar kein besonders großer Hafen befindet. Die Stadt hieß ursprünglich Kampong Pos Thom (Hafen der großen Schlangen). Dieser Name bezog sich auf eine Legende über ein Paar außergewöhnlich großer Schlangen, die während buddhistischer Festtage im Fluss Sen erschienen.

In der französischen Kolonialzeit wurde der Name dann von der Verwaltung vereinfacht – auch wenn er damit seinen Sinn verlor. Die Stadt **Kampong Thom** liegt am Sen, 177 km nördlich von Phnom Penh etwa auf halber Strecke nach Siem Reap. Sie besitzt einen halbwegs interessanten modernen buddhistischen Tempel, **Wat Kampong Thom**, sowie ein kleines Museum *(Kreuzung Natio-nalstraße 6 & Procheatepatay Rd., $)*. Ein Büro des **Sambor Prei Kuk Conservation Project** veranstaltet Führungen durch den Tempel.

Sambor Prei Kuk

Die Geschichte Kambodschas in der Periode vor dem Reich von Angkor liegt weitgehend im Dunkeln. Es ist nicht geklärt, ob Chenla ein geeintes Königreich war, als es Anfang des 7. Jh. das benachbarte Funan eroberte. Weniger als ein Jahrhundert später zerfiel Chenla in zwei Teile – Chenla des Landes und Chenla der See. Die Tempel von Sambor Prei Kuk könnten Hinweise auf die Hauptstadt des See-Reiches enthalten. In jedem Fall waren die Tempel Teil eines wichtigen hinduistischen Zentrums, das im 7. Jh. wahrscheinlich der Stadt Isanapura diente, deren ehemaligen Standort die Wissenschaft heute direkt westlich der Hauptruinen vermutet.

Die Ruinen von Sambor Prei Kuk bedecken eine Fläche von rund 2,5 Hektar. Zum Areal gehören Isanapura, das früher an drei Seiten von einem Graben und einem Erdwall umgeben war, sowie drei Haupttempelkomplexe. Zwei Dämme, jeder von ihnen mehrere Kilometer lang, führten von den Tempeln zum Dorf Kampong Cheauteal und zum Fluss Sen. Hier hat man zwar mehr als hundert Tempel entdeckt, allerdings ist davon nur ein Bruchteil noch intakt oder restauriert worden. Dazu zählen die Bauten in den drei eingefriedeten Tempelkomplexen: Prasat Sambor oder Nordgruppe (N), Prasat Tor oder Mittelgruppe (C) und Prasat Yeay Puon oder Südgruppe (S). Alle sind zu Fuß oder mit dem Fahrrad *(vor Ort zu leihen, $)* erreichbar. Der Abzweig zum historischen Park befindet sich etwa 11 km nördlich der Stadt Kampong Thom an der Route 64. Das Sambor Prei Kuk Conservation Project in Kampong Thom arrangiert bei Bedarf eine Tour.

INSIDERTIPP

Ein wahres Wunderwerk in Kampong Thom sind die unter dem Namen Sambor Prei Kuk bekannten Ruinen aus der Zeit vor Angkor. Der Komplex stellt die größte Ansammlung gut erhaltener Ziegelarchitektur im ganzen Land dar, zieht aber nur relativ wenige Besucher an.

MIRIAM STARK
NATIONAL GEOGRAPHIC-Mitarbeiterin

Der Parkplatz und die **Isanborei Craft Hut** liegen neben der **N-Gruppe**, die auch von Norden aus zugänglich ist. An der Verkaufsstelle erhält der Besucher

Sambor Prei Kuk Conservation Project

✉ 16 Procheate-Patay Rd., Kampong Thom

☎ +855(0)92-254-829 oder +855(0)12-637-693

$ $

Tempelkomplex Sambor Prei Kuk

▲ Karte S. 195 B2, 207

✉ 11 km nördlich von Kampong Thom an Route 64 bis zur Abzweigung, dann 16 km auf einer Nebenstraße (Route 220)

$ $$

Isanborei Craft Hut

✉ Sambor Village, Sambor Commune, Prasat Sambor District, Kampong Thom Commune

$ $

Informationen über die Tempel und die örtlichen Dörfer und kann traditionelles Kunsthandwerk kaufen. Inschriften belegen, dass dieser Komplex ursprünglich im 7. Jh. gebaut wurde. König Rajendravarman II. (reg. 944–968), der vermutlich Renovierungsarbeiten durchführen ließ, wird aber ebenfalls erwähnt. In der N-Gruppe erhaltene **Statuen** zählen zu den herausragenden Kunstwerken der kambodschanischen Geschichte. Der Torso der Göttin Durga, der als Reproduktion im **Schrein N 9** zu bewundern ist, gilt als Idealbeispiel des Sambor-Stils.

INSIDERTIPP

Wer kein eigenes Fahrzeug für den Besuch von Sambor Prei Kuk hat, kann sich von einem Tourveranstalter in Kampong Thom helfen lassen.

TREVOR RANGES
National Geographic-Autor

Unmittelbar südlich enthält **N 10** die Reproduktion eines Bildes von Harihara (halb Shiva, halb Vishnu). Die südwestliche Ecke von **N 7** enthielt eine aus dem 10. Jh. stammende Statue von Vajimukha. Eine Reproduktion dieser Inkarnation Vishnus mit einem menschlichem Körper und einem Pferdekopf soll am Ort gezeigt werden. N 7 gehört zu einer Reihe bemerkenswerter achteckiger Türme mit Reliefs auf jeder Außenfassade. Auf diesen Reliefs, in denen angeblich die Schutzgeister des Tempels wohnen, blicken Figuren aus Fenstern. Die dort abgebildeten „fliegenden Paläste" weisen mehrere Ebenen auf; es handelt sich um idealisierte Darstellungen der von Königen und Göttern bewohnten Türme. Das zentrale Heiligtum von **Prasat Sambor** (N 1) weist einen *yoni*-Sockel auf.

Ein Pfad durch den Wald führt zur **C-Gruppe**, der größten von Sambor Prei Kuk. Sie trägt den Namen Prasat-Tor-Gruppe, ist wegen der **Löwen** an beiden Seiten der Treppe des zentralen Heiligtums aber auch als Löwentempel-Gruppe bekannt. Teile der Tempeldekoration, darunter die beiden erhaltenen Löwen, lassen einen Einfluss aus der Zeit von Jayavarman II. (reg. 802–850), dem ersten König der Angkor-Epoche, vermuten. Die Sandsteinstürze und achteckigen Säulen der **Scheintüren** sind eigentlich typischer für die Zeit vor Angkor; sehenswert sind sie wegen der feinen Details.

Die **S-Gruppe** jenseits des Waldes im Südosten besitzt eine Reihe interessanter Merkmale. Der **Außeneingang** weist Inschriften auf und führt zu einer zweiten **Mauer**, die auf ihrer Innenseite mit einer Reihe kreisrunder Dekorelemente geschmückt ist. Die Szenen auf zwei dieser vier Fresken zeigen vermutlich einen Affen bei einem Opfer für Vishnu (von der Tür aus gesehen das zweite Bild) und eine mit einem Löwen kämpfende Gestalt (das vierte von der Tür aus). Einer Inschrift zufolge enthielt das nach Osten ausgerichtete **zentrale Heiligtum** (S 1) einst einen goldenen Lingam namens Prohateysesvara (der Lächelnde Shiva). Unmittelbar östlich von S 1 befand sich **S 2**, angeblich mit einem Silberbild von Nandi. Die Prasat-Yeay-Puon-Gruppe weist auf fünf achteckigen Ziegeltürmen ebenfalls jeweils an sieben ihrer acht Außenwände die schon erwähnten „fliegenden Paläste" auf. Jeder davon unterscheidet sich ein wenig von den anderen. Sie verlassen das Gelände schließlich im Osten, wo die

Prasat Kuh Nokor

🗺 Karte S. 195 B1

ERLEBNIS: Abenteuer mit dem Offroad-Motorrad

Kambodscha ist ein Traum für Offroad-Fans. Fast 75 Prozent der Straßen sind nicht versiegelt, und viele Sehenswürdigkeiten findet man in den entlegensten Winkeln. Manche Veranstalter leihen Touristen daher einfach eine 250er-Maschine und schicken sie auf den Weg. Allerdings sollte jedem klar sein, worauf er sich da einlässt: Viele Straßen sind nicht viel mehr als Ochsenkarrenwege, die mitunter an Flüssen enden, weil die Behelfsbrücken von Regengüssen fortgespült wurden. Die Wege in den Bergen sind teilweise steil, schlüpfrig und gefährlich. Manchmal gilt es, umgestürzte Bäume oder tiefe Schlaglöcher zu überwinden. Die unten aufgeführten erfahrenen Veranstalter kennen das Terrain dagegen genau und kümmern sich auch um das Nachtlager im Dschungel, wenn es sein muss.

Dancing Roads
Das kleine Unternehmen Dancing Roads *(66C St. 368, westlich von St. 163, Phnom Penh, Tel. +855(0)12-822-803 oder +855(0)12-753-008, www.dancingroads.com)* wendet sich an erfahrene Motorradfahrer, die auf längere Fahrten aus sind. Auch Anfänger sind bei Paeng, der schon seit vielen Jahren durchs Land fährt, in guten Händen.

Norden House
In Ratanakiri sind die Landstraßen besonders einsam, und es gibt viel zu sehen, u.a. Dörfer von Bergstämmen, vulkanische Seen und Ruinen aus den Kriegen des 20. Jhs. Der Inhaber von Norden House *(Yak Lom Rd., Ban Lung, Ratanakiri, Tel. +855(0) 12-488-950, www.nordenhouseyaklom.com)*, Nisse, besitzt einige Motorräder und kennt diese Provinz wie seine Westentasche.

Siem Reap Dirt Bikes
Mit leicht zu fahrenden Motorrädern und hervorragenden Führern ist Siem Reap Dirt Bikes *(Tel. +855(0)99-823-216, www.siemreap dirtbikes.com)* der ideale Anbieter für Anfänger im Gelände, aber auch für erfahrene Offroad-Fahrer, die nach neuen Herausforderungen suchen. Die individuell zusammengestellten Touren durch Kambodscha, vor allem die zu den Tempeln von Beng Mealea oder Preah Vihear, könnten demnächst vielleicht sogar bis nach Laos führen. Schwerpunkt sind Touren durch Zentralkambodscha.

Die „alte Brücke" in Kampong K'day ist die größte Lateritbrücke auf der alten Fernstraße der Khmer

**Wat Phnom
Santuk**

▲ Karte S. 195 B1

Wurzeln eines Baumes den östlichen Eingang der ansonsten verfallenen äußeren Wand scheinbar zusammenhalten.

Nationalstraße 6 nach Kampong Thom

Wenn Sie von Phnom Penh auf der Nationalstraße 6 nach Kampong Thom unterwegs sind, sollten Sie einen Umweg zum Tempelkomplex **Prasat Kuh Nokor** einplanen. Dieser liegt 80 km vor der Stadt Kampong Thom, 23 km nördlich von Skuon. Sein Bau fiel mit einem Thronstreit zwischen Suryavarman I. (reg. 1003– ca. 1049) und einem Rivalen zusammen. Es gelang Suryavarman, die damalige Hauptstadt des Angkor-Reiches, Yasodharapura, zu erobern und seinen Rivalen zu besiegen. Zu

den Höhepunkten von Prasat Kuh Nokor gehören ein Sandsteinthron mit Lotusblütenmotiven und mehrere halb intakte Skulpturen.

Wat Phnom Santuk: Etwa 16 km südlich der Stadt Kampong Thom liegt an der Nationalstraße 6 die Abzweigung zum **Wat Phnom Santuk.** Die örtliche Bevölkerung verehrt diesen Tempel sehr. Er steht im Mittelpunkt einer Legende über einen König aus dem nördlichen Dongrek-Gebirge. Ein Höfling, der mit der zweiten Frau des Königs dessen Sturz plante, brachte den Herrscher dazu, seine erste Frau und ihren gemeinsamen Sohn zu verstoßen. Die Königin und der Prinz wurden auf einem Floß ausgesetzt, entgingen dem Tod aber dank zweier übernatürlicher weißer Krokodile, die sie zu einer kleinen Insel lotsten. Die Götter erhörten dann die Gebete der Königin und verwandelten die Insel in ein Tropenparadies. Schließlich erschien ein Offizier des Königs auf der Insel und berichtete, der König sei gefangengenommen worden. Der junge Prinz kehrte mit dem Offizier zurück und besiegte den Usurpator und die untreue Königin, schonte aber das Leben seines Halbbruders. Der Prinz wurde anschließend König und machte die Insel zu seiner Hauptstadt. Sein Halbbruder übernahm später den Thron, und schließlich wich das Meer zurück, sodass die Insel sich in einen Berg verwandelte.

Im Lauf der Jahre hat sich der Name von Phnom Santuk mehrfach geändert. Die örtliche Bevölkerung verehrt den Geist des Prinzen aus der Legende. Mittlerweile kommen Besucher aus ganz Kambodscha zu den Dutzenden **Schreinen** an den 809 Stufen bis zur Bergkuppe und auf dem Gipfel selbst. Die Schreine sind sehr unterschiedlich gehalten. Einige stammen noch aus dem 16. Jh.

Nordwestlich von Kampong Thom

Rund 16 km nordwestlich von Kampong Thom, auf der Nationalstraße 6 nach Siem Reap, liegt die **Ferienanlage Prey Pros**. An Nationalfeier-

tagen finden hier Wettläufe und Fahrradrennen statt, das ganze Jahr hindurch können Sie hier Schlauch- und Paddelboote ausleihen.

Alte Brücke: Weiter nordwestlich, unmittelbar hinter Kampong K'day, beschreibt die Nationalstraße 6 einen Bogen, bevor sie über den Fluss Kampong K'day führt. Vor der Fertigstellung der neuen Brücke im Jahr 2006 diente die nördlich davon gelegene Brücke fast 800 Jahre lang als Überquerung. Das ohne Zement verfugte Bauwerk aus Lateritblöcken ist als Alte Brücke bekannt und war mit einer Breite von etwa 85 m bei einer Höhe von 14 m die größte Brücke der damaligen Zeit. ■

Ferienanlage Prey Pros
Karte S. 195 B2

Alte Brücke
Karte S. 195 A2

Schutzgebiete

Boeng Tonle Chhmar und Stung Sen sind wesentlich schwerer zu erreichen als Prek Toal, das dritte der drei Naturschutzgebiete am Tonle Sap. Die Schutzgebiete sind großartige Ziele für Naturliebhaber, vor allem Wasservögel gibt es in großer Zahl. Im Jahr 2008 existierte hier allerdings noch überhaupt keine Infrastruktur für Ökotourismus. In der Gegend gibt es mehrere schwimmende Dörfer, deren Einwohner sich ihren Lebensunterhalt mit dem Fischfang inmitten der überfluteten Wälder des Tonle Sap verdienen.

Naturschutz

Kambodscha besitzt einige der großartigsten Wälder und Feuchtgebiete in ganz Südostasien. Die über das gesamte Land verteilten Landminen verhinderten lange Zeit die Erschließung abgelegener Gegenden, sodass sich die Natur ungestört entwickeln konnte. Mittlerweile bedrohen der Bau von Staudämmen, Holzeinschlag, intensivere Landwirtschaft und Bergbau diese Enklaven.

Ein Fischer auf dem Tonle Sap holt seine Netze ein

Naturschützer kämpfen um den Erhalt von Kambodschas noch intakten Öko-systemen. Die **nördlichen Ebenen** sind eine weite Landschaft aus Grasland, Wäldern und saisonalen Süßwasser-sümpfen. Zu den heimischen bedroh-ten Tieren zählen Tiger, Elefanten und zahlreiche Vogelarten, darunter Ibisse, Kraniche und Geier. Waldrodung und Jagd stellen die größten Bedrohungen dar. Organisationen wie die Wildlife Conservation Society (WCS; *21 St. 21, Sangkat Tonle Bassac, Phnom Penh, Tel./Fax +855(0)23-217-205, www.wcs. org*) haben inzwischen 40 Brutgebiete ausfindig gemacht. Im Ibisprojekt des Kulen Promtep Wildlife Sanctuary bemüht man sich, die Bevölkerung von der Notwendigkeit des Schutzes bedrohter Tierarten und vom Konzept des Ökotourismus zu überzeugen.

Der **Tonle-Sap-See** ist eines der letz-ten Refugien für eine Reihe bedrohter Wasservögel und inzwischen ein Bio-sphärenreservat. In drei Kerngebieten – Boeng Tonle Chhmar, Prek Toal und Stung Sen – überwachen Wildhüter die Vogelkolonien.

Seima Biodiversity Conservation Area

Die Provinz Mondulkiri gehört zu den am wenigsten besiedelten und entwickelten Regionen Kambodschas. Entsprechend artenreich ist die Tierwelt, von Davidbuschwachteln über Zwergloris bis zu Asiatischen Elefanten. Die Bevölkerung, darunter auch Bergstämme, lebt traditionell von Waldbau, Landwirtschaft und Jagd. Die Regierung hat deshalb gemeinsam mit der WCS große Flächen unter Naturschutz gestellt und zur Seima Biodiversity Conservation Area zusammengefasst. Die Behörden bekämpfen hier die illegale Jagd, vor allem auf Tiger, und unterstützen die Bevölkerung bei der nachhaltigen Nutzung der natürlichen Ressourcen. Gegenwärtig bedroht die Erteilung von immer mehr Konzessionen zum Holzeinschlag und Bergbau durch überwiegend ausländische Konzerne dieses Ökosystem.

Das **Kardamom-Gebirge** ist ebenfalls eine der unberührten Gegenden Kambodschas. Straßen gab es lange Zeit kaum, und die Landminen rund um die letzten Zufluchtsstätten der Roten Khmer taten ein Übriges, um die Menschen fernzuhalten. Die Gewässer der Berge sind heute eines der verbliebenen Refugien des Siamkrokodils; zudem findet man hier einige der seltenen wilden Elefanten Südostasiens. Das Cardamom Mountain Wildlife Sanctuaries Project, eine Initiative von Fauna & Flora International *(59 St. 306, Boeung Keng Kang 1, Phnom Penh, Tel. +855(0)23-220-534)*, kämpft für den Erhalt des Phnom Samkos und des Phnom Aural Wildlife Sanctuary.

Auf die Niederlage der Roten Khmer folgte eine Phase der Abholzung der Wälder, vor allem in **Koh Kong** und Pailin, wo Kambodschaner, Chinesen und Thai das Land rodeten, um Zuckerrohr- und Palmölplantagen anzulegen. Holzfäller schlagen gern edle Bäume wie den *beng*, der gerne für Möbel, Türen und Schnitzwerk verwendet wird. Organisationen wie Wildlife Alliance *(109 St. 99, Phnom Penh,*

Vogelliebhaber sollten auf keinen Fall Tmatboey verpassen, denn dort brüten zwei der seltensten Vogelarten der Welt: Riesenibis und Weißschulteribis. Ein Abstecher zum Projekt der Wildlife Conservation Society, das der örtlichen Bevölkerung ein Einkommen aus dem Naturschutz verschaffen soll, lohnt ebenfalls.

KAREN COATES
NATIONAL GEOGRAPHIC-Autorin

Tel. +855(0)23-211-604, www.wildlifealliance. org) bemühen sich gemeinsam mit der örtlichen Bevölkerung, das Schlimmste zu verhindern. Organisationen wie die in **Chi Phat** züchten junge Bäume in Baumschulen und pflanzen die Setzlinge dann auf gerodete Flächen.

Schutz der Meeres

Kambodscha macht auch beim Kampf gegen die Zerstörung des Ökosystems Meer Fortschritte. Tauchschulen wie die Dive Shop in Sihanoukville *(Serendipity Beach Rd., Sihanoukville, Tel. +855(0)12-161-5517 oder +855(0)34-933-664, www.diveshop cambodia.com)* haben in Zusammenarbeit mit Reef Check *(www.reefcheck.org)*, Marine Conservation Cambodia *(www.marine conservationcambodia.org)* und dem Fischereiministerium erfolgreich eine Brutregion von Seepferdchen in der Nähe der Insel Koh Rung Saloem vor der Küste von Sihanoukville erhalten können. Dorfbewohner, die direkt vom Kampf gegen die illegale Fischerei profitieren, helfen beim Schutz der Fischbestände. Diese Aktivitäten nutzen den örtlichen Fischern und eröffnen darüber hinaus eine neue Einkommensquelle: Tauchschulen für Touristen.

Provinz Preah Vihear

Die Provinz Preah Vihear ist vor allem wegen ihres gleichnamigen Tempels an der Grenze zu Thailand bekannt. Bis auf die Hauptstadt Koh Ker aus der Zeit von Angkor und die Ruinen von Preah Khan in Kampong Svay ist Prasat Preah Vihear für ausländische Besucher aber derzeit das einzige lohnende Ziel in dieser abgelegenen nördlichen Grenzprovinz.

Buddhistische Mönche aus Kambodscha im Tempel Preah Vihear

Prasat Preah Vihear

- Karte S. 195 A4, 207
- 97 km nördlich von Tbeng Meanchey
- Von Kambodscha $, von Thailand $$ (wenn die Grenze geöffnet ist)

Prasat Preah Vihear

Der Bau des Sandsteintempels Prasat Preah Vihear wurde unter Yasovarman I. (reg. 889–910) begonnen. Der ausgedehnte Komplex an einer Klippe ist eindeutig ein Gemeinschaftswerk, da in späteren Jahrhunderten auch andere Könige an dem Tempel weiterbauten. Die Anlage beginnt mit einer prachtvollen Treppe in der Nähe der thailändischen Grenze und endet auf 550 m Höhe auf dem Gipfel des Chuor Phnom Dongrek. Die 78 m lange Treppe führt zum ersten von vier durch Alleen verbundenen Bereichen.

Am Ende der Treppe befindet sich vor dem ersten Gopuram (Eingangsturm) der nach seinen siebenköpfigen Naga-Skulpturen benannte **Naga-Hof**. Einer der Nagas besteht aus einem einzigen Sandsteinblock. Hinter dem ersten, verfallenen Gopuram befindet sich die erste Allee mit einem **königlichen Bad** im Osten. Nun führen Treppen zum **zweiten Gopuram**, wo die Dekorationen der Stürze und Giebeldreiecke einen liegenden Vishnu und eine Darstellung vom Quirlen des Milchozeans (siehe S. 151) zeigen. Der Tempel verbreitert sich in den beiden letzten Bereichen in Richtung Gipfel. Zu seinen Nebengebäuden zählen zwei Häuser vor der dritten Allee, die als Unterkunft für Pilger dienen. Während die obere Ebene verfallen ist, bietet sie aufgrund ihrer Lage direkt an der Klippenkante einen riskanten, aber faszinierenden Ausblick.

Prasat Preah Vihear war früher praktisch nur von Thailand aus erreichbar. Besucher konnten ihre Pässe hinterlegen und über die Grenze spazieren, um einige Stunden lang den Tempel zu besichtigen. Nach einem Grenzkonflikt (siehe unten) im Jahr 2008 wurde der Zugang von Norden allerdings häufig versperrt. Gleichzeitig war wegen des miserablen Zustands der Straßen und der isolierten Lage auch der Zugang von Kambodscha aus jahrelang praktisch unmöglich. Heute ist die Reise auf besseren Straßen von Anlong Veng oder Koh Ker nach Tbeng Meanchey und Choam Ksant – der dem Tempel am nächsten gelegenen Stadt – sogar noch zu Beginn und gegen Ende der Regenzeit (Mai bis August) zu bewältigen. In der Regenzeit selbst empfiehlt sich aber eine Geländemaschine oder ein

(Fortsetzung auf S. 208)

Der thailändisch-kambodschanische Konflikt um Preah Vihear

Im Jahr 2008 weitete sich ein kleiner Streit um 4,6 Quadratkilometer rund um den Tempel Preah Vihear (10. Jh.) zu einem gewalttätigen Konflikt aus, denn mehrere Thai waren in Kambodscha verhaftet worden, weil sie in dem umstrittenen Gebiet eine Grenzkontrolle umgangen hatten. Die Spannungen hatten sich schon vorher verschärft, nachdem die Unesco den Tempel Prasat Preah Vihear in die Liste des Weltkulturerbes aufgenommen hatte. Der Zwischenfall war dann der sprichwörtliche Tropfen, der das Fass zum Überlaufen brachte.

Zwar steht unzweifelhaft fest, dass der Tempel einst von Angkor-Königen erbaut wurde, andererseits befand sich das Territorium von 1431 bis 1907 unter siamesischer (thailändischer) Herrschaft, auch wenn die Siamesen den Kambodschanern zugestanden, die Region nach ihren Vorstellungen zu verwalten. 1907 traten die Siamesen das Territorium dann an Französisch-Indochina ab, wobei sie die Wasserscheide des Dongrek-Gebirges als nördliche Grenze ansahen, obwohl laut damaliger Karte das nördlich der Wasserscheide gelegene Preah Vihear noch zu Kambodscha gehörte.

Seit dieser Zeit hat Kambodscha seinen Anspruch auf das Territorium geltend gemacht. Der Internationale Gerichtshof urteilte 1962, Preah Vihear gehöre zu Kambodscha, der Status des Umlands blieb allerdings strittig. Als die Unesco Preah Vihear 2008 zum Weltkulturerbe erhob, flammte der Konflikt natürlich wieder auf. Der militärischen Pattsituation entsprachen innenpolitische Konflikte auf beiden Seiten. Soldaten starben, und der Tempel wurde durch eine Granate beschädigt. Die Lösung des Konfliks dürfte noch schwierig werden, es gibt aber zumindest ein positives Ergebnis: Die Straße zum Tempel ist mittlerweile gepflastert.

Eine Fahrt durch Preah Vihear

Der Tempel Preah Vihear ist ein reizvolles Ziel für einen Tagesausflug von Thailand. Reist man von Kambodscha aus, wird mindestens eine Übernachtung erforderlich. Angesichts der Entfernung empfiehlt es sich, ihn mit anderen Tempeln wie Beng Mealea, Koh Ker und Sambor Prei Kuk zu kombinieren.

Die drei- bis viertägige Tour erfordert die Dienste eines ortskundigen Fahrers. Die schlimmsten Straßenabschnitte werden in der Regenzeit fortgespült, sodass die Reise mit dem Auto nur in den trockenen Monaten möglich ist. In der Regenzeit handelt es sich um ein strapaziöses Abenteuer mit der Geländemaschine.

Der beste Startpunkt ist **Siem Reap** (siehe S. 106), wo Sie ein Motorrad leihen (siehe S. 199) oder ein Auto mit Fahrer buchen können.

Die Ruinen von **Beng Mealea** ❶ ($$$$$) sind nach etwa zwei Stunden Fahrt und 60 km der erste Zwischenstopp. Der Tempel aus dem 12. Jh. befindet sich mehr oder weniger in dem verfallenen und vom Dschungel überwu-

NICHT VERSÄUMEN

Beng Mealea • Koh Ker • Prasat Preah Vihear • Sambor Prei Kuk

cherten Zustand, in dem er 1913 „entdeckt" wurde. Weiter geht es etwa 50 km in nordöstlicher Richtung zu den nächsten Ruinen.

Unmittelbar vor **Koh Ker** ❷ ($$$) führt die Straße durch malerische Landschaft. Aber Achtung: In Kambodscha liegen immer noch Unmengen von Landminen im Boden, weshalb Sie unbedingt auf den markierten Wegen bleiben sollten. Da Koh Ker rund 20 Jahre lang Hauptstadt des Khmer-Reiches war, erfordert die Besichtigung der zahlreichen imposanten Ruinen mehrere Stunden.

Nach einer Fahrt durch eine offene Landschaft sollten Sie in der Provinzhauptstadt **Tbeng Meanchey** (auch Preah Vihear genannt) übernachten. Am nächsten Morgen geht es auf einer holprigen Piste weiter nach Norden. Die rund 80 km nehmen etwa drei Stunden in Anspruch. In der Nähe des Tempels müssen Reisende für den unbefestigten Anstieg zum **Prasat Preah Vihear** ❸ ($) auf ein Moto-Taxi umsteigen.

Nach der Erkundung des Tempels können Sie dann in dem Gasthaus am Fuß des Tempels übernachten oder in der Nähe des Tempels ein Zelt aufschlagen (ideal für den Sonnenuntergang). Sie können aber auch nach Choam Ksant 40 km südöstlich vom Tempel zurückfahren.

Die kambodschanische Flagge auf Preah Vihear erinnert an den Grenzstreit mit Thailand

THAILAND

Anlong
Veng

Prasat
Preah
Vihear ◆ ③   211

Kantuot
Samraong   212   Choam
Ksant

✙ Siehe auch Karte S. 195

► Siem Reap

⬌ 580 Kilometer

③ 3–4 Tage

► Alte Brücke

KULEN PRUM TEP
WILDLIFE SANCTUARY

SIEM
REAP

Sre Noy   Koh
Ker   Tbeng
Koh   ②   Kulen   Meanchey
Khna Krau

64

PHNOM
KULEN
N.P.   PREAH VIHEAR

67   Tbaeng   ①   Beng Mealea

START   66   213

SIEM   Roluos   Preah
REAP   Khan ◆

6   Dam Daek   BOENG PEAE
WILDLIFE SANCTUARY
Kompong
Pleuk

Kompong   Alte
Khleang   Brücke ⑤   KAMPONG
THOM
Kompong
K'day

Tonle
Sap   64   219

Stoung   Sambor Prei
④   Kuk ◆

6

▬ ▬ ▬ Unbefestigte Tourenstrecke   Kampong
6   Thom
‒ ‒ ‒ Unbefestigte Straße

0   40 Kilometer
0   20 Meilen

Der dritte Tag gestaltet sich als aufrei-
bende Tour bis nach Kampong Thom und
Sambor Prei Kuk. Wer sie von Preah Vihear aus antritt, sollte besser eine weitere
Nacht in Tbeng Meanchey verbringen.
Doch die 160 km zwischen Tbeng Meanchey und Kampong Thom lassen sich
nicht verkürzen, will man die Ruinen des
alten Isanapura besichtigen: In **Sambor**

Prei Kuk ④ ($) hat man Dutzende von
Tempeln aus dem 7. Jh. restauriert. Der
Rundgang ist morgens nach einer Übernachtung in Kampong Thom am schönsten. Am letzten Tag können Sie die
150 km von Kampong Thom nach Siem
Reap dann in nur dreieinhalb Stunden
bewältigen. Hinter K'day sollten Sie an
der **Alten Brücke ⑤** haltmachen.

Koh Ker

⛰ Karte S. 195 A3, 207

✉ 80 km westlich von Tbeng Meanchey

💲 $$

Fahrzeug mit Allradantrieb. Besucher sollten sich vor Reiseantritt in jedem Fall über den Straßenzustand und die aktuelle Lage informieren. Unter den Roten Khmer wurde das Gebiet überdies stark vermint. Ein Großteil der Minen ist zwar mittlerweile geräumt worden, Sie sollten aber trotzdem die festen Wege nicht verlassen.

Koh Ker

Zu Beginn des 10. Jhs. gab es im Angkor-Reich zwischen zwei Brüdern und ihrem Onkel

Regierungszeit errichtete er prachtvolle Tempel zu Ehren hinduistischer Gottheiten, darunter Prasat Thom (Großes Heiligtum), eine Stufenpyramide mit sieben Ebenen. In der Zeit von Koh Ker entstanden zudem überlebensgroße Statuen. Die Kalksteinstatue der kämpfenden Affenmenschen aus jenen Tagen ist heute im Nationalmuseum in Phnom Penh (siehe S. 72) zu sehen.

Eine um den Stausee geführte Straße hat Dutzende Tempel zu bieten. **Prasat Thom** ist die Hauptattraktion.

Der Straßenzustand

Auf kambodschanischen Straßen kann man sich eigentlich nur auf zwei Dinge verlassen: Die Aussagen über den Straßenzustand hängen davon ab, wen man fragt, und die Verhältnisse verbessern sich in atemberaubendem Tempo. Wer eine bestimmte Straße nicht erst in der vergangenen Woche benutzt hat, kann deshalb keine verlässliche Auskunft geben. Unabhängig davon wird ein erfahrener Offroad-Biker eine Straße natürlich völlig anders beschreiben als ein westlicher Stadtmensch. Für den Bergbau und die Holzindustrie entstehen in abgelegenen Regionen neue Brücken

und Straßen, sodass Touristenziele wie Koh Ker und die Bergstammdörfer von Ratanakiri plötzlich über gute unbefestigte Straßen zu erreichen sind. Da etwa 75 Prozent der kambodschanischen Straßen unbefestigt sind, kann der Monsun auch eine gute Straße rasch in ein unpassierbares Schlammloch verwandeln – nett für eine Geländemaschine, aber nicht für den Pkw. Glücklicherweise werden die bereits befestigten Straßen derzeit weiter aufgewertet. Die Fahrt zwischen den wichtigen Touristenzielen erfolgt also mittlerweile über eine komfortable, frische Teerdecke.

einen Konflikt um die Thronfolge. Dabei richtete sich der Onkel offenbar 85 km nördlich von Angkor in einer Chok Gargyar (Koh Ker) genannten Region eine zweite Hauptstadt ein. Nach dem Tod der Brüder erklärte sich der Onkel unter dem Namen Jayavarman IV. im Jahr 928 zum Herrscher. Während seiner etwa 20-jährigen

Von den Bauten im Osten aus nähert man sich der Anlage durch den von einem Graben umschlossenen Komplex aus Türmen und Galerien. Der eindrucksvollste dieser Nebentempel ist **Prasat Kraham** (Rotes Heiligtum), an dessen hohem Ziegelturm einst eine Darstellung eines achtarmigen, tanzenden Shiva prangte, die mindestens 4 m hoch gewesen sein soll. Wegen der einsamen Lage von Koh Ker landeten die meisten Statuen entweder in Museen oder in Privatsammlungen.

Prasat Thom selbst ist imposante 40 m hoch. Mit einer Basis von nur 55 Quadratmetern ist er steiler als die meisten anderen Tempelpyramiden. Früher konnte man ihn über die östliche Treppe betreten, heute ist er für Besucher nicht mehr geöffnet.

Zu weiteren bemerkenswerten Bauten gehört eine Reihe nach Westen ausgerichteter Tempel, die mit **Prasat Balang** beginnt, der immer noch einen beachtlichen Lingam zu bieten hat. **Prasat Damrei**, das Elefantenheiligtum, wird von Löwen- und Elefantenstatuen bewacht. Die schon erwähnte Statue der kämpfenden Affenmenschen hat man in **Prasat Chhin** entdeckt; noch heute ist ein mythologisches Reittier Vishnus oberhalb von verschlungenen Nagas (Schlangenwesen) über dem Südturm zu sehen.

Eine Straße zwischen Beng Mealea und **Koh Ker** ermöglicht die Besichtigung der zeitweiligen Hauptstadt des Angkor-Reiches im Rahmen eines Tagesausflugs von Siem Reap. Die Entfernung ist allerdings so groß, dass die Stadt sich besser als Station einer Rundreise nach Prasat Preah Vihear im Norden und Sambor Prei Kuk im Süden eignet.

Preah Khan in Kampong Svay

Trotz Preah Khans isolierter Lage handelt es sich aufgrund der Dimensionen um ein unverzichtbares Ziel für Tempelbesucher. Der Komplex ist von

Preah Kahn
Karte S. 195 B3, 207

Im ländlichen Norden von Zentralkambodscha genießen Kühe auf den Straßen die gleichen Rechte wie Autofahrer

einer Mauer eingefasst und nimmt über vier Quadratkilometer ein. Er besteht aus vier um ein zentrales Heiligtum angeordneten Bereichen. Jayavarman VII. (reg. ca. 1181–1218) baute den Tempel zu einer Stadt aus und verband ihn über eine Straße mit seiner Hauptstadt. Zu den Wahrzeichen Preah Khans zählt der fast 3 km lange Stausee, der zur Hälfte innerhalb des äußeren Stadtbereichs liegt. Prasat Damrei erhebt sich am östlichen Rand des Staubeckens, Prasat Preah Thkol befindet sich in der Mitte des Sees. Jayavarmans VII. Turm gehört zum Prasat Preah Stung westlich des Sees. ■

Die östliche Landesgrenze Kambodschas: Bergdörfer ethnischer Minderheiten und die Schönheit einer vollkommen abgelegenen, unberührten Natur mit wilden Tigern und Elefanten

Östliches Kambodscha

In Ban Lung können Besucher auf Elefanten durch die reizvolle Landschaft reiten

Östliches Kambodscha

Eine Reise in die östlichsten Provinzen Kambodschas, Ratanakiri und Mondulkiri, war lange Zeit ein echtes Abenteuer, und nur wenige Touristen fanden dafür genügend Zeit. Vor allem Tiger, Elefanten und Bären sind in den recht dünn besiedelten Regionen heimisch, doch mittlerweile scheint selbst hier eine andere Zeit anzubrechen. Neue Straßen und Grenzübergänge nach Vietnam beschleunigen die touristische Erschließung des Landes.

Etwa 125 km nordöstlich von Phnom Penh grenzt in Kampong Cham der touristisch erschlossene an den noch ursprünglichen Teil Kambodschas – verbunden durch die Brücke über den Mekong. Die von den Roten Khmer zerstörte Stadt befreit sich nur langsam vom Staub der Trümmer, unter denen ein in der ganzen Gegend berühmter Tempel aus dem 11. Jh. und sein enthaupteter Buddha verborgen lagen.

Folgt man dem Mekong 130 km flussaufwärts, gelangt man nach Kratie, einer weiteren Provinzhauptstadt. Die Straßen dorthin sind staubig, aber die rote Tönung des Staubes lässt die berühmten Sonnenuntergänge über dem Mekong noch leuchtender erscheinen. Kratie eignet sich am besten als Ausgangspunkt für einen Tagesausflug zu den vom Aussterben bedrohten Irrawaddy-Flussdelfinen.

Weiter nördlich, 150 km von Kratie entfernt, liegt das winzige Stung Treng. Dahinter zweigt eine Straße zum Grenzübergang Dom Kralor nach Laos und eine nach Ratanakiri ab. Die Provinzhauptstadt Ban Lung ist eine typische Bergstadt. Hauptattraktion sind Trekking-Touren in Virachey.

Direkt südlich von Ratanakiri schmiegt sich Mondulkiri an die östliche Grenze. Die Landschaft ist von Urwald geprägt, die Spuren der illegalen Abholzung sind aber nicht zu übersehen. In der ruhigen Hauptstadt Sen Monorom hat man Schutzprogramme ins Leben gerufen.

Die östlichen Provinzen sind seit großen Straßenbauprojekten leichter zu erreichen, eine Reise in der Regenzeit (Juni–Okt.) stellt aber eine Herausforderung dar. Am komfortabelsten ist ein Flug in einem kleinen Flugzeug mit der Mission Aviation Fellowship (siehe S. 272). ∎

NICHT VERSÄUMEN

Flug mit der Mission Aviation Fellowship über den Mekong **212, 272**

Taranteln essen in Skuon **216**

Irrawaddy-Delfine bei Kratie beobachten **220**

Schwimmen & Tubing im See Yak Laom bei Ratanakiri **224**

Besuch der Bergstämme in Ratanakiri oder Mondulkiri **227, 231**

Ausbildung zum Mahout im Elephant Valley Project in Mondulkiri **233**

Zur Orientierung

Phnom Penh

LAOS

Phum Khan Mak Feuan

5▷

Siem Pang

NATIONALPARK VIRACHEY

VIETNAM

Voen Sai

Ta Veaeng Kraon

301

Kachon

Dom Kralor

STUNG TRENG

78A

RATANAKIRI

Pakap

214

7

Kong

Eisay Patamak Mt.

Ban Lung

78

Wasserfall Cha Ung

Yak-Laom-See

Bo Keo

San

Wasserfall Katieng

Wasserfall Ka Chhang

Thalabarivat

Phluk

78

Lumkut See

216

Stung Treng

Rumpe Lech

Sre Angkrong

Wasserfall Ou'Sien Lair

Lumphat

Ou Pong Moan

Kaoh Mayeul Leu

Mekong

LUMPHAT WILDLIFE SANCTUARY

7

MONDULKIRI

Sokh Sant

Wat Sarsar Moy Roy

305

Chang Hap

PHNOM PRECH WILDLIFE SANCTUARY

Chbar

Sambor

306

Sandan

Kampi Dolphin Viewing Site

Phnom Sambok

PHNOM NAM-LIER

Kratie

307

Sen Monorom

Wasserfall Bou Srah

WILDLIFE SANCTUARY

Chhlong

308

7

76

Sre Preah

△ E

Roka Khnaor

KRATIE

Anchanh

SNUOL WILDLIFE SANCTUARY

Leu

Kampong Cham

73

Snuol

74

△ D

Suong

Chong Cheach

Memout

7

Khcheay

△ C

0   40 Kilometer

0   20 Meilen

Kraek

313

△ B

Kampong Cham, Kratie & Stung Treng

Kampong Cham ist nicht mehr die weltoffene französische Kolonialstadt wie einst in ihrer Blütezeit. Dennoch liegen in der umgebenden Provinz interessante Ziele, darunter Tempelanlagen und ein Leuchtturm am Mekong. In der Nähe von Kratie und Stung Treng können Sie Flussdelfine beobachten.

Eine Bewohnerin des östlichen Hochlands beim Weben in einem Garten mit Cashewnussbäumen

Kampong Cham
Karte S. 212 B1

Kampong Cham

Kampong Cham (Hafen der Cham) leitet seinen Namen von den muslimischen Cham her, die seit langer Zeit dort leben. Die Cham haben ihre Sprache, ihre Geschichte und ihre Religion bewahrt.

Gerade der Gegensatz Kampong Chams zum übrigen Land macht seinen Reiz aus – oder *machte* ihn einst aus. In den 1920er und 1930er Jahren, zur Blütezeit des französischen Kolonialismus, war die Stadt kosmopolitisch und stilprägend – mit baumbestandenen Boulevards und grünen Parks. Geblieben sind davon nur noch Überreste, ein Ergebnis der Zerstörung durch die Roten Khmer. In der Zeit ihrer Gewaltherrschaft (1975–79) vernichteten sie die einst so faszinierende Stadtkultur.

INSIDERTIPP

Gehen Sie über die Bambusbrücke von Kampong Cham nach Koh Paen. Die Konstruktion wirkt zwar abenteuerlich und improvisiert, aber sie wird jedes Jahr wieder neu aufgebaut und kann Lieferwagen tragen.

LIS MEYERS
NATIONAL GEOGRAPHIC-Autorin

30 Prozent der 300 000 Cham fielen dem Genozid zum Opfer. Allmählich rückt die dicht besiedelte Provinz aber wieder ins Zentrum der Aufmerksamkeit, heute allerdings eher wegen der Agrarprodukte.

Direkt südlich der 2001 eröffneten Kizuna-Brücke über den Mekong liegt **Koh Paen**, eine der größten Inseln im Mekong. Eine besondere Attraktion ist hier die saisonabhängige, behelfsmäßige **Bamboo Bridge**. Sie wird jeweils in der Trockenzeit aufgebaut, um Koh Paen mit dem Festland zu verbinden. Auf der Insel gibt es mehrere buddhistische Tempel und Dörfer, die von Fischfang und Reisanbau leben; man kann in der Stadt Fahrräder ausleihen und eine Radtour dorthin unternehmen. Die Überquerung der Bambusbrücke ist das aufregendste Erlebnis.

Umgebung von Kampong Cham

Die Region um Kampong Cham war vermutlich in der Zeit der frühen Königreiche (ca. 100–802) von Bedeutung. Gefunden hat man hier Überreste mehrerer Tempel sowie einer mit Mauern eingefassten Stadt. Die Könige der Angkor-Zeit müssen Hunderte von Bauten, häufig auf den Fundamenten früherer Tempel oder Städte, rund um Kampong Cham errichtet haben.

Im 20. Jh. wurde die Region durch Bürgerkriege und von den Roten Khmer verwüstet, die den Großteil der historischen Tempel nur als Trümmer zurückließen. Buddhisten haben heute einige Orte ausgewählt, um erneut Klöster an historischen Plätzen zu gründen. Am

Leuchtturm am Mekong

Beim Überqueren der Kizuna Bridge von Kampong Cham ist der hoch aufragende Leuchtturm aus roten Ziegelsteinen nicht zu übersehen. Der Leuchtturm entstand während der französischen Kolonialzeit und wurde am Beginn des 21. Jhs. restauriert. Der Eintritt ist zwar kostenlos und der Ausblick von der Turmspitze spektakulär, doch der steile Aufstieg ist Besuchern selbst mit nur leichter Höhenangst nicht zu empfehlen.

Die Spinnen von Skuon

Die kleine Stadt Skuon, 42 km westlich von Kampong Cham an der Nationalstraße 7, hat sich einen Namen als Fastfood-Raststätte mit einer ganz besonderen Spezialität gemacht: großen, pelzigen Taranteln! Direkt vor dem Restaurant bieten Händler knusprig mit Knoblauch gebratene Spinnen zum Verzehr an. Die Taranteln werden in der Provinz Preah Vihear gezüchtet, wo sie auch unschädlich gemacht werden. Ihre Konsistenz ähnelt der eines Krebses (wovon Sie sich überzeugen können, falls Sie eine probieren möchten). Auch an Reiseproviant haben die Händler gedacht: Lebende Taranteln gibt es in Tüten zum Mitnehmen. Zehn Spinnen kosten rund 6000 Riel (umgerechnet rund 1 €). Wer keine Spinnen mag, kann sich aber auch mit würzigen gefüllten Fröschen oder gebratenen Jungvögeln den Magen füllen.

Wat Nokor
🗺 Karte S. 212 B1
💲 $

Phnom Pros & Phnom Srei
🗺 Karte S. 212 B1

Wat Han Chey
🗺 Karte S. 212 B1
✉ 20 km nördlich von Kampong Cham, auf dem Berg am Westufer des Mekong
💲 $
⛴ Fähre oder Langboot ($$$$$) benötigt 15–25 Min.

leichtesten zugänglich ist **Wat Nokor**, wo vier ursprüngliche Bauten aus dem 11. Jh. erhalten sind. Das zentrale Heiligtum von Wat Nokor, 2 km westlich von Kampong Cham an der Nationalstraße 7, enthält noch Teile des ursprünglichen Bauwerks aus Sandstein und Laterit. Zum größten Teil wurde der Tempel jedoch zu einem farbenfroh dekorierten Kloster umgebaut.

Eine Besichtigung von Wat Nokor lässt sich mit einer Wanderung zum **Phnom Pros und Phnom Srei** (Berg des Mannes und Berg der Frau) verbinden. Die beiden Berge sind nach einer Legende benannt, die von einem Wettstreit zwischen den Männern und Frauen eines nahen Dorfes berichtet. Er

sollte entscheiden, welchem Geschlecht in Zukunft die Pflicht des Heiratsantrages zukommen sollte. Das Geschlecht, das an einem Tag einen höheren Berg aufschichten würde, sollte den Vortritt erhalten. Beim Wettkampf wähnten sich die Männer rasch als Sieger, feierten ihren Sieg feucht-fröhlich und legten sich schlafen. Indessen arbeiteten die Frauen die Nacht hindurch weiter. Der Berg der siegreichen Frauen ragt rechts höher auf und bietet schöne Ausblicke vom Gipfel. Mehrere moderne Tempel gruppieren sich um die beiden Berge, die knapp 5 km westlich der Stadt an der Nationalstraße 7 liegen.

Weiter entfernt von der Stadt liegt auf einem Hügel am Westufer des Mekong **Wat Han Chey**, zu dessen Ruinen auch ein weitgehend intakter Ziegelturm gehört. Lange Zeit galten die Tempel als die ältesten des Landes. Heute datiert man sie auf die Chenla-Zeit (7./8. Jh.). Einige andere Bauten stammen offenbar aus der Zeit von Funan (ca. 1.–7. Jh.). Die Ruinen selbst sind nicht sehr spektakulär, doch die Bootsfahrt auf dem Mekong dorthin und der Blick von den Tempeln lohnen sich. Die 21 km lange Bootsfahrt flussaufwärts nimmt einen halben Tag in Anspruch. In Ihrer Unterkunft ist man Ihnen bei der Beschaffung eines Bootes sicher gern behilflich.

Ein schöner Ausflug von Kampong Cham führt zum 20 km südlich gelegenen **Wat Maha Leap**. Dem Tempel, einem der wenigen in Kambodscha erhaltenen buddhistischen Holztempel, blieb die Zerstörung durch die Roten Khmer erspart, da er ihnen als Hospital diente. Heute ist er einer der heiligsten Tempel der Region. Seine vergoldeten Holzbalken und Deckenbilder stellen Ereignisse aus dem Leben Buddhas dar. Wat Maha Leap liegt 24 km südlich von Kampong Cham an einem Nebenfluss des Mekong namens Tonle Thoit (Kleiner Fluss). Da dieser Tempel ebenso schwierig zu finden ist wie Wat Han Chey, unternimmt man die Fahrt am besten mit einem ortskundigen Führer.

Kratie

Rund 130 km nördlich von Kampong Cham schmiegt sich die quirlige Provinzhauptstadt Kratie an die Ufer des Mekong. Das einstige Fischerdorf verwandelt sich allmählich in eine Touristenattraktion. Dieser Aufschwung hat nicht nur mit dem Irrawaddy-Flussdelfin zu tun, sondern auch mit der Lage an den Routen nach Laos über Stung Treng und nach Vietnam über Ratanakiri.

In Kratie können Sie einige Querstraßen vom Zentralmarkt entfernt in westlicher Richtung zur Uferstraße spazieren, wo Pensionen und Restaurants den Fluss säumen. Die Pensionen genügen oft nur knapp den Mindeststandards, die Restaurants sind meistens erfreulicher. Das **Restaurant Red Sun Falling** ist bei Ausländern beliebt. Sehr authentisch sind auch die Straßenstände am Uferweg zum südlichen Stadtrand, wo Hirschsteaks und belegte Baguettes an Spieltischen serviert werden. Genießen Sie dort bei einem Bier auf der steilen Ufermauer den Sonnenuntergang.

Hinter den Speiselokalen im Süden finden Sie auf der

Wat Maha Leap

🅐 Karte S. 212 B1

🅢 $

🅕 Fähre oder Langboot benötigt 30–45 Min.

Kratie

🅐 Karte S. 213 B2

Red Sun Falling Restaurant

✉ Suramarit St. (am Fluss, vor der Bushaltestelle)

🅢 $–$$$

World Wildlife Fund

✉ An St. Soramrith (Flussuferstraße), zwischen St. 14 & St. 15

☎ +855(0)23-218-034

www.panda.org/ greatermekong

ERLEBNIS: Leben am Fluss

Der **Mekong Discovery Trail** (Tel. +855(0) 23-726-424 oder +855(0)12-200-263, www. mekongdiscoverytrail.com) ist ein Netz aus Wanderwegen, die dem Flusslauf folgend von der nördlichen Grenze Kambodschas bis kurz vor die Grenze zu Laos und nach Kratie führen. Unterwegs erlebt man die Schönheit des Flusses und die Freundlichkeit der Einheimischen, wobei man Kultur und Natur u. a. auf Mountainbike- und Trekking-Touren, bei Delfin-Beobachtungen,

Fahrten im Pferdewagen und Hausboot sowie auf den Märkten erfahren kann.

In einzelne Abschnitte unterteilt, lässt sich der Mekong Discovery Trail auch etappenweise oder auf seiner gesamten Länge von 180 km bewältigen, entweder allein oder in einer Gruppe. Die Teilnehmer können unmittelbar in die Kultur eintauchen, indem sie bei Familien in den Dörfern (Homestay) oder auf dem Gelände buddhistischer Klöster übernachten.

Wat Roka Kandal

✉ Chhlong Rd.,
1,5 km südlich
von Kratie

💲 $

gegenüberliegenden Straßenseite ein Büro des **World Wildlife Fund** (WWF), wo Mitarbeiter über die Maßnahmen zum Schutz des bedrohten Irrawaddy-Delfins informieren. Vergessen Sie nicht, nach der Legende zu fragen, die den Ursprung der Delfine umgibt – es ist eine mystische Erzählung.

Die übrigen Sehenswürdigkeiten Kraties liegen abseits der üblichen Route. Eine Fähre landet am Ufer, das dem Restaurant Red Sun Falling gegenüberliegt, und befördert Passagiere scheinbar zum anderen Flussufer, in Wirklichkeit auf die Insel **Koh Trong**. Nach einem Spaziergang zum westlichen Rand der Insel (180 m) kommt ein schwimmendes vietnamesisches Fischerdorf in Sicht. Da

INSIDERTIPP

Nur wenige der fast ausgestorbenen Irrawaddy-Delfine leben noch in den Gewässern bei Kratie. Mieten Sie ein Boot, lassen Sie sich still auf dem Mekong treiben, und achten Sie auf das wunderbare Rauschen, mit dem sie aus dem Wasser emporschnellen.

KAREN COATES
NATIONAL GEOGRAPHIC-Autorin

die Vietnamesen in Kambodscha kein Land erwerben dürfen, hat sich die eingewanderte Dorfgemeinde ein Flussdorf gebaut.

Sehenswerter ist die **vietnamesische Pagode**. Sie hat

Ein Reisfeld und eine Zuckerpalmenplantage am Rand der Nationalstraße 6 in Ost-Kambodscha

Die Cham

Die Cham sind ein weit verstreuter Volksstamm, ihre Dörfer finden sich in ganz Südostasien. Diese kleinen, isolierten Siedlungen wurden größtenteils von Flüchtlingen gegründet, ein Hinweis auf die Verfolgung der Cham im Lauf der Geschichte.

Das war nicht immer so. Die Cham bildeten einst das mächtige Königreich Champa, dessen Grenzen an der Küste des heutigen Vietnam entlang bis nach Kambodscha verliefen. Das Königreich blühte als wohlhabende Seefahrernation, und Cham-Piraten beherrschten die angrenzenden Meere. Aufzeichnungen über die Herrschaft der Cham reichen bis ins 2. Jh. zurück. Besonders bemerkenswert war ihre militärische Taktik, mit der sie sogar die mächtige Hauptstadt des Angkor-Reichs 1177 in die Knie zwangen.

Das Reich der Champa grenzte an die einträglichen Handelsrouten der malaiischen Halbinsel nach China. Die Begegnungen der Cham mit den Händlern hatte großen Einfluss auf die Entwicklung ihrer Kultur, von ihrer charakteristischen Sprache bis zu ihrer Religion, dem Islam. Bereits im 11. Jh. übernahmen die Cham islamische Glaubensvorstellungen von arabischen Händlern. Heute sind über 90 Prozent der Cham Muslime.

Das Champa-Königreich zerfiel 1471 in der Folge vietnamesischer Invasionswellen. Plötzlich ohne eigenes Territorium, zerstreute sich das Volk der Cham. Viele sammelten sich in kleinen Dörfern an den Flussufern des heutigen Kambodscha.

Heute existieren rund 70 Cham-Dörfer am Mekong und Tonle Sap. Diese Gemeinden bilden mit rund 300 000 Angehörigen die größte religiöse und ethnische Minderheit in Kambodscha. Bedauerlicherweise ist diese Zahl viel kleiner als vor der Gewaltherrschaft der Roten Khmer, der fast 90 000 Cham zum Opfer fielen.

---

eine Aussichtsterrasse, wo Sie dem Treiben entspannt zusehen können.

Zurück in Kratie, können Sie ein Moto-Taxi für eine Fahrt zum **Wat Roka Kandal** mieten; der Ausflug dauert etwa eine Stunde. Der Tempel, 1,5 km südlich der Stadt gelegen, nimmt beide Straßenseiten der Chhlong Road ein. Östlich liegt ein reich geschmückter moderner buddhistischer Tempel. Westlich steht eine kleine und vergleichsweise schlichte Pagode aus dem späten 18. oder frühen 19. Jh. (eine der wenigen, die aus dieser Zeit erhalten sind). Der Tempel wirkt besonders seit seiner Renovierung im Jahr 2002 durch die Cambodian Craft Cooperation (www.cambodiancraft.com) recht hübsch, wobei die alte Pagode in ein Zentrum für Kunsthandwerk, Kultur und Tourismus umgewandelt wurde. Die Pagode ist meistens geschlossen, aber der Hausmeister kann Ihnen den Kunsthandwerksladen im Innern oder die beiden benachbarten traditionellen Flusshäuser zeigen, die man auch mieten kann (einige tausend Riel Trinkgeld für den Hausmeister nicht vergessen).

Umgebung von Kratie

Die größte Attraktion von Kratie sind die Irrawaddy-Delfine (siehe S. 220). Eine Fahrt mit dem Moto-Taxi führt zu der 14 km nördlich der Stadt gelegenen **Kampi Dolphin**

Kampi Dolphin Viewing Site

🗺 Karte S. 213 B2

✉ 15 km nördlich von Kratie an der Straße nach Sambor (auf das Schild links achten)

💲 $$

Phnom Sambok

🗺 Karte S. 213 C2

Wat Sarsar Moy Roy & Sambor

 Karte S. 213 B2

 Von Kratie auf der National- straße 7 nach Norden (23 km), hinter Kampi nach Sandan; dann links abbiegen zur Rte. 306 nach Sambor (10 km)

$ $

Viewing Site. Anschlie- ßend führt eine geruhsame Bootsfahrt von 60 oder 90 Minuten Dauer den Mekong hinauf zu den Delfinen. Obwohl die Süßwasserdel- fine sich eigentlich zu jeder Tageszeit zeigen, ist der Morgen die beste Zeit, wenn die Temperatur erträglich und das Wasser ruhiger ist.

Über dem Fluss ragt **Phnom Sambok** auf, eine einsame Erhebung in den umliegenden Reisfeldern. Der Wald, der die Anhöhe umgibt, strahlt einen unzer- störbaren Frieden aus, wobei das Kloster auf dem Gipfel den Eindruck noch steigert. Folgen Sie den mit Nagas verzierten Geländern bis hin- auf zur ersten Lichtung. Auf

der linken Seite enthält eine kleine Nische Wandmalerei- en, die buddhistische Vorstel- lungen von der Hölle zeigen. Von dieser Freifläche führen zwei weitere Treppen zu zwei verschiedenen Gipfeln, um die sich wiederum eine Le- gende rankt. Wie bei der von Kampong Cham (siehe S. 215f), geht es darin um die Frage des Heiratsantrages. Der Legende nach gab es auch hier einen Wettstreit zwischen Männern und Frau- en um den Bau des größten Hügels. Wieder übertrumpf- ten die Frauen die Männer.

Weiter nördlich, 34 km von Kratie entfernt, liegen die Überreste von Sambhu- pura, einer Metropole des 7. Jhs., in der ein mächtiges

ERLEBNIS: Irrawaddy-Delfine

Der Irrawaddy-Delfin ist ein vom Aussterben bedrohter Süßwasserdelfin, der nur noch in fünf Habitaten weltweit heimisch ist; eines davon ist der 190 km lange Abschnitt des Mekong zwischen Kratie und der Grenze zu Laos. Die dunkelgrauen Delfine haben eine rundliche Rückenflosse und einen runden Kopf mit kurzer Schnauze; sie werden bis zu 2,75 m lang.

Traurigerweise konnten Bemühungen, den Lebensraum der Delfine zu schützen, u. a. durch Patrouillen von Polizeibooten, um die Schleppnetzfischerei zu verhindern, wenig zur Rettung der Art beitragen. Obgleich die Zahl der Todesfälle bei erwachsenen Delfinen in den vergangenen Jahren leicht gesunken ist, kam es bei den Jungtieren zu einem Massensterben. Zwischen 2004 und 2008 sind pro Jahr durchschnittlich 75 Prozent der neugeborenen Kälber auf mysteriöse Weise verendet, außerdem kamen durchschnittlich

16 ausgewachsene Tiere ums Leben. Die Population im Mekong wurde 2007 auf 66 bis 86 Delfine geschätzt. Diese verschwin- dend geringen Zahlen lassen ein Überleben der Art fraglich erscheinen, zumal die Tiere zusätzlich von Schmutzwasser, das ihnen die Orientierung nimmt, bedroht sind.

Kratie ist der beste Ausgangsort für eine Bootsfahrt auf dem Mekong, bei der man einen Blick auf diese zauberhaften Wesen werfen kann. In den trockensten Monaten (März–Mai) versammeln sich die Delfine in fünf Auenseen des Flusses, wo sie dann selbst vom Ufer aus gut zu sehen sind. In der Regen- zeit, wenn die Delfine sich frei im Fluss bewe- gen, sind sie vom Boot aus unschwer auszu- machen. Sie können ein Boot bei einem Tourismuszentrum mieten, z. B. bei der **Kampi Dolphin Viewing Site** (siehe S. 219), 15 km nördlich von Kratie. Bootsausflüge arrangieren auch die Unterkünfte.

Einer der seltenen Irrawaddy-Delfine im Mekong unweit von Kratie

Matriarchat herrschte. Das Gebiet heißt heute **Sambor** und ist stolz auf den Wiederaufbau des größten kambodschanischen Tempels, **Wat Sarsar Moy Roy**, der Hundert-Säulen-Pagode aus dem 16. Jh.. Der Tempel besitzt allerdings mehr als hundert Säulen, je nachdem, wer die Zählung vornimmt. Besonders beachtenswert sind die vier uralten Holzsäulen im hinteren Teil. Der buddhistische Tempel wurde 1997 umgebaut. Übernachtungen arrangiert das **Kratie Wat Committee**.

Stung Treng

An der abgelegenen Kreuzung der Nationalstraße 7 mit der Route 78 warten Händler auf die überwiegend einheimischen Fahrgäste, die aus dem Bus steigen. Eine Handvoll Ausländer macht sich von hier auf den Weg ins 150 km nördlich von Kratie gelegenen Stung Treng. Die Stadt ist im Wesentlichen eine kleinere, ruhigere und weniger touristische Kopie von Kratie: ein paar Häuserblocks mit Hotels, Restaurants und Läden am Zusammenfluss des Tonle San und des Mekong. Obwohl man auch bei Stung Treng Irrawaddy-Delfine zu sehen bekommt *(im Hotel nachfragen)*, machen die meisten Durchreisenden nur auf dem Weg zur nahen Grenze nach Laos bei Dom Kralor in der Stadt Halt. ■

Kratie Wat Committee
✉ 91 St. 10, Kratie
☎ +855(0)11-786-847 oder +855(0)11-716-311
💲 $$$$

Stung Treng
🗺 Karte S. 213 B4

Ökotourismus

Nach Jahren ungebremsten Wachstums steht Kambodscha an einem Scheide-
weg. Ökosysteme, die zu den ursprünglichsten des Landes gehören und in denen
viele gefährdete Arten leben, fallen heute der Abholzung, Brandrodung und
Wilderei zum Opfer. Schreitet die Erschließung weiterhin in diesem Tempo voran,
werden Tier- und Pflanzenarten verschwinden, und der Wald wird vernichtet.

Traditionelle Landarbeit an einem Teich am Prasat Ta Prohm, Provinz Oddar Meanchey

Glücklicherweise erkennen die Dorfgemeinden allmählich, welchen Wert die
Erhaltung ihrer Ökosysteme hat, zumal
viele hoffen, ihren Lebensunterhalt mit
dem Tourismus bestreiten zu können. Es
gibt Bemühungen, die junge Generation
über ihr Naturerbe aufzuklären. Vorbild
für solche Projekte ist das Netzwerk des
Community-Based Ecotourism (CBET),
das Dorfgemeinden bei umweltfreund-
lichen Aktivitäten unterstützt.

Das Cambodia Community-Based
Ecotourism Network (www.ccben.org),
das aus rund 30 Agenturen besteht,
organisiert Schulungen und Informa-
tionsaustausch in den Dörfern. Dorfbewohner, die am CBET teilnehmen
wollen, spezialisieren sich auf bestimmte Aktivitäten. Ein bestimmter Prozent-
satz der erzielten Erlöse fließt an einen
Fonds, der zur Verbreitung des Systems beitragen soll. Besucher können

ERLEBNIS: Möglichkeiten des Ökotourismus

Neben den unten aufgeführten Einrichtungen können folgende erfolgreichen Projekte des Community-Based Ecotourism (CBET) als Modelle für die Zukunft gelten:

Banteay Chhmar Community-Based Ecotourism

2007 wurde im Dorf Banteay Chhmar (siehe S. 186, 190) bei der großen Tempelanlage von Angkor ein Tourismusprogramm *(Tel. +855(0)92-599-115)* ins Leben gerufen. Die Dorfbewohner wollen ihre Gemeinde sozial, kulturell, wirtschaftlich und ökologisch ausgewogen weiterentwickeln. Viele Köche und Inhaber von Homestays wurden in der „School of Hospitality" Sala Bai in Siem Reap ausgebildet. Neben der Besichtigung der spektakulären Ruinen benachbarter Tempel können Gäste das ländliche Leben per Fahrrad oder Ochsenkarren entdecken und das Seidenzentrum Enfants du Mékong besuchen.

Chambok Community-Based Ecotourism

Eines der ersten CBET-Projekte in Kambodscha, die Chambok-Ökotourismuseinrichtung *(National Highway 4 beim Nationalpark Kirirom, Tel. +855(0)23-214-409, www.geocities.com/chambokcbet)*, wurde 2001 in Zusammenarbeit mit dem Umweltministerium gegründet, um die Wälder der Gemeinde zu schützen. Seitdem werden ortskundige Führer für historische, naturkundliche und kulturelle Touren ausgebildet. Für Gäste werden Trekking, Schwimmen, Vogelbeobachtung, Fährtenlesen und Fahrten in Ochsenkarren angeboten. Der angrenzende Nationalpark Kirirom (siehe S. 255) besitzt spektakuläre Wasserfälle. Gäste, die in den Homestays des Dorfes bei Familien übernachten, kommen in den Genuss traditioneller Gerichte und Tanzaufführungen.

Chi Phat Community-Based Ecotourism

Ein- oder mehrtägige Aktivitäten hat die Chi Phat Commune im Angebot; die vier Dörfer sind aktiv an der Entwicklung eines CBET-Projektes in Zusammenarbeit mit der Wildlife Alliance *(109 St. 99, Phnom Penh, Tel. +855(0)23-211-604, www.wildlifealliance.org)* beteiligt. Die Dorfbewohner bilden Komitees, um die verschiedenen Aufgaben, von der Einrichtung von Pensionen und Homestays bis hin zur Entwicklung des Handwerks und zur Übernahme von Parkranger-Aufgaben, zu leisten. Zu den Aktivitäten gehören u. a. Mountainbike-Touren zu Unterkünften, die aus heimischen Baumaterialien bestehen, Fahrten im Ochsenkarren zu einem nahen Wasserfall und in traditionellen Ruderbooten zur Vogelbeobachtung auf dem Fluss.

Prek Tnout Community-Based Ecotourism

Ein Teil dieser CBET-Einrichtung *(Prek Tnout Commune, 30 km westlich von Kampot an der Nationalstraße 3, www.cambodianwildlife.org)* liegt im Nationalpark Bokor. Die Tierwelt ist hier reichhaltig und umfasst stark gefährdete Arten. Sie unternehmen geführte Spaziergänge zu Bächen, Wasserfällen und Mangrovenwäldern und beobachten Vögel, Delfine, Dugongs und Affen. Die Dorfbewohner erwirtschaften ihren Lebensunterhalt auf nachhaltige und traditionelle Weise und bieten z. B. holzfreie Erzeugnisse des Waldes (Rattan, Bambus und Früchte) an. Teilnehmer können in einer Pension übernachten.

bei einem Aufenthalt das Leben der Gemeinschaften, die sich auf eine nachhaltige Bewirtschaftung eingestellt haben, auf authentische Weise erfahren.

Projekte gibt es u. a. im Nationalpark Virachey (siehe S. 225), am Yak-Laom-See (siehe S. 225, 226, 229), an der Kampi Dolphin Viewing Site (siehe S. 219ff), im Flussdorf Kampong Pleuk (siehe S. 120f), in Prek Toal (siehe S. 123), Ang Trapaeng Thmor (siehe S. 185f) und Tmatboey (siehe S. 121).

Ratanakiri

Wer an der Kreuzung der Nationalstraße 7 nach Stung Treng mit der Route 78 südwärts fährt, wird auf einer Schotterstraße durchgerüttelt. Je nach Jahreszeit ist die Straße von Staubwolken oder einem grünen Blätterteppich überzogen.

Ein Buddha in ruhender Haltung in der Stadt Ban Lung, Provinz Ratanakiri

Die Fahrt in die Provinz Ratanakiri (Berg der kostbaren Steine) führt über eine allmählich ansteigende, kurvenreiche Straße. Auf der Route 78 erreichen Sie schließlich die Stadt Ban Lung, deren Einwohnerzahl auch dank des Tourismus anwächst.

Ratanakiri ist nach wie vor ein etwas heikles Reiseziel. Ban Lung liegt 590 km von Phnom Penh entfernt und die Fahrt dorthin ist mit einem hohen Zeitaufwand verbunden. Aber es gibt viel zu sehen, mehr als sich an ein oder zwei Tagen bewältigen lässt, darunter zwei Vulkanseen, zahlreiche Wasserfälle, Hunderte Stammesdörfer und den Nationalpark Virachey.

Die Hauptsehenswürdigkeit, der See Yak Laom, nimmt leicht einen vollen Tag in Anspruch. Außerdem sind in Ban Lung Wasserfälle, ein ruhender Buddha auf einem Berggipfel und der einzige Markt der Stadt zu erleben – z. B. auf einem gemieteten Motorrad (siehe S. 228f) oder in Begleitung eines einheimischen Führers. Fahrten zu Stammesdörfern sind Abenteuer, die einen Tourenveranstalter erfordern. Übernachtungen im Park *(Mindestaufenthalt drei Tage)* sind nur zu empfehlen, wenn man bereit ist, sich auf sehr einfache Verhältnisse einzulassen.

Ban Lung

Die weiten, staubigen Boulevards und die niedrigen gelben Ministerialbauten von Ban Lung scheinen sich außerhalb der Welt zu befinden. Und doch liegt die Stadt im Herzen einer Provinz, die reich ist an natürlichen und kulturellen Schätzen. Im Zentrum gibt es einen Kreisverkehr mit einem verfallenen Naga-Turm, ein nützlicher Orientierungspunkt, wenn man den **Ban-Lung-Markt** südlich der Kreuzung sucht. Dort gibt es praktisch alles – von frischem Fleisch und Gemüse bis zu Kleidung, Edelsteinen, Handarbeiten und traditionellen Heilmitteln.

Ein paar Nebenstraßen östlich vom Kreisverkehr befindet sich die **Touristeninformation**, eine der wenigen in Kambodscha, die regelmäßig geöffnet ist und

Englisch sprechende Einheimische beschäftigt. Nördlich der Kreuzung, beim Postamt, können Sie sich im Büro des **Nationalparks Virachey** über Touren informieren und diese auch gleich buchen.

Rund um Ban Lung

Der größte Anziehungspunkt in der Umgebung von Ban Lung ist der **Yak-Laom-See**. Der Krater eines erloschenen Vulkans ist mit warmem, aquamarinblauem Wasser gefüllt; er hat einen Durchmesser von 800 m und ist 50 m tief. Am Haupteingang können Sie Tubing-Reifen leihen und Lebensmittel, frisches Obst und heimischen Reiswein erwerben. Am schattigen, bambusgesäumten Wanderweg, der um den See führt, laden mehrere hölzerne Terrassen zum Sonnenbaden und Schwimmen ein. Auf dem Wanderweg finden Sie auch das **Cultural & Environmental Center** (*$*) und einen kleinen Laden mit

Ban Lung

🅰 Karte S. 213 D4

Besucherinformation

✉ Ban Lung Tourism Office, an der Rte. 78, 1,5 Blocks westlich vom Kreisverkehr im Zentrum

💲 $

Virachey-Nationalparkbüro

🅰 Karte S. 229

✉ Vom Kreisverkehr im Zentrum 3 Blocks in östlicher Richtung, dann 2 Blocks links (nördlich); Büro auf der rechten (östlichen) Seite

☎ +855(0)75-974-176

💲 $

Nationalpark Virachey

🅰 Karte S. 213 C5–E5

Yak Laom-See

🅰 Karte S. 213 D4, 229

💲 $

Nationalpark Virachey

Wer das echte Abenteuer sucht, kann eine Expedition in den größten Nationalpark Kambodschas, den Virachey, wagen. Auf einer Fläche von 3333 m² dehnen sich unberührte Wälder, weites Grasland, hohe Berge und fruchtbare Täler aus. Sie sind zum großen Teil nur den Bergstämmen bekannt, die seit Jahrhunderten von diesem Land leben. Der Park ist eines der letzten Schutzgebiete für stark gefährdete Primaten und Vögel sowie Tiger und Elefanten. Im Vietnamkrieg verlief der Ho-Chi-Minh-

Pfad durch das Gebiet, weshalb die Amerikaner hier in einer Materialschlacht ihre Bomben abwarfen. Das Nationalparkbüro in Ban Lung organisiert Trekking- und Kajak-Touren zu den Dörfern und zu erhaltenen Abschnitten des Ho-Chi-Minh-Pfads. Die Touren dauern mindestens drei Tage, übernachtet wird auf sehr einfache Weise (man schläft in Hängematten, Bäder sind nicht vorhanden). Als Lohn winkt eine Wildnis, die nirgendwo im Land noch so ursprünglich ist wie hier.

Wasserfall Cha Ung
🅰 Karte S. 213 D4, 229

Wasserfall Katieng
🅰 Karte S. 213 D4, 229

Wasserfall Ka Chhang
🅰 Karte S. 213 D4, 229

Wasserfall Ou'Sien Lair
🅰 Karte S. 213 D4

Bo Keo
🅰 Karte S. 213 D4

Kunsthandwerk. Der See liegt 5 km von Ban Lung entfernt und ist zu Fuß oder mit dem Motorrad zu erreichen.

Mit Hilfe einer Karte der Touristeninformation findet man mühelos zu einigen schönen Wasserfällen. Sogar auf dem Rücken von Elefanten kann man dorthin reiten.

INSIDERTIPP

Der Wasserfall Cha Ung bietet an einem heißen Tag ideale Entspannung. An seinem Fuß können Sie eine erfrischende kalte Dusche nehmen oder in eins der Wasserbecken eintauchen.

KRIS LEBOUTILLIER
NATIONAL GEOGRAPHIC-Fotograf

Der größte von fünf Wasserfällen ist der 20 m hohe **Wasserfall Cha Ung** mit seinen schäumenden Wassermassen, die für eine angenehme Abkühlung sorgen. Der Wasserfall, 10 km nordwestlich von Ban Lung, rückt in der Trockenzeit, wenn die Straße leichter zu passieren ist, in erreichbare Nähe. Er führt dann allerdings weniger Wasser. Der schöne, ganzjährig zugängliche **Wasserfall Katieng** ist der beliebteste. Er liegt 10 km südwestlich der Stadt. In der Nähe gibt es eine kleine **Handwerkshütte**, wo Holzschnitzereien, Tücher und Körbe verkauft werden.

Der Wasserfall ergießt sich über sichelförmige Klippen in ein großes, rundes natürliches Bassin, das über Holzstufen zugänglich ist. Auf diesem Weg kommt man leichter zum Wasser, ein anderer Weg führt über die überhängenden Klippen, hinter den Wasserfall und dann hinab zum Becken. Stromaufwärts liegt der ebenfalls gut zugängliche **Ka-Chhang-Wasserfall**, wo Nachbildungen von **Hochzeitshütten** neben den Stufen hinunter zum Wasserfall aufgebaut sind. Der Wasserfall ähnelt dem von Katieng, ist aber kleiner und hinter üppig wuchernder Vegetation verborgen. Der Wasserfall von Ka Chhang liegt 7 km vor der Stadt an einer gut markierten Straße auf dem Weg nach Katieng. Ein Ausflug zu den Wasserfällen führt am **Berg Eisay Patamak** vorbei.

Vom Kreisverkehr im Zentrum von Ban Lung fährt man auf der Route 78 etwa 1,5 km Richtung Osten bis zu einer kleinen, beschilderten Abzweigung. Die staubige Piste führt zu einer leuchtend bunten Pagode und dann auf einem steilen, holprigen Weg zu einem **ruhenden Buddha**.

Ausflüge in die weitere Umgebung

Der **Wasserfall Ou'Sien Lair** liegt weiter von Ban Lung entfernt; um ihn zu sehen, benötigt man einen Führer. In der Nähe des eindrucksvollen siebenstufigen Wasserfalls befinden sich die wenigen verbliebenen Diamantenvorkommen Ratanakiris. Ein kundiger Begleiter kennt im Allgemeinen die Stellen, wo Schatzsucher auf traditionelle Weise nach den kostbaren Steinen graben.

Bergbau in größerem Stil wird im Umland der Stadt **Bo Keo**, 40 km östlich von Ban Lung an der Route 78, betrieben. Auch hier kommen traditionelle Methoden zum Einsatz: Ein Bergmann wird in eine kleine, vierkantige Grube hinabgelassen, die mittels einer Hacke und eines einfachen Flaschenzuges ausgehoben wird. 5 km hinter Bo Keo führt eine Abzweigung zum 23 km südlich gelegenen **Lumkut-See**. Auch dieses Gewässer füllt einen vulkanischen Krater, der, obgleich fast doppelt so groß wie der See Yak Laom, nur einen Bruchteil von dessen Besucherzahlen verzeichnet.

Die meisten Pensionen vermitteln Tagesausflüge und mehrtägige Trekking-Touren zu **Stammesdörfern**, deren verschiedene Ethnien Khmer, Chinesen, Laoten, Vietnamesen und weitere Gruppen umfassen. In diesen Dörfern leben 75 Prozent der Bevölkerung von Ratanakiri.

Auf einer beliebten Strecke von Ban Lung ist **Voen Sai** zu erreichen, ein kleines Gebiet 40 km nordwestlich der Stadt mit einigen Dörfern inmitten von dichtem Urwald. Ein typischer Morgen auf einer solchen Tour beginnt mit einer Überlandfahrt, die je nach Jahreszeit und Straßenzustand 45 Minuten oder zwei Stunden dauern kann. Dann steigen Sie in ein Boot um, das auf dem Tonle San nordwärts

Lumkut-See
 Karte S. 213 D4

Voen Sai
Karte S. 213 D4

Der Wasserfall Cha Ung ist der größte von mehreren Wasserfällen in der Region um Ban Lung

nach Kachon steuert, ein auf Pfählen gebautes Dorf am Flussufer. Dort lebt eine Gemeinde der Tampuon, einer Minderheit, die etwa 24 Prozent der Bevölkerung von Ratanakiri ausmacht. Die Dorfbewohner halten sich an ihre traditionellen Gebräuche. Reich geschmückte, überdachte Gräber enthalten Gaben an die Geister.

Zurück im Boot, setzt man die Fahrt flussabwärts zu weiteren Dörfern fort. Als erstes kommt eine chinesische Gemeinde in Sicht. Ein Fußweg führt zum benachbarten laotischen Dorf. ∎

Mit dem Motorrad durch Ratanakiri

Vielen Besuchern dient die Provinzhauptstadt nur als Zwischenstopp, sie machen sich direkt auf den Weg in die Berge. Der erste Eindruck von Ban Lung mag trostlos sein, zu sehen gibt es aber eine ganze Menge. Gehen Sie mit einem Motorrad auf Entdeckungstour (Straßenkarte nicht vergessen!).

Sonnenuntergang in den Bergen über Ban Lung

Beginnen Sie die Rundfahrt auf dem **Markt Ban Lung** ❶, zwei Blocks südlich vom Kreisverkehr. An den Ständen können Sie günstige Preise aushandeln, vor allem bei Edelsteinen — Amethyste und Zirkone werden in der Nähe abgebaut. Bei den Händlern am Eingang können Sie sich mit Obst eindecken.

Vom Kreisverkehr fahren Sie etwa 1,5 km westlich auf der Route 78 bis zur Abzweigung zum Berg Eisay Patamak. Die schmale, staubige Straße führt zu einer Pagode mit zuckerstangenartig gestreiften Säulen. Ein Pfad führt steil bergan zu einem großen **ruhenden Buddha** ❷ (*$*). Zum Ausdruck kommt in dieser Haltung die Befreiung vom Kreislauf der Wiedergeburt. Der Gipfel

NICHT VERSÄUMEN

Ban-Lung-Markt • Ruhender Buddha • Wasserfälle Katieng & Ka Chhang • Yak Laom-See

bietet einen überwältigen Blick auf die Landschaft und die Berge in der Ferne.

Fahren Sie dann auf der Hauptstraße nach Westen und folgen den Schildern südwärts zum **Katieng-Wasserfall** ❸ (*9 km südlich von Rte. 78 ab Ka Chhang Commune Office, $*). Der Wasserfall liegt versteckt in einem Wald. 20 m hinter dem Wasserfall finden Sie eine **Hand-werkshütte** mit Kunsthandwerk.

Kehren Sie zur ersten Hauptkreuzung bei den Gummibaumplantagen zurück und folgen Sie den Schildern, die den Weg zum abgelegenen **Ka-Chhang-Wasserfall 4** *(7 km südlich von der Rte. 78 ab Ka Chhang Commune Office, $)* in südöstlicher Richtung weisen. Bevor Sie die Stufen zum Wasserfall hinabsteigen, beachten Sie die in verkleinertem Maßstab nachgebildeten **traditionellen Hochzeitshütten** auf Stelzen vom Bergstamm der Poy.

Das Schmuckstück von Ban Lung ist der **Yak-Laom-See 5** *(Rte. 78 östlich ab Ban Lung, am Bergstammdenkmal im Kreisverkehr abbiegen, auf der südlichen Seitenstraße 1,5 km, $).* Klares, warmes Wasser füllt hier einen Vulkankrater. Wandern Sie am See entlang, um sich einen Lieblingsbadeplatz zu suchen. Am Weg steht das **Cultural & Environmental Center 6** *($),* ein Museum mit Exponaten über die Bergstämme.

Lumphat

Historisch Interessierte finden vielleicht Gefallen an einem Ausflug nach Lumphat, der einstigen Hauptstadt von Ratanakiri. Sie liegt 25 km südlich von Ban Lung an der einfachen Straße nach Mondulkiri. Amerikanische Flächenbombardements hatten einst die Roten Khmer aus Lumphat vertrieben, aber dabei auch die Stadt ausgelöscht. Heute ist sie praktisch eine Geisterstadt mit weniger als tausend Einwohnern. Langsam nimmt die Natur hier viele Gebäude in Beschlag.

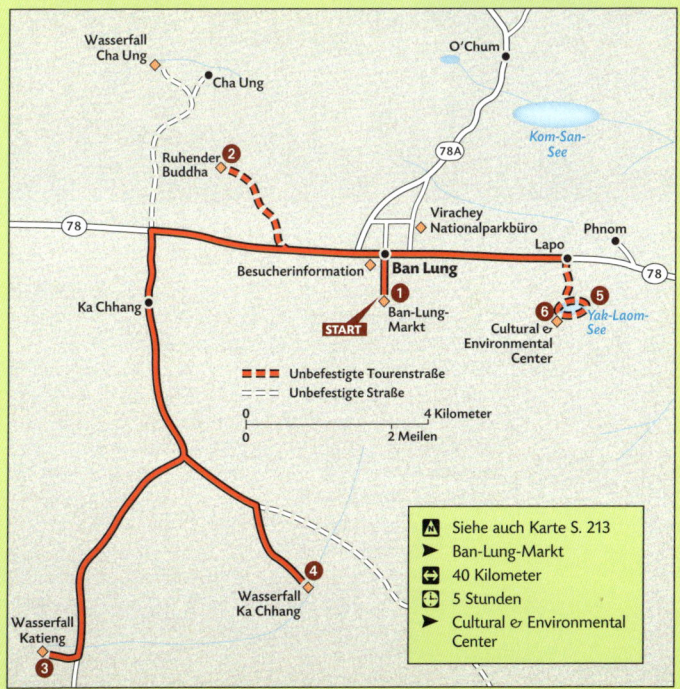

Mondulkiri

Als 1992 ein ausländischer Gast in Sen Monorom, Hauptstadt der Provinz Mondulkiri (Begegnung der Berge) eintraf, wurde der erste westliche Besucher seit 18 Jahren mit einer Willkommensfeier begrüßt. Heute verschlägt es häufiger Reisende aus dem Westen nach Sen Monorom. Die ruhige Bergstadt dient als Ausgangspunkt für Fahrten in Dörfer der ethnischen Minderheiten.

Bewohner eines kleinen Dorfs in Modulkiri bei der Arbeit am Brunnen

Sen Monorom
Karte S. 213 D2

Besucher kommen selten über die sanft gewellten Hügel von Mondulkiri hinaus, doch die Provinz ist auf der Landkarte von Bodenspekulanten verzeichnet. Vor allem Investoren, die die Abholzung von Wäldern oder den Abbau von Bodenschätzen betreiben, sind seit den späten 1970er Jahren aktiv. Zuvor wurde die Region von schweren US-Flächenbombardements überzogen, die Aufständische aus der Grenzprovinz vertreiben sollten.

Seit Jahrtausenden lebten die Bunong (auch: Pnong), ein überwiegend friedliches Bergvolk abgeschieden und außerhalb der Reichweite des Reichs von Angkor. Bedauerlicherweise verlieren die verbliebenen 30 000 Bunong inzwischen ihr Land an die Spekulanten, und ihre Kultur unterwirft sich allmählich dem Einfluss der Khmer.

In Sen Monorom organisieren die Unterkünfte Touren. Die Temperaturen in Mondulkiri fallen im Winter auf 4° bis -9°C, denken Sie daher an geeignete Kleidung. In der Trockenzeit kommt es in Mondulkiri häufig zu Sandstürmen. Wer nicht von Kopf bis Fuß mit rotem Staub bedeckt sein möchte, sollte eher gegen Ende der Regenzeit (Okt.–Anfang Nov.) reisen.

Sen Monorom & Umgebung

Sen Monorom ist eine typische Grenzstadt. Der Tourismus profitiert hier von der Entwicklung der Infrastruktur, die vom Reichtum der Region an natürlichen Ressourcen, darunter Bauholz, Gold und andere Bodenschätze, gefördert wurde. Die Straßen der Stadt sind zum größten Teil gepflastert, und es gibt ein lückenloses Mobiltelefonnetz. Unterkünfte und Restaurants gibt es in überraschender Zahl, darunter das fantastische Restaurant **Bananas** *(südlich vom Gaur-Kreisverkehr, an der Abzweigung links, dann am Fuß des Berges links, Tel. +855(0)92-412-680)*. Die attraktivsten touristischen Ziele liegen jedoch in der Wildnis – die Natur und die Gemeinschaften der ethnischen Minderheiten sind jedoch ernsthaft von Investoren bedroht.

An der Hauptstraße von Sen Monorom findet man **Middle of Somewhere** *(südlich vom Gaur-Kreisverkehr, gegenüber dem Holiday Guesthouse, Tel. +855(0)16-389-750)*. Im erfolgreichen Kunst-

handwerkszentrum werden Röcke, Handtaschen und dekorative Objekte in traditionellem Stil hergestellt, die Erlöse kommen einem Gemeindezentrum an der örtlichen Oberschule zugute.

Middle of Somewhere betreibt aber nicht nur den kleinen Laden, sondern fördert auch durch halb- und ganztägige Touren das Bewusstsein für die Kultur. Ein Besuch im Dorf vermittelt das Bild traditioneller Wohnstätten der Bunong mit Hütten aus Bambus und Stroh. Natürlich erhält man dort auch durchaus ernüchternde Einblicke in die kargen Lebensbedingungen

Die neue Straße nach Sen Monorom

Die Hauptstadt von Mondulkiri, Sen Monorom, liegt 420 km nordöstlich von Phnom Penh und war bisher zur Regenzeit schlicht unzugänglich, da die Straße dann von morastigen Schlammlöchern übersät war. Die Route 76 von Snuol nach Sen Monorom wurde 2009 endlich fertiggestellt. Große Betonbrücken wurden errichtet, sodass Fahrzeuge aller Art Mondulkiri selbst zur Regenzeit erreichen können und die Fahrtdauer sich in den trockenen Monaten um eine Stunde (auf jetzt 2,5–3 Std.) verkürzt. Die ausgebauten Straßen dürften – ähnlich wie die Öffnung der Grenze bei Dak Dam – den Tourismus in dieser Region fördern.

Elephant Valley Project

 Handwerkszentrum Middle of Somewhere; südlich vom Gaur-Kreisverkehr, rechts vor der Abzweigung

☎ +855(0)99-696-041

$ $$$$$+

www.elephantvalley project.org

einer Kultur, die allmählich ihren Boden und ihre Identität verliert.

Middle of Somewhere ist aber auch der Treffpunkt für das international anerkannte Schutzprogramm des **Elephant Valley Project** – das Highlight einer Fahrt nach Mondulkiri. Dieses Projekt unternimmt Anstrengungen zum Schutz des Urwaldes und zur Bewahrung seiner Tierwelt in einem Elefantenschutzgebiet. Wie der Name des Projekts andeutet, liegt das Hauptziel der Mitarbeiter in der Bewahrung dieser bedrohten Großtiere. Man verfolgt damit aber einen dreifachen Zweck: Es geht daneben auch um den Schutz der Wälder in der Region vor weiterer illegaler Abholzung und um Arbeitsmöglichkeiten für die Bunong.

INSIDERTIPP

Kaum ein Reiseerlebnis lässt sich mit einem Elefantenritt in den Dschungel vergleichen. Der eintägige Wasserfallausflug des Elephant Valley Project ist die beste Wahl.

NINA-NOELLE HALL
National Geographic-Mitarbeiterin

Das Elephant Valley Project ermöglicht es Besuchern, für Elefanten zu sorgen, die zumeist aus nicht artgerechter Haltung befreit und hierher gebracht wurden. Bei einem ganztägigen Ausflug zum Schutzgebiet können Besucher auf dem Rücken von Elefanten durch den dichten Dschungel zu Wasserfällen reiten, die auf keiner Landkarte verzeichnet sind. Wer gleich eine Woche lang bleiben möchte, kann in den Pensionen unterkommen, die im traditionellen Bunong-Stil gebaut sind. Bei einem solchen Aufenthalt kann man sogar aktiv mitarbeiten. Tierfreunde haben außerdem Gelegenheit, Freiwilligenarbeit von mehreren Monaten Dauer zu leisten (siehe rechts).

Das Schutzgebiet ist auf einer 45-minütigen Fahrt von Sen Monorom aus erreichbar.

Auf fast jeder Straße, die aus der Stadt Sen Monorom hinausführt, gelangt man zu hübschen Wasserfällen, die mehr oder weniger leicht zugänglich sind. Am besten sind die meisten mit einem Tourenveranstalter oder einem Moto-Taxi zu erreichen. Zum Schwimmengehen ist der **Romanear-Wasserfall**, direkt an der Route 76, gut geeignet. In der Nähe liegen die ebenso reizvollen Wasserfälle **Sen Monorom** und **Sihanouk**, wo man ein nachmittägliches Bad genießen kann.

Etwas weiter ist es bis zum eindrucksvollsten Wasserfall namens **Bou Srah**, 43 km von Sen Monorom und nahe an der Grenze zum **Phnom Namlier Wildlife Sanctuary**

ERLEBNIS: Ausritt mit Elefanten

Vom geschützten South West Elephant Corridor, der die Kardamomberge mit den Elefantenbergen verbindet, bis zu den fernsten Wäldern des Nationalparks Virachey, wo es keine Straßen, wenige Wanderwege und noch weniger Menschen gibt, ist Kambodscha Lebensraum einer der weltweit größten Populationen von wilden Asiatischen Elefanten. Die meisten von ihnen halten sich im Dschungel verborgen, Besucher haben aber durchaus die Möglichkeit, einmal einen kambodschanischen Elefanten zu Gesicht zu bekommen. Und Sie können sogar auf Elefanten zu den Wasserfällen von Ban Lung reiten.

Elephant Valley Project

Zu Füßen nebelverhüllter Gipfel der nordöstlichen Provinz Mondulkiri bietet das Elephant Valley Project (siehe S. 232) die Gelegenheit, einige der mächtigen Waldbewohner aus der Nähe zu erleben. Ein eintägiger Ausflug beinhaltet einen Ritt auf einem Elefanten zu einem nachmittäglichen Picknick an sonst unzugänglichen Wasserfällen (*$$$$$*). Ein All-inclusive-Aufenthalt bietet eine einwöchige theoretische und praktische Einführung, bei der die Teilnehmer lernen, wie ein Mahout (Elefantenführer) für eines der Tiere zu sorgen (*$$$$$*). Das Projekt bietet aber auch die Möglichkeit für längere Freiwilligenarbeit; wer mag, kann sich dann also gleich mehrere Monate um die Tiere kümmern.

Compagnie des Éléphants d'Angkor

Als die ersten ausländischen Touristen im späten 19. Jh. in Siem Reap eintrafen, war ein Elefant das übliche Transportmittel zur Durchquerung des dichten Dschungels, in dem die Tempel verborgen lagen. Dieses magische Erlebnis können Sie mit der Compagnie des Éléphants d'Angkor (*Tel. +855(0)63-963-561, $$$$, Südtor nach Bayon, $$$*) nachempfinden, wenn Sie rechtzeitig für den Sonnenuntergang zum Gipfel des Phnom Bakheng hinaufreiten, durch die Tore von Angkor Thom schreiten oder einen 20- bis 25-minütigen Spaziergang durch Angkor Thom unternehmen. Am empfehlenswertesten ist allerdings die Fahrt um 10.30 Uhr vom Bayon-Tempel zum Südtor von Angkor Thom, wenn der Ansturm der Reisebusse allmählich nachlässt.

---

gelegen. Im Schutzgebiet Phnom Namlier, im **Phnom Prech Wildlife Sanctuary** und im **Snuol Wildlife Sanctuary** leben einige der exotischsten Arten des Landes, darunter einige der letzten in Kambodscha heimischen Bestände von Elefanten und Tigern. Eine Besichtigung des Bou-Srah-Wasserfalls ist allerdings nur im Rahmen einer organisierten Tour möglich; die Tierschutzgebiete werden aber wohl bald durch Projekte des Cambodia Community-Based Ecotourism Network leichter

zugänglich sein. Infos siehe *www.ccben.org*.

Die Straße nach Ratanakiri

Die Straße von Mondulkiri nach Ratanakiri ist nur per Motorrad, Ochsenkarren oder zu Fuß passierbar. Mit einem robusten Motorrad benötigt man für eine Fahrt in der Trockenzeit neun Stunden. Nur dann, wenn ein Fluss ausgetrocknet und zwei weitere auf hölzernen Fähren sicher zu überqueren sind, können Sie das Abenteuer überhaupt wagen. ■

Wasserfall Bou Srah
🗺 Karte S. 213 E2

Unberührte Küsten, Dutzende Inseln, Ruinen der französischen Kolonialzeit und unentdeckte Tauchreviere mit exotischen Meerestieren

Sihanoukville & die südlichen Küstenprovinzen

„Vollmond"-Feuershows gibt es zweimal wöchentlich am Ochheuteal-Strand in Sihanoukville

Sihanoukville & die südlichen Küstenprovinzen

Der Hafen Sihanoukville entstand Mitte des 20. Jhs. als Zugang zum Golf von Thailand; mittlerweile hat sich die Hafenstadt zum Sprungbrett für Besucher der Strände und Inseln rundum entwickelt. Die Küstenprovinzen bieten Naturreservate, Kolonialstädtchen und Badeorte sowie makellose Strände.

Seit dem Aufblühen des Tourismus in Kambodscha gelten die Inseln und Strände rund um Sihanoukville als das neue Koh Samui oder Phuket. Manch einer meint sogar, die Inseln vor der Küste seien ein tropisches Shangri-La, wo unentdeckte Strände der Entdeckung harren ... oder der Erschließung.

In gewisser Weise stimmt beides. Otres Beach zum Beispiel ist ein ausgedehnter

Strand von ursprünglicher Schönheit und friedvoller Einsamkeit. Ochheuteal-Serendipity Beach erfreut sich wachsender Beliebtheit als Touristenziel. Sokha Beach ist bereits ein riesiges Luxus-Resort. Internationale Investoren haben längst ein Auge auf Strände und Inseln geworfen. Die Küste von Sihanoukville ist ein Tropenparadies, das erhebliche Veränderungen erlebt. Auf den Inseln finden sich bis heute verschlafene Fischerdörfer. Manche davon verfügen über einfache Strand-bungalows. Andererseits sind schon ganze Inseln verkauft worden, damit dort Fünf-Sterne-Anlagen entstehen konnten.

In den südlichen Küstenprovinzen dienen naturbelassene Strände und ge-birgige Parks dem Schutz der Wildtiere, auch der Elefanten. ■

Sihanoukville (Stadt) & Strände

Der eher bescheidene Zauber der Hafenstadt Sihanoukville gibt wenig Anlass zu einem längeren Aufenthalt. Immer mehr Menschen wissen aber, dass die Strände rund um die Stadt mindestens ebenso schön sind wie ihre thailändischen Gegenstücke ganz in der Nähe – nur sind sie längst nicht so überfüllt.

Ochheuteal Beach lockt Sonnenhungrige und fliegende Händler; gelegentlich strandet auch ein Boot

Sihanoukville
 Karte S. 237 B1

Die Stadt **Sihanoukville**, 230 km südwestlich von Phnom Penh, wurde 1955 gegründet, als durch den Zerfall von Französisch-Indochina der einzige Seehafen Kambodschas an Vietnam fiel. Der entwicklungsfähigste Standort für einen Tiefwasserhafen war das damalige Kampong Som, das zu Ehren des Königs in Sihanoukville umbenannt wurde. Von 1955 bis 1960 finanzierten die Regierungen Frankreichs und der USA die Entwicklung des Hafens und der Nationalstraße 4, die ihn mit Phnom Penh verbindet.

Ende der 1960er Jahre geriet die Entwicklung ins Stocken, als die Region in die wachsenden Feindseligkeiten im benachbarten Vietnam hineingezogen wurde.

Mit dem von der Vereinten Nationen vermittelten

Frieden Anfang der 1990er Jahre gewann die Region um Sihanoukville wieder an Aufmerksamkeit. Bald fanden sich die ersten Investoren und Touristen ein. Heute besitzt Sihanoukville mehrere Ladenzeilen sowie einige Restaurants, Bars und Gästehäuser. Der Stadtmarkt, **Psar Leu**, wurde 2008 fertiggestellt. Die meisten Besucher umgehen allerdings die Stadt und steuern direkt vom Busbahnhof den Strand ihrer Wahl an.

Ochheuteal Beach hat dem Durchschnittsgast noch am meisten zu bieten. Ochheuteal und sein nördlicher Zipfel, der **Serendipity** genannt wird, verfügen über Unterkünfte im Budget- und Mittelklassebereich am Strand und abseits davon sowie über lebhafte Restaurants und Bars. Serendipity ist am stärksten erschlossen; es liegt überwiegend auf einem Hügel über dem Nordzipfel des Strands. Restaurants, Pensionen und Bars versorgen Backpacker. Unten am Strand bietet der kürzere nördliche Abschnitt die besten Unterkünfte der Gegend, außerdem Strandbars und Restaurants.

Der eigentliche Ochheuteal Beach ist ein schmaler Sandstreifen, der sich mehrere Kilometer nach Süden erstreckt. Parallel dazu verläuft eine Uferstraße mit Strandbars und Restaurants, die ein gemischtes Publikum aus Einheimischen und Touristen versorgen. Am südlichen Ende des Strands sind viele Lokale abgerissen worden, um Platz für ein Resort zu schaffen. Zuvor hat man hier erfolglos versucht, einen Golfplatz zu etablieren, und die Läden, die noch stehen, tun dies möglicherweise nicht mehr lange (siehe S. 242).

INSIDERTIPP

Spielhalle und Vorführraum gegenüber dem Monkey Republic Hotel am Serendipity Beach machen auch einen Regentag zum Vergnügen.

TREVOR RANGES
National Geographic-Autor

Die übrigen Einrichtungen zum Übernachten und Essengehen in Ochheuteal Beach liegen an den Straßen, die wie sternförmig vom Golden Lion Traffic Circle gleich nördlich von Serendipity Beach abgehen und parallel zum Strand verlaufen. An diesen ausgebauten Straßen, zwei oder drei Blocks nördlich vom Strand, finden sich bequeme, aber einfache Drei-Sterne-Unterkünfte, Geldautomaten und sogar ein kleines Kasino.

Nördlich von Ochheuteal an der Uferstraße wird der Hauptteil des **Sokha Beach** vom ausgedehnten Sokha Beach Resort (siehe S. 297)

Psar Leu
✉ Kreuzung
7 Makara St.
& Omui St.

Ochheuteal Beach
⚠ Karte S. 237 C1

Sokha Beach
⚠ Karte S. 237 B1

Monkey Republic Hotel
Siehe S. 298

Independence Beach
🗺 Karte S. 237 B1

Koh Pos
🗺 Karte S. 237 B1

beherrscht, das den Zugang zum Strand auf seinem Gelände verwehrt. Die Abschnitte im Norden und Süden sind aber öffentlich zugänglich. Der südliche Strand mit einem schmalen Park und einem Gehweg grenzt an die Straße. Obwohl dieser Strandabschnitt kleiner und weniger reizvoll ist als sein nördliches Gegenstück, ist er bei Einheimischen und Gästen gleichermaßen beliebt. Das nördliche Ende des Strands ist nur durch den Eingang zum Resort zu erreichen; wer mag, kann dort für einen Dollar einen Strandkorb mieten. Der Sand ist fein und sauber. Einige der Duschen und Toiletten sind für die Allgemeinheit zugänglich. Der öffentliche Bereich liegt

neben einem Restaurant des Resorts: Das Lemongrass ist auf Fisch und Meeresfrüchte spezialisiert und bietet Tische unter freiem Himmel mit Blick auf die Fischerdörfer in der Nähe.

Der nächste Strand nördlich von Sokha ist **Independence Beach** (7-Chann Beach); der öffentliche Zugang liegt direkt gegenüber dem Seaview Resort. Der Strand ist recht schmal, aber einer der ruhigsten entlang der Küste. Herrlich sind lange Spaziergänge zum Independence Resort, das die letzten 500 m des Strands in Anspruch nimmt. Neben Sokha Beach ist Independence Beach wohl noch das friedlichste Fleckchen fernab der fliegenden Händler.

ERLEBNIS: Tauchen & Schnorcheln

Gerätetauchen steckt in Kambodscha noch in den Kinderschuhen – nur eine Handvoll Betreiber bieten PADI-Zertifikat und Tauchkurse an. Mehr als 25 Tauchreviere sind rund um die 61 Inseln vor den Küsten von Sihanoukville, Kep und Koh Kong eingerichtet worden, viele davon werden aber gerade erst erkundet.

Die meisten Tauchgründe sind relativ seicht; die Sichtverhältnisse sind nicht so gut wie im benachbarten Thailand. Das Fischereiverbot während der Herrschaft der Roten Khmer war für die Meerestiere von Vorteil. In den letzten Jahren hat aber die Fischerei mit Hilfe von Dynamit, Cyanid und Schleppnetzen dem Ökosystem schwer zugesetzt.

Die Korallenriffe sind relativ gesund, und die Gewässer rund um Kambodscha haben eine eindrucksvolle Vielfalt an Tierarten aufzuweisen. Aufmerksame Taucher entdecken Kraken, Schlangenaale, Seepferdchen und viele Arten von Nacktkiemern, bunte Meeresschnecken, darunter die *Ceratosa* – ein Paradies für Freunde der Meeresfauna.

Die meisten Tauchbasen bieten Liveaboards zu weit verstreuten Inseln wie Koh Tang, Koh Prins und Poulo Wai. Im Fischerdorf auf Koh Rong Saloem sind einfache Übernachtungsausflüge bei **EcoSea Dive** (siehe S. 310) und **Dive Shop Cambodia** (siehe S. 310) buchbar, deren Bemühungen zum Verbot der Fischerei rund um die Inseln geführt haben.

Schnorchler profitieren von der relativen Seichtheit vieler Tauchreviere und der Nähe der meisten Inseln zu den Touristenzentren. Schnorchelausflüge nach Bamboo Island nahe Sihanoukville (siehe S. 248), Rabbit Island vor Kep (siehe S. 265) und Koh Kong (siehe S. 253) sind lohnende Tagestrips, bei denen normalerweise ein Mittagessen und ein paar entspannte Stunden am Strand inbegriffen sind.

Am Ochheuteal Beach ist gemütliches Entspannen angesagt

Der nächste Küstenabschnitt wird durch einen kleinen Wasserlauf unterteilt. Der erste Abschnitt, **Koh Pos Beach**, benannt nach der gleichnamigen Insel gleich vor der Küste, lässt sich kaum noch als Strand bezeichnen. Auf einer Mauer am Wasser stehen Stände für Essen und Trinken aufgereiht neben Strandkörben und Tischen aus Holz. Der Strand aus braunem Sand ist also weitgehend mit diesen Ständen und Stühlen besetzt. Dennoch ist er ein ziemlich beliebtes Wochenendziel, besonders der Einheimischen. Für Tagesausflüge zu den nahe gelegenen Inseln liegen Boote bereit.

Hawaii Beach liegt gleich dahinter. Der Strand, benannt nach dem winzigen Hawaiian Restaurant, ist klein und wenig eindrucksvoll. Ein Bach, der ins Meer mündet, trübt das Wasser bei Regen ein. Der Ort ist zwar ganz nett für ein Picknick (wenn man das Essen im Restaurant bestellt), aber mit dem US-Bundesstaat, dessen Namen er trägt, kann er nun wirklich nicht mithalten.

Gleich nördlich von Hawaii Beach befindet sich eine einzigartige Attraktion, das **Snake House Resort & Restaurant**. Neben Hotel, Restaurant und Nachtclub im Go-go-Stil umfasst Snake House einen kleinen Zoo mit Affen, einigen Eidechsen und etlichen Vögeln, Schlangen und Krokodilen.

Näher an Sihanoukville Port, gleich hinter dem Vietnam-Kambodscha-Denkmal (Victory Monument), liegt **Victory Beach**. Der herrliche Strand ist besonders bei Rucksackreisenden beliebt.

Snake House Resort & Restaurant

✉ Soviet St., Victory Monument

☎ +855(0)12- 673-805

Erschließung der Strände

Die Küste von Koh Kong bis Sihanoukville und Kep ist heute begehrtes Land. Schon in den 1960er Jahren begann man das touristische Potenzial zu entwickeln, doch während der Herrschaft der Roten Khmer war die Region unbewohnt.

Nach dem Krieg siedelten sich vertriebene Kambodschaner wieder an der Küste an. Sie zogen in Gebiete wie Kep und Sihanoukville und gründeten neue Gemeinden an Stränden und auf Inseln.

Die United Nations Transitional Authority in Cambodia (UNTAC) nahm 1992 ihre Arbeit auf. In den folgenden zehn Jahren errichteten die Küstenbe-

Die Strandbar des Independence Hotel

wohner Häuser und gründeten Firmen, und viele profitierten vom aufkommenden Tourismus. Internationale Investoren und Spekulanten entdeckten nun die Strände und Inseln Kambodschas.

Einige Küstenbewohner besaßen Dokumente von der Provinzregierung, die ihren Landbesitz bestätigten. Viele andere aber hatten keine solchen Dokumente, da die Roten Khmer den privaten Landbesitz und alle Nachweise darüber systematisch ausgemerzt hatten. Die Regierung war zunächst vor allem daran interessiert, vom internationalen Invest-

ment zu profitieren, egal, ob es sich nun um tatsächliche Erschließung, Immobilienspekulation oder sogar Geldwäsche handelte. Die Abmachungen umfassten oft Investitionszusagen in Höhe von mehreren Hundert Millionen Dollar. Begünstigt waren meist Regierungsmitglieder und ihre politischen Verbündeten und Geschäftspartner, die nach dem Aufstieg der Kambodschanischen Volkspartei 1985 Anspruch auf erstklassige Grundstücke erhoben hatten. Zwar hatte die Regierung die gesamte Küste als öffentlichen Grund ausgewiesen, der nicht verkauft oder erschlossen werden durfte. Diese Verordnung wurde aber 2007 zurückgezogen, gerade als der Kaufrausch losbrach.

Inzwischen wurden über 20 Inseln vor Sihanoukville und bedeutende Parzellen entlang der Küste von internationalen Investoren erworben oder gepachtet – für bis zu 99 Jahre. Meist erfahren die eigentlichen Bewohner von solchen Deals erst, wenn uniformierte Wachen und Bulldozer eintreffen, sie mit Gewalt vertreiben und ihren Besitz zerstören.

Kambodschaner, die von ihrem Land vertrieben wurden, haben wenig Aussicht auf Entschädigung oder Gerechtigkeit. Ausländische Investoren bezweifeln ungeniert die rechtlichen Ansprüche einheimischer Grundbesitzer, die keine Titel von der Nationalregierung vorweisen können. Diese neigt dazu, ausländische Interessen über die der Bürger zu stellen. Wer noch das Glück hat, an der Küste zu wohnen oder dort sogar eine Bar zu besitzen, verhält sich möglichst ruhig und hofft, dass ihm niemand sein Recht streitig macht.

ERLEBNIS: Paragliden & Ultraleichtflieger

ParaCambodia

Wer mit ParaCambodia (Tel. +855(0)12-709-096, www.paracambodia.com, 650 $ für einen 3–5-tägigen Kurs; Verleih 50 $ halber Tag, 75 $ ganzer Tag) paragliden will, braucht nur ein paar Tage Übung und einen klaren Himmel. Ein hölzerner Propeller, der an einer Zwei-Takt-Maschine befestigt ist (für Motorschirmflie-gen/Paramotoring), wird am Körper festgeschnallt, und ein Fallschirm entfaltet sich, während man den Strand hinunterrennt und abhebt. Die Ausrüstung ist so leicht, dass man fast wie ein Schmetterling bis auf 900 m aufsteigen oder von Strand zu Strand über das Meer schwirren kann.

Dragonfly Cambodia

Lust abzuheben? Mit Dragonfly Cambodia (Tel. +855(0)92-533-269) kann man einen Ultraleichtflug mit einem der erfahrensten Piloten Kambodschas unternehmen. Eddie Smith hat schon fast alle kambodschanischen Provinzen überflogen, Filme gedreht und bei vielen Forschungsprojekten geholfen. Wer einige Wochen Zeit hat und wirklich entschlossen ist, dem kann er sogar beibringen, selbst einen Ultraleichtflieger zu bedienen. Allerdings gibt es im Land keine Lizenzregelung, um die neu erworbenen Fähigkeiten zu dokumentieren. Tagesausflüge kosten 200 $ pro Stunde.

Der feinsandige Strand beginnt an einem kleinen Pier und ist nicht besonders lang — knapp 50 m vielleicht —, aber im Vergleich zu den anderen Stränden in Sihanoukville ist er ziemlich breit, und Kokospalmen neigen sich über das sanft abfallende Gelände. Angesagte Strandbars am nördlichen Ende bieten ihren Gästen Strandkörbe und Musik; während der Trockenzeit geht es hier hoch her.

Die Pensionen von Victory Beach liegen auf dem Victory Hill, besser bekannt als **Weather Station Hill**, mit Blick über Victory Beach und über den Hafen von Sihanoukville im Norden. Die meisten Unterkünfte zählen zur preiswerten Kategorie. Die Auswahl an Lokalen ist ziemlich vielfältig. Bars und Restaurants mit Namen wie Indian Curry Pot, Sushi Square, Khmer Gourmet und Little Sweden zeugen von der internationalen Kundschaft. Von den meisten Pensionen hat man allerdings einen Fußweg bis hinunter zum Strand zurückzulegen. Nach einem Tag in der Sonne strengt die 15- bis 30-minütige Wanderung den steilen Hügel hinauf ziemlich an.

Jenseits von Victory Beach liegt der **Hafen von Sihanoukville**, in dem riesige Schiffscontainer be- und entladen werden; gelegentlich gehen hier auch Kreuzfahrtschiffe vor Anker. Wenn Sie am Hun Sen Drive zum Hafen abbiegen, passieren Sie den Fähranlager nach Koh Kong und fahren dann kilometerweit durch Straßendörfer bis zum **Prek Treng Beach** (alias Hun Sen Beach), der überraschend hübsch und ruhig ist.

Abgesehen von den Inseln vor der Küste liegen die spektakulärsten Landschaften rund um Sihanoukville südlich von

Victory Beach
🅰 Karte S. 237 B1

Prek Treng Beach
🅰 Karte S. 237 C1

Otres Beach

Karte S. 237 C1

Serendipity Beach und der Stadt Sihanoukville. Lange war **Otres Beach** fast gänzlich unerschlossen. Eine rote unbefestigte Straße verlief parallel zu einem schmalen langen Streifen mit feinem Sand. Dort standen etwa ein Dutzend zusammengezimmerter Strandbars und Bungalows, die meisten davon mit Stroh gedeckt und mit Unterkünften ohne

einer privaten Ferienanlage nicht allzu sehr leiden, es sei denn, das Resort verleibt sich gleich den ganzen Küstenabschnitt ein.

Nationalpark Preah Sihanouk „Ream"

18 km südöstlich von Sihanoukville — direkt gegenüber dem Flughafen, nach dem Abzweig der Route 41 von

Independence Beach in Sihanoukville

Ream National Park

Karte S. 237 C1

18 km südöstlich von Sihanoukville an der Nationalstraße 4

+855(0)12-875-096 oder +855(0)12-215-759

$

jeden Komfort. Zugänglich war der Strand über holprige, unbefestigte Straßen, und das Ganze erinnerte ein wenig an Robinson Crusoe. Beim Erscheinen dieses Buches wird sich das vermutlich geändert haben, denn man hört mittlerweile von neuer Bautätigkeit. Der Strand ist jedenfalls lang genug und würde unter

der Nationalstraße 4 — liegt der Eingang zum Nationalpark Preah Sihanouk, der allgemein **Ream National Park** genannt wird. Der Park umfasst rund 200 Quadratkilometer Hügelland und Küste sowie zwei Inseln. In der Parkzentrale nahe dem Eingang informieren freundliche Ranger über die vielfältige

Flora und Fauna, die in den Mangrovenwäldern, an der Küste und im Dschungel im Landesinneren. Die Zentrale ist auch der Startpunkt für Bootsausflüge innerhalb des Parks (siehe S. 246), zu denen auf Wunsch auch eine Übernachtung in der Delfinstation Thmor Thom gehört.

Um den Park auf eigene Faust zu besichtigen, starten Sie am besten an der Zentrale und fahren auf der Route 41 bis zur Küste. Biegen Sie links auf die Küstenstraße; dort finden Sie einfache Restaurants.

In der Nähe führt eine Abzweigung hinauf nach **Wat Ream.** Dort gibt es einen liegenden Buddha, umringt von geschnitzten Elefanten, Krokodilen, Kobras, Delfinen und vielen anderen Tieren.

Die Küstenstraße führt schließlich zur petrochemischen Anlage PTT, neben der ein kleiner, ordentlicher Strand, **San Soek** (Strand des Glücks), liegt. Das wahre Glück wartet aber weitere 4 km die holprige Sand- und Lehmpiste hinunter und jenseits von PTT. Der spektakuläre **Prek Chak Beach** ist eine etwa 3 km langer Strandsichel, die nur wenigen Besuchern bekannt ist. Unbedingt an der Rangerstation halten, bevor Sie hinaus zum Strand fahren — die Ranger haben einen zweistündigen Umweg (\$\$) durch den Dschungel zum **Wasserfall Andoung Tuek** im Angebot.

Wasserfall Kbal Chhay

Auf halbem Weg zwischen Sihanoukville und dem Nationalpark Ream auf der Nationalstraße 4 befindet sich ein Abzweig zum Wasserfall Kbal Chhay. Die Wassermenge variiert stark je nach Jahreszeit. Die Wasserfälle sind besonders am Wochenende bei den Einheimischen

(Fortsetzung auf S. 248)

Prek Chak Beach
- Karte S. 247

Wasserfall Kbal Chhay
- Karte S. 237 C1
- Abzweigung von der Nationalstraße 4 südöstlich von Sihanoukville; auf Schild achten
- \$

ERLEBNIS: Angeln vor der Küste

Angelausflüge in Kambodscha bergen derzeit immer ein gewisses moralisches Dilemma, da die Küste dafür berüchtigt ist, dass hier auf kommerzieller Ebene mit Dynamit, Cyanid und Schleppnetzen gefischt wird. Fischer aus Kambodscha, Vietnam und Thailand haben die Bestände aller Arten von Meerestieren dezimiert – für Umweltschützer der absolute Albtraum. Deshalb engagieren sich nur wenige ausländische Anbieter beim Sportangeln. Snapper, Spanische Makrele, Barrakuda und Cobia sind hier nichts Ungewöhnliches, und es gibt da draußen sogar einige Schwarze Marline.

Angeln funktioniert am besten in den ruhigeren Gewässern während der Trockensaison (Ende November–Mai). Mit **Tradewinds Charters/Sihanoukville Fishing** *(Munddul 1, Sangkat 2, Khan Mittapheap, Sihanoukville, Tel. +855(0)34-933-997 oder +855(0)12-702-478)* kann man von einem 16-m-Boot aus fischen; Gerät, Köder, Schnorchel und Imbiss werden zur Verfügung gestellt. Es gibt natürlich keine Garantie dafür, dass man einen Fisch fängt, aber zum gemeinschaftlichen Fest nach der Ausfahrt gehört immer der Tagesfang. Die Ausflüge führen meist rund 25 km aufs Meer hinaus.

Tagesausflug durch den Nationalpark Ream

Touren durch den Park sind ziemlich standardisiert, ob sie nun von Agenturen der umliegenden Strände oder von der Parkzentrale angeboten werden. Doch es gibt viel zu entdecken im Nationalpark Ream.

Der Startpunkt der Tour liegt gegenüber dem Sihanoukville Airport an den **Ream National Park Headquarters ❶** *(18 km südöstlich von Sihanoukville an der Nationalstraße 4, Tel. +855(0)12-875-096 oder +855(0)12-215-759).* Auf Karten des Parks sind die verschiedenen Attraktionen eingezeichnet, und es wird die hiesige Flora und Fauna vorgestellt.

Nicht weit von der Rangerstation entfernt begleitet der Führer die Gäste auf einer Fahrt im geschlossenen Holzboot den **Prek Toeuk Sap River ❷** hinunter.

NICHT VERSÄUMEN

Fischerdorf Thmor Thom • Koh Sompoch Beach • Delfinstation Thmor Thom • Mangrovenwälder

Es geht durch **Mangrovenwälder ❸**, wo Sie einheimische Vögel entdecken können. Etwa anderthalb Stunden flussabwärts an der Mündung ins Meer legt

Ein Teil der wunderschönen Südküste Kambodschas

das Boot am **Fischerdorf Thmor Thom** (Großer Fels) **4** an.

Westlich von Thmor Thom geht es durch einen **immergrünen Flachland-wald 5**. Während des 30-minütigen Spaziergangs bekommt man mit etwas Glück ein paar Makaken zu Gesicht. Die Regenzeit verwandelt Rinnsale in reißen-de Flüsse mit Wasserfällen und Tümpeln; mit dem Schwimmen wartet man aber besser, bis man den Strand erreicht hat.

Auf der anderen Seite des Walds öffnet sich der Pfad zum **Koh Sompoch Beach 6**, einem 9 km langen Streifen mit feinem Sand. Hier schwimmen Sie im kristallklaren Wasser.

Wer das Glück hatte, eines der beiden Zimmer in der **Thmor-Thom-Delfin-station des Parks 7** zu reservieren, kann noch etwas länger am Strand blei-ben. Die Zimmer sind mehr als schlicht; als „Klimaanlage" dient die Meeresbrise, die durch die Tür des Holzbaus weht. Früh am Morgen ist die See noch ruhig, und man bekommt wahrscheinlich einige Delfine zu sehen, die in der Bucht schwimmen. Außer den gewöhnlichen Deflinen gibt es auch rosafarbene Exemplare zu entdecken. Am nächsten Tag kann man dann ein Kajak mieten und die Gegend rund um das Dorf erkunden. Auch wer kein Zimmer mehr bekommt, wird in den trockeneren Monaten *(Nov.–Mai)* vermutlich ein paar Delfine erspähen, wenn er die Station am späteren Nachmittag besucht.

Zurück geht es wieder den Prek Toeuk Sap hinauf; falls es nicht schon zu dunkel ist, hält das Boot am **Ta Ben Mangrove View Tower 8**. Von dem 12 m hohen Turm können Sie noch einmal das Gebiet überblicken. Der Ausflug endet an den Headquarters.

🗺	Siehe auch Karte S. 237
►	Ream Park Headquarters
↔	30 Kilometer
🕐	5–6 Stunden
►	Ream Park Headquarters

**Koh Russay
(Bamboo Island)**
⛰ Karte S. 237 C1
☎ +855(0)17-777-505
⛴ Fähre ab Coasters, Serendipity Beach

Koh Rong Saloem
⛰ Karte S. 237 B1

Lazy Beach
⛰ Karte S. 237 B1

beliebt. Ein verblichenes, aber noch lesbares Schild an der Nationalstraße 4 weist den Weg zu den Wasserfällen.

Inseln vor Sihanoukville

Dutzende Inseln sind über die Gewässer vor der Küste von Sihanoukville verstreut. Einige liegen dicht am Land, wie Koh Pos, andere sind nur zu erreichen, wenn man auf dem Boot übernachtet. Ein Besuch auf den Inseln ist auf verschiedene Arten möglich: an Bord eines Longtail-Boots, das Sie am Strand mieten können; indem Sie sich an einem der wenigen Strände mit Bungalows und Ferienanlagen eine Unterkunft besorgen; oder über Anbieter von Tauch- und Angelausflügen, die die Inseln anlaufen.

INSIDERTIPP

Die Inseln vor der Küste sind das Highlight einer Fahrt an die Südwestküste Kambodschas. In der Nebensaison sind viele von ihnen absolut verlassen.

KRIS LEBOUTILLIER
NATIONAL GEOGRAPHIC-Fotograf

Bei Tagesausflüglern ist **Koh Russay** (Bambusinsel), eine knappe Stunde vor der Küste, am beliebtesten. Es gibt dort an gegenüberliegenden Ufern zwei hübsche

Strände. Beginnen Sie den Tag am östlichen Strand und folgen Sie der Sonne über die Insel bis zum spektakulären Sonnenuntergang.

Viele Anbieter werben für eine Drei-Insel-Bootstour nach Koh Russay, tatsächlich aber umkreisen diese Touren Koh Kteah und Koh Chraloh – zwei kleinere Inseln ohne Strände – einfach nur auf dem Weg nach Koh Russay. Besser ist der Bootsservice am Coasters Restaurant am Serendipity Beach. Er bietet Direktfahrten zur Insel und zurück an, bei denen man morgens startet und nachmittags den Heimweg antritt.

Beliebt ist auch **Koh Rong Saloem**; man erreicht die Insel auf einer zweieinhalbstündigen Bootsfahrt von Sihanoukville aus. Die Gewässer rund um das eher reizlose Fischerdorf Mai Pai Bay an der Nordküste sind ein Meeresschutzgebiet. Die meisten Besucher zieht es direkt an den **Lazy Beach**. Tauchanbieter haben mehr als 25 Reviere rund um die Inseln vor Sihanoukville ausgemacht. Anbieter von Tauchausflügen zu den abgelegenen Inseln **Koh Tang** und **Koh Prins**, wo die Sichtverhältnisse häufig am besten sind, legen ihren Gästen nahe, einfach auf Matratzen an Bord des Schiffes zu übernachten. Diese Schiffe halten an abgelegenen Stränden, die zu erkunden nur wenige Touristen Gelegenheit haben (siehe S. 240). ■

Südliche Küstenprovinzen

Auch wer den Südwesten Kambodschas vor allem wegen der Strandszene rund um Sihanoukville besucht, sollte Zeit einplanen, um einen Abstecher in die südlichen Küstenprovinzen zu unternehmen. Die unberührte Küste und die exotischen Tiere der Provinz Koh Kong, die Strände und Pfefferplantagen von Kampot und die Küstenstadt Kep sind nur einige der faszinierenden Ziele.

Einfache Fischerboote aus Holz auf dem Fluss in Krong Koh Kong

Die Provinz **Koh Kong** (siehe S. 250), nordwestlich von Sihanoukville, setzt verstärkt auf den Ökotourismus. Hier können Besucher die noch relativ unberührten Kardamomberge und die atemberaubende Küste erleben. Ein Großteil des Gebiets ist als Nationalpark oder als Wildschutzgebiet ausgewiesen. In den Kardamombergen haben Krokodil, Elefant, Tiger, Nashornvogel und viele weitere bedrohte Tierarten einen sicheren Lebensraum gefunden. In den Mangrovenwäldern an der Küste leben einheimische Vögel, Zugvögel und Delfine.

Die **Kampot-Region** (siehe S. 256) ist die Alternative zur Strandszene von Sihanoukville. Sie bietet allen, die Kambodschas Süden bereisen, ruhigere und traditionellere Stranderlebnisse. Kampot ist noch nicht von großen Erschließungsprojekten betroffen – ein Stückchen authentisches Kambodscha vor einer faszinierenden Kulisse. Die Provinz präsentiert sich mit grünen Feldern, Sandsteinbergen, die mit verwunschenen Höhlen übersät sind, und einem glitzernden Meer. Man kann dort Pfefferplantagen besichtigen, bei Nacht inmitten von leuchtenden Meereslebewesen baden und eine wunderschöne Natur erforschen, darunter den **Nationalpark Bokor**.

Berg der Gewürze

Kardamom ist seit Jahrtausenden eine wertvolle asiatische Handelsware. In der namengebenden Gebirgskette an der Grenze zu Thailand wächst eine einzigartige Vielfalt dieses Gewürzes und sorgt für den Lebensunterhalt der Pohls, die im Vorland leben. Pohls, Nachfahren befreiter königlicher Sklaven, kultivieren die Büsche seit Generationen, und ihre Kultur und Religion kreisen um Anbau und Ernte des Kardamom.

Nur 24 km von der Stadt Kampot entfernt liegt die Küstenstadt **Kep**, die sich von allen anderen Badeorten in Asien unterscheidet. Sie erinnert an einen kleinen Fischerort in Neuengland mit ganzjährig wunderbarem Wetter. Das Meer rundum ist tiefblau, den Hintergrund bilden sanft geschwungene grüne Hügel. Dicht vor der Küste findet sich eine Anzahl kleiner Inseln.

Provinz Koh Kong

Lange Jahre war die Provinz Koh Kong ein abgelegenes Gebiet im südwestlichen Kambodscha. Sie liegt versteckt am Golf von Thailand in den Ausläufern der Kardamomberge. Nach dem Sturz der Roten Khmer wurden die unberührten Wälder und Gewässer der Gegend genutzt, da sie Bauholz und Fisch im Überfluss lieferten.

Schon bald war die Stadt Koh Kong von Thailand aus besser zu erreichen als von Kambodscha. Thailändische Fischer und Bauunternehmer übten einen deutlich stärkeren Einfluss aus als ihre kambodschanischen Kollegen. Dennoch blieb Koh Kong eine relativ ruhige Grenzstadt. Erst zur Jahrtausendwende wurde die erste Straße nach Koh Kong von kambodschanischer Seite aus gebaut. Deren nicht immer verlässlicher Zustand und die wenigen Brücken trugen allerdings kaum dazu bei, Touristen zu einem Ausflug anzuregen.

2007 baute Thailand eine neue Straße und eine Reihe von Brücken. Seither besitzt Koh Kong eine gute Anbindung an Srei Ambel und das restliche Kambodscha. Der Wandel ist unübersehbar: Einerseits führen ausländische Geschäftsinteressen, vor allem von Thais und Chinesen, zum Bau weiterer Straßen, denn man möchte hier gern Wasserkraftwerke errichten. Häfen werden ausgebaut, damit Baumaterialien importiert und Zuckerrohr und Palmöl von den Plantagen exportiert werden können. Das Gebiet ist aber gleichzeitig Vorreiter im noch jungen Ökotourismussektor des Landes. Internationale Nicht-Regierungsorganisationen arbeiten mit dem Cambodian Community-Based Ecotourism Network (CCBEN) zusammen, um Umwelt- und Wirtschaftsbelange beim Tourismus im Gleichgewicht zu halten (siehe S. 222).

Koh Kong (Stadt): Koh Kong gilt als „Wildwest"-Stadt, doch davon spürt man vor Ort praktisch nichts. Zugegeben, sie liegt an der Südwestgrenze Kambodschas zu Thailand, und dank der relativ abgeschiedenen Lage gibt es hier noch echte Wildnis. Koh Kong besitzt eine breite Hauptstraße, ein schönes Flussufer, einen Markt – und das war es dann auch schon.

All diejenigen, die in der Stadt einen Zwischenstopp einlegen, können aber dennoch etliche Attraktionen per Motorrad-Taxi oder im Rahmen eines organisierten Tagesausflugs erreichen. Am einfachsten kommt man zum **Kor Yor Beach** auf der Westseite der Koh-Kong-Brücke, einem Strand, an dem man in der Trockenzeit baden kann.

Einer der beliebtesten Tagesausflüge von Koh Kong führt ins **Naturschutzgebiet Peam Krasop**, das rund 240 Quadratkilometer umfasst und einen der größten Mangrovenwälder des Landes einschließt. Es liegt weniger knapp 8 km von Koh Kong entfernt gleich hinter dem Dorf Cham. Das Dorf Boeng Kayak ist stolz auf ein Ökotourismusprojekt mit einem etwa 1,5 km langen Fußweg auf Pfählen, der sich durch den Mangrovenwald schlängelt. Mittendrin gibt es Holzplattformen zum

INSIDERTIPP

Mieten Sie am späten Nachmittag im Naturschutzgebiet Peam Krasop ein Paddelboot – gleich nach Sonnenuntergang werden Sie eine leuchtende Glühwürmchen-Show erleben.

GEOFFREY CAIN
NATIONAL GEOGRAPHIC-Mitarbeiter

Ausruhen, eine Hängebrücke und einen 15 m hohen Aussichtsturm. Beim Zentrum des Naturschutzgebietes kann man Boote mieten, um Delfine aus der Nähe zu sehen *(Nov.–März),* zu angeln, Vögel zu beobachten und Glühwürmchenausflüge zu unternehmen. Für Eisvögel, Silberreiher, Pelikane,

Koh Kong
△ Karte S. 236 A4
Besucherinformation
✉ Tourismusbehörde Koh Kong, 1 Village, Gemeinde Smach Meanchey, Koh Kong

Kor Yor Beach
△ Karte S. 236 A4

Naturschutzgebiet Peam Krasop
△ Karte S. 236 A3–A4
$ $

ERLEBNIS: Segeln vor Kambodschas Küste

Für Segler ist Kambodscha ein Traum: 61 Inseln sind über die Küstengewässer von Kep bis Koh Kong verteilt. Viele Inseln werden erstaunlich selten aufgesucht, weil es an dort an Transportmöglichkeiten fehlt. Die Angebote entlang der Küste beschränken sich überwiegend auf kleine Segelboote, Katamarane und Ähnliches, die sich vor allem fürs Spaßsegeln in der Nähe des Strands eignen. Allerdings warten auf Freizeit-Skipper, die gern weiter hinaus möchten, auch etliche größere Boote. Nicht vergessen: Die wenigen Anbieter arbeiten saisonal – nur in den trockeneren Monaten von Oktober bis Juni.

Tagesausflüge und Segelcharter mit Übernachtung an Bord eines 14-m-Boots mit **Sail Cambodia** (Tel. +855(0)16-450-964 oder +855(0) 11-390-083, www.sailcambodia.info)

sind ideal, um die Inseln vor der Küste von Sihanoukville zu erkunden. Was dort unternommen wird, hängt von den eigenen Wünschen ab; üblicherweise segelt man an Fischerdörfern vorbei, hält zum Schnorcheln an und begibt sich zu einsamen Stränden und Wasserfällen im Inselinneren. Zwei Doppelkabinen stehen für die Passagiere bereit, im Preis sind Essen und Getränke inbegriffen.

An Sihanoukvilles ruhigem natürlichem Otres Beach findet man **Otres Nautica** (Tel. +855(0)92-230-065; E-Mail: otres.nautica@yahoo.com), genau das Richtige, um einen Katamaran oder ein kleines Segelboot zu mieten und durch die glasklaren Gewässer entlang der sandigen Gestade zu gleiten. Größere Boote sind per Charter ebenfalls erhältlich, außerdem Kajaks für diejenigen, die lieber paddeln.

Tatai-Wasserfall

🗺 Karte S. 236 A4

💲 $

Rainbow Lodge

✉ Tatai Village bei Koh Kong

☎ +855(0)99-744-321 oder +855(0)12-160-2585

www.rainbowlodge cambodia.com

Fischadler und über 25 weitere Arten ist der Park Brutplatz oder Zwischenstation.

Etliche Flüsse fließen von den Kardamombergen herunter in die Provinz Koh Kong, und dort gibt es mehrere Wasserfälle, die einen Besuch lohnen. Am nächsten gelegen ist der **Tatai-Wasserfall**, zu Fuß von der nahe gelegenen **Rainbow Lodge** zu erreichen, die auch Kajakfahrten, Wanderungen und Bootsausflüge auf dem Fluss anbietet. Wer nicht im Resort übernachtet, muss ein Boot mieten, um den Fluss hinaufzukommen, entweder von der Stadt Koh Kong oder von der Flussgabelung an der Route 48, ungefähr 19 km von der Stadt entfernt. Der Wasserfall liegt in einer gewaltigen Schlucht; zahlreiche

Teiche laden dort zu einem Bad ein. Weitere Wasserfälle in dem Gebiet sind z.B. **Kbal Chhay Kah Bow und Koh Por**, beide mit Speedboat (1 Std., $$) oder Longtail-Boot (2–3 Std., $) ab der Stadt Koh Kong zu erreichen.

Zu Koh Kongs Attraktionen zählen ein Markt, eine Safariwelt von fragwürdiger Qualität und ein Kasino nahe der thailändischen Grenze. All dies ist weit weniger eindrucksvoll als die Natursehenswürdigkeiten rund um die Stadt. Wer von Thailand kommt oder dorthin möchte, kann die Grenze in beide Richtungen täglich zwischen 7 und 20 Uhr passieren.

Strände & Inseln nahe Koh Kong: Es gibt 23 Inseln vor Koh Kong und zahlreiche

Strände entlang der einsamen Küste nach Süden Richtung Sihanoukville; viele davon sind praktisch unzugänglich. Abenteuerlustige finden hier aber einige der schönsten Tauchreviere und herrlichsten Strände in ganz Kambodscha. Da **Koh Kong Island** dem Festland am nächsten liegt, ist es auch am besten zu erreichen. Das Inselinnere zu erkunden ist verboten, dafür laden die sieben Strände zum Entspannen ein. Boote für einen Schnorcheltag vor der Küste kann man in der Stadt Koh Kong mieten ($$).

Die Halbinsel weiter südlich steht als **Nationalpark Botum Sakor** unter Schutz; das Gebiet umfasst 1834 Quadratkilometer Küste und Wald. Sie ist nur mit per Boot oder Mountainbike zu erreichen. Die regulären Boote zwischen Koh Kong und Sihanoukville (*Okt.–Juni*) halten bei **Koh Sdach**, einer Insel auf halbem Weg zwischen den beiden größeren Häfen und direkt vor der Küste des Nationalparks.

In Koh Sdach lebt eine große Fischergemeinde aus Khmer und Vietnamesen. Dorthin zieht es Reisende, die gern einmal den Alltag in einem Fischerdorf miterleben möchten. Wer einigermaßen Khmer oder Thai spricht, kann möglicherweise auch ein Boot mieten, um von hier aus einige der nahe gelegenen Inseln zu erkunden, auf denen man schnorcheln kann (wenn

man die eigene Ausrüstung mitbringt). Oder wie wär's mit einem Abstecher an die menschenleeren Strände des Nationalparks Botum Sakor? Allerdings liegen die besten eine mehrstündige Bootsfahrt von Koh Sdach entfernt.

Anbieter für Gerätetauchen haben außergewöhnliche Tauchreviere entdeckt,

Ein Angehöriger des Volks der Khmer-Loeu lässt einen Elefanten knien, damit Reiter aufsteigen können

darunter **Shark Island**, so genannt wegen der Schwarzspitzen-Riffhaie in den Gewässern rund um die Insel. Ein schönes Tauchrevier ist auch **Condor Reef**; hier bekommt man Haie, Delfine, Schildkröten, Zackenbarsche und Barrakudas zu Gesicht. Weil es so abgelegen ist, muss man dort im Zelt übernachten. In **Poulo Wai**, dem am weitesten vom Ufer entfernten Revier, taucht man mit etwas Glück mit

Koh Kong Island
Karte S. 236 A3

Nationalpark Botum Sakor
Karte S. 236–237 B2–B3
✉ 3 km östlich von Andoung Tuek Village auf der Route 48
💲 $

Koh Sdach
Karte S. 236 A2
⛴ Fähre von Koh Kong oder Sihanoukville, $$$$$ Chi Phat

Mantarochen. Zu erreichen ist es mit dem Tauchboot von Koh Kong oder Sihanoukville. Schnorcheln ist auch bei Tagesausflügen möglich oder als Abenteuer mit Übernachtung auf Inseln in der Nähe von Koh Kong (siehe S. 240).

South West Elephant Corridor

Der South West Elephant Corridor (SWEC) umfasst einen breiten Landstrich, der von den Kardamombergen im Norden und Osten von Koh Kong bis zu den Damrei-Bergen (Elefantenberge) östlich von Sihanoukville reicht. Er wurde eingerichtet, um eine der wenigen verbliebenen Elefantenwanderrouten in Südostasien zu schützen. Der Korridor schließt die hoch aufragenden Berge Phnom Sankos und Phnom Aoral sowie die Nationalparks Kirirom und Phnom Bokor ein.

Der SWEC umfasst mehr als ein Dutzend verschiedene Ökosysteme und beherbergt nicht weniger als 14 gefährdete und bedrohte Arten. Zu den Tieren, die im und um das Schutzgebiet leben, zählen Siamkrokodil, Kragenbär, indochinesischer Tiger, Malaienbär und Plumplori. In dem Gebiet lebt außerdem die Hälfte aller kambodschanischen Vogelarten und die größte Population wilder Elefanten in Südostasien.

Von Koh Kong verläuft die Route 48 direkt unterhalb des Korridors, bevor Sie ihn

In der White Elephant Cave bei Kampot

nahe der Kreuzung mit der Nationalstraße 4 passiert. Die Straße ist hier von Bäumen gesäumt. Es ist der einzige Straßenabschnitt in Kambodscha ohne Kahlschlag — ein Erfolg der Umweltschutzbemühungen in dem Gebiet.

Bis vor Kurzem erwirtschafteten die Dörfer entlang der Flüsse, die in den Ausläufern der südlichen Kardamomberge entspringen, ihren Lebensunterhalt mit Abholzung, Wilderei und Brandrodung. Heute verschaffen die Bemühungen, den Ökotourismus voranzubringen, den Dorfbewohnern eine nachhaltigere Lebensgrundlage. Flussaufwärts von **Trapeang Rung** und **Andoung Tuek**, Dörfern, die an Furten entlang der Route 48 liegen, existieren mehrere Ökotourismus-Projekte. Das Dorf **Chi Phat** ist bei diesen Bemühungen führend. Gäste können bei kulturellen und anderen Aktivitäten im Freien mitmachen (siehe S. 222).

Auch wenn Umweltschützer jetzt zusammenzucken: Eine Handvoll Anbieter veranstaltet sogar Motorradtouren in die abgelegensten Gebiete der Region. Ganz gewiss erschreckt der Lärm die Wildtiere; einstweilen sind Motorräder aber das einzig praktikable Fahrzeug, um die fernen Ausläufer der Kardamomberge zu erkunden. Das „Problem" wird sich bald von selbst erledigen, denn größere Straßenbauarbeiten

sind schon im Gange, um den Bau von zwölf Wasserkraftwerken an Flüssen überall in der Region voranzutreiben.

Nationalpark Kirirom

Preah Suramarith Kossmak, besser bekannt als Nationalpark Kirirom (Berg der Freude), umfasst 323 Quadratkilometer auf einem 670 m hohen Hügel. Ursprünglich 1945 von König Sihanouk als

INSIDERTIPP

Ein Besuch in Chi Phat ist zu jeder Jahreszeit ein Erlebnis, Mountainbiking ist während der Regenzeit aber nahezu ausgeschlossen.

TREVOR RANGES
NATIONAL GEOGRAPHIC-Autor

privater Ruhesitz eingerichtet, wurde er 1997 für die Allgemeinheit geöffnet. Im Park leben zahllose Vogelarten, außerdem Kappengibbons und einige Malaienbären. Die malerischen Kiefernwälder und Wasserfälle, darunter eine 40 m hohe Kaskade, bieten Wandermöglichkeiten und Gelegenheiten zum Abkühlen. Der Platz von **Chambok Community-Based Ecotourism** liegt gleich außerhalb des Parks. Gäste können hier in einem Dorf übernachten und die Wildnis und das ländliche Leben kennenlernen (siehe S. 222).

Chi Phat
- Karte S. 237 B3

Ökotourismusprojekt Chi Phat1
- ☎ +855(0)12-318-445
- 🚤 Boot von der Brücke über Chi Phat River & Andoung Tuek
- 💲 $–$$$

Nationalpark Kirirom
- Karte S. 237 D3
- 🚤 Boot von der Brücke über Chi Phat River & Andoung Tuek
- 💲 $–$$$

Ökotourismusprojekt Chambok
- ✉ Nationalstraße 4 beim Nationalpark Kirirom
- ☎ +855(0)23-214-409
- 💲 $$

Kampot (Stadt)
Karte S. .237 D1

Der Park liegt in der Provinz Kampong Speu, 122 km südwestlich von Phnom Penh an der Nationalstraße 4.

Provinz Kampot

Kampot (Stadt): Die ruhige, angenehme Provinzhauptstadt von Kampot hat den Charme der französischen Kolonialzeit bewahrt. Obwohl es derzeit noch verschlafen wirkt, ist zunehmend von künftigen Investitionsprojekten in der gesamten Region die Rede, darunter ein Industriehafen und die Erschließung von Erdölvorkommen. Ein Spaziergang am Ufer des silbernen Flusses ist ein Muss, ebenso das Schlendern durch die breiten Alleen, um die Kolonialarchitektur der Stadt zu bewundern. An einigen Gebäude ist seit Jahren nichts getan worden, andere hat man mit großer Sorgfalt restauriert. Die Stadt ist außerdem ein hervorragender Ort, um lange Stunden im Café zu verbringen und einfach nur die Atmosphäre zu genießen.

Der **Kampong Bay River** ist eines der Highlights von Kampot. Der Fluss ist sauber und zum Baden geeignet. Viele Gästehäuser stehen am Fluss, sodass man direkt hineinspringen kann. Wer gern nach Sonnenuntergang schwimmt: Oft ist hier nachts Biolumineszenz zu sehen – also leuchtende Kleinstlebewesen. Auch Bootsausflüge sind möglich. Viele Pensionen verleihen Kajaks und etliche Touranbieter veranstalten Sonnenuntergangstörns zu den Tek-Chhou-Stromschnellen.

Noch dichter an die natürliche, unberührte Schönheit der Region führt ein exzentrischer Auswanderer, der Boatman genannt wird *(Bart the Boatman, Tel. +855(0)92-174-280)* und ganztägige, halbtägige und abendliche Bootsausflüge durch die Mündungsarme und Mangroven des Flusses veranstaltet. Als Abschluss gibt es oft ein Barbecue im Haus des Boatman.

Rund um Kampot: Neben dem Berg Bokor ist Kampots zweite Besonderheit der weltbekannte Kampotpfeffer

---

ERLEBNIS: Schwimmen zwischen den Sternen

Tagsüber lockt der Kampong Bay River mit Kajaktouren und Törns zum Sonnenuntergang, seine größte Schönheit entfaltet der Fluss aber beim nächtlichen Schwimmen. Viele Gästehäuser in Kampot stehen am Flussufer und bieten einen einfachen Zugang zum Baden im Mondschein.

Taucht man ins Wasser ein, flackern und blitzen Millionen leuchtender Organismen und entzünden rundherum winzige blaugrüne Funken. Der Fluss glitzert bei jeder Bewegung, als ob unzählige Glühwürmchen im Wasser hausten. In der Terminologie der Meeresbiologie handelt es sich bei dieser Biolumineszenz von Dinoflagellaten um eine biochemische Reaktion, bei der chemische Energie in Lichtenergie umgewandelt wird. Wenn der Nachthimmel klar ist, scheint es, als sei man von Kopf bis Fuß in Sterne gehüllt.

(siehe S. 259), der über 3 m hoch wird. Besuchen kann man u. a. die Farmen Ta Li und Ta Ly. Kampot ist einer der größten Agrarerzeuger des Landes. Auch Führungen auf Obst- und Gemüsefarmen sind möglich, darunter eine, die streng riechende Durianfrüchte anbaut *(siehe Sok Lim Tours, S. 311, oder Kontakt über FarmLink Ltd., Tel. +855(0)12-365-321).*

Einheimische Khmer empfehlen einen Besuch der Schwimmreifen (Reifenschläuche) sowie Essen und Trinken. Der nahe gelegene Zoo zeigt eine kleine Auswahl der heimischen Fauna.

Da viele der Anziehungspunkte rund um Kampot an nicht benannten Straßen und relativ weit außerhalb der Stadt liegen, sind nicht alle leicht zu finden. Wegen der fehlenden Beschilderung ist es empfehlenswert, einen örtlichen Führer anzuheuern, und außerdem ein Motorrad-

Wasserfälle Tek Chhou und Zoo

 Karte S. 237 D1

Phnom Chhnork

Karte S. 237 D1

✉ 10 km von Kampot auf der Straße nach Kep

$ $

Blick von Kampot über die Prek Kampong Bay und Bokor Mountain in der Ferne

Tek-Chhou-Wasserfälle mit **Zoo** ($) nur 8 km nordwestlich der Stadt am Fluss Prek Chha. Obwohl die „Wasserfälle" genau genommen nur kleine Stromschnellen sind, versammeln sich hier immer viele Einheimische. Die ortsansässigen Kinder glänzen mit Sprüngen von einer Brücke, Händler verkaufen

Taxi oder ein Tuk-tuk ($$) zu mieten. Falls Sie das Abenteuer lieben, sollten Sie die Höhlen der Gegend aufsuchen. Die Eintrittsgebühr liegt allgemein bei etwa einem Dollar, und Kinder führen Fremde gern herum oder verleihen Taschenlampen. Es stehen eine ganze Reihe von Höhlen zur Auswahl; die schönste ist

Kampong Trach

🅰 Karte S. 237 E1

✉ Etwa 37 km von Kampot. Auf der Straße nach Kep am White Horse Monument links halten und immer geradeaus.

💲 $

Wat Kirisan

✉ 37 km von Kampot. Unbefestigte Straße gegenüber Acledabank bis zum Fuß des Phnom Sor; Beschilderung nach rechts folgen.

💲 $

Phnom Chhnork. In deren Hauptkammer befindet sich ein Tempel aus Ziegelsteinen aus dem 7. Jh., in der Nähe des Eingangs sind Sandsteinformationen in Gestalt von Elefanten zu sehen. Ortsansässige Kinder erkennen in den Stalagmiten und Stalaktiten der Höhle auch Drachen, Schlangen, Adler und Fische. Phnom Chhnork liegt etwa 10 km von Kampot entfernt. Wer mit dem eigenen Verkehrsmittel kommt, folge der Hauptstraße nach Kep; dann nach links, sobald die Straße einspurig geworden

ist. Auf dieser Straße mehrere Kilometer weiterfahren, bis Sie Hinweisschilder sehen.

Rung Damray Saa, die größte Höhle in der Region, wird wegen der Stalaktitenformation, die dem Kopf eines weißen Elefanten ähnelt, White Elephant Cave genannt. Den Aufstieg zur Höhle begleiten atemberaubende Ausblicke. Weiter vorn im selben Komplex liegt die weniger zugängliche **100 Rice Fields Cave**, bekannt für ihre Fledermäuse. Beide Höhlen (*$*) sind von der Hauptstraße in Kampot zu erreichen; nach etwa 13 km links abbiegen und auf Schilder achten.

Wer einen weiteren Weg auf sich nehmen möchte, für den bietet **Kampong Trach**, nahe an Vietnam, Karsthöhlen und unterirdische Gänge. Dieser Berg war einer der letzten Schlupfwinkel der Roten Khmer. Zu den Höhlen gehört ein kleiner Dschungel, der entstand, als die Decke einer Hauptkammer einbrach. Zahlreiche Wats und Schreine sind innerhalb des Berges errichtet worden. **Wat Kirisan** ist ein moderner Tempel, der am Fuß des Phnom Sor (Weißer Berg) erbaut wurde und als Zugang zu den unterirdischen Gängen dient. Ein Besuch der Höhlen in Kampong Trach nimmt fast einen ganzen Tag in Anspruch.

Die Provinz Kampot ist von üppiger Schönheit und besitzt aufregende Höhlen. Darüber sollte man aber nicht die

Pfefferplantage in Kampot; der hier angebaute Pfeffer kommt in den Gourmetküchen der Welt zum Einsatz

Weltberühmter Kampotpfeffer

Die üppige Landschaft der Provinz Kampot ist für ihre einzigartige Vielfalt an Pfeffer bekannt, den Kenner als einen der weltbesten bezeichnen. Kampotpfeffer besitzt ein ausgeprägtes Aroma und einen facettenreichen Geschmack. Normaler Pfeffer erzeugt gewöhnlich einen intensiven Geschmack an der Zungenspitze, der aber rasch verschwindet. Kampotpfeffer jedoch besitzt ausgeprägtere, nachklingende Aromen, die sich zuerst an der Zungenspitze bemerkbar machen und sich dann am hinteren Gaumen entfalten. Er besitzt außerdem Nuancen von Eukalyptus und frischen Kräutern.

Der chinesische Entdecker Zhou Daguan beschrieb bereits im 13. Jh. die kambodschanische Pfefferproduktion. Während der französischen Kolonialzeit stammten 99 Prozent des Pfeffers in Frankreich aus Kampot. Nachdem die Politik der Roten Khmer zur Zerstörung der Pfefferplantagen geführt hatte, wurde Kampotpfeffer praktisch jahrzehntelang nicht mehr angebaut. Erst Ende der 1990er Jahre begannen Familien, den traditionellen Pfefferanbau und den Handel wiederzubeleben. 2006 gründeten Tot Min Kalim und zwei Ausländer — Jerome Benezech und Angela Vestergaard — eine Kooperative *(Farm-Link Ltd., P.O. 0728, Kampot, Tel. +855(0)12-365-321)* für örtliche Kampotpfeffer-Farmer. Die Gruppe begann mit dem Aufbau eines Vertriebsnetzes, und inzwischen wird Kampotpfeffer nach Frankreich, Dänemark, Australien und in die USA exportiert. Außerdem wird er in einigen der besten Gourmetrestaurants und -küchen der Welt eingesetzt.

Gräueltaten vergessen, die hier während der Zeit der Roten Khmer verübt wurden. Um jenen Respekt zu erweisen, die unter dem brutalen Regime ums Leben kamen, kann man eine kleine, ergreifende Gedenkstätte in **Kampong Troi Lach Pagoda** besuchen. Ein Tempel birgt Knochen von mehreren Hundert Opfern. Der Eintritt ist frei, eine Spende wird empfohlen. Die Pagode steht nahe der Phnom-Chhnork-Höhlen.

Bokor Hill Station & Nationalpark: Eines der größten Schutzgebiete in Kambodscha ist **Bokor Mountain**, offiziell der Nationalpark Preah Monivong. Der 1079 m hohe Berg ist Standort der einstigen französischen Hill Station, außerdem gibt es hier einen zweistufigen Wasserfall sowie seltene Tiere: Elefanten, Gibbons, Leoparden und Tiger. Vom Berg bieten sich atemberaubende Ausblicke, er ist während der Regenzeit allerdings in so dichten Nebel gehüllt, dass man oft kaum ein paar Meter weit sehen kann. Auf dem Berg kann es nachts recht kalt werden.

Früher konnte man den Berg Bokor auf eigene Faust bei einem Tagesausflug von Kep oder Kampot aus erkunden und die Nacht auf dem Gipfel verbringen. Ein neues Luxusresort könnte dem Besuch aber in Zukunft einen ganz anderen Charakter verleihen. Wer heute auf dem Berg bleiben möchte, darf dies bislang nur im Rahmen einer organisierten Tour (siehe S. 264). Das Unternehmen Sokha Hotels arbeitet an einem Erschließungsprojekt auf

Kampong Troi Lach Pagoda

✉ 37 km von Kampot, nahe Kampong Trach

💲 $

Bokor Hill Station & Nationalpark

🗺 Karte S. 237 D1–D2

✉ Nationalstraße 3; 40 km von Kampot

💲 $$

Bokors letztes Gefecht

Eine düstere und umheimliche Geschichte von Kriegen und Schlachten umgibt Bokor Hill Station und verstärkt die gruselige Atmosphäre dieses verlassenen Ortes. Weil er dank seiner Höhe einen guten Überblick über die Umgebung ermöglicht, galt der Berg lange als strategisch bedeutsam.

Truppen der Vietnamesen und der Khmer Issarak (Freie Khmer), die für die Unabhängigkeit kämpften, übernahmen Ende der 1940er Jahre die Kontrolle über den Berg und vertrieben die französische Besatzung. Jahrzehnte später musste das Lon-Nol-Regime Bokor den Truppen der Roten Khmer überlassen, die hier eine Operationsbasis einrichteten. Während der vietnamesischen Invasion von 1979 war Bokor Schauplatz einer weiteren Schlacht; die erbitterten Kämpfe zwischen Roten Khmer und vietnamesischen Truppen dauerten mehrere Monate an. Soldaten der Roten Khmer verschanzten sich in der katholischen Kirche, als die Vietnamesen vom nahen Königspalast aus angriffen. Seither sind die Narben des Krieges — zerbrochene Fenster, Graffiti, mit Einschusslöchern übersäte Mauern — auf den noch erhaltenen Gebäuden der Bokor Hill Station nicht mehr zu übersehen. Ein einzelnes vietnamesisches Gewehr erinnert an die letzte Schlacht auf dem Berg.

Popokvil-Wasserfälle

⛰ Karte S. 237 D1

dem Berggipfel. Das langfristige Vorhaben sieht vor, das alte Kasino und das Hotel instandzusetzen und um ein neues Luxusresort zu erweitern.

Das **Bokor Palace Hotel und Casino** oben auf dem Berg dürfte die Hauptattraktion sein, zumindest solange die Überreste einer Villa aus der Kolonialzeit noch nicht komplett renoviert sind. Wenn der gewaltige Bau aus dem Nebel auftaucht, blickt man nämlich auf ein grandioses Symbol der Extravaganz und des Wohlstands unter den französischen Kolonialherren. Jahrelange Vernachlässigung hat jedoch ihre Spuren hinterlassen, verfallene Treppen führen ins Nichts, und dämmrige Flure verstärken die Spukhaus-Atmosphäre. An klaren Tagen bietet die Dachterrasse weite Panoramablicke über den Urwald.

Wer in den alten Gemäuern auf dem Bokor-Berg einen Blick in die Vergangenheit zu erhaschen hofft, wird wohl kein Glück mehr haben, wenn das Sokha-Projekt erst einmal fertiggestellt ist.

Nich weit vom alten Hotel entfernt steht eine kleine, heruntergekommene **katholische Kirche** (*$*). Der Innenraum ist bis auf den Altar leer. Wegen ihrer Rolle bei der vietnamesischen Invasion Ende der 1970er Jahre sind die Wände der Kirche heute mit Graffiti und Zeichnungen bedeckt (siehe oben).

Die in Nebel gehüllte Landschaft ist übersät mit weiteren Überresten früherer Glanzzeiten, darunter Postamt, Wasserturm, Schule und Krankenhaus. Eine sakrale Sehenswürdigkeit sind die Ruinen von **Wat Sampeau Moy Roy**; sie werden auch Five Boats Wat genannt, weil die fünf großen Felsbrocken am Eingang Booten ähneln sollen. 30 Minuten Fahrt vom Gipfel der Bergstation entfernt findet man außerdem **Black Palace**, einst die Wochenendresidenz König Sihanouks.

Die unheimliche Vergangenheit der ehemaligen Bokor Hill Station lockt vielleicht die meisten Besucher hierher, aber auch der **Nationalpark Bokor** hat einiges zu bieten.

Eingerichtet wurde das rund 1600 Quadratkilometer große Schutzgebiet 1993. Wenn Sie an einem sonnigen Tag während der Regenzeit vorbeischauen, bieten die zweistufigen **Popokvil-Wasserfälle** (Wirbelnde Wolken) eine Gelegenheit zum Baden. Die oberen Fälle sind dazu am besten geeignet, die unteren erreicht man von dort über einen Pfad. Die Fälle liegen nur 15 Minuten Fahrt von der Bergstation und 37 km von Kampot entfernt. Nur während der Regenzeit (Juni–Okt.) ist so viel Wasser vorhanden, dass sich ein Besuch lohnt. Der 11 km lange Pfad von Wat Sampeau Moy Roy zu den Wasserfällen ist ein schöner Wanderweg.

Die Rangerstation oberhalb der Bergstation informiert über ein Schulungsprogramm *(Fortsetzung auf S. 264)*

Am Strand in Kep bereiten Fischer ihre Netze vor

Seidenkunst

Seide wurde im 13. Jh. in Kambodscha eingeführt. Eine reiche Tradition entfaltete sich über Jahrhunderte, und die Weber gaben ihre Techniken von einer Generation an die nächste weiter. Unter den Roten Khmer kam die Seidenweberei zum Erliegen, und das handwerkliche Wissen ging verloren. Heute erlebt die kambodschanische Seidenindustrie eine Renaissance.

Mekong Blue, eine Seidenfabrik in Stung Treng

Seide wird aus den Kokons der Maulbeerseidenraupe hergestellt. Die Weber werfen die Kokons in kochendes Wasser und wickeln dann die feinen Fäden ab. Dieser Seidenfaden wird eingefärbt. Auf großen Rahmen mit Hand- und Fußantrieb werden die Fäden dann verwoben. Das ganze Verfahren ist langwierig und mühevoll, bis zum Endprodukt vergehen Wochen.

Kamboschanische Seide

Kambodschanische Seide gibt es in vielfältigen Motiven und Texturen — *phamuong* (einfarbiger Seidenstoff), *chorebap* (Seidenbrokat), *hôl* (Seide mit farbenfrohen Mustern) und *hôl lboeuk* (*hôl,* kombiniert mit Brokatstoff). Takeo ist die berühmteste Seidenprovinz; hier pflegt man die Ikat-Technik. Bei dieser traditionellen Verarbeitung wird die Seide zusammengebunden und dann gefärbt. Allein in dieser kleinen Provinz leben schätzungsweise 7000 Seidenweber.

Jüngste Renaissance

Die Zucht von Seidenraupen ebenso wie die Seidenherstellung und die Seidenweberei werden momentan an vielen Orten

Kambodschas wiederbelebt. Nicht-Regierungsorganisationen haben lokale Gemeinschaften vielfältig unterstützt, um den Kenntnisstand der Seidenweber zu verbessern. Diese NGOs sorgen auch dafür, dass behinderte Menschen und Randgruppen vom Arbeitsangebot profitieren.

Cambodian Craft Corporation unterrichtet junge und unerfahrene Seidenweber in zwei Ausbildungszentren (siehe S. 80). Weaves of Cambodia beschäftigt in Tbeng Meanchey Frauen, die Unfälle mit Landminen überlebt haben. Die Organisation wurde von der international erfolgreichen Seidenweberin Carol Cassidy gegründet (siehe S. 80). Artisans d'Angkor mit Sitz in Siem Reap unterhält eine Schule für Weber, die sich an den jahrhundertealten Seidentraditionen orientieren möchten (siehe S. 116). Selbst der international tätige Modedesigner Eric Raisina besitzt eine alteingesessene Seidenwerkstatt in Siem Reap.

Hochwertige Seide finden

Trotz der guten Angebote für Seidenprodukte müssen Käufer beim Erwerb aufpassen, soll es authentische Seide sein. Die Erzeugnisse, die am Russenmarkt in Phnom Penh (siehe S. 87) aushängen, sind von schlechter Qualität. In der Vergangen-

Spulen mit bunt gefärbter Seide warten darauf, von Hand verwoben zu werden

heit wurde Käufern geraten, die Textilien zu testen, indem sie einen Faden abbrannten; roch es nach verbranntem Haar, war es Seide. Inzwischen haben die Seidenfälscher dazugelernt, und der Streichholztest reicht oft nicht aus. Wer gute Seide sucht, sollte am besten in Boutiquen einkaufen oder die Dörfer besuchen, in denen die Stoffe hergestellt werden.

Seide wird zu Schals, Wandbehängen, Kissen, Bettdecken, Kleidung und Vorhängen verarbeitet. Es gibt die Stoffe in jeder Farbe, Größe und Preisklasse, vom Schnäppchen am Stand für 3 $ bis zu 80 $ teuren exquisiten Kunstwerken.

ERLEBNIS: Wo man Seide kauft

Ortsansässige NGOs sind maßgeblich an der Wiederbelebung der traditionellen Seidenweberei beteiligt. Ihre Arbeit lässt sich an folgenden Orten unterstützen:

Institute for Khmer Traditional Textiles *(No. 472, Viheachen Village, Svaydongkum Commune, Siem Reap, Tel. +855(0)63-964437, iktt.esprit-libre.org)* unterrichtet und inspiriert eine junge Generation von Kambodschanern, die traditionelle Kunst der Seidenweberei aufleben zu lassen und lebendig zu halten.

Werkstatt und Ausstellungsraum liegen direkt außerhalb von Siem Reap (siehe S. 114).

Mekong Blue *(Tel. +855(0)12-609-730, www.mekongblue.com)* unterweist arbeitslose Frauen in der Kunst, hochwertige Seide herzustellen. Interessierte können die Werkstatt und die Verkaufsräume besuchen *(St. 1, Sre Po Village, Stung Treng)* oder den Ausstellungsraum in Phnom Penh aufsuchen *(9Eo 130 St.).*

Weitere Informationen zum Kauf von Seide siehe S. 299.

Kep

Karte S. 237 D1

für die Einheimischen, die lernen, wie man natürliche Ressourcen schützt. Neben größeren Säugetieren leben im Park über 300 Vogelarten. Lassen Sie sich bei der Erkundung des Parks am besten von einem Ranger begleiten ($$$$$). Da Bergstation und Park einst als Schlupfwinkel der Roten Khmer dienten, können hier noch Landminen liegen; deshalb unbedingt auf gut bekannten Wegen bleiben! Alleinreisende Frauen seien darauf hingewiesen, dass es Berichte über verbale Belästigungen in der Rangerstation gegeben hat.

Bei Erscheinen dieses Buches war unklar, wann die Straße zum Bokor wieder öffnet. Wer den Berg unbedingt sehen möchte, dem dürfte das aber trotzdem gelingen. Zur Zeit der Recherche für diesen Band hatte **Sok Lim Tours** (siehe S. 311) eine zweitägige Wanderung auf den Berg und zurück im Angebot.

Kep

Der Name „Kep" ist wohl vom französischen *le cap,* das Kap, abgeleitet. 1908 als Badeort für die besseren Kreise der Kolonialgesellschaft gegründet, war Kep über Jahrzehnte beliebt und blieb auch nach der Unabhängigkeit ein vielbesuchter Badeort. Wer in Kambodscha Rang und Namen hatte, baute sich hier eine prächtige Villa.

Dieses Stück vom Paradies wurde jedoch während der Jahre unter den Roten Khmer zerstört. Deren Kader, vietnamesische Truppen und Kambodschaner, die nach etwas suchten, das sich verhökern ließ, plünderten die Villen.

Erst in den letzten Jahren ist Kep wieder allmählich aus seinem Schlummer erwacht. Elegante Boutique-Hotels und preiswerte Bungalows säumen nun Strände und Hügel. Trotz dieser Entwicklung hat die malerische Küstenstadt noch etwas von ihrem altmodi-

Tour durch die Ruinen von Kep

Verlassene, rauchgeschwärzte Skelette der einst glamourösen Strandvillen sind noch immer über die Landschaft rund um Kep verstreut. Spuren der jahrelangen Verwitterung sind zwar unübersehbar, doch für eine Sightseeingtour sind die Ruinen durchaus noch interessant. Viele Häuser sind im modernen Stil der 1960er Jahre gehalten, andere zeigen ein ausgeprägtes Kolonialambiente. Allgemein ist über die ursprünglichen Besitzer der Villen wenig bekannt, weil die Roten Khmer Dokumente über Grundbesitz systematisch vernichtet haben. Das große Haus mit schö-

nem Blick aufs Meer mit dem gepflegten Garten war früher die Residenz des damaligen Königs Sihanouk.

Am besten fährt man diese Grundstücke mit dem Fahrrad oder Motorrad ab, die man in Gästehäusern in Kep und Kampot mieten kann. Fahren Sie einfach nur die beiden Hauptstraßen von Kep entlang – eine an der Küste und die andere weiter landeinwärts. Aber Vorsicht: In vielen scheinbar verlassenen Häusern leben jetzt Hausbesetzer, die neugierige ausländische Besucher womöglich nicht gerade freundlich empfangen.

schen Charme bewahrt. Inzwischen fühlen sich aber auch Bauinvestoren von Kep angezogen, deshalb könnte der Ort schon bald ein völlig anderes Gesicht bekommen.

Kep bietet kaum Sehenswürdigkeiten, ist aber der perfekte Ort zum Entspannen. Alle Strände liegen nach Westen, und Kep ist für seine leuchtend orangefarbenen Sonnenuntergänge berühmt. Wer sich allerdings aufs Baden im Meer freut, wird vielleicht enttäuscht sein. Die Bucht ist nicht von Natur aus sandig; der Sand wurde in der ersten Hälfte des 20. Jhs. aus Sihanoukville importiert.

Koh Tonsay: Koh Tonsay (Rabbit Island) liegt 30 Minuten Bootsfahrt von Kep entfernt. Der wunderbare Hauptstrand der Insel ist ein langer Streifen mit gelbem Sand, übersät mit Palmen und inmitten des klaren, glitzernden Meeres gelegen. Die Insel eignet sich perfekt für einen Tagesausflug oder einen Trip mit Übernachtung. Boote (*$$$$$*) kann man am Koh Tonsay Boat Dock im südöstlichen Teil des Bezirks mieten. Ausflüge zur Insel lassen sich auch über Reiseagenturen und Gästehäuser in Kep und Kampot arrangieren.

Hängematten und große Holzplattformen säumen den Strand von Rabbit Island. Fliegende Händler versorgen die Gäste mit dünnen Matten, wenn sie bei ihnen Essen und

---

ERLEBNIS: Krebse in Kep

Kampots Spezialität ist der Pfeffer, Kep hat dafür seine Krebse. Und die landen frisch aus dem Ozean zu erschwinglichen Preisen und lecker zubereitet auf dem Teller.

Schauen Sie sich auf dem Krebsmarkt am westlichen Strandzipfel um, wo Bambusbuden die Meerestiere auf vielfältige Art servieren. Die Stände sind besonderes um die Mittagszeit beliebt, geben aber auch gute Aussichtspunkte für den Sonnenuntergang ab.

Krebse werden auch auf den hölzernen Picknick-Plattformen gegenüber dem Strand von Kep serviert. Einfach eine freie Plattform suchen, dann dauert es nicht lange, bis fliegende Händler eine englischsprachige Speisekarte vorbeibringen. An beiden Standorten sind meist auch Fisch, Tintenfisch und Krabben im Angebot. Krebse gibt es gegrillt, gekocht, als Curry oder Suppe; besonders zu empfehlen sind die saftigen Kampotpfeffer-Krebse — gebratene Krebse, gewürzt mit dem aromatischen grünen Kampotpfeffer.

Getränke bestellen. Frischer Fisch und Fleisch werden auf Bestellung zubereitet.

Übernachten kann man auf **Rabbit Island** in winzigen, günstigen Bungalows am Hauptstrand. Die Ausstattung besteht aus einer dünnen Matratze auf dem Boden, Decken und Moskitonetz. Achtung: Die Wände sind dünn, die Privatsphäre ist gering, und die Gemeinschaftsbäder sind nicht gerade ansprechend. Wem das nichts ausmacht, kann die Insel vor Ankunft und nach Abfahrt der Tagesausflügler genießen. Bungalows mietet man bei der Ankunft oder über Pensionen in Kep, die dann dort anrufen und reservieren. ■

Koh Tonsay
▲ Karte S. 237 D1

REISEINFORMATIONEN

Die Teams bereiten sich auf das Bootsrennen anlässlich des Wasserfestivals Bon Om Tuk vor

REISEPLANUNG

Reisezeit

Genau genommen gibt es in Kambodscha nur zwei Jahreszeiten, eine trockene und eine feuchte und kühlere Periode. Die beliebtesten Reisemonate sind Dezember und Januar, der Beginn der trockenen Jahreszeit mit niedrigeren Temperaturen bei nur geringem Niederschlag. In dieser Zeit liegen aber auch die Hotelpreise am höchsten, kurzfristige Buchungen sind selten möglich und Tempel und Strände überfüllt.

Mit den steigenden Temperaturen im April wird die bis dahin üppig wuchernde Landschaft leblos und trocken, das Land ist staubbedeckt und die Temperaturen bewegen sich auf die 40 °C zu. Obwohl es dann in der Tempelanlage von Angkor wesentlich ruhiger ist, beeinträchtigen ausgetrocknete

Wasserwege und die verdorrte Vegetation den Gesamteindruck. Ganz besonders heiß und trocken ist es in den Provinzen Ratanakiri und Mondulkiri. Nur die Strände und die Inseln an der kambodschanischen Küste bieten in dieser Zeit eine Erfrischung.

Der Juni ist die Zeit des Monsuns. Der Regen setzt normalerweise ganz plötzlich und heftig am späten Nachmittag ein und lässt die Luftfeuchtigkeit emporschnellen. Das sollte aber keinen vom Besuch des Landes abhalten, denn einiges spricht für diese Zeit: Es sind wesentlich weniger Touristen unterwegs, die Landschaft gewinnt an Frische und die meisten Tage sind sonnig und klar. Allerdings kann es auch passieren, dass es während des gesamten Aufenthalts regnet. Abgelegene Gebiete sind in dieser Zeit schwer zu erreichen, weil sich die

Straßen in Morast verwandeln und Brücken unpassierbar werden.

Letztendlich hängt die Reisezeit von den geplanten Zielen in Kambodscha ab: Die Tempelanlagen sind am eindrucksvollsten, wenn die Vegetation üppig grün ist. Die Reise in die Berge im Osten und Nordosten sollte man zu Beginn der trockenen Jahreszeit antreten, später wird es sehr staubig. Die Strände sind allerdings selbst in den glutheißen Monaten angenehm, dann herrschen auch die besten Sichtverhältnisse für Taucher.

Manche orientieren sich auch an den großen Festivals: Zu den Bootsrennen während des Wasserfestivals Bon Om Tuk im Oktober und November in Phnom Penh kommen Millionen von Besuchern in die Hauptstadt. Mitte April zum Zeitpunkt des Neujahrsfestes der Khmer füllen sich die Tempelanlagen, insbesondere Angkor, mit Gläubigen.

Klima

In Kambodscha herrscht tropisches Klima, die Durchschnittstemperatur liegt bei 27–28 °C. In der feuchten Jahreszeit (Ende Mai–Okt.) werden Temperaturen von 20–27 °C erreicht, in der trockenen Jahreszeit (Nov.–Mitte Mai) 28–35 °C. Differenzierter betrachtet gibt es vier Jahreszeiten: eine trockene und kühle (Dez.–Feb.), eine trockene und heiße (März–Mai), eine feuchte und heiße (Juni–Sept.) und eine feuchte und milde (Okt.–Nov.). In den Bergen, vor allem in der östlichen Provinz Mondulkiri, kann es in den Wintermonaten auch recht kalt werden. Reisende sollten darauf gefasst sein, die kühlen Nächte in ungeheizten Hotelzimmern verbringen zu müssen.

Nicht vergessen

Für einen ornithologischen Ausflug oder einen Outdoor-Urlaub ist natürlich anderes Reisegepäck nötig als für Flitterwochen in einem Fünf-Sterne-Resort an der Küste. Auch jahreszeitliche Unterschiede machen spezielle Ausrüstungen erforderlich. Regenbekleidung und wasserfeste Schuhe sind während der Monsunzeit unabdingbar, in den Wintermonaten empfehlen sich ein Pullover und eine leichte Jacke. Auf den Märkten in den Städten lässt sich fast jede Ausstattung kaufen: Wegen der starken Verbreitung der Textilindustrie wird hier gute Bekleidung, auch aus Seide, zu günstigen Preisen angeboten (lediglich die Qualität der Schuhe lässt etwas zu wünschen übrig).

Sandalen, aus denen man schnell rausschlüpfen kann, sind das ideale Schuhwerk für einen Besuch der buddhistischen Klöster, in Angkor braucht mal wegen des unebenen Geländes trotzdem festere Schuhe. In den aktiven buddhistischen Tempeln ist respektvolle Bekleidung ein Muss, die Gläubigen wären entsetzt über Tops und Shorts! Die Kambodschaner neigen dazu, den besser Gekleideten eine höhere Wertschätzung entgegenzubringen. Sie sollten also, selbst wenn Sie einen Strandurlaub planen, immer auch angemessene Kleidung im Gepäck haben – für einen Tempelbesuch, ein stilvolles Abendessen, das Casino oder – falls Sie Probleme haben – auch für die Polizeistation oder die Botschaft.

Immer dabeihaben sollte man eine Taschenlampe, einen Kompass oder ein GPS-Gerät, einen Adapter für den Föhn oder den Laptop, ein kleines Fernglas, Desinfektionsmittel für die Hände, Insektenspray, Sonnencreme, Augentropfen gegen den Staub, Passfotos sowie Kopien des Reisepasses und der Versicherungsunterlagen.

Ungefähr 90 Prozent der in Kambodscha erhältlichen Arzneimittel sind Fälschungen; die U-Care-Apotheken in Phnom Penh und Siem Reap verkaufen gegen Vorlage eines Rezeptes die wirksameren Originalmedikamente.

Versicherungen

Eine Auslandskrankenversicherung sollte selbstverständlich sein. Sie greift vor allem dann, wenn aus medizinischer Sicht ein Krankentransport ins Heimatland notwendig wird. In Kambodscha fehlen vielfach die notwendigen Einrichtungen für die Behandlung ernsthafter Erkrankungen. Aber selbst wenn der Krankentransport seitens der Versicherung gewährleistet wird, ist dieser häufig nur aus größeren Touristenorten, nicht aber aus entlegenen Gegenden durchführbar. Informieren Sie sich vorab bei Ihrem Versicherer oder bei SOS in Phnom Penh (www.internationalsos.com), wenn Sie vorhaben, in schlecht erreichbare Gebiete zu fahren. Einige Versicherungen decken Motorrad-

unfälle oder die Behandlung von Verletzungen bei Sportarten wie Gerätetauchen nicht ab, eine genaue Überprüfung des Leistungspakets verhindert unangenehme Überraschungen.

Empfehlenswert ist auch eine Diebstahlversicherung, denn Kleinkriminalität wie Handtaschendiebstahl ist weit verbreitet. Obwohl es kein Vergnügen ist, bei der kambodschanischen Polizei eine Anzeige zu machen, muss man es tun, um zu Hause Ersatzansprüche bei der eigenen Versicherung geltend machen zu können.

ANREISE

Einreisebestimmungen

Reisepass & Visum

Reisende nach Kambodscha benötigen einen zum Zeitpunkt der Einreise noch mindestens sechs Monate gültigen Pass sowie ein Visum. Die 30 Tage gültigen Visa können entweder vor Reiseantritt bei der jeweiligen kambodschanischen Auslandsvertretung oder bei der Einreise an den internationalen Flughäfen und einigen Grenzübergängen beantragt werden. Für das Touristenvisum werden ein Passbild und 20 $ bzw. 25 $ für ein Business-Visum (jeweils bar) gefordert.

Touristen haben auch die Möglichkeit, über die Webseite des Außenministeriums (www.mfaic. gov.kh/evisa) ein E-Visum zu beantragen. Die Ausstellung erfolgt innerhalb von drei Arbeitstagen, die Gebühr beträgt 5 $ zusätzlich.

Visumsverlängerungen lassen sich beim Einwanderungsbüro in Phnom Penh (Tel. +855(0)12-854-874 oder +855(0)12-581-558, Sa u. So geschl.) beantragen. Unter Umständen ist das ein sehr zeitaufwendiger und zermürbender Vorgang. Leichter erhält man die Verlängerung, wenn man eines der zahlreichen, auf Visaerteilung spezialisierten Reisebüros – insbesondere in Siem Reap,

Sihanoukville und natürlich in Phnom Penh – mit dieser Aufgabe beauftragt – gegen eine geringe Bearbeitungsgebühr.

Geschäftsvisa lassen sich wesentlich einfacher verlängern, vor allem dann, wenn man häufiger ein- und ausreisen möchte. Die Verlängerungen (50–180 $) werden für einen Zeitraum von 30 Tagen bis zu 6 bzw. 12 Monaten erteilt, die geschäftlichen Aktivitäten müssen nicht dokumentiert werden. Bei Überschreitung der vorgesehenen Aufenthaltsdauer wird eine Gebühr von 5 $ pro Tag erhoben.

Visum am Flughafen

Bei der Ankunft an den internationalen Flughäfen Phnom Penh und Siem Reap werden die Reisenden automatisch in den Visabereich des Flughafens geleitet, in dem es einigermaßen unübersichtlich zugeht. Man reiht sich in die erste Warteschlange und gibt Reisepass, Passfoto und das ausgefüllte Einreiseformular ab, das schon im Flugzeug verteilt wurde. Am Schalter werden auch die Gebühren in Höhe von 20 bzw. 25 $ fällig. Am Ende der zweiten Schlange zeigen Sie einem Beamten den Reisepass. Jetzt geht es weiter zum Einwanderungsschalter (Immigration Checkpoint) und zur Gepäckausgabe.

Wer bereits vorab ein Visum beantragt hat, erspart sich die Wartezeit und kann direkt zum Einwanderungsschalter gehen.

Zollbestimmungen

Die kambodschanische Zollbehörde hat vor einigen Jahren die Sicherheitsbestimmungen verschärft – die Zollabfertigungen wirkten bis dato eher lasch. Die neuen Regelungen verlängern den Aufenthalt in den Flughäfen nicht wesentlich, wohl aber die Abfertigung an den Grenzübergängen zu den Nachbarländern, die von der UN zuvor als „porös“ bezeichnet wurden.

Die Sicherheitsbestimmungen richten sich vor allem gegen den häufigen Schmuggel von Drogen, Waffen und Menschen; die Höchststrafen können bei lebenslanger Haft liegen.

Mit dem System der Green und Red Channels soll die Zollabfertigung beschleunigt werden: Den Green Channel benutzen Einreisende ohne zu verzollende Waren, der Red Channel ist für Reisende mit zu verzollenden Waren bestimmt.

Die Duty-Free-Bestimmungen erlauben Einreisenden die Einfuhr von Medikamenten mit gültigem Rezept, 350 ml Parfüm und anderen neuwertigen Produkten bis zu einem Wert von 100 $. Einreisenden über 18 Jahren ist die Einfuhr von 200 Zigaretten, 100 Zigarren oder 40 Gramm Tabak gestattet. Ebenfalls eingeführt werden dürfen eine Flasche hochprozentiger Alkohol oder zwei Flaschen Wein. Wer sich an diese Regeln hält, kann den Green Channel benutzen.

Alles darüber hinaus – beispielsweise Waren mit einem Wert über 100 $ – muss im Red Channel verzollt werden. Wenn diese Waren einen Wert von 300 $ nicht überschreiten, wird das Formular „Noncommercial Customs Declaration Form“ ausgefüllt. Liegt der Wert darüber, ist das Formblatt „Customs Declaration Form“ auszufüllen. Alle Formulare werden im Einreisebereich ausgegeben.

Es gibt keine Einfuhrbestimmungen für ausländische Währungen, allerdings muss Bargeld über 10 000 US$ angemeldet werden.

Anreise mit dem Flugzeug

Flughäfen

Kambodscha hat zwei internationale Flughäfen: Phnom Penh International Airport (PNH) und den moderneren Siem Reap International Airport (REP). Alle

Schilder in den Schalterhallen sind ins Englische und Französische übersetzt. Ein dritter Airport in Sihanoukville soll in Kürze seinen Betrieb aufnehmen; aktuelle Infos unter *www.cambodia-airports.com.*

Internationale Flüge

Obwohl die Luftfahrt auch in Kambodscha einen immer größeren Stellenwert einnimmt, wurden auch 2013 noch immer keine Direktflüge von europäischen Flughäfen angeboten – es muss also immer ein Zwischenstopp eingeplant werden.

Die meisten Flüge ins Ausland gehen nach Bangkok, das mehrmals täglich von Phnom Penh aus angeflogen wird. In der Hauptreisezeit (Nov.–Feb.) liegen die Ticketpreise bei rund 100 $. Gute Fluglinien sind Bangkok Airways (bekannt als Asiens „Boutique Airline“), Thai Airways International und der Billiganbieter Air Asia.

Bis vor einigen Jahren flog nur Bangkok Airways die Strecke Siem Reap–Bangkok, jetzt fliegt auch Thai Airways die Stadt an. Bangkok Airways hatte auch lange das Monopol auf Flüge von Siem Reap nach Koh Samui oder Phuket und konnte hier die Preise bestimmen. Die Zahl der Flugverbindungen zu weiteren asiatischen Destinationen steigt ständig, so bestehen derzeit Verbindungen nach Kuala Lumpur, Singapur, Taipei, Seoul, Hong Kong, Shanghai, Vientiane, Hanoi und Ho-Chi-Minh-Stadt. Lao Airlines kämpft immer noch mit der Einhaltung der internationalen Sicherheitsvorschriften.

Informationen über Fluglinien

In der folgenden Auflistung werden die wichtigsten Fluglinien mit Angeboten nach Kambodscha aufgeführt, eine vollständige Liste finden Sie auf der Website *www.skyscanner.de.*

Air Asia
Tel. +855(0)23-356-011 (bis - 015)
www.airasia.com

Bangkok Airways
Tel +855(0)23-722-545 (bis -547)
www.bangkokair.com

Dragon Air
Tel. +855(0)23-424-300
www.dragonair.com

Thai Airways International
Tel. +855(0)23-214-359
www.thaiairways.com

Verkehrsanbindung der Flughäfen

An beiden internationalen Flughäfen ist der Taxibereich leicht zu finden. Wer sein Hotel kennt, sollte mit diesem eine Abholung vereinbaren. Ansonsten warten Taxis auf Kundschaft und fahren diese zu einem vorher vereinbarten Preis an den gewünschten Ort. In Phnom Penh liegen die Preise bei rund 9 $ für ein Taxi und 7 $ für ein Tuk-tuk. Obwohl der Flughafen nur rund 10 km außerhalb der Stadt liegt, benötigt ein Taxi für die Fahrt 30–45 Minuten. Am Flughafen Siem Reap verlangen die Taxifahrer 7 $ und die Tuk-tuk-Fahrer 4 $ – der Flughafen liegt rund 8 km von den zentral gelegenen Hotels entfernt. Die Fahrt dauert etwa 10–20 Minuten.

Tuk-tuks sind für die Strecke von den Flughäfen in die Städte nicht empfehlenswert, denn die Fahrten dauern sehr lange und sind auf den vielbefahrenen Einfallsstraßen mit extrem staubiger und verdreckter Luft eher unbequem. In Phnom Penh wird immer wieder von Gepäckdiebstahl durch schnell vorbeifahrende Motorradfahrer gewarnt, geschlossene Taxis und Hotel-Shuttlebusse sind daher die bessere Alternative.

Angesichts des massiven Verkehrsaufkommens in Phnom Penh

sollte ausreichend Zeit für die Fahrt zum Airport eingeplant werden.

Flughafensteuern

Bei der Ausreise über einen der genannten Flughäfen wird eine Ausreisesteuer verlangt (bar), sie wird am Check-In-Schalter bezahlt, bevor man durch die Sicherheitsschleusen geht. Ausländische erwachsene Fluggäste zahlen 25 $, Kinder unter zwölf Jahren 13 $, Kinder unter zwei Jahren zahlen nichts. Ausländische Reisende müssen bei Inlandsflügen 6 $ Flughafensteuer zahlen.

Anreise mit dem Schiff

Kambodscha ist nur bedingt mit dem Schiff erreichbar. Im Hafen Sihanoukville International Seaport am Golf von Thailand legen Boote und Kreuzfahrtschiffe an. Zu den Kreuzfahrtgesellschaften, die hier einen Halt auf dem Weg nach Singapur oder Hong Kong einlegen, zählt die Royal Caribbean International; ihre Reisenden genießen dann für eine kurze Zeit die kambodschanischen Strände. Den besten Überblick über die Angebote bietet die Website *www.cruiseweb.com.*

Über den Mekong ist es möglich, mit der Fähre von Phnom Penh nach Chau Doc in Vietnam zu reisen, der Grenzübergang ist Kaam Samnor-Vinh Xuong. Die zuverlässigste Fährgesellschaft auf dieser Strecke ist Blue Cruiser (*Tel. +855(0)16-824-343*), deren Boote um 8.30 Uhr in Chau Doc starten und um 13.30 Uhr in Phnom Penh eintreffen.

In die Gegenrichtung kann man die Fähre des **Victoria Hotels** nutzen, die mehrmals in der Woche von Phnom Penh aus das Luxushotel in Chau Doc ansteuert.

Internationale Kreuzfahrten auf dem Meer und auf Flüssen werden immer beliebter; einige bieten unvergleichliche Perspektiven und Touren, bei denen Luxus mit authentischer Kultur kombiniert

wird. Die **Compagnie Fluviale du Mekong** (*www.cfmekong.com*) etwa bietet eine mehrtägige Reise auf dem Mekong durch Vietnam und Kambodscha an.

Anreise mit dem Bus

Grenzübergänge

Der Bus ist ein weitverbreitetes und günstiges Verkehrsmittel, um nach Kambodscha zu reisen. Die Fahrt von Bangkok nach Phnom Penh kostet rund 25 $. Entlang der Grenzen gibt es zahlreiche Übergänge: neun von Vietnam (einer erfordert eine Fahrt mit dem Boot über den Mekong), sechs von Thailand und einen von Laos aus. Egal, über welchen man einreist: Überall gilt, möglichst wenig Gepäck und viel Abenteuerlust mitzubringen – und ein gerüttelt Maß an gesundem Misstrauen. Die Grenzübergänge haben den allgemeinen Ruf, entweder verschlafene Nester oder Brutstätten des Verbrechens zu sein.

An den meisten Grenzstationen gibt es tagsüber zwischen 7 und 20 Uhr einen Visa-Service, sodass es nicht nötig ist, im Voraus ein Visum zu beantragen. Bargeld und ein Passbild sollten bereitgehalten werden. Einreisende erhalten hier die 30 Tage gültigen Touristen- bzw. Geschäftsvisa. Wer von Kambodscha ins Nachbarland Vietnam reisen möchte, muss das Visum im Voraus beantragen. Thailand stellt ein Einreisevisum für einen Aufenthalt von 15 Tagen aus, Laos für 30 Tage. Das Visum für Vietnam bekommt man in den Hotels oder Reisebüros in Siem Reap oder Phnom Penh. Normalerweise dauert die Ausstellung einige Tage, gegen eine Gebühr gibt es aber auch ein Sofort-Visum.

Schließlich sei darauf hingewiesen, dass die Abfahrtzeiten der Busse wie auch die Grenzbestimmungen sich ständig ändern. Die Webseite *www.canbypublications.com*

bietet einigermaßen verlässliche (aktuelle) Informationen.

An den sechs Grenzübergängen nach Thailand müssen die Reisenden den Bus bzw. das Taxi wechseln, da diese nicht die Grenze überqueren dürfen. Auf beiden Seiten der Grenze stehen aus diesem Grunde unzählige Taxen und Busse für die Weiterfahrt bereit. Zwischen 7 und 20 Uhr fährt ungefähr alle 30 Minuten ein Bus ab. Wegen möglicher Betrüger, die Umwege fahren, sollten ausschließlich die offiziellen Buslinien und Taxen bestiegen werden (siehe S. 271).

Der am stärksten frequentierte Übergang von Thailand nach Kambodscha ist Poipet (bzw. Aranyaprathet auf thailändischer Seite) an der viel befahrenen Strecke zwischen Bangkok und Siem Reap. Geöffnet hat er zwischen 8 und 20 Uhr. Hier herrscht ein permanentes Chaos aus Rucksacktouristen, Einwanderungsbeamten, Gaunern und Händlern. Wegen der unzähligen ausländischen Touristen findet man hier einen Geldautomaten bzw. Geldwechselstuben. Wer hier auf eine Geldabhebung angewiesen ist, sollte extrem vorsichtig sein. Besser fährt man auf jeden Fall, wenn man vorab eine ausreichende Menge Dollar (in kleiner Stückelung) oder thailändische Baht in Geldscheinen bei sich hat, um ein Visum und andere Ausgaben bezahlen zu können.

Wer von thailändischer Seite aus nach Kambodscha eingereist ist, sollte auf alle Fälle Busse der Unternehmen Mekong Express oder Capitol Transport benutzen. Sie verkaufen Tickets zu seriösen und festgelegten Preisen: 15 $ nach Phnom Penh (7–8 Stunden), 10 $ nach Siem Reap (4–6 Stunden) und 8 $ nach Battambang (2–3 Stunden).

Bequemer ist es aber, die Reise in einem Taxi fortzusetzen. Das setzt aber zunächst Verhandlungen mit häufig aggressiven und beharrlich auf den Kunden einredenden Taxifahrern voraus. Manch einer verlangt zunächst einmal für die Fahrt nach Siem Reap bis zu 100 $. Für den Einstieg in die Verhandlung empfehlen sich 15 $, der Endpreis sollte bei 40 $ nach Siem Reap, 25 $ nach Battambang und 80 $ nach Phnom Penh liegen.

In der Regel fahren die Taxen ohnehin nicht weiter als bis in die Hauptstadt.

Fast alle Reisebüros und Unterkünfte vermitteln Busfahrten von Siem Reap, Battambang und Phnom Penh über Poipet nach Thailand. Nach Abschluss des Einreiseformalitäten sollte man mit dem Tuk-tuk (ca. 3 $ oder 100 Baht) zur nächsten Bushaltestelle auf thailändischer Seite in Aranyaprathet fahren, dort fahren Busse alle 30 Minuten zu verschiedenen Zielen im Land ab, auch nach Bangkog. Wer aus Kambodscha über Land ausreist, zahlt keine Ausreisegebühr.

Der zweite, stark frequentierte Grenzübergang zwischen Thailand und Kambodscha ist Cham Yeam, auf thailändischer Seite heißt er Trat oder Hat Lek. Er verbindet die Provinz Trat in Thailands Südosten mit dem westlichen Kambodscha unweit der Küstenstadt Koh Kong. Strand- und Inselreisende auf der Fahrt von Pattaya oder Kuh Chang zu den Stränden von Sihanoukville werden wahrscheinlich über diesen Grenzposten ins Land einreisen (Fahrzeit ca. 8 Stunden). Der Grenzposten mit Visa-Ausgabe ist zwischen 7 und 20 Uhr geöffnet.

Die Fahrt mit dem Bus von Bangkok nach Cham Yeam dauert 5–6 Stunden; von Pattaya muss man mit 3–4 Stunden rechnen. Die Busse fahren täglich, Tickets an der Busstation in Pattaya oder im East Bus Terminal in Bangkok kosten etwa 200 Baht.

Wie auch in Poipet, so gilt auch hier die Regel: Vorsicht vor Betrügern und unseriösen Praktiken! Wer aufgefordert wird, neben dem Visum noch weitere Leistungen zu bezahlen, sollte um eine Quittung bitten. Dabei klärt sich schnell, wer ein Betrüger und wer ein seriöser Geschäftsmann ist.

Weitere Grenzübergänge von Thailand sind: O Smach (Chong Jom auf thailändischer Seite) als Verbindung zwischen der thailändischen Provinz Si Saket und Oddar Meanchey; Choam (Choam Srawngam) zwischen Sangkha (Thailand) und Anlong Veng; Psar Prom (Ban Pakard) zwischen Chantaburi (Thailand) und Pailin; Daung Lem (Dong) ist die Verbindung zwischen der thailändischen Provinz Chantaburi und Battambang in Kambodscha.

Die neun Grenzübergänge nach Vietnam sind normalerweise zwischen 7 und 18 Uhr geöffnet. Der am häufigsten genutzte Checkpoint ist Bavet (Moc Bai in Vietnam), der insbesondere von Touristen gewählt wird, die von Ho-Chi Minh-Stadt in 5–7 Stunden mit dem Bus nach Phnom Penh fahren (ohne Fahrzeugwechsel an der Grenze). Tickets verkaufen Reisebüros und Hotels. Hier organisiert man auch die Taxifahrt zu den jeweils abgelegenen Busstationen. Die Preise der unterschiedlichen Reisegesellschaften (z. B. Mailinh Open Tour und Mekong Express) liegen zwischen 12 und 20 $ (siehe S. 271).

Die anderen Grenzübergänge zwischen Vietnam und Kambodscha sind in der Vergangenheit wesentlich weniger genutzt worden, weil sie lediglich abgelegene, schlecht zu erreichende Provinzen miteinander verbanden. 2009 wurden aber die Straßen zwischen Phnom Penh und Ratanakiri bzw. Mondulkiri bis hin zur vietnamesischen Grenze so weit befestigt. Seitdem ist die bisher nur wenig besuchte und dünn bevölkerte Bergprovinz wesentlich besser zu erreichen. Von Ban Lung, der Hauptstadt der Provinz Ratanakiri, bis zur Grenze benötigt man jetzt nicht mehr fünf, sondern nur noch eine Stunde.

Die neuesten Grenzübergänge sind O'Yadaw (Le Tanh auf vietnamesischer Seite) als Verbindung zwischen der kambodschanischen Provinz Ratanakiri und der vietnamesischen Provinz Pleiku sowie der Übergang in der Nähe von Sen Monorom in der Provinz Mondulkiri zwischen der kambodschanischen Stadt Dak Dam und der vietnamesischen Provinz Dal Lac (Buon Ma Thout). Die Grenze bei Dom Kralor bzw. Voen Kham auf laotischer Seite kann sowohl über den beliebteren Land- wie auch über den Wasserweg überschritten werden.

Häufig nutzen Abenteurer diesen Übergang, die die beeindruckende Wildnis des südlichen Laos und des nördlichen Kambodschas erkunden wollen. Es ist allerdings nicht einfach, nach Dom Kralor zu gelangen. Geöffnet ist der Checkpoint mit Visa-Service für Kambodscha von 5 bis 17 Uhr. An der Grenze bekommt man ein Visum für Laos.

Um von Laos über Dom Kralor nach Kambodscha zu fahren, braucht man eine Tourbuchung (organisieren Unterkünfte oder Reisebüros in Laos): Nur so kann man sicher sein, dass man auf der anderen Seite der Grenze in der Provinz Stung Treng auch weiterkommt, denn hier warten keine Busse oder Minivans auf Kundschaft. Vorsicht vor Betrügern, die einen in eine bestimmte Unterkunft lotsen wollen!

Eine andere Möglichkeit, von Laos nach Kambodscha zu reisen, ist die Flussüberquerung bei Koh Chheuteal Thom. Dort wurde aber mehrfach von überteuerten Preisen für die Bootsfahrten berichtet, manchen wurde auch das Einreisevisum für Kambodscha verweigert. Die

Fahrt von Don Khone oder Don Khong nach Voen Kham sollte zwischen 2 und 6 $ kosten. Für die Fahrt von Voen Kham nach Stung Treng sollten nicht mehr als 10 $ verlangt werden.

Betrügereien an den Grenzen

In einem so armen Land wie Kambodscha ist Tourismus in vielfacher Hinsicht ein Paradox. Auf der einen Seite fördert er die leidende Wirtschaft des Landes, auf der anderen Seite bringen die Reisenden Verwirrung und Unruhe ins Land. Die Einheimischen werden mit nie erreichbarem Überfluss, Vorteilen und Privilegien konfrontiert. Aus diesem Grunde sind wohl insbesondere an den Grenzen viele Betrüger, Gauner und Scharlatane unterwegs.

Der Grenzübergang in Poipet ist deshalb schon zu zweifelhaftem Ruhm gelangt: Reisende berichten von verbrecherischen Umrechnungskursen für Baht oder Riel. Andere wurden aufgefordert, einen SARS- oder einen anderen Gesundheitsausweis vorzuweisen. Gegen eine Zahlung von Bestechungsgeldern wollte man sie dann heimlich über die Grenze schaffen. Gesundheitsausweise sind aber gesetzlich nicht erforderlich. Wer in solchen Situationen ruhig bleibt und auf seinem Standpunkt beharrt, wird normalerweise nicht ernsthaft behelligt.

In Poipet wird ein kostenloser Touristen-Shuttlebus angeboten, der die Reisenden allerdings zur Tourist Lounge bringt, wo Tickets zu überhöhten Preisen für die Weiterfahrt verkauft werden. Besser ist es, sich sein Ticket an einem der Schalter der offiziellen Busunternehmen zu kaufen.

Die Gauner von Poipet fangen mit ihren Betrügereien manchmal sogar schon weit vor der Grenze an: Skrupellose Busfahrer täuschen eine Panne ausgerechnet vor einem

Gästehaus vor, das dann Zimmer zu überhöhten Preisen anbietet. Insbesondere auf dem Weg von Bangkok nach Poipet in der Gegend um die Khao San Road soll es vermehrt zu solchen Vorkommnissen gekommen sein. Häufig legen die Busfahrer auch zu äußerst ungewöhnlichen Zeiten eine Essenspause ein, um dann vor Ort an den Umsätzen beteiligt zu werden. Allerdings erlauben solche Stopps eine Verschnaufpause an frischer Luft und es gibt (meist) eine Toilette. Wichtig ist auch immer, das Wechselgeld zu überprüfen.

Am häufigsten kommt es aber vor, dass die Beamten der Einwanderungsstellen zu hohe Visa-Gebühren verlangen (meisten ca. 5 $ zu viel). Bitten Sie aber um eine Quittung, werden Ihnen diese 5 $ schnell wieder zurückgegeben.

Busunternehmen
Mailinh Open Tour
Tel. +855(0)23-211-666
(Phnom Penh)
Tel. +855(0)63-762888
(Siem Reap)

Mekong Express
Tel. +855(0)23-427-518
(Phnom Penh)
Tel. +855(0)63-963-662
(Siem Reap)

Capitol Open Tours
Tel. +855(0)23-724-104
(Phnom Penh)
Tel. +855(0)23-217-627
(Siem Reap)

Weitere Busunternehmen sind Phnom Penh Sorya Transport, GST Express Bus Co., Hua Lian, Neak Krorhorm, Paramount Angkor Express und Raksmey Angkor Corporation.

Anreise mit dem Zug
2013 gab es noch keine Zugverbindung aus den Nachbarstaaten nach

Kambodscha, allerdings ist eine Bahnstrecke zwischen Singapur und China in Planung.

UNTERWEGS IN KAMBODSCHA

Das Reisen in Kambodscha ist angesichts der fehlenden Infrastruktur nicht gerade einfach. Der Luftverkehr beschränkt sich auf wenige Ziele, auch ein funktionierendes Schienennetz fehlt. Die Straßen zwischen den Touristenattraktionen sind in der Regel in einem recht guten Zustand, alle weiteren Strecken werden ständig verbessert. Allerdings sind sie meistens noch unbefestigt und deshalb während der Monsunzeit häufig überschwemmt.

Für die Fahrt von einer Stadt zur nächsten benutzt man den Bus oder Mietautos und Taxen. Früher war das Schiff ein beliebtes Verkehrsmittel, aber die Ausweitung und Verbesserung des Straßenwesens haben es nahezu überflüssig gemacht – mit Ausnahme der Gegend um den Tonle Sap und auf den Flüssen in abgelegenen Gebieten.

Innerhalb der Städte bewegt man sich vornehmlich mit Tuk-tuks fort, einem kleinen Motorrad, das auch die Möglichkeit eines Gepäcktransports bietet. Auch Motorrad-Taxen sind vorhanden. Mit gemieteten Motorrädern wird das Reisen zwar etwas bequemer, aber auch gefährlicher. Größere Crossmaschinen mit 250 oder 400ccm erlauben erfahrenen Reisenden, auch die abgelegensten Gebiete Kambodschas zu erkunden. Insbesondere in kleineren Orten ist es durchaus auch reizvoll, ein Fahrrad zu mieten. Einige Reiseunternehmen bieten Fahrradtouren von Ort zu Ort an.

Die folgenden Informationen sind unverbindlich, Reisende sollten sich bei ihrem Reiseveranstalter, dem Hotel oder dem Gästehaus nach den aktuellen Zeiten, Preisen und Alternativen erkundigen.

Mit dem Flugzeug

Inlandsflüge

Seit 2009 verbindet die staatliche Fluggesellschaft Cambodia Angkor Air Siem Reap und Phnom Penh. Sie bietet außerdem Flüge gemeinsam mit Vietnam Airlines zwischen Kambodscha und Saigon an (Codesharing). Auch Bangkok Airways fliegt zwischen den beiden kambodschanischen Flughäfen. Der 50-minütige Flug wird täglich angeboten, ein One-Way-Ticket kostet 30–70 $.

Auch wenn man die Anfahrt zum Flughafen und die Check-in-Zeiten einrechnen muss, ist die Reise mit dem Flugzeug doch wesentlich kürzer als die sechsstündige Busfahrt. (Eine Alternative ist eine Fahrt mit dem Schiff zwischen Phnom Penh und Siem Reap.) Leider erlauben die Flugstrecken keine spektakulären Blicke auf die Tempelanlage von Ankor.

Die kleine private Fluggesellschaft Mission Aviation Fellowship (MAF) fliegt auch in andere Provinzen, darunter in das abgelegene Ratanakiri und Mondulkiri. Aber Achtung: Geflogen wird mit GA-8-Airvans – kleinen, maximal achtsitzigen Flugzeugen mit wenig Platz für das Gepäck. Die Flieger werden regelmäßig gewartet, unterwegs hat man einige der schönsten Blicke auf das Land und die Wälder.

Fluggesellschaften

Bangkok Airways
Tel. +855(0)23-722545 (bis -47)
www.bangkokair.com

Cambodia Angkor Air
Tel. +855(0)23-990-840
www.cambodiaangkorair.com

Mission Aviation Fellowship
Tel. +855(0)23-880-060 oder
+855(0)12-879-426
www.mafcambodia.org

Mit dem Auto oder Taxi

Für eine Tour durch Kambodscha eignet sich ein Mietauto am besten. Es gibt drei verschiedene Möglichkeiten: Eine eintägige Anmietung für Fahrten ins nahe Umland einer Stadt, ein Taxi für mehrtägige Fahrten oder ein Taxi für den Transfer von einem Ort zum nächsten. Meistens ist gleich ein ortskundiger Fahrer dabei, der normalerweise auch etwas Englisch spricht. Ein „eigenes" Fahrzeug bietet natürlich die Möglichkeit, überall zu halten und auch abgelegene Sehenswürdigkeiten anzufahren. Am häufigsten wird der Toyota Camry vermietet, der aber häufig Probleme mit unebenen Straßen hat. Für Fahrten in abgelegene Gebiete kann ein teureres Auto mit Allradantrieb bequemer sein.

Ein Auto für einen Tagesausflug lässt sich im Gästehaus oder Hotel mieten. Möglicherweise zahlt man etwas mehr, spart sich aber viel Zeit für die Suche nach einem geeigneten Fahrzeug und Fahrer. Bei Tagestouren von Phnom Penh oder Siem Reap lohnt sich der Preisvergleich bei mehreren Anbietern. Wer Benzinkosten sparen will, sollte sich über das schwarze Brett mit anderen Interessenten im Hotel für einen Tagesausflug zusammentun.

Auch für mehrtägige Touren durchs Land lohnt sich ein Mietwagen, so kann jeder seine Reiseroute individuell zusammenstellen. Im Preis der Autovermietung (verhandelbar) sollten die Benzinkosten sowie die Verpflegungs- und Übernachtungskosten für den Fahrer (ca. 10–20 $ pro Tag) schon eingerechnet sein.

Taxen im herkömmlichen Sinne sind in Kambodscha eher selten zu finden. Sie fahren vom Flughafen zum Hotel, nur ausnahmsweise wird man in Phnom Penh ein Auto mit einem Taxameter finden. Die Rolle der Taxen im westlichen Sinne übernehmen in den kambodschanischen

Städten die Tuk-tuks. Taxifahrten von einer Stadt in die nächste übernehmen Privatautos oder Lkw. Oft sind es Gemeinschaftstaxen, die häufig völlig überfüllt sind. Doch selbst wenn man zu zweit den Preis für drei Plätze bezahlt hat, findet man sich letztendlich auf eineinhalb Plätzen wieder. Mitfahrer für ein Taxi lassen sich einfach in der eigenen Unterkunft finden.

Am günstigsten ist die Fahrt mit den Einheimischen und deren Gepäck auf der Ladefläche eines Pickup-Trucks – was allerdings weder bequem noch aus Sicherheitsgründen zu empfehlen ist.

Autovermietung
Lyna-CarRental.Com
18ABE, St. 460 Phnom Penh
Tel. +855(0)12-924-517
www.lyna-carrental.com

Mit dem Schiff

Früher waren Schiffe das beste Transportmittel. Auch heute noch sind die Wasserwege die natürlichen Straßen für die Mehrheit der Bevölkerung, die am oder nahe dem Mekong, am Tonle Sap sowie an vielen kleineren Flüssen leben. In den vergangenen Jahren hat der Ausbau des Straßennetzes allerdings viele alte Wasserwege überflüssig gemacht. Die Fähren zwischen Koh Kong und Sihanoukville, zwischen Kratie und Phnom Penh oder zwischen Kompong Chhnang und Phnom Penh zum Beispiel stehen für Reisende leider nicht mehr zur Verfügung.

Doch noch immer ist die Fahrt auf einem Schiff eine der schönsten Möglichkeiten, das Land mit seiner Vielzahl an Flüssen und Seen kennenzulernen. Die Compagnie Fluviale du Mekong bietet mehrtägige Reisen auf dem Mekong von Ho-Chi-Minh-Stadt nach Phnom Penh an und fährt dann über die Tonle Sap weiter nach Siem Reap. Die Schiffe halten regelmäßig an

interessanten Naturwundern und kulturell interessanten Stätten. Von Phnom Penh oder Siem Reap aus lässt sich eine vergleichbare Reise auch mit einem Speedboot unternehmen. Ohne Pause sind die Boote auf dieser Strecke ähnlich lang wie die Busse unterwegs (5–6 Stunden). Allerdings bietet das Schiff den Vorteil, dass man auf dem Dach liegend entspannt die Sonne und die Aussicht insbesondere auf dem Tonle Sap und die von Wasser umgebenen Dörfer entlang des Weges genießen kann.

Die Reise von Siem Reap nach Battambag ist dagegen weniger komfortabel, aber umso spektakulärer. Aus den versprochenen fünf bis sechs Stunden können nämlich schon mal zehn Stunden werden – je nachdem, wie die Wasserstände sind, und mit welchem Schiffstyp man unterwegs ist. Allein der Anblick der schwimmenden Dörfer und der überschwemmten Wälder macht die Reise aber zu einem einmaligen Erlebnis.

Die Preise und Abfahrtzeiten der Fähren zwischen Siem Reap und Phnom Penh oder Battambang kennen die Hotels und Gästehäuser.

Compagnie Fluviale du Mekong
313 Sisowath Quay, Phnom Penh
Tel. +855(0)12-240-859
www.cfmekong.com

Mit dem Bus

Der Bus ist das beliebteste, weil günstigste Verkehrsmittel in Kambodscha. Zwischen den großen Städten bieten meist gleich mehrere Unternehmen ihre Dienste an. Dabei bestimmt die Beliebtheit den Touristen den Komfort einer Strecke. Die Busse der drei größten Anbieter auf der Strecke zwischen Siem Reap und Phnom Penh haben z. B. Toiletten an Bord. Zwischen Kratie und Ban Lung dagegen sind die Busse bis zum Rand mit Einheimischen gefüllt, die auf Plastiksitzen

hocken und sich während der Pausen in die Büsche hocken, umihre Notdurft zu verrichten. In den teureren Bussen des Mekong Express läuft auch eher ein amerikanischer Film als eines der (unangenehmen) Karaoke-Videos der Khmer. Alle Busse haben Absprachen mit den Restaurants, an denen sie halten. Viele legen auf halber Strecke einen Lunch-Stopp ein. Aber für westliche Mägen ist das selbst mitgebrachte Essen meisten doch bekömmlicher. In vielen Städten gibt es einen zentralen Busbahnhof, nur nicht in Phnom Penh, wo jede Busgesellschaft ihren eigenen Abfahrtspunkt hat. Beim Ticketkauf lässt sich aber vorab eine Abholung am Hotel arrangieren, oder man fragt am Schalter, welches Tuk-tuk zum entsprechenden Abfahrtsort des gewünschten Busses fährt.

Entfernungen & durchschnittliche Reisedauer mit dem Bus

Phnom Penh nach Siem Reap:
317 km, 6 Stunden
Phnom Penh nach Sihanoukville:
230 km, 3–4 Stunden
Phnom Penh nach Battambang:
293 km, 5 Stunden
Phnom Penh nach Kratie:
348 km, 7 Stunden
Phnom Penh nach Kampot:
148 km, 4 Stunden
Phnom Penh nach Sen Monorom:
370 km, 7–8 Stunden
Siem Reap nach Poipet
(Grenze zu Thailand):
152 km, 4 Stunden
Siem Reap nach Battambang:
171 km, 5 Stunden
Sihanoukville nach Koh Kong:
230 km, 4 Stunden
Sihanoukville nach Kampot:
105 km, 4 Stunden

Busunternehmen
Angkor Express:
Phnom Penh
121 Sisowath Blvd.
Tel. +855(0)23-992-788

Siem Reap
Tel. +855(0)99-842-946 oder
+855(0)92-523-229

Sihanoukville
Tel. +855(0)34-933-796 oder
+855(0)92-638-699

Mekong Express:
Phnom Penh
87 Sisowath Quay; Ecke St. 102
Tel. +855(0)23-427-518

Siem Reap
14A Sivatha Blvd.
Tel. +855(0)63-963-662

Sihanoukville
Busbahnhof Sihanoukville
Tel +855(0)34-934-189

Paramount Angkor Express:
Phnom Penh
24E0 St. 102, nahe Wat Phnom
Tel. +855(0)23-427-567

Poipet
Busbahnhof am Markt von Poipet
Tel. +855(0)12-366-337

Battambang
vor der LAE-Tankstelle
Tel. +855(0)92-575-572

Mit dem Zug

Zweimal pro Woche fährt ein langsamer Zug von Phnom Penh nach Battambang, die einzige andere „Zugverbindung" bietet Bamboo Railway Cars (siehe S. 173).

Mit dem Tuk-tuk

Es ist zweifellos das beliebteste „öffentliche" Verkehrsmittel in Kambodscha, um das keiner herumkommt. Eine Fahrt mit ihm kann das schönste oder aber das schrecklichste Erlebnis einer Reise werden. Insbesondere in Phnom Penh, Siem Reap und Sihanoukville lassen die Fahrer der Tuk-tuk nicht locker, ihre Dienste zu horrenden Preisen anzubieten – wer sich vorab über die

aktuellen Preise informiert, erspart sich unliebsame Überraschungen. Fast jeder Fahrer versucht, pro Passagier abzurechnen. Das Benzin ist zwar tatsächlich teuer, dennoch sollte die Fahrt durch Phnom Penh nicht mehr als 2 $ kosten – auch wenn das Tuk-tuk mit zehn Passagieren, vielleicht ein paar Schweinen und einem defekten Motorrad beladen ist. In Siem Reap kosten die Fahrten 1 $. Für die Fahrt auf dem National Highway 6 zum Flughafen sowie für Nachtfahrten (unabhängig von der Anzahl der Mitfahrer) werden 2 $ verlangt. Der Preis sollte ganz klar vorab geklärt werden, wenn ein Fahrer damit nicht einverstanden ist, sucht man sich halt einen anderen. Meist wird er aber einlenken – oder der nächste Tuk-tuk-Fahrer freut sich auf das Geschäft.

Viele Tuk-tuk-Fahrer sind schwer arbeitende Kambodschaner, die nur ihren Lebensunterhalt verdienen wollen. Ein guter Fahrer bietet meist mehr als eine angenehme Preisverhandlung, manch einer wird so etwas wie ein Freund, der seinen Kunden die Stadt zeigt und ihnen ein paar Worte Khmer beibringt. Die Sightseeingtour in seinem offenen Wagen wird so zu einem unvergesslichen (positiven) Erlebnis.

Tuk-tuks sind mit schnell abrollbaren Seiten-„Wänden" ausgestattet. Die Fahrer kommen allerdings nicht auf die Idee, sie gegen den Straßenstaub einzusetzen. Ein *krama* oder ein anderer Schal hilft ganz gut gegen den unangenehmen Straßenstaub. Insbesondere die Strecke von Siem Reap nach Banteay Srei hinterlässt überall eine dünne Schicht aus rotem Staub. Wem das zu unangenehm wird, kann den Fahrer aber bitten, die Wände herunterzulassen, oder entscheidet sich gleich für ein Auto.

Andere Reisemöglichkeiten
Mit dem Fahrrad

Eine gemütliche Fahrradtour durch Provinzhauptstädte kann eine ange

nehme Tagesbeschäftigung sein, die Fahrt durch die Tempelanlage von Angkor wird zu einem magischen Erlebnis. Viele Unterkünfte vermieten Fahrräder für 2–15 $/Tag. Der Preis ist davon abhängig, ob es sich um ein einfaches chinesisches oder um ein westliches Fahrrad mit zwölf Gängen handelt.

Es gibt inzwischen auch viele Anbieter von Fahrradtouren durch Kambodscha, da sich das weitgehend flache Land dafür anbietet und die großen Straßen gut befahrbar sind. Am schönsten ist es natürlich mit dem eigenen Fahrrad. Generell empfiehlt es sich, mit einheimischen Führern auf Fahrt zu gehen: Diese zeigen den Gästen die wichtigsten Sehenswürdigkeiten entlang der Strecke. Und unbedingt die Dunkelheit meiden: Viele ausländische Fahrradfahrer sind schon angefahren worden, weil Fahrzeuge unbeleuchtet unterwegs sind.

Fahrradtour-Veranstalter
Grasshopper Adventures
Thailand/International:
Tel. +66(0)87- 929-5208
www.grasshopperadventures.com

Pepy Tours
No. 188, Salakanseng Village,
Siem Reap, am National Highway 6
Richtung Flughafen
Tel. +855(0)12-474-150
www.pepytours.com

Mit der Cross-Maschine

Wer das „echte" Kambodscha entdecken möchte, die abgelegenen Dörfer und die spektakulären Landschaften, in die Touristen nur selten gelangen, sollte über eine Cross-Maschine (250 ccm) nachdenken. Eine Reihe Reiseveranstalter bieten Motorradtouren an und vermieten Maschinen – entweder für Tagestouren von Siem Reap, Phnom Penh oder Ban Lung zu den nahen Tempelanlagen und Dörfern oder auch für mehrtägige Fahrten durch un wegsames Gelände in abgelegenen Gebieten. Eine Fahrerlaubnis muss nicht vorliegen und Vorkenntnisse braucht auch keiner, aber die Bedingungen sind durchaus unterschiedlich. Die Tagestouren von Phnom Penh oder Siem Reap eignen sich tatsächlich für Anfänger – vorausgesetzt, die Maschine ist in Ordnung. Es gibt aber auch Strecken, die selbst für Profibiker eine echte Herausforderung sind. Die Veranstalter vermieten aber nicht nur die Ausrüstung, sondern sorgen auch für Unterkünfte – manchmal allerdings lediglich in Form einer Hängematte zwischen Bäumen. Wer sich auf ein solches Abenteuer einlassen will, sollte sicherstellen, dass die Kranken- und andere Versicherungen mögliche Schäden und Verletzungen abdecken.

Motorrad-Vermietungen

Dancing Roads
66C St. 368 (westl. der St. 163), Phnom Penh
Tel. +855(0)12-822-803
www.dancingroads.com

Jungle Cross
Sauna Garden, Hauptstr. von Koh Kong
Tel. +855(0)15-601-633
www.junglecross.com

Norden House
Yak Laom Rd., Ban Lung, Ratanakiri
Tel. +855(0)12-880-327
www.nordenhouseyaklom.com

Siem Reap Dirtbikes
Tel. +855(0)99-823-216
www.siemreapdirtbikes.com

Mit dem Moto-Taxi
Moto-Taxen (oder „Motos") sind kleine, wendige 100-ccm-Maschinen. In den chaotischen Verkehrsverhältnissen von Phnom Penh kann ein Tuk-tuk schon mal für eine Stunde im Stau stecken, ein Moto dagegen schlängelt sich immer

durch – und wenn es auf der falschen Straßenseite fährt! So kommt man zwar schneller und etwas billiger als mit Tuk-tuks ans Ziel, aber letztlich auch mit einem viel höheren Unfallrisiko. Viele Touristen bringen deswegen ihren eigenen Motorradhelm mit. In kleineren Städten eignen sich die Motos hervorragend für Tagesausflüge, z. B. zu den Flussdelfinen im Mekong außerhalb von Kratie.

Natürlich kann jeder auch selbst ein Motorrad mieten, doch allein in Phnom Penh kommen täglich vier Motorradfahrer ums Leben. Während man dort von einem Mietmotorrad abrät, ist es in Siem Reap sowieso verboten. Sihanoukville ist die beste Stadt für Fahrten mit dem Motorrad. Auch hier ist es teilweise verboten, Motorräder zu vermieten; eine vernünftige Maschine bekommt man aber schon für 5 $ pro Tag. Ein Führerschein wird nicht verlangt, der Reisepass muss allerdings als Pfand hinterlegt werden. Im Falle von Schäden oder auch nur Kratzern am Motorrad ist man schnell mit Entschädigungszahlungen dabei, auch wenn keine Schuld vorliegt. Unbedingt bei den Verhandlungen Gelassenheit zeigen. In vielen Fällen wird versucht, Ausländern die Schuld an Unfällen in die Schuhe zu schieben, oft werden sie aufgefordert, auch die Schäden des Unfallverursachers zu zahlen und vielleicht sogar für die Kosten der Polizei aufzukommen. Stellen Sie daher sicher, dass Ihre Versicherung Motorradunfälle abdeckt und tragen Sie geschlossene Schuhe, Jeans und einen Helm, um das Verletzungsrisiko zu minimieren. Und schließlich sollten Sie immer darauf achten, dass das Motorrad abgesperrt ist und auch das Lenkradschloss eingerastet ist, sobald das Fahrzeug steht. Es sind schon Fälle publik geworden, in denen Vermietungsunternehmen mit Ersatz-

schlüsseln ihre eigenen Motorräder gestohlen haben.

Harley Tours Cambodia
Wochenendausflüge von Phnom Penh nach Siem Reap oder Sihanoukville für echte Motorradfans.
Tel. +855(0)12-948-529
www.harleycambodia.com

PRAKTISCHE TIPPS
Kommunikation
Internetzugang

Internetzugang gibt es fast überall in Kambodscha. Sogar die kleinsten Provinzhauptstädte haben zumindest ein Internetcafé. Die Zugriffsgeschwindigkeit variiert allerdings von wahnsinnig langsam (in den kleineren Provinzen) bis hin zu überraschend schnell in Phnom Penh. Wetterlage und Stromausfälle führen immer mal wieder zu Beeinträchtigungen. Die Online-Preise schwanken zwischen 50 Cent und 2 $ pro Stunde. Einige Cafés in Phnom Penh und Siem Reap bieten aber auch eine kostenlose Internetnutzung. Mit Netbooks findet man wahrscheinlich immer irgendwo eine Möglichkeit, sich einzuloggen, um Mails zu versenden oder um über Skype zu telefonieren.

Folgende Lokale bieten freien Internetzugang:

Corner 33 Café
E1 Sothearos Blvd. (Ecke St. 178 am National Museum), Phnom Penh

Le Tigre de Papier
Pub St., Old Market Area, Svay Dangkum Commune, Siem Reap

The Blue Pumpkin
No. 365, gegenüber der Pub St., Old Market Area, Svay Dangkum Commune, Siem Reap

The Bus Stop
149 2nd Rd., Battambang

Postämter

Kambodscha zählt zu den Ländern, bei denen man überrascht ist, dass Postsendungen tatsächlich ihren Empfänger erreichen. Eine Postkarte ins Ausland kostet rund 50 Cent – sie ist meist mehrere Wochen unterwegs. Während die ländlichen Postämter oft aus nur einem Raum bestehen und manchmal weder Adresse noch einen Postcode haben, ist das Hauptpostamt in Phnom Penh in einem schönen Haus aus der Kolonialzeit angesiedelt. Alle kambodschanischen Sendungen werden über die Hauptstadt geleitet. Die Versendung von Souvenirs oder Gepäck ist von Kambodscha viel teurer (und auch unsicherer) als von Thailand, oft verlangen Postangestellte für diesen Sonderdienst zusätzliche Gebühren. Von daher sind private Paketdienste die bessere Alternative, da sie z. B. weltweit mit Tracking-Kennzeichnungen arbeiten. Wer eine dringende Sendung erwartet, sollte sie sich zu seinen Händen in die Unterkunft schicken lassen (Name in Blockschrift schreiben) und vorab das Personal darüber informieren.

UPS

CTSI Logistics,
Hong Kong Center, Unit 105, 1st
Floor, 108 Sothearos (St. 3),
Phnom Penh
Tel. +855(0)23-219-213
www.ups.com

EMS (Express Mail Service)
Phnom Penh Post Office,
Kreuzung St. 13 & St. 102
Tel. +855(0)23-725-209 oder
+855(0)23-723-511

Phnom Penh Post Office
Kreuzung St. 13 & St. 102
Phnom Penh

Telefon

Der internationale Telekommunikationsdienst Skype (*www.skype.com*)

bietet die günstigste und einfachste Möglichkeit, ins Ausland zu telefonieren. Die meisten Internetcafés haben ein Skype-Headset. Aus Sicherheitsgründen ist es aber ratsamer, sich schon vor der Abfahrt bei Skype anzumelden und die Telefonminuten per Kreditkarte zu kaufen. Wer sich über einen öffentlich zugänglichen PC bei Skype einwählt, sollte unbedingt den Befehl „sign me in when Skype starts" deaktivieren und sich zur Beendigung der Sitzung abmelden, damit nachfolgende PC-Nutzer nicht umsonst weitertelefonieren können.

Wer im Umgang mit Computern eher unerfahren ist und mit Skype nicht zurechtkommt oder regelmäßig telefonieren muss, sollte auf ein (ausländisches) Handy zurückgreifen, das mit den in Kambodscha funktionierenden Systemen 3G oder GSM kompatibel ist (allerdings fallen dann hohe Roaming-Gebühren an). Sim-Karten für Touristen gibt es an den Flughäfen und in einigen Hotels und Geschäften zu kaufen, sie ermöglichen In- und Auslandsgespräche. Allerdings werden die Karten deaktiviert und es lassen sich keine Gespräche mehr empfangen, wenn sie längere Zeit nicht benutzt werden. Die Hotels verlangen unterschiedlich hohe Gebühren.

Telefonkarten werden zu erschwinglichen Preisen in den Geschäften von Phnom Penh und Siem Reap verkauft, in abgelegenen Provinzen findet man sie schwerer.

Die internationale Rufnummer für Kambodscha lautet +855, im Inland wählt man stattdessen eine 0 (im Buch in Klammern gesetzt).

Elektrizität

Das kambodschanische Stromnetz arbeitet mit 230 Volt und 50 Hz Wechselspannung. Die Stecker der elektrischen Geräte ähneln den amerikanischen Modellen, bei europäischen Geräten wird ein Adapter

notwendig. Stromausfälle sind keine Seltenheit – Daten deshalb regelmäßig sichern und Laptops nur mit aufgeladenem Akku benutzen.

Gesundheitswesen

Das kambodschanische Gesundheitswesen liegt weit hinter dem westlichen Standard zurück. Auch deshalb sollten alle empfohlenen Impfungen durchgeführt werden, ebenso die Malariaprophylaxe.

Unter den Touristen am meisten verbreitet sind die gefürchteten Magenbeschwerden, die schon fast zwangsläufig mit einem Aufenthalt in Kambodscha einhergehen. Eine medizinische Versorgung im europäischen Sinne ist nur in Phnom Penh und Siem Reap möglich. Aber auch hier erreichen die Kliniken nicht immer westlichen Standard. In den ländlichen Gegenden ist die Situation allerdings vielerorts katastrophal, sodass eine Selbstmedikation oft die einzige Möglichkeit ist, wieder auf die Beine zu kommen. Bei einer schweren Erkrankung oder Verletzung tritt die Reisekrankenversicherung in Kraft, die die Kosten eines Flugs in ein Krankenhaus in Bangkok oder Singapur übernimmt.

Aktuelle Hinweise zu Fragen der Gesundheit unterwegs bieten die Homepages der Außenministerien (*www.auswaertiges-amt.de*, *www.bmeia.gv.at*, *www.eda.admin.ch*).

**Allgemeine
Vorsichtsmaßnahmen**

Wichtig ist es zunächst, gesund einzureisen: Ein funktionierendes Immunsystem ist immer Voraussetzung für eine stressfreie Reise. Neben den medizinisch notwendigen Medikamenten sollten sterile Spritzen mitgenommen werden.

Krankheiten können auch durch häufiges Händewaschen vermieden werden, eine antibakterielle Seife ist zu empfehlen. Offene Wunden sollten schnellstens versorgt werden, da sich in der staubigen und feuchten Luft Infektionen besonders schnell entwickeln.

Eine Dehydrierung lässt sich mit drei bis vier Flaschen Wasser am Tag, also zwei bis drei Litern, verhindern. Durst ist das erste Anzeichen einer Austrocknung! Insbesondere bei Durchfallerkrankungen ist eine Dehydrierung gefährlich. Notfalls Eiswürfel (aus Trinkwasser hergestellt) lutschen, bis der Magen wieder mehr verträgt.

Unbedingt überprüfen, ob die Krankenversicherung auch den Krankentransport aus Kambodscha übernehmen würde (siehe S. 267). Die kambodschanischen Krankenhäuser erwarten Barzahlung bei Behandlungen. Im medizinischen Notfall hilft auch die International SOS Clinic weiter (siehe S. 281).

Infektionskrankheiten

Zu den abschreckend vielen Infektionskrankheiten, die in diesem Teil der Welt auftreten können, zählen Cholera, Tuberkulose, Pilzinfektionen, Bilharziose, Darminfektionen, Durchfall, Typhus, Denguefieber, Hepatitis A und B, Japanische Encephalitis, Würmer, Malaria und Infektionen, die durch Geschlechtsverkehr übertragen werden (Kambodscha verzeichnet die meisten HIV/Aids-Infektionen Asiens).

Während der Epidemie 2004/ 2005 waren Kambodschaner an der sogenannten Vogelgrippe erkrankt. Obwohl diesbezüglich keine Hysterie herrscht und Übertragungen auf den Menschen eher selten sind, sollten Vogelfarmen, Märkte und andere Orte gemieden werden, an denen es zu Kontakt mit Geflügel oder Schweinen kommen kann.

Tropenärzte informieren über spezielle Vorbeugemaßnahmen, sie wissen auch, ob gegen einige Krankheiten wie Cholera und die Japanische Encephalitis abhängig von der Reisezeit weitere Impfungen nötig sind.

Malaria und Denguefieber stellen ganzjährig ein Risiko dar:

Malaria

Kambodscha ist, was Malaria anbelangt, ein Katastrophengebiet. Aber das liegt nicht daran, dass das ganze Land verseucht ist, sondern an den tückischen Eigenschaften der Malaria: Gerade wenn man sich in Sicherheit wähnt, ist das Risiko nämlich am größten.

Die Ansteckung erfolgt durch infizierte Mücken. Einige Gegenden sind ganzjährig oder in bestimmten Jahreszeiten malariafrei. 2013 gab es in der Umgebung von Phnom Penh und direkt am Tonle Sap ein geringes Malariarisiko, dafür galt Angkor als malariafrei. Wichtig ist es, die prophylaktischen Medikamente regelmäßig einzunehmen und vor allem jegliche Insektenstiche zu vermeiden.

Vorbeugende Medikamente gegen Malaria sollen normalerweise während und auch noch nach Beendigung der Reise eingenommen werden. Der (Tropen-) Arzt sollte entscheiden, welches Mittel geeignet ist (nach den Nebenwirkungen fragen). Die Wahl des Medikaments hängt auch von der Region ab, die bereist werden soll. Malariamedikamente können allerdings nicht vor der Krankheit schützen, sondern lediglich den Krankheitsverlauf mit dem Wechselfieber mildern!

Die Symptome einer Malaria-Erkrankung ähneln denen einer Grippe: Fieber, Schüttelfrost, Hitze, Kopfschmerzen, Magenverstimmung, Durchfall, schmerzende Muskeln und Gelenke. Es ist unwahrscheinlich, dass erhöhte Temperatur in der ersten Woche eine Malariaerkrankung anzeigt, denn zwischen Ansteckung und Ausbruch der Krankheit kann ein Zeitraum zwischen einer Woche und einem Jahr liegen. Bei Anzeichen einer Erkrankung sollte ein Arzt in Phnom Penh oder Siem

Reap aufgesucht werden. Wer zu Hause entsprechende Symptome feststellt, sollte den Hausarzt auf die Reise hinweisen.

Denguefieber

Die ebenfalls von Mücken übertragene Krankheit ist in Kambodscha weitverbreitet. Der Krankheitsverlauf kann schmerzvoll sein, ist aber selten tödlich. Da es keine Impfungen oder vorbeugende Medikamente gegen das Denguefieber gibt, ist hier Prophylaxe extrem wichtig. Die krankheitsübertragenden Mücken sind sowohl in ländlichen wie auch in städtischen Gegenden verbreitet (auch in Phnom Penh!) und kommen am häufigsten während oder direkt nach der feuchten Jahreszeit vor.

Die ersten Anzeichen einer Erkrankung – plötzlich auftretendes Fieber, Kopfschmerzen, Brechreiz, Gelenk- und Gliederschmerzen – werden häufig für Grippesymptome gehalten. Beobachten Sie das auftretende Fieber, drei oder vier Tage nach Ausbruch des Denguefiebers entwickelt sich ein roter Hautausschlag. Wer noch nicht in Behandlung ist, sollte sich jetzt schnell medikamentös versorgen lassen.

Gegen Mückenstiche hilft die richtige Bekleidung, das gilt insbesondere für die Zeit der Dämmerung und für schattige Waldgegenden. Insektensprays sollte man zusätzlich verwenden, um Wohn- und Schlafräume insektenfrei zu bekommen. Moskitonetze sind nachts ein wirksamer Schutz, die Netze sollten aber auf Löcher überprüft werden und immer gut verschlossen sein. Es empfiehlt sich, ein eigenes Moskitonetz und Insektenmittel aus Europa mitzubringen.

Apotheken

Fast überall in Kambodscha gibt es Apotheken. Sie verkaufen alles von der Malariaprophylaxe bis hin zum traditionellen Puder. Allerdings trügt der Schein, denn in vielen Apotheken werden lediglich Imitate verkauft – zu den Preisen der Originalprodukte. Die Quote der gefälschten Präparate liegt bei 90 Prozent. Apotheken der Kette U-Care, die auch Dinge des alltäglichen Bedarfs verkaufen, bieten importierte Originalmedikamente. Bisher sind sie hauptsächlich in Phnom Penh und Siem Reap vertreten, eröffnen jetzt aber auch verstärkt in Provinzstädten wie Battambang und Sihanoukville Filialen.

Die U-Care-Läden öffnen zwischen 7 und 20 Uhr, verkaufen die für eine Selbstmedikation erforderlichen Präparate sowie z. B. Insektensprays und Sonnenschutzmittel. Die Verkäufer sind allerdings selten ausgebildete Apotheker, viele sprechen kaum Englisch.

Impfungen

Vor einer Reise nach Kambodscha sind viele Impfungen notwendig. Gesetzlich vorgeschrieben ist aber nur die Impfung gegen Gelbfieber, und auch nur dann, wenn man direkt aus Afrika oder Südamerika einreist. Gesundheitsorganisationen empfehlen Impfungen gegen Hepatitis A und B, Typhus und Tollwut sowie gegen Masern, Röteln, Diphterie und Polio – alles Krankheiten, die auch heute noch im Land auftreten. Einige Impfungen, wie z. B. gegen die Japanische Encephalitis, sind besonders bei Fahrten in ländliche Gebiete anzuraten. Wichtig ist auch das Gespräch über die Nebenwirkungen der Impfungen, besonders bei neuen Impfstoffen. Unbedingt frühzeitig beginnen, da teilweise mehrere Impfungen notwendig sind (z. B. bei Tollwut).

Wasser

Leitungswasser darf unter keinen Umständen getrunken werden! Am sichersten ist abgefülltes Wasser aus versiegelten Flaschen, schon geöffnete Flaschen sollte man ab-

lehnen. Sicher sind immer Dosengetränke der weltweit bekannten Marken, aber auch das Wasser der Kokosnuss, wenn es gleich nach dem Öffnen getrunken wird. Trinkwasser in Flaschen lässt sich überall in Kambodscha in den Geschäften und Restaurants sowie an Straßenständen (sie haben große, orangefarbene Kühlgeräte) kaufen. Eis wird nur auf Nachfrage in die Getränke gegeben. Da häufig nicht sicher ist, ob die Würfel aus abgefülltem Wasser hergestellt wurden, sollte man lieber darauf verzichten.

Auch Früchte und Gemüse, die mit Wasser abgewaschen wurden, können kontaminiert sein! Deshalb immer alles Obst und Gemüse schälen. Gekauftes Obst sollte selbstverständlich mit sauberem Trinkwasser gereinigt werden. Straßenverkäufer verkaufen meist geschälte und damit (relativ) sichere Lebensmittel.

Auch zum Zähneputzen sollte nur Wasser aus Flaschen verwendet werden.

Feiertage

1. Jan. – Neujahrstag: Als landesweiter Feiertag eingeführt. Kambodscha begeht im April ein eigenes Neujahrsfest.

7. Jan. – Tag des Sieges über das Regime des Völkermords: Gedenktag anlässlich der Niederschlagung der Khmer-Herrschaft 1979.

Februar – Meak-Bochea-Tag: Bei Vollmond wird der Mönche gedacht, die zu einer Unterweisung bei Buddha zusammenkamen.

8. März – Internationaler Tag der Frau

13.–15. April – Bonn Chaul Chhnam: Neujahrsfest der Khmer: Dreitägige Feier am Ende der Erntesaison mit traditionellen Spielen und gründlichem Hausputz.

1. Mai – Internationaler Tag der Arbeit

Mai – Bonn Visaka Bochea: Im sechsten Monat des Mondkalenders gedenken die Buddhisten der Geburt und der Erleuchtung Buddhas.

Anfang–Mitte Mai – Bonn Chroat Preah Nongkoal: Königliche Pflugzeremonie. Das genaue Datum dieses Feiertages, der den Beginn der Aussaat markiert, hängt vom Mondkalender und von königlich-astrologischen Vorhersagen ab. Der „König von Meakh" und die „Königin Me Hour" vollziehen unweit des National Museum eine traditionelle Pflugzeremonie. Der Feiertag endet damit, dass ein Weissager das Fressen des königlichen Ochsen – ein Glück verheißendes Tier mit astrologischen Fähigkeiten aus der Khmer-Kultur – deutet.

13.–15. Mai – Geburtstagsfeierlichkeiten für König Norodom Sihamoni: Einer der wichtigsten, nicht gesetzlichen Feiertage Kambodschas mit drei Tage während landesweiten Feierlichkeiten zu Ehren des Königs.

1. Juni – Internationaler Tag der Kinder

18. Juni – Geburtstag der Königinmutter Norodom Monineath Sihanouk

24. Sept. – Konstitutions- und Wiederkrönungstag von Seiner Majestät Preah Bat Samdech Preah Norodom Sihanouk

Ende Sept. bis Anfang Oktober – Bonn Pchum Ben: Wichtiges traditionelles Festival. Dreitägiger Höhepunkt eines durch den Mondkalender bestimmten Zeitraums über 15 Tage, in dem die Menschen in ihre Heimatdörfer gehen, um dort in sieben Pagoden den Geistern ihrer Verwandten Opfer und den Mönchen Lebensmittel zu bringen. Die Tempel werden während der frühen Morgenstunden im Rahmen von Prozessionen bei Kerzenlicht aufgesucht, Reisbällchen werden geopfert. Wenn die Geister während des Tempelbesuchs nicht mit ihren Familien in Kontakt treten, könnte das ein Fluch für das kommende Jahr sein.

29. Oktober – Krönungstag des Königs Norodom Sihamoni

31. Oktober – Geburtstag des Königsvaters Norodom Sihanouk

November – Bonn Om Tuk: Das Wasser- und Mondfestival ist das spektakulärste Ereignis in Kambodscha. Abhängig vom Mondkalender finden Ende November Bootsrennen auf dem Mekong in Phnom Penh statt. Die Feierlichkeiten stehen zu Beginn des jahreszeitlichen Richtungswechsels des Strömungsverlaufs am Tonle Sap und des Beginns der Fischfangsaison. Man geht davon aus, dass ursprünglich mit diesem Festival an historische Schlachten auf dem Fluss gedacht wurde. An den Rennen nehmen über 200 Mannschaften aus der Stadt, den Provinzen und auch aus dem Ausland teil. Sehenswert sind die vielen Feuerwerke.

9. November – Feiertag anlässlich der Unabhängigkeit von Frankreich 1953

10. Dezember – Internationaler Tag der Menschenrechte

Alkoholgesetze

Ab 18 Jahren ist es in Kambodscha gesetzlich erlaubt, Alkohol zu trinken. Wenn Wahlen stattfinden oder bestimmte religiöse Feste begangen werden, kann es zu einem Verkaufsverbot von Alkohol kommen. Nor-

malerweise aber verkaufen alle größeren Geschäfte die gängigen alkoholischen Getränke.

In den meisten Restaurants und sogar an Straßenständen wird Alkohol ausgeschenkt. In Phnom Penh und in Siem Reap haben die Bars die ganze Nacht über geöffnet. In kleineren Städten schließen die Lokale gegen 22 Uhr, abgesehen von einigen Karaoke-Bars, die (meistens am Wochenende) bis spät in die Nacht geöffnet haben.

Medien
Zeitschriften

Einige Zeitschriften berichten für Touristen und in Kambodscha lebende Ausländer über den Khmer-Lebensstil und Veranstaltungen in Kambodscha. Der monatlich in Phnom Penh erscheinende *AsiaLIFE Guide* bietet einen detaillierten Veranstaltungskalender sowie bunt bebilderte Berichte über aktuelle Themen, Essen und Trinken, Shopping und Mode. Adressen von Restaurants und Bars (aber auch nicht viel mehr) finden sich auf der Webseite des Magazins: *www.asia lifemagazine.com/cambodia*.

Eine weitere lohnende Zeitschrift ist das *Touchstone Magazine*, das die NGO (Non Govermental Organization) Heritage Watch vierteljährlich kostenlos auf Englisch und Khmer herausgibt. Mit einem Veranstaltungskalender, Restaurantkritiken und Informationen über verantwortungsvollen Tourismus trägt diese Organisation auf ihre Weise zum Erhalt der kambodschanischen Kultur bei. Verkauft wird die Zeitschrift auf den Märkten in der Stadt, in Restaurants und Cafés.

Zeitungen

Es gibt zwei große Zeitungen: die *Phnom Penh Post (www.PhnomPenh Post.com)* und die *Cambodia Daily (www.CambodiaDaily.com)*. Beide erscheinen von Montag bis Freitag in englischer Sprache und berichten

über internationale und kambodschanische Themen, ein Lokalteil mit Veranstaltungshinweisen liegt bei. Die *Cambodia Daily* erscheint am Wochenende als *Cambodia Daily Weekend*.

Zeitschriften für Touristen

Einige Zeitschriften werden speziell für Touristen herausgegeben und treten als Reise- oder Veranstaltungsführer auf. Canby Publications gibt diese Hefte für Phnom Penh, Siem Reap, Sihanoukville, Koh Kong, Kampot, Kep und Battambang sowie für die Provinzen Ratanakiri/Mondulkiri heraus. Lokalnachrichten, Informationen, Karten und kleine Reportagen machen diese Hefte interessant und hilfreich (auch online: *www. canbypublications.com*)

Auch der Verlag Pocket Guides bringt Handbücher mit Veranstaltungshinweisen, Ortsplänen sowie Auflistungen von Bars und Restaurants mit Hinweisen auf Kreditkartenakzeptanz heraus. Enthalten ist der Restaurantführer *Drinking & Dining (D&D)* und der Aktivitätenführer *Out & About (O&A)*.

Die Handbücher gibt es an der Hotelrezeption oder auf Anfrage in Bars und Restaurants.

Geld

Offiziell gilt in Kambodscha der Riel als Währung, de facto wird er aber vielerorts durch den US-Dollar ersetzt. Der Umrechnungskurs bewegt sich um 4000 Riel für einen US-Dollar. Entlang der thailändischen Grenze, insbesondere in den Grenzorten Poipet und Koh Kong, wird auch der thailändische Baht akzeptiert. In den vergangenen Jahren bekam man für einen Dollar zwischen 30 und 37 Baht.

Auf den Riel-Banknoten sind die Wertangaben in Khmer und in Englisch zu finden. Sie unterscheiden sich in Größe und Farbe. Die Scheine sind in einer Stückelung von 50, 100,

200, 500, 1000, 2000, 5000, 10 000, 20 000, 50 000 und 100 000 Riel im Umlauf. Eine 50-Riel-Note ist demnach nur etwas mehr als einen US-Cent wert, ein 100 000-Riel-Schein entspricht immerhin 25 $. Häufig genutzt werden aber nur die 100er-, 500er- und 1000er-Noten – meistens um Beträge unter einem Dollar auszuzuhalen. Das Hauptzahlungsmittel ist der Dollar.

Die Geldautomaten geben US-Dollar aus, man findet Sie in touristischen Gegenden. Sie akzeptieren die gängigen Kreditkarten (Visa und MasterCard) und Scheckkarten renommierter Kartensysteme wie Cirrus, Plus und Maestro. Abseits der touristischen Orte sollte man keine Geldautomaten erwarten, deshalb immer ausreichend Bargeld (in kleiner Stückelung) mitnehmen, da auch die Geschäfte dort keine Kreditkarten annehmen.

Beim Wechselgeld sollten Geldnoten abgelehnt werden, die in irgendeiner Weise beschädigt oder eingerissen sind. Auch in Kambodscha ist gefälschtes Geld im Umlauf.

Die meisten Banken sind montags bis freitags von 8 bis 16 Uhr geöffnet, einige auch am Samstagvormittag. In den touristischen Hauptorten gibt es Geldautomaten, die rund um die Uhr zugänglich sind und meistens auch funktionieren. In den Banken bekommen Ausländer gegen die Vorlage eines Ausweises mit ihrer Kreditkarte (hauptsächlich Visa) Bargeld ausgezahlt. Hier werden auch Fremdwährungen gewechselt und Reiseschecks eingelöst – wenn auch häufig zu schlechten Kursen. Auch die führenden Hotels nehmen Reiseschecks an, erheben aber Gebühren von 2 % und mehr. Manchmal bieten die Wechselstuben einen etwas besseren Kurs.

Weitverbreitet ist die Western Union Bank, die mit der Cambodia Asia Bank (CAB) kooperiert. Die CAB Western Unions (*www.cab.com. kh*) unterhält Institute in allen grö-

ßeren Städten, viele sind zwischen 7.30 Uhr und 21 Uhr geöffnet.

Das zweite große internationale Geldinstitut ist die ANZ Royal Bank (*www.anzroyal.com*), die praktischerweise Filialen in Städten betreibt, in denen die CAB noch nicht vertreten ist, darunter in Poipet, Takeo und Kompong Cham. Es gibt die ANZ aber auch in Phnom Penh, Siem Reap, Battambang und Sihanoukville – jeweils mit Geldautomaten.

Öffnungszeiten

Geregelte Öffnungszeiten sind Kambodschanern nicht so wichtig. Abgesehen von den Banken kann man sich nirgendwo auf die angegeben Öffnungszeiten von Geschäften und Läden verlassen. Betriebe, Museen und Behörden öffnen zwischen 7 und 8 Uhr morgens, machen irgendwann zwischen 11 und 15 Uhr eine zweistündige Mittagspause und schließen zwischen 16 und 17 Uhr. Viele Banken sind auch am Wochenende morgens für einige Stunden geöffnet. Museen schließen mit einigen Ausnahmen am Wochenende.

Die Hotelangestellten und gut informierte Tuk-tuk-Fahrer kennen die jeweiligen Öffnungszeiten. In den kleineren Provinzstädten schließt alles gegen 22 Uhr. In Phnom Penh und Siem Reap wird häufig auf die Mittagspause verzichtet, dort ist vieles bis in die Nacht und am Wochenende geöffnet. Während der großen Festivals (siehe Feiertage) schließen viele Kambodschaner ihre Geschäfte und fahren in ihre Heimatdörfer oder nach Phnom Penh.

Religion

Die in Kambodscha vorherrschende Religion ist der Theravada-Buddhismus. Die meisten Kambodschaner sind zusätzlich sehr abergläubisch und verehren auch heute noch unterschiedliche Geister (siehe S. 47ff). Christen, Moslems, Hindus und

Animisten stellen jeweils eine Minderheit dar. Der Buddhismus toleriert andere Religionen, an vielen Orten in Kambodscha kommen Anhänger unterschiedlicher Kirchen zusammen, um ihren Glauben zu praktizieren.

Katholische Messe
No. 20, St. 71, Phnom Penh; auf Englisch, Sa 17 Uhr

Toiletten

Der Toilettenbesuch kann in Südostasien zu einem regelrechten Abenteuer werden. Europäer werden nur in Hotels, westlich geprägten Restaurants, Museen und Behörden Spültoiletten finden, weitverbreitet sind „Hocktoiletten". Toilettenpapier sollte jeder selbst bei sich haben. Noch seltener sind Seifenspender, Papierhandtücher oder Handtrockner. Auch Desinfektionsmittel für die Hände und kleine Tücher können ganz hilfreich sein. Die Eimer mit Wasser und Schöpflöffel sind zum Nachspülen gedacht. Der Schlauch dient sozusagen als schlichtes Bidet für alle, die ihr Toilettenpapier vergessen haben.

Sicherheit

Wegen der weit verbreiteten Armut gibt es besonders in Phnom Penh und in Siem Reap viele Taschendiebe und Bettler. Wer die allgemeinen Reisetipps (Geldgürtel, Taschen gut gesichert am Körper tragen, Wertsachen im Hotelsafe oder in verschließbarem Gepäck aufbewahren) einhält, sollte vor unangenehme Überraschungen weitgehend sicher sein. Bei Tuk-tuk-Fahrten in großen Städten besteht die Gefahr, im Vorbeifahren bestohlen zu werden.

Zeitzonen

Kambodscha liegt sechs Stunden vor der Mitteleuropäischen Zeit (MEZ) und fünf Stunden vor der

Mitteleuropäischen Sommerzeit. In Kambodscha fehlt die Umstellung auf eine Sommerzeit. Siehe auch *www.zeitzonen.de*.

Trinkgeld

Trinkgeld wird nicht automatisch erwartet, gewinnt aber mit dem stärker werdenden Tourismus an Bedeutung. Die Preise der größten Hotels beinhalten etwa fünf bis zehn Prozent Servicegebühr. Trinkgeld ist nicht erforderlich, aber ein Dollar oder Ähnliches wird dankbar angenommen (und entspricht häufig dem Tageslohn des Kellners).

Einrichtungen für Behinderte

Obwohl Kambodscha weltweit einen der höchsten Anteile an Behinderten in der Gesamtbevölkerung hat, gibt es hier kaum behindertengerechte Einrichtungen. Wenige Hotels besitzen einen Fahrstuhl, die meisten haben nur Treppen. Die Bürgersteige sind häufig sehr uneben und hoch, um Überflutungen zu vermeiden. In den meisten Tempeln von Angkor gibt es steile Treppen ohne Handlauf. Auch ebenerdige Tempel machen häufig das Klettern über Schutt oder die Wurzel eines riesigen Baumes notwendig. Besucher mit Rücken- oder Knieleiden habe in Kambodscha häufig Probleme.

Touristeninformationen

Es gibt zwar in jeder Provinzhauptstadt eine Touristeninformation, die in der Regel aber meistens geschlossen ist. Doch selbst wenn ein Büro geöffnet hat und dort auch noch Englisch sprechendes Personal arbeitet, sind die Informationen häufig dürftig. Eine Ausnahme ist die unglaublich freundliche und hilfsbereite Touristeninformation in Battambang (*St. 1, Kamakor Village, Tel. +855(0)12-928-092*). Die besten Reiseinformationen

bieten meistens Bücher, Zeitschriften und das Internet.

IM NOTFALL

Sicherheit

Obwohl es bei Weitem nicht zu den sichersten Ländern der Welt gehört, hat sich in Kambodscha in Bezug auf Gewaltdelikte gegen Ausländer viel getan. Touristen benötigen heute nicht mehr unbedingt eine bewaffnete Begleitung, um abgelegene Gegenden des Landes zu bereisen. Es ist weiterhin aber sehr unsicher, spät in der Nacht durch die Straßen von Phnom Penh und anderen großen Städten zu gehen, weil Kleinkriminalität immer noch weitverbreitet ist. Taschendiebstahl durch vorbeifahrende Motorräder ist ein häufiges Delikt. Wer ernsthaft bedroht wird, sollte alles hergeben. Unauffälliges Verhalten verhindert ebenfalls Straftaten (siehe S. 18).

Die Zahl der Überfälle ist zwar zurückgegangen, aber die Gefahr besteht immer noch. Taschendiebe (viele Kinder werden wegen ihrer Geschicklichkeit zu diesen Straftaten animiert) agieren mit Vorliebe in belebten Touristenzentren wie Märkten. Hier gilt: So wenig Geld wie nötig dabeihaben.

Von ihrer Kultur her behandeln Khmer Frauen respektvoll und beschützend, das gilt auch für ausländische Frauen. Dennoch sollten alleinreisende Frauen einige Vorsichtsmaßnahmen treffen. Dazu zählt das Tragen unauffälliger Kleidung, Freundlichkeit und das Vermeiden übertriebener Vertrautheit – alles andere könnte als Ermunterung zu einem Annäherungsversuch verstanden werden. Wer sich belästigt fühlt, sollte durch lautes Rufen auf sich aufmerksam machen, meist wird der dann ausgelöste Tumult die Person sofort zum Verschwinden veranlassen. Im Notfall die Touristenpolizei unter Tel. +855(0)23-726-158 verständigen.

Wer ein Opfer von Gewalt oder Kriminalität geworden ist, muss dies umgehend bei der Polizei melden. Eine Anzeige ist schon wegen der Reiseversicherung notwendig. Eine von der Polizei verlangte „Bearbeitungsgebühr" beschleunigt meist das Verfahren – meist handelt es sich um 5–10 $. Die Polizisten in Phnom Penh und Siem Reap sprechen häufiger Englisch als die Beamten in den Provinzen, dort hilft ein einheimischer Dolmetscher.

Durch das Missachten kambodschanischer Gesetze und Regeln hat schon manch einer ernsthafte Probleme bekommen. Verbotene Drogen werden in Phnom Penh und in Siem Reap zwar häufig angeboten, der Kauf und der Konsum von Drogen wie Marihuana sind in Kambodscha aber illegal und führen zu harten Strafen. Polizisten halten auch Ausländer an, wenn diese unerlaubt ein Motorrad ausgeliehen oder Verkehrsregeln missachtet haben. Es lohnt sich nicht, mit Polizisten einen Streit anzufangen, das führt nur zu noch größeren Schwierigkeiten. Das Herunterhandeln des Bußgelds ist allerdings schon möglich.

Wer in ein schweres Verbrechen verwickelt ist, sollte die Botschaft in Phnom Penh anrufen. Bei einem Aufenthalt von mehr als einer Woche sollte man sich bei der Botschaft registrieren lassen und dort eine Kopie des Reisepasses und der Reisepläne deponieren – so kann die Botschaft im Notfall schneller reagieren und helfen.

Die Förderung von Prostitution ist in Kambodscha an sich nicht strafbar, viele der Mädchen sind aber minderjährig. Es ist nicht nur aus ethischer Sicht fragwürdig, einen Wirtschaftszweig zu unterstützen, in dem es regelmäßig zum Missbrauch von Frauen und zur Übertragung gefährlicher Krankheiten kommt, häufig verstößt man auch gegen Gesetze zum Schutz der Kindern vor Sex. Kinder-Sex wird auch in Kambodscha nicht toleriert! So heißt es in einer Anzeige: „For pedophiles, Cambodia has the best bars in the world, those of a prison cell."

Botschaften und Konsulate

Kambodschanische Botschaften und Konsulate in Deutschland, Österreich und der Schweiz sowie in den Nachbarländern:

Königliche Botschaft von Kambodscha in der Bundesrepublik Deutschland
Benjamin-Vogelsdorff-Str. 2
D-13187 Berlin
Tel. +49(0)30-486 379 01
Fax +49(0)30-486 379 73
www.kambodscha-botschaft.de

Königliche Botschaft von Kambodscha in der Schweiz
Ambassade de le Cambodge/
Chancellerie
3, Chemin Taverney 3
CH-1218 Le Grand-Saconnex,
Genève
Tel. +41(0)22-788 77 73
Fax +41(0)22-788-77-74

Königliche Botschaft von Kambodscha in Thailand
185 Rajddamri Rd., Lumpini,
Patumwan
Bangkok 10330
Tel. +66(0)2-254-6630

Königliche Botschaft von Kambodscha in Vietnam
41 Phung Khac Khoan
Ho Chi Min City
Tel. +848-829-2751

Ausländische Vertretungen in Kambodscha
Österreich ist in Kambodscha nicht vertreten, die entsprechenden Aufgaben übernimmt die österreichische Botschaft in Bangkok.

Die Bearbeitung eines Visumsantrags für Thailand oder Laos dauert einen Tag. In den Provinzstädten Kambodschas gibt es weitere Konsulate asiatischer Länder.

Deutsche Botschaft
No. 76–78, Street 214
(Rue Yougslavie)
Phnom Penh
Tel. +855(0)23-216 193/216 381
Fax +855(0)23-427 746
Mo–Fr 8.30–11.30 Uhr und nach Vereinbarung
www.phnom-penh.diplo.de

Österreichische Botschaft
14, Soi Nandha,
an der Soi 1 Sathorn Tai Road
Bangkok 10120
Tel. +66(0)2-303 60 57-8
Fax +66(0)2-287 39 25
Mo–Fr 9–12 Uhr

Schweizer Botschaft
Generalkonsulat Phnom Penh/
Consulate General of Switzerland
Street 242, House 53 D
Phnom Penh
Tel. +855(0)23-219 045
Fax +855(0)23-213 375
Öffnungszeit telefonisch erfragen

Thailändische Botschaft
196 Norodom Blvd.
Phnom Penh
Tel. +855(0)23-726-306

Laotische Botschaft
15–17 Mao Tse Toung Blvd.
Phnom Penh
Tel. +855(0)23-982-632

Vietnamesische Botschaft
436 Monivong Blvd.
Phnom Penh
Tel. +855(0)23-362-741

Notrufnummern
Notarzt: 119
Feuerwehr: 118
Notfälle: 117

Touristenpolizei in Phnom Penh:
+855(0)97-778-0002
Touristenpolizei in Siem Reap:
+855(0)97-778-0013
Polizei in Siem Reap:
+855(0)12-630-863 oder
+855(0)12-630-002
Touristenpolizei in Battambang:
+855(0)97-778-0014
Touristenpolizei in Sihanoukville:
+855(0)97-778-0008
International SOS Clinic, Phnom Penh: +855(0)23-216-911
Royal Angkor International Hospital, Siem Reap:
+855(0)12-235-888

Gesundheit
Einige wenige Krankenhäuser bieten eine Versorgung, die mit westlichen Maßstäben vergleichbar ist:

International SOS Medical Clinic
161 St. 51, Phnom Penh
Tel. +855(0)23-216-911
Fax +855(0)23-215-811
www.internationalsos.com/en/
about-our-clinics_cambodia_35.htm

Royal Angkor International Hospital
National Highway 6 (auf dem Weg zum Flughafen), Phum Kasekam, Khum Sra Ngea, Siem Reap
Tel. +855(0)63-761-888
www.royalangkorhospital.com

Landminen & Blindgänger
In Kambodscha liegen immer noch Millionen von Landminen und undetonierten Raketen, Bomben sowie Granaten. Während die dicht besiedelten Gebiete weitestgehend von diesen tödlichen Überbleibseln des jahrzehntelangen Krieges befreit werden konnten, kann es nicht stark genug betont werden, dass sie immer noch ein ernsthafte Bedrohung darstellen. In ländlichen Gegenden sollte man NIEMALS von vorgegebenen Wegen abweichen und den Kontakt mit metallischen Gegenständen aller Art vermeiden!

LESETIPPS

Es gibt nur wenig Literatur kambodschanischer Autoren, die ins Englische übersetzt wurde. Westliche Autoren, insbesondere Franzosen, haben aber in den vergangenen Jahrzehnten einen großen Einblick in kambodschanische Kunst, Kultur und Geschichte des Landes gegeben. Seit einigen Jahren bieten Webseiten nützliche Informationen und Tipps für Reisende, aber auch einen Überblick über die Geschichte des Landes. Hilfreich sind auch die Medien (S. 279).

Bücher

„Ancient Angkor", von Michael Freeman und Claude Jacques (River Books, 1999). Der vermutlich beste Führer durch die Tempel von Angkor mit Karten, Fotos und Tipps.

„The Ancient Khmer Empire", von Lawrence Palmer Briggs (White Lotus Press, 1999). Leider zu groß für das Reisegepäck. Eine umfassende Darstellung aller bekannten Könige von Angkor und früherer Herrscher sowie hoher Kirchenbeamte, außerdem Vorstellung der Städte, Tempel und der rund 1300 Jahre alten Bewässerungsanlagen.

„Angkor: An Introduction to the Temples", von Dawn Rooney (Airphoto International/Odyssey, 2004). Der einfache Stil und die übersichtliche Aufmachung dieses Reiseführers machen ihn zu einem der beliebtesten Bücher für Kambodscha-Reisende.

„Angkor and the Khmer Civilization", von Michael D. Coe (Thames and Hudson, 2003). Faszinierende Darstellung der Angkor-Ära mit besonderem Blick auf die Kultur und einige Aspekte der Kunst, Religion und Archäologie. Ausgezeichnete Illustrationen und aufschlussreiche Darstellung theoretischer Diskussionen.

„Art and Architecture of Cambodia", von Helen Ibbitson Jessup (Thames and Hudson, 2004). Die Entwicklung der Kunst und des Handwerks der Khmer von der Prä-Angkor-Periode bis ins frühe 20. Jahrhundert sowie weitere Aspekte kambodschanischer Kultur.

„Cambodia: Year Zero", von François Ponchaud (Holt, Rinehart and Winston, 1978). Der erste Bericht über die Machtergreifung der Roten Khmer liefert eine interessante frühe Interpretation der Ereignisse.

„Daughter of the Killing Fields", von Theary C. Seng (Fusion Press, 2005). Autobiografischer Bericht eines von seiner Familie getrennten Khmer-Mädchens und dessen Kampf für die Menschenrechte.

„A History of Cambodia", von David P. Chandler (Westview Press, 2000). Eine knappe, präzise Darstellung der kambodschanischen Zivilisation von der Vorgeschichte bis ins 20. Jahrhundert.

„The Pol Pot Regime", von Ben Kiernan (Yale University Press, 1996). Ein sorgfältiger Bericht über die Revolution der Roten Khmer, den Verfolgungen und den Krieg – basierend auf Hunderten von Interviews mit Zeitzeugen und seltenen Dokumenten.

Internet

Andy Brouwers kambodschanische Erzählungen: *www.andybrouwer.co.uk*. Die Leidenschaft des Autors für die kambodschanische Kultur und Geschichte wird in seinen Reiseberichten und den Fotos der Tempelanlagen immer wieder deutlich.

Cambodia Community-Based Ecotourism Network: *www.ccben.org*. Die Organisation CCBEN fördert den Aufbau einzigartiger touristischer Anziehungspunkte, legt dabei aber auch Wert auf die Bewahrung der Kultur und der Umwelt des Landes.

Cambodian Ministry of Tourism. *www.tourismcambodia.org*. Das MOT bietet einige nützliche Informationen, z. B. über Feiertage, Festivals, Essen und die kambodschanische Sprache.

Canby Publications: *www.canby publications.com*. Das umfassendste Informationsportal für Kambodscha-Reisende.

ChildSafe: *www.childsafe-international.org/CAMBODIA/CSCambodia.asp*. ChildSafe will das Bewusstsein schärfen für die Probleme, die aus dem Kindersex-Tourismus entstehen können, und zeigt den Einfluss, den Touristen auf die verarmten kambodschanische Jugend, die dennoch Vorbilder sucht, haben.

Tales of Asia: *www.talesofasia.com*. Der Amerikaner Gordon Sharpless bietet Insider-Tipps und ein Forum zum Erfahrungsaustausch für Reisende in Kambodscha und benachbarten asiatischen Ländern.

Hotels & Restaurants

Kambodscha bietet unterschiedlichste Übernachtungsmöglichkeiten – von einfachsten Privat-unterkünften in kleinen Dörfern bis hin zu Fünf-Sterne-Resorts mit internationalem Standard. Die Khmer-Küche erlebt derzeit eine Renaissance, insbesondere in Phnom Penh kommen Köche aus der ganzen Welt zusammen und lassen gastronomische Einflüsse aus aller Herren Länder in die einheimische Küche einfließen. Qualität und Angebot der Hotels und Restaurants nehmen allerdings außerhalb von Phnom Penh und den anderen großen Städten merklich ab.

In den touristischen Regionen Phnom Penh, Siem Reap und Sihanoukville sind die meisten Hotels und Gästehäuser mit Spültoiletten und Warmwasserduschen ausgestattet. Viele Zimmer haben Klimaanlagen, die auf Wunsch eingeschaltet werden. Außerhalb der genannten Regionen ist die Zimmerausstattung meistens weniger komfortabel, viele Provinzhauptstädte bieten nur eine Handvoll Übernachtungsmöglichkeiten, die häufig im Stadtzentrum unweit des Markts oder des Busbahnhofs angesiedelt sind.

Organisation: Die unten aufgeführten Hotels und Restaurants sind zunächst nach der Region (den Kapiteln) und dann innerhalb der Preiskategorie alphabetisch sortiert.

M = Mittagessen
A = Abendessen

Kreditkarten: Die Abkürzungen stehen für: AE (American Express), DC (Diner's Club), MC (Master-Card), V (Visa).

■ PHNOM PENH

HOTELS

🏨 AMANJAYA PANCAM
🍴 $$$$$
1 SISOWATH QUAY
TEL. +855(0)23-214-747
www.amanjaya-pancam-hotel.com
Das Amanjaya liegt zentral am windigen Mekong unweit des Königspalasts. In dem gemütlichen und luxuriösen

Haus lässt sich die staubige Hitze der Hauptstadt schnell vergessen. Dunkles Holz und kräftige Farben im Khmerstil dominieren die Einrichtung. Die **K-West Brasserie Bar** unterstreicht mit delikaten, zeitgenössischen Gerichten den Ruf des Hotels.
🛈 21 🅿 🌐 ⏱ 🛗 Alle gängigen Kreditkarten

🏨 HIMAWARI HOTEL APARTMENTS
$$$$$
313 SISOWATH QUAY
TEL. +855(0)23-214-555
FAX +855(0)23-217-111
www.himawarihotel.com
Das Himawari ist stolz auf seine Apartments mit dem Komfort und den Vorzügen eines Hotels, allerdings mangelt es angesichts der Größe an Gemütlichkeit. Die größeren Suiten haben große Wohnzimmer und gut ausgestattete Küchen. Mit Pool, Jacuzzis und Fitnessraum bietet das Haus aber westlichen Standard. Die Sehenswürdigkeiten der Stadt sind schnell erreicht.
🛈 115 🍴 🅿 🌐 ⏱ 🛗 🛗 Alle gängigen Kreditkarten

🏨 INTERCONTINENTAL PHNOM PENH
$$$$–$$$$$
296 MAO TSE TOUNG BLVD.
TEL. +855(0)23-424-888
www.ichotelsgroup.com
Ein modernes, zentral gelegenes Hotel mit schönen Zimmern und einem Pool auf der Terrasse.
🛈 346 🍴 🌐 ⏱ ⏱ 🛗 Alle gängigen Kreditkarten

🏨 NAGAWORLD HOTEL & CASINO
$$$$–$$$$$
HUN SEN PARK
TEL. +855(0)23-228-822
www.nagaworld.com
Ein Hotel wie in Las Vegas – aber mitten in Phnom Penh!
🛈 508 🍴 ⏱ ⏱ 🛗 Alle gängigen Kreditkarten

🏨 RAFFLES LE ROYAL
$$$$–$$$$$
92 RUKHAK VITHEI DAUN PENH
(KREUZUNG MONIVONG BLVD. & ST. 92)
TEL. +855(0)23-981-888
www.phnompenh.raffles.com
Das Hotel mit kolonialzeitlichem Flair wurde 1929 errichtet und ist bekannt für Eleganz, Luxus und seinen ausgezeichneten Service. Die internationale

Gästeschar reicht von Königen bis hin zu Journalisten. Die geschmackvollen Räume selbst sind mit allem Komfort ausgestattet. Auf dem weitläufigen tropischen Gelände findet man auch einen Pool. Das Hotel hat mehrere Restaurants und hochwertige Boutiquen, fast schon ein Muss ist der Cocktail während der Happy Hour in der **Elephant Bar**.

[ ] 172 [ ][ ][ ][ ][ ][ ] [ ] MC, V

THE QUAY
$$$–$$$$$
SISOWATH QUAY
TEL. +855(0)23-224-894
FAX +855(0)23-224-893
www.thequayhotel.com
Ein urbanes Hotel, das aus vielen Gründen in Phnom Penh seinesgleichen sucht: Die Lage am Fluss, die freundliche und professionelle Gastfreundschaft und die Ausstattung (Jacuzzi auf der Dachterrasse, Happy Hour, stilvolle Zimmer) machen es zu etwas Besonderem. Das Restaurant bietet panasiatische Küche. Das Haus bietet einen kostenlosen Tuk-tuk-Service zu vielen Sehenswürdigkeiten der Stadt an. Die Zimmer zum Fluss haben einen hervorragenden Ausblick – alle anderen allerdings nicht mal Fenster.

[ ] 16 [ ][ ][ ] MC, V

BOUGAINVILLIER HOTEL
$$$–$$$$
277C SISOWATH QUAY
TEL. +855(0)23-220-528
FAX +855(0)23-220-529
www.bougainvillierhotel.com
Am Fluss unweit der Sehenswürdigkeiten gelegen und bekannt für seine großzügig geschnittenen, aber deshalb auch schwer zu kühlenden Zimmer. Die Einrichtung des Hotels und des Restaurants kombinieren asiatische Einfachheit mit traditionellen Einflüssen der Khmer. Im Restaurant werden Khmer-

Gerichte und mediterrane französische Gerichte serviert.

[ ] 32 [ ][ ][ ] MC, V

FCC (FOREIGN CORRESPONDENTS' CLUB)
$$$
363 SISOWATH QUAY
TEL. +855(0)23-210-142
www.fcccambodia.com/phnom_penh
Auch wenn hier heute nicht mehr die ausländischen Journalisten ihre Kontakte pflegen, so kann man dennoch zwischen alten Fotos und kolonialem Ambiente in abenteuerlichen Erinnerungen schwelgen. Das Gebäude selbst ist eine Landmarke sowohl für Touristen als auch für Tuk-tuk-Fahrer. Die Zimmer mit Blick über den Fluss sind gemütlich in minimalistischem Boutique-Stil eingerichtet. Das Restaurant ist weniger wegen der Küche als vielmehr wegen der Getränke, der interessanten Gäste und der exzentrischen Unterhaltungen eine echte Attraktion.

[ ] 10 [ ][ ][ ] Alle gängigen Kreditkarten

DER BESONDERE TIPP

THE PAVILION
$$–$$$$
227 ST. 19
TEL. +855(0)23-222-280
www.thepavilion.asia
Obwohl mitten im Herzen des quirligen Phnom Penh gelegen, meint man in eine andere Welt einzutreten, sobald man die Tore des Pavillon durchschritten hat. Die beiden beeindruckenden Villen im Kolonialstil mit schattigem Garten am Pool gleichen einer heiligen Stätte. Die großen Zimmer des Boutique-Hotels sind in kolonial-minimalistischem Stil eingerichtet und mit riesigen Betten möbliert; alle haben einen Balkon oder einen kleinen Garten, einige sogar einen Pool. Im Garten gibt es ein kleines Bar-Restaurant. Mitreisende Kinder müssen

mindestens 16 Jahren alt sein, Sex-Tourismus ist strikt verboten. Unbedingt rechtzeitig buchen!

[ ] 20 [ ][ ][ ][ ] MC, V

VILLA LANGKA
$$–$$$$
14 ST. 282
TEL. +855(0)12-449-857
www.villalangka.com
Ein weiteres Juwel unter den Boutique-Hotels, versteckt in einer Gasse unweit des Wat Lanka. Hübsche, farbenfrohe Zimmer, in denen moderne Eleganz mit Einflüssen der Khmer verschmilzt. Das abgeschlossene Grundstück mit Patio im Garten und Poolbereich bietet perfekte Erholung am Ende eines langen, heißen Tages. Die Zimmer haben WLAN-Anschluss und große Schreibtische für Geschäftsleute, trotzdem ist das Hotel auch familienfreundlich. Das Restaurant serviert französische und internationale Gerichte und hat auch draußen Tische eingedeckt.

[ ] 27 [ ][ ][ ][ ] MC, V

BLUE LIME
$$–$$$
42 ST. 19Z, ABGEHEND VON ST. 19
TEL. +855(0)23-222-260
www.bluelime.asia
Das Blue Lime zählt zu den modernen Hotels der Stadt, hier herrscht ein ganz spezielles, urbanes Ambiente. In den minimalistisch eingerichteten Zimmern stehen graue Möbel aus Beton (von einigen Gästen als schick, von anderen als abstoßend empfunden), farbliche Akzente setzen bunte Seidenstoffe. Gemütliche Liegen stehen rund um einen Salzwasserpool im üppig bepflanzten Garten. Das Hotel mit „ökologischem Bewusstsein" erhitzt beispielsweise sein Wasser mit Solarenergie. Keine Kinder unter 16 Jahren.

[ ] 14 [ ][ ][ ][ ] MC, V

THE KABIKI
$$–$$$

22 ST. 264
TEL. +855(0)23-222-290
www.thekabiki.com

Das erste Familienhotel in Kambodscha! Zwei Salzwasserpools (einer davon als Kinderbecken konzipiert), ein Spielplatz und ein großer Garten bieten viel Platz zum Herumtoben. Das zentral gelegene Boutique-Hotel mit schön eingerichteten, kinderfreundlichen Zimmern und Stockbetten liegt in einer ruhigen, abgeschiedenen Allee.

🛈 11 🍴 🕓 💳 🛗 💳 MC, V

HOTEL CARA
🍴 **$$**

NR. 18, KREUZUNG ST. 47 & ST. 84
TEL. +855(0)23-430-066
FAX +855(0)23-430-077
www.hotelcara.com

Das Haus liegt zentral unweit des Wat Phnom und der amerikanischen Botschaft, alle Touristenattraktionen sind schnell mit dem Tuk-tuk erreicht. Von den wenigen Zimmern fällt der Blick über eine der vielen staubigen, geschäftigen Straßen der Stadt und den benachbarten Nachtclub. Einige Zimmer sind zwar klein und fensterlos, haben aber trotzdem eine angenehme Atmosphäre. Im **Doors Restaurant** gibt es Tapas und coole Musik in modernem Ambiente.

🛈 51 🅿 🔲 🕓 💳 MC, V

BRIGHT LOTUS I
$

22 ST. 178
TEL. +855(0)23-990-446
www.thebrightlotus1.com

Die beste kostengünstige Unterkunft der Stadt bietet saubere und sichere Zimmer mit Klimaanlage oder Ventilator. Die schöne Aussicht verdankt es seiner Hanglage – das Hotel ist nur über steile Treppen erreichbar (was übrigens auch für die Zimmer gilt). Das

Patio-Restaurant ist nicht zu empfehlen, bessere Restaurants finden sich in der Nähe. Das Empfangspersonal hat hilfreiche Tipps für seine Gäste.

🛈 14 🍴 🕓 💳 MC, V

RESTAURANTS

In den vergangenen Jahren ist die Zahl der Restaurants in Phnom Penh explosionsartig gestiegen und heute findet man eine ganze Reihe von Restaurants mit einem feinen gastronomischen Angebot. Die Vielfalt ist groß, viele Lokale liegen am Fluss (Sisowath Quay) oder rund um Boeung Keng Kang.

LA RESIDENCE
$$$–$$$$$

22–24 ST. 214
TEL. +855(0)23-224-582

Zweifellos das eleganteste Restaurant der Stadt und das beste Lokal für ein romantisches Abendessen. Unglaublich zart ist der gebratene Lammrücken in Senfsoße und feinen Kräutern. Die Passionsfrüchte und Crème brûlée mit Litschis sorgen für eine nette Abwechslung auf dem traditionellen Dessertteller. Viel beachtete, fein zubereitete französische Gerichte und das zu angemessenen Preisen.

🍴 100 🕓 Mo–Fr 11.30–14, 18–22.30 Uhr 💳 MC, V

KWEST
$$$–$$$$

1 ST. 154 (ECKE SISOWATH QUAY, IN DER LOBBY DES AMANJAYA HOTELS)
TEL. +855(0)23-214-747

Fleischliebhabern bietet das KWest große Steaks in einem kultivierten Ambiente. Das Filetsteak mit grüner Paprikasoße ist saftig und gut gewürzt. Und das gebratene Rib-Eye-Steak mit Portosoße und Käse ist absolut köstlich.

🍴 100 🕓 6.30–23.30 Uhr 💳 MC, V

VAN'S
$$$–$$$$

5 ST. 102 (NEBEN DEM POSTAMT)
TEL. +855(0)23-722-067

Ein Abendessen in diesem romantischen Haus lässt ahnen, wie es im Kambodscha der französischen Kolonialzeit einmal zuging. Auf der langen Speisekarte finden sich französische Klassiker wie Froschschenkel, Schnecken und Soufflés. Sehr gut zubereitet ist das gebratene Rinderfilet in Kaffee und Pfeffer, das mit Cognac flambiert wird.

🍴 70 🕓 11.30–14.30, 17.30–22.30 Uhr; geschl. Sa u. So M 💳 MC, V

PYONGYANG
$$–$$$$

400 MONIVONG BLVD.
TEL. +855(0)12-565-311

Das Essen ist zwar kaum der Rede wert, aber ein Besuch dieses einzigen nordkoreanischen Restaurants der Stadt lohnt sich dennoch wegen der unterhaltsamen Show, die jeden Abend um 20 Uhr beginnt. Die nordkoreanischen Bedienungen tanzen, singen und spielen eine Vielzahl an Instrumenten. In passenden Kostümen werden dazu perfekt einstudierte Tänze dargeboten, die zwischen Ballett und Synchronschwimmen angesiedelt sind und für viele ein wunderschönes Fotomotiv darstellen. Die Nudelsuppe ist auch nicht schlecht.

🍴 100 🕓 11–21 Uhr 💳 Keine

XIANG PALACE
$$–$$$$$

HOTEL INTERCONTINENTAL
296 MAO TSE TOUNG BLVD.
TEL. +855(0)23-424-888

Das elegante, hochklassige Palace im Hotel Intercontinental ist bei Geschäftsleuten und wohlhabenden Khmer beliebt. Es ist allgemein bekannt, dass es hier die beste kantonesische Küche der Stadt gibt, zu den Spezialitäten des Hauses zählt

die knusprig gebratene Peking-
ente. Teuer wird es bei exotischen Gerichten wie Seegurke
und Vogelnestern.

🍴 80 🕐 11.30–23 Uhr
📷 MC, V

🍴 BAI THONG

$$–$$$

100–102 SOTHEAROS BLVD.

TEL. +855(0)3-211-054

Hier bekommt man großartige
Thaigerichte in einer schönen
Umgebung. Das marinierte
Huhn Satay mit einer dicken
Erdnusssoße wird hervorragend
zubereitet, die Ente mit Tama-
rindensoße ist eine Spezialität.

🍴 80 🕐 11.30–14, 17.30–
22 Uhr 📷 MC, V

🍴 MALIS

$$–$$$

136 NORODOM BLVD.

TEL. +855(0)3-221-022

In einer cremefarbenen Villa
serviert das Malis traditionelle
Khmer-Küche mit modernem
Touch. Hier können die Gäste
klassische Straßengerichte wie
gebackene Seemuscheln in
Tamarindensoße bedenkenlos
bestellen. Leider ist das Essen
häufig nicht so gut wie das
Ambiente es verspricht.

🍴 200 🕐 6–23 Uhr 📷 MC, V

🍴 PACHARAN TAPAS & BODEGA

$$–$$$

389E1 SISOWATH QUAY

TEL. +855(0)3-224-394

Das Pacharan ist das beste
Lokal der Hauptstadt für
authentische spanische Küche
mit Klassikern wie Tapas. Die
saftige conchinillo asada oder
das gebratene Spanferkel
zergehen auf der Zunge.
Calamares à la Romana sind
golden frittiert und zart. Die
Sangría mit frischen Früchten
ist bei der tropischen Hitze
eine willkommene Erfrischung.
Eine Reservierung wird dringend empfohlen.

🍴 40 🕐 11–23 Uhr 📷 MC, V

🍴 POP CAFÉ

$$–$$$

371 SISOWATH QUAY

TEL. +855(0)12-562-892

Das kleine Restaurant ist stolz
auf sein „Italian Food Like Mom-
ma Makes". Die einfache Karte
bietet Vorspeisen, dünne und
knusprige Pizzen und Pastagerichte. Ein Gedicht sind die haus-
gemachten Gnocchi. Giorgio,
der freundliche Eigentümer, ist
sehr um die Zufriedenheit jedes einzelnen Gastes bemüht.

🍴 30 🕐 11.30–14, 18–22 Uhr
📷 Keine

🍴 SCOOP BISTRO & BAR

$$–$$$

2–6A REGENCY COMPLEX

MAO TSE TOUNG BLVD.

TEL. +855(0)3-424-457

Ein modernes, stilvolles Restaurant neben dem Hotel Inter-
continental. Die traditionellen
Gerichte mit einem modernen
Touch zählen zu den besten der
Stadt. Die Pasta ist hausgemacht
und wird mit unterschiedlichen
Soßen serviert. Der Caesar Salad
ist nirgendwo besser.

🍴 80 🕐 11.30–24 Uhr
📷 MC, V

🍴 CAFÉ YEJJ

$–$$

170 ST. 450 (GEGENÜBER VOM
RUSSISCHEN MARKT)

TEL. +855(0)12-543-360

Das Café bildet gefährdete Jugendliche und Frauen aus. Das
wunderbare Personal serviert
appetitliche Sandwiches, Salate, Pastagerichte und Burritos.
Regionale Produkte aus ökologischem Anbau werden, wann
immer es möglich ist, verwendet. Beliebt sind das ganztägig
bestellbare Frühstück und die
ausgezeichneten Smoothies.
Das Ambiente ist gemütlich
und freundlich.

🍴 50 🕐 7–21 Uhr 📷 V

🍴 FRIENDS

$–$$

215 ST. 13

TEL. +855(0)3-426-748

Ein Abendessen in diesem
hellen und freundlichen Lokal
– dem beliebtesten der Stadt –
ist etwas für Leib und Seele,
denn es handelt sich um ein
Nonprofit-Ausbildungslokal
für Straßenkinder. Die Bedienung hier könnte nirgends besser sein. Auf der umfangreichen Speisekarte finden sich
Tapas mit Gemüse, Fisch- und
Fleischgerichte. Die Entscheidung fällt nicht leicht, sehr
lecker sind z. B. der chinesische
Spinat und die Käse-Ravioli
mit Tomaten und Basilikum.
Unbedingt reservieren.

🍴 60 🕐 11–14, 18–21 Uhr
📷 MC, V

🍴 KHMER THAI RESTAURANT

$–$$

26 EO ST. 135

TEL. +855(0)92-810-812

Hier trifft man viele Einheimische, die die gute Khmer- und
Thai-Küche in schöner Atmosphäre genießen. Schweine-
gehacktes in knusprigen
Reis-Pastetchen ist eine der
Spezialitäten des Hauses. Tee
und dampfender Reis werden
auf Wunsch nachgereicht.

🍴 75 🕐 8–22 Uhr 📷 Keine

🍴 ROMDENG

$–$$

74 ST. 174

TEL. +855(0)92-219-565

Das zweite Nonprofit-Lokal
von Mith Samlanh (Friends)
kocht die vermutlich besten
Khmer-Gerichte der Stadt. In
der hübschen Villa mit einem
ebenso schönen Garten wirkt
das Essen sehr authentisch, die
Bedienung zeigt immer ein
freundliches Lächeln. Das muslimische Khmer-Rind und das
Erdnuss-Curry sind sehr stark
gewürzt. Ganz Mutige bestellen die knusprigen Tarantulas
(Taranteln). Alle Einnahmen
kommen dem Projekt zugute.

🍴 120 🕐 11–14, 18–21 Uhr
📷 MC, V

🍴 TAMARIND
$–$$

31 ST. 240
TEL. +855(0)12-830-139
Das mediterrane und nordafrikanische Lokal präsentiert eine große Speisekarte mit Tapas, Kebabs, Pizza, Pasta, Couscous und Tajines. Käseliebhaber werden an den Frühlingsrollen mit Spinat und Feta ihre Freude haben – einer perfekten Kombination aus cremigem Käse und knuspriger Hülle. Gegessen wird auf der Dachterrasse mit märchenhafter Beleuchtung, nordafrikanischen Sitzgelegenheiten und einer frischen Brise.
🪑 100 🕐 9–24 Uhr (an Wochenenden länger) 💳 MC, V

🍴 CHINESE NOODLES
$

553–551 MONIVONG BLVD.
TEL. +855(0)12-937-805
In diesem beliebten Minirestaurant werden dicke, schmackhafte, hausgemachte La-Mian-Nudeln serviert, die im vorderen Bereich des Lokals von Hand geknetet, gezogen, geschnitten und gekocht werden. Die Nudeln können anschließend gebraten oder in einer Fleischsuppe bestellt werden. Es mangelt zwar etwas an Atmosphäre, das Essen ist aber fantastisch und erstaunlich günstig sowie gehaltvoll.
🪑 80 🕐 8–22 Uhr 💳 Keine

🍴 K'NYAY
$

25 SURAMARIT BLVD. (ST 268)
TEL. +855(0)23-225-225
K'Nyay bedeutet Ingwer in der Sprache der Khmer. Das Lokal kocht veganer-freundliche Interpretationen vieler kambodschanischer Lieblingsspeisen. Die Suppe mit gebratener Paprika ist fein im Geschmack und zart in der Konsistenz. Dazu empfehlen sich erfrischend und fantasievoll zubereitete Smoothies.
🪑 30 🕐 Di–Fr 12–21, Sa 7–21, So 7–15 Uhr 💳 Keine

🍴 LE RITS
$

14 ST. 310
TEL. +855(0)23-213-160
Das Lokal gehört der NGO Nyemo und bietet benachteiligten Frauen eine Ausbildung, um sich und ihre Kinder selbst ernähren zu können. Das hübsche Café ist sowohl morgens zum Frühstücken als auch zur Mittagszeit wegen der günstigen Preise zu empfehlen. Eine sehr gute Gelegenheit, um frische, traditionell zubereitete kambodschanische Gerichte zu probieren!
🪑 30 🕐 7–17 Uhr, So geschl. 💳 Keine

🍴 THE LIVING ROOM
$

VILLA 9, ST. 306
TEL. +855(0)23-726-139
Das ruhige Lokal (WLAN und Kinderbereich) ist stolz auf seine ökologischen und fair gehandelten einheimischen Produkte. Die Fusion-Speisekarte bietet Sushi-Rollen, vegetarische Platten und kreativ zubereitete Salate. Schön sitzt man abends auf dem luftigen Balkon. Die Bedienung zählt zu den freundlichsten der Stadt.
🪑 70 🕐 7–20.30 Uhr 💳 V

🍴 THE SHOP
$

39 ST. 240
TEL. +855(0)23-986-964
Gesunde Suppen, Salate und Sandwiches bietet das hübsche Café, das zum Frühstücken und Mittagessen beliebt ist. Täglich frisch sind Brot und Kuchen, ergänzt um wöchentlich wechselnde Spezialitäten. Schokoholiker sollten die fast schon dekadent zu nennenden Schokoladen-Brownies probieren!
🪑 40 🕐 7–20.30, So 7–15 Uhr 💳 keine

■ SIEM REAP

HOTELS

🏨 AMANSARA
$$$$$

STRASSE NACH ANGKOR
TEL. +855(0)63-760-333
FAX +855(0)63-760-335
www.amanresorts.com
Die ehemalige Residenz des Königsvaters Norodom Sihanouk aus den 1960er Jahren wurde sorgsam restauriert und bietet jetzt Pool-Suiten und einen Spa-Bereich. Vorträge von Historikern, persönlicher Service (Kochkurse in einem Dorfhaus, Helikopter-Rundflüge usw.) und ein offener Weinkeller sind nur einige Angebote dieses exklusiven Hauses.
🛏 24 🅿 🚭 ✦ 🌊 💳 Alle gängigen Kreditkarten

🏨 FCC ANGKOR
$$$$$

POKAMBOR AVE.
TEL. +855(0)63-760-280
FAX +855(0)63-760-281
www.fcccambodia.com
Kleine, gemütliche Zimmer umrahmen einen Hofplatz mit einem kleinen Pool. Die Bar und das Restaurant des Hotels sind die eigentliche Attraktion. Die Gäste sitzen auf der Terrasse oder auf dem Rasen und blicken über Siem Reap.
🛏 31 🍴 🚭 🌊 💳 MC, V

🏨 HOTEL DE LA PAIX
$$$$$

SIVATHA BLVD.
TEL. +855(0)63-966-000
FAX +855(0)63-966-001
www.hoteldelapaixangkor.com
Das stilvolle und komfortable Luxushotel wurde 2005 von Bill Bensley komplett renoviert – früher war es ein Reis-Depot der Roten Khmer. In der Lounge werden regelmäßig wechselnde Kunstausstellungen gezeigt.
🛏 107 🅿 🚭 🚭 🚭 🌊 💳 MC, V

🏨 LA RÉSIDENCE D'ANGKOR
$$$$$

RIVER ROAD, ÖSTLICHES
FLUSSUFER
TEL. +855(0)63-963-390
www.residencedangkor.com
Das Hotel in ruhiger Lage auf
der anderen Seite des Flusses
liegt nur fünf Gehminuten
vom Zentrum entfernt und
vermietet Zimmer mit plüschi-
gen Betten und kleinen Son-
nendecks. Regelmäßig finden
hier Vorführungen mit Apsara-
Tänzen statt, Vorträge von
Archäologen und Historikern
sind in Vorbereitung. Eine ganze Reihe von Schließfächern
sind für all jene gedacht, die
abends noch die Stadt mit dem
Flieger verlassen und tagsüber
ihr Gepäck sicher aufbewahren
wollen.

🚹 54 🚭 ❄️ 🏊 🏋️ 🏧 MC, V

🏨 RAFFLES GRAND HOTEL D'ANGKOR
$$$$$

1 CHARLES DE GAULLE ST.
TEL. +855(0)63-963-888
FAX +855(0)63-964-223
www.siemreap.raffles.com
In den 1930ern errichtet, war
das Raffles lange Zeit das Hotel
der Stadt, in dem die ersten
hochrangigen Besucher Angkors untergebracht wurden.
Die Zimmer im alten Flügel
erinnern an die französischen
Entdecker; im neuen Flügel
herrscht der Charme der Alten
Welt. Eines der Restaurants
kocht traditionelle Gerichte
der Khmer. Das Hotel hat
außerdem den größten Weinkeller des Landes.

🚹 131 🍴 🅿️ 🔁 🚭 ❄️ 🏊
🏋️ 🏧 MC, V

🏨 SHINTA MANI
$$$$$

AN DER KREZUUNG
OM KHUM ST. & 14TH ST.
TEL. +855(0)63-761-998
FAX +855(0)63-761-999
www.shintamani.com

Die kleine Dependance des
Hotel de la Paix ist ein gemütlicher Rückzugsort im Boutique-Stil. Es liegt weit genug
entfernt vom Rummel der
Hauptstraßen, aber immer
noch nah am Fluss und der
Innenstadt. In den Zimmern
finden sich gemütliche Betten
und Wellness-Duschen. Das
Hotel unterscheidet sich von
anderen kleinen Luxushotels,
weil ein Ausbildungszentrum
für Hotelmitarbeiter ange-
schlossen ist. Auf Wunsch werden die Gäste in eines der umliegenden Dörfer gefahren und
können mit Spenden (rund
100 US$) den Bau eines kleinen
Brunnens für eine kambod-
schanische Familie ermöglichen
(weitere Informationen siehe
Homepage).

🚹 18 🅿️ 🚭 ❄️ 🏊 🏧 Alle
gängigen Kreditkarten

🏨 SOKHA ANGKOR RESORT
$$$$$

AN DER KREUZUNG NATIONAL
HIGHWAY 6 & SIVATHA ST.
TEL. +855(0)63-969-999
www.sokhahotels.com
Zu den führenden Hotelketten
in Kambodscha zählt das
Sokha Angkor, das unweit der
Königlichen Gärten in der In-
nenstadt liegt. Die luxuriösen
Zimmer sind geschmackvoll
eingerichtet, die Standard-
zimmer vielleicht ein wenig
überteuert. Ein Salzwasser-
Pool, an dem Apsara-Tänze
vorgeführt werden, befindet
sich unweit des japanischen
Restaurants (eines von drei
Lokalen des Hotels).

🚹 275 🍴 🅿️ 🚭 ❄️ 🏊
🏋️ 🏧 Alle gängigen Kreditkarten

🏨 VICTORIA ANGKOR RESORT & SPA
$$$$$

CENTRAL PARK
TEL. +855(0)63-760-428
FAX +855(0)63-760-350
www.victoriahotels-asia.com

Das am Royal Park gelegene
Haus ist ein Beispiel für eine
gelungene Kombination von
Kolonialstil und stilistischen
Elementen der Khmer. Zu den
luxuriösen und modernen Einrichtungen der Fünf-Sterne-
Anlage gehört der riesige Pool.
Hinzu kommen der außer-
gewöhnliche Service und die
ideale Lage.

🚹 130 🅿️ 🔁 🚭 ❄️ 🏊 🏋️
🏧 MC, V

🏨 MYSTÈRES D'ANGKOR
$$$–$$$$

HINTER DEM WAT PO LANKA
TEL. +855(0)63-963-369
www.mysteres-angkor.com
Im Schatten des Wat Po Lanka
und inmitten eines tropischen
Gartens liegt dieses hübsche
Hotel im Khmer-Stil, das eine
entspannte Atmosphäre
verströmt. Jedes der in drei
unterschiedlichen Stilrich-
tungen gestalteten Zimmer
hat ein Bad und eine eigene
Terrasse. Küchenchef Saray
bereitet in seinem Restaurant
Gerichte mit französischen
und kambodschanischen Ele-
menten zu. Das Hotel bietet
auch einen Shuttleservice
zum Flughafen und zum Pier
am Tonle Sap an.

🚹 23 🚭 ❄️ 🏊 🏧 MC, V

🏨 THE RIVER GARDEN
$$$–$$$$

113 MONDUL 3, KHUM SLOKRUM
TEL. +855(0)63-963-400
www.therivergarden.info
Tropische Gärten umgeben
den Dschungel-Pool und den
Terrassenbereich des Boutique-
Resorts im schattigen Wohn-
viertel am westlichen Flussufer
nördlich des Zentrums. Die
großzügigen, komfortablen
Zimmer befinden sich in tradi-
tionellen Holzhäusern der
Khmer. Regelmäßig werden
Kochshows veranstaltet, die
Besitzerin Deborah ist sehr
um das Wohl ihrer Gäste
bemüht.

🚹 11 🅿️ 🚭 ❄️ 🏊 🏧 MC, V

🏨 GOLDEN BANANA BOUTIQUE HOTEL & RESORT
$$–$$$

UNWEIT VOM WAT DAMNAK
TEL. +855(0)12-654-638
www.goldenbanana.info
Das „gay-friendly" Golden Banana auf der anderen Seite des Flusses (südöstlich des Zentrums) ist ein stilvoll errichteter Komplex mit ganz unterschiedlichen Unterkünften: Das Spektrum reicht von kleinen, gemütlichen Gästezimmern bis hin zu Anlagen im Boutique-Resort-Stil. Viele Zimmer sind im Neokolonialstil gestaltet, haben hohe Decken und Balkone zum Pool hin. Das Personal ist unglaublich freundlich und hilfsbereit.
🛏 23 B&zB, 9 Hotel, 16 Resort
🅂 🕒 🏊 🅿 MC, V

🏨 AUBERGE MONT ROYAL D'ANGKOR
$$

497 TAPHUL RD.
TEL. +855(0)63-964-044
FAX +855(0)63-964-528
www.auberge-mont-royal.com
In einem Kolonialhaus in direkter Nachbarschaft zum Old World gelegen, bietet das Hotel Zimmer mit Holzfußböden und teilweise auch Balkonen zum Pool. Die Seitenstraße ist ruhig, das Zentrum und das Nachtleben von Siem Reap sind bequem zu Fuß zu erreichen.
🛏 30 🅿 🅂 🕒 🏊 🅿 MC, V

🏨 THE VILLA SIEM REAP
$–$$$

153 TAPHUL RD.
TEL. +855(0)63-761-036
www.thevillasiemreap.com
Die Zimmer in den Villen und im Baumhaus kombinieren den Stil der Khmer mit moderner Architektur – selbst in den Standardzimmern finden sich einzelne Elemente des einheimischen Baustils. Die wunderschönen Holzhäuser sind mit Holz-

möbeln und farbigen Seidenstoffen eingerichtet, viele Zimmer haben einen Balkon oder eine Terrasse. Die Gäste können an einem Kochkurs mit einer Einführung in die Khmer-Küche teilnehmen.
🛏 18 🅿 🅂 🕒 🏊 🅿 Keine

DER BESONDERE TIPP

🏨 SALA BAI HOTEL SCHOOL
$–$$

EIN BLOCK WESTL. DES SIVATHA BLVD.
TEL. +855(0)63-963-329
www.salabai.com
In diesem kleinen Hotel werden benachteiligte Jugendliche im Servicebereich ausgebildet. Die einfachen, aber tadellos ordentlich gehaltenen Zimmer werden zweimal am Tag vom charmanten, äußerst höflichen Personal (in Ausbildung) gereinigt. Die Suite ist ein echtes Schnäppchen: Groß, hell und farbenfroh liegt sie über dem Ausbildungsrestaurant mit seinem ausgezeichneten Essen. Das Haus hat Mitte Juli bis Mitte Oktober sowie im April zum Neujahrsfest geschlossen.
🛏 4 🅿 🅂 🅿 Keine

🏨 EI8HT ROOMS GUESTHOUSE
$

138–139 STREOUNG THMEY VILLAGE, NEBEN DEM ARTISANS D'ANGKOR
TEL. +855(0)63-969-788
www.ei8htrooms.com
Einfache Standardzimmer wirken durch den Boutique-Stil etwas gemütlicher. Dank der hellen, bequemen Zimmer in Zentrumsnähe ist das Hotel eine recht günstige Unterkunft.
🛏 12 🅿 🅿 Keine

🏨 TWO DRAGONS GUESTHOUSE
$

110 WAT BO VILLAGE
TEL. +855(0)63-965-107

http://talesofasia.com/
cambodia-twodragons.htm
Das Hotel wird von einem amerikanisch-thailändischen Paar geleitet, das das Beste aus beiden Kulturen kombiniert: Hier bekommen die Gäste hilfreiche Ausflugstipps, gutes Essen und erleben eine unglaubliche Liebe zum Detail. Das Haus liegt in einer ruhigen Gegend auf der anderen Seite des Flusses, Tuktuks sorgen für eine schnelle Fahrt ins Zentrum. Die Zimmer sind einfach, haben aber einen kleinen Fernseher und saubere Bäder. Alles zusammen genommen ist es eines der besten günstigen Hotels des Landes.
🛏 13 🅿 🅂 🕒 🏊 MC, V

RESTAURANTS

In der Pub Street und den parallel verlaufenden Gassen reihen sich Restaurants und Bars aneinander. Wegen der großen Besucherfluktuation in der Stadt ist hier die Stimmung zwar gut, aber die Qualität schlecht. Es gibt dennoch einige versteckte Juwelen, wo sich auch die kleine Gruppe der in Siem Reap wohnenden Ausländer häufiger trifft. Abgesehen von den Hotelrestaurants findet man rund eine Handvoll hochwertiger Lokale in der Stadt, allerdings nicht gerade in der Pub Street.

🍴 GURU MOTHER CAFÉ
$$

NR. 26 OUM KHUM ST.
TEL. +855(0)92-713-519
Das Minirestaurant westlich des Shinta Mani Hotels bietet authentische japanische Atmosphäre und kocht hervorragend. Das Tagesmenü für 5 $ wechselt täglich, außerdem gibt es Omeletts, Currygerichte, Tonkatsu und sogar Pasta.
🕒 11–14.30, 18–22 Uhr, So geschl. 🅿 MC, V

🍴 AHA
$–$$$

GASSE HINTER DER PUB ST., IN DER NÄHE DES ALTEN MARKTS
TEL. +855(0)63-965-501

Mondänes Downtown-Lokal mit leckeren westlich-asiatischen Tapas. Eines der wenigen klimatisierten Lokale in der Gegend um die Pub Street und bestens für eine Verabredung geeignet. Manch einer kommt allerdings vor allem, um kurzzeitig der Hitze zu entfliehen.

🔲 50 🕐 12–23 Uhr 🚫 Keine

🍴 TELL RESTAURANT
$–$$$

SIVATHA RD.

TEL. +855(0)63-963-289

Das einzige deutsche Restaurant der Stadt, mit Schnitzel, ungarischem Gulasch und Erdinger Weißbier auf der Karte. Neben den qualitativ guten deutschen Gerichten gibt es auch einheimische Speisen. Das Restaurant ist eins der ältesten der Stadt und unweit des Nachtmarkts leicht zu finden.

🔲 30 🕐 10–22.30 Uhr 🚫 Keine

🍴 ANGKOR PALM RESTAURANT
$–$$

UNWEIT DES ALTEN MARKTS, EIN BLOCK SÜDL. DER PUB ST.

TEL. +855(0)63-761-436

Die Gäste speisen draußen oder in klimatisierten Räumen, zur Auswahl stehen Platten für ein oder zwei Personen mit unterschiedlichen Klassikern der Khmer-Küche (z. B. Amok Curry und Samlor-Suppen). Die Wartezeiten lassen sich gut mit den Bananenchips als Willkommensgruß des Hauses überbrücken. Das Lokal bietet eine großartige Einführung in die Küche der Khmer.

🔲 60 🕐 9–23 Uhr 🚫 AE, MC, V

🍴 BASHO
$–$$

C4–C5, SIVATHA NR. 5 BEI MONDUL 1

TEL. +855(0)12-162-9117

Das schwer zu findende Lokal ist wohl das beste japanische

Restaurant der Stadt. Hier können sich die Gäste auf dicke Sushi-Rollen (halbe oder ganze Portionen), Soba-Nudeln und Bento-Box-Sets freuen. Die Shakes mit grünem Tee sind hervorragend, das Ambiente stilvoll und gemütlich. Wer nun Lust bekommen hat, sollte die in der Stadt wohnenden Ausländer nach dem Weg fragen – es lohnt sich!

🔲 25 🕐 11–15, 17–22 Uhr 🚫 Keine

🍴 BLUE PUMPKIN
$–$$

GEGENÜBER DER PUB ST.

TEL. +855(0)63-963-574

Im Erdgeschoss befindet sich eine Bäckerei mit Gebäck und Kaffee zum Mitnehmen oder zum Verzehr vor Ort. Oben betritt man eine schicke, klimatisierte Lounge mit WLAN und einem Ambiente, das deutlich besser als die Qualität der Küche ist. Der Tee (*chai*) ist ausgezeichnet.

🔲 40 🕐 6–23 Uhr 🚫 V

🍴 CAFÉ DE LA PAIX
$–$$

SIVATHA BLVD.

TEL. +855(0)63-966-000

Herausragende Panini und großartiger Kaffee werden in dieser klimatisierten Bäckerei mit Café im Norden des Zentrums serviert. WLAN und köstliches Eis machen hieraus einen ausgezeichneten Ort für ein Frühstück, ein Mittagessen, einen Kaffee und etwas Small-Talk.

🔲 20 🕐 8–22 Uhr, Mo geschl. 🚫 MC, V

🍴 CAMBODIAN BBQ
$–$$

GASSE SÜDLICH DER PUB ST.

TEL. +855(0)63-966-052

Angesichts des üblichen, meist zähen kambodschanischen Fleischs es ist eine Wohltat, auch mal zartes serviert zu bekommen. Das Menü zum Selbstkochen beinhaltet Fleisch

vom Känguru, Krokodil und Strauß, aber kein Rindfleisch. Das rohe Fleisch wird am Tisch von den Gästen auf einem Kohlegrill selbst zubereitet.

🔲 40 🕐 10–23 Uhr 🚫 MC, V

🍴 CHILI SI-DANG WINE BAR & RESTAURANT
$–$$

ÖSTLICHES FLUSSUFER

TEL. +855(0)12-723-488

Einer der Besitzer ist Thai – die Einheimischen halten ihn für den besten Koch der Stadt. Aber auch die Burger sind hervorragend und die gut ausgestattete Bar ist sehr beliebt.

🔲 25 🕐 9–23 Uhr 🚫 Keine

🍴 DEAD FISH TOWER RESTAURANT
$–$$

SIVATHAT BLVD., IN DER NÄHE DER CCB BANK

TEL. +855(0)63-963-060 ODER +855(0)15-630-377

Die thailändischen Festpreismenüs umfassen vier oder fünf Probiergerichte, während des Abendessens werden Apsara- und traditionelle Tänze vorgeführt. Freies WLAN, Billardtische und eine witzige Atmosphäre sind einige der Gründe, warum man dieses Lokal besuchen sollte. Weitere asiatische Gerichte finden sich auf der umfangreichen Speisekarte.

🕐 10–12 Uhr 🚫 Keine

🍴 D'WAU
$–$$

426 WAT BO VILLAGE

TEL. +855(0)12 356 030 ODER +855(0)63-966-955

Das erste malaysische Restaurant in Siem Reap bietet eine entspannte Atmosphäre und klassische Gerichte zu erstaunlich günstigen Preisen, darunter Nasi Lemak, gebratenes Huhn oder Red Chili Sambal. Aber auch Halal-Gerichte können bestellt werden.

🔲 30 🕐 7–21 Uhr 🚫 Keine

🚭 Nichtraucher ❄️ Klimaanlage 🏊 Hallenbad 🏊 Pool im Freien 💪 Fitnesscenter 💳 Kreditkarten

🍴 IN TOUCH RESTAURANT & BAR

$–$$

PUB ST.

TEL. +855(0)63-965-005

Hier isst man bekannte westliche Speisen und Gerichte der Khmer, wie etwa Lok Lak – Rindfleisch mit Reis. Der Speiseraum ist nett, die schönere Atmosphäre findet man allerdings im ersten Stock. Abends spielt hier eine Liveband. Von oben hat man einen guten Überblick über das bunte Treiben in der Pub Street.

🪑 60 🕐 15–1 Uhr 🚫 Keine

🍴 KHMER KITCHEN RESTAURANT

$–$$

GASSE EINEN BLOCK SÜDLICH DER PUB ST.

TEL. +855(0)63-964-154

Eines der besten Lokale, um die Küche der Khmer kennenzulernen. Zu vernünftigen Preisen werden hier Klassiker wie Lok Lak und Amok und so ungewöhnliche Dinge wie Cashew-Milchshakes serviert. Auch Einheimische kehren hier gerne ein – ein Qualitätsbeweis für die Küche.

🪑 80 🕐 10–22.30 Uhr 🚫 Keine

🍴 LA NORIA HOTEL

$–$$

ÖSTLICHES FLUSSUFER, NÖRDLICH DES NATIONAL HIGHWAY 6

TEL. +855(0)63-964-242

Französische und Khmer-Gerichte wie Pomelo-Salat und Currys werden zu Musik, Schattentheater und Tanzvorführungen junger Leute von der Organisation Krousar Thmey serviert. In der Hochsaison von Dezember bis Februar sind Reservierungen erforderlich.

🪑 60 🕐 6–22 Uhr 🚫 MC, V

🍴 LE JARDIN DES DELICES

$–$$

NATIONAL HIGHWAY 6

TEL. +855(0)63-963-673

www.ecolepauldubrule.org

Die renommierte Paul Dubrule School of Hotel and Tourism bildet in diesem Café ihre Schüler aus. Das Tagesgericht ist ausgezeichnet. Der Erlös kommt der NGO zugute, die damit Stipendien behinderter Kinder finanziert.

🪑 250 🕐 Di–Fr 12–14 Uhr 🚫 MC, V

🍴 LE TIGRE DE PAPIER

$–$$

PUB ST.

TEL. +855(0)63-760-930

Die Pizza aus dem Holzofen und die frischen Pastagerichte sind ausgezeichnet, die Khmer-Gerichte werden auf den westlichen Gaumen abgestimmt zubereitet. Das Gericht, das dem Lokal seinen Namen gab – Le Tigre de Papier (Penne und Pasta in sahniger Currysoße) – ist hervorragend. Das Lokal liegt an einer der interessantesten Straßen Kambodschas und ist somit ideal für alle, die gerne Leute beobachten. WLAN.

🪑 75 🕐 24 Stunden 🚫 Keine

🍴 RED PIANO

$–$$

PUB ST., UNWEIT DES ALTEN MARKTS

TEL. +855(0)63-964-750

Das Haus selbst ist über 100 Jahre alt, das Lokal an der Ecke zur Pub Street existiert schon über ein Jahrzehnt. Das Essen ist gut und die Zimmer des nahen Gästehauses sind günstig. Ein idealer Platz für einen abendlichen Drink nach einem Tag in der Tempelanlage.

🪑 30 🕐 7–23.30 Uhr 🚫 Keine

🍴 SINGING TREE CAFÉ

$–$$

AN DER WAT BO RD., VIER BLOCKS NÖRDLICH DES WAT DAMNAK

TEL. +855(0)92-635-500

www.singingtreecafe.com

Vegetarisches Restaurant mit sozialem Engagement. Am Wochenende können Gespräche mit den Mönchen geführt

werden, es gibt Yoga- und Meditationskurse, Tanzvorführungen von kambodschanischen Tanzgruppen mit Behinderten und Gesangsvorführungen von Kindern. Das Café freut sich über ehrenamtliche Mitarbeit und bietet Unterricht in Khmer an. Die tollen Smoothies und die leckeren Sandwiches werden im Garten serviert.

🪑 50 🕐 8–21 Uhr, Mo geschl. 🚫 Keine

🍴 SUGAR PALM RESTAURANT & BAR

$–$$

TAPHUL RD. (EINEN BLOCK WESTLICH DES SIVATHA BLVD.)

TEL. +855(0)63-964-838

Die Besitzerin Kethana kocht in diesem traditionellen Holzhaus die Rezepte ihrer Mutter und Großmutter und gibt tagsüber Kochkurse.

🪑 45 🕐 11.30–15, 17.30 Uhr bis spätabends 🚫 Keine

🍴 TEMPLE BALCONY RESTAURANT

$–$$

PUB ST.

TEL. +855(0)15-999-909

Standardgerichte aus der westlichen und der Khmer-Küche in werden in einem großen Raum im oberen Stock serviert. Im Vordergrund stehen allerdings die Vorführungen von Apsara- und Folkloretänzen (19.30–21.30 Uhr). Im Erdgeschoss befindet sich eine laute Bar mit Billardtischen und Tanzflächen.

🪑 150 🕐 oben 16.30–23 Uhr; unten 7–3/4 Uhr 🚫 Alle gängigen Kreditkarten

🍴 VIROTH'S

$–$$

246 WAT BO ST.

TEL. +855(0)12-826-346

Auf der Terrasse des sehr beliebten und romantischen Restaurants in einem tropischen Garten genießen die Gäste Kürbissuppe, gefüllte

....

🏨 Hotel 🍴 Restaurant 🛏 Zimmer 🪑 Sitzplätze 🅿 Parkplätze 🕐 Öffnungszeiten 🛗 Aufzug

Tomaten und gegrilltes Huhn nach Art der Khmer, um nur einige der insgesamt günstigen Gerichte zu nennen.

🛏 94 🕐 7–22 Uhr 🅼 MC, V

🍴 VIVA
$–$$

AN DER ECKE DES ALTEN MARKTS

TEL. +855(0)92-209-154

Hier sollte man keine authentische mexikanische Landesküche erwarten! Die Burritos sind zu empfehlen, die Margarita ist ein wenig wässrig, dafür entschädigt die stattliche Auswahl an Tequilas. Genau das richtige Lokal, wenn man Lust auf amerikanische Küche hat.

🛏 40 🕐 10–0 Uhr 🅼 Keine

🍴 BUTTERFLIES GARDEN RESTAURANT
$

OSTUFER DES SIEM REAP, 2ND BRIDGE RD., AN DER WAT BO RD.

TEL. +855(0)63-761-211

Man speist in einem von Moskitonetzen umhüllten Raum, während die Schmetterlinge durch den tropischen Garten fliegen. Zum Frühstück werden Heidelbeer-Pfannkuchen mit Ahornsirup aus ökologischem Anbau serviert. Zu den Khmer-Gerichten zählen der Royal-Khmer-Eiersalat und die „besten Burger von Siem Reap". Die Erlöse des Souvenirladens gehen an örtliche Wohlfahrtsorganisationen.

🛏 30 🕐 8–22 Uhr 🅼 Keine

🟧 ANGKOR

HOTELS

Siehe Siem Reap S. 288ff

RESTAURANTS

🍴 MOM'S RESTAURANT
$

ANGKOR THOM, ANGKOR ARCHAEOLOGICAL PARK

Direkt neben dem Bayon Tempel im Angkor Archaeological Park haben sich einige

Dutzend Restaurants und Souvenirstände angesiedelt. Während das Essen insgesamt eher durchschnittlich ist (meist unterschiedlich frittierte Gerichte mit Reis), heben sich die Gerichte dieses Lokals erfreulicherweise von den übrigen Gerichten ab. Die Preise liegen bei 3 $ pro Gericht, diese können individuell verfeinert werden – z. B. mit Ananas und Ingwer zum Huhn.

🕐 24 Stunden, bei jedem Wetter

Siehe auch Siem Reap S. 290ff

🟩 WESTLICHES KAMBODSCHA

HOTELS

BATTAMBANG

🏨 STUNG SANGKE HOTEL
$$$–$$$$

NATIONAL HIGHWAY 5, PREKMOHATEP VILLAGE, SVAYPOR COMMUNE

TEL. +855(0)53-953-495 (bis 7)

FAX +855(0)53-953-494

www.stungsangkehotel.com

Das 2008 eröffnete Hotel mit Kasino ist das höchste Gebäude der Stadt. In den Deluxe-Zimmern gibt es entweder Doppel- oder Kingsize-Betten, die Suiten sind mit einem Balkon zum Pool hin ausgestattet. Das kleine Kasino bietet Video-Baccarat, Roulette und Spielautomaten, die beiden Restaurants kochen Khmer- und internationale Gerichte.

🛏 130 (inkl. 6 Suiten) 🍴 🅿 🔁 🎧 🏊 🅼 MC, V

DER BESONDERE TIPP

🏨 LA VILLA
$$$

185 POM ROMCHEK 5, KOM RATTANAK, SROK BATTAMBANG (ÖSTL. FLUSSUFER, VOR DEM STADTZENTRUM)

TEL. +855 (0)53-730-151

www.lavilla-battambang.com

Die hübsche französische Kolonialvilla von 1930 beherbergte auch mal vietnamesische Besatzungssoldaten. Inzwischen ist es ein wunderschönes Boutique-Hotel, dessen Zimmer sich durch ein unterschiedliches Design auszeichnen. Dasselbe gilt für die beiden großen Suiten mit dem gemeinsamen Balkon zum Fluss als auch für die gemütlichen, mit Holzbalken versehenen und bei Flitterwöchnern beliebten „Lofts" im dritten Stock. Im verglasten Speiseraum kommen Gerichte der Khmer und internationale Speisen und Weine auf den Tisch. Ausstattung, Lage und Service machen dieses Haus zur besten Adresse der Stadt.

🛏 5 Zimmer, 2 Suiten 🍴 🅼 🔁 🅼 MC, V

🏨 HOTEL SPRING PARK
$–$$

ROM CHEK 4, RATTANAK

TEL. +855(0)53-730-999

Die Lage des Hotels am ruhigeren östlichen Flussufer ist etwas unpraktisch, dafür liegt es aber nahe des am Abend besonders hübschen Parks. Die Zimmer sind unspektakulär, aber modern und komfortabel eingerichtet und werden zu fairen Preisen vermietet. Während der Hochsaison ist es oftmals eines der wenigen Häuser mit freien Zimmern.

🛏 90 🅿 🔁 🎧 🏊 🅼 MC, V

🏨 STAR HOTEL
$–$$

LA' ER ST., PREKMOHATEP VILLAGE, SVAY POR COMMUNE

TEL. +855(0)17-545-455

Die zentrale Lage unweit des Marktes und des Flussufers sowie die fairen Preise machen dieses Haus zum besten Mittelklassehotel der Stadt. Der Preis reduziert sich zusätzlich, wenn man auf Klimaanlage und Warmwasser verzichtet. Jedes Zimmer hat je nach Größe

---

🅂 Nichtraucher 🅒 Klimaanlage 🈳 Hallenbad 🏊 Pool im Freien 🄵 Fitnesscenter 🅂 Kreditkarten

ohnehin einen anderen Preis – für jeden Geldbeutel ist etwas dabei. Das Restaurant auf dem Dach bietet zwar eine frische Brise, der Blick schweift aber nur über die Dächer der Nachbargebäude. Internet ist verfügbar, das freundliche Personal unterstützt mit hilfreichen Tipps bei der Reiseplanung.

 26   MC, V

BUS STOP BAR & GUESTHOUSE

$

149 2ND RD.
TEL. +855(0)53-730-544
Das von Australiern geführte Gästehaus vermietet kleine, einfache Zimmer zu vernünftigen Preisen. Für das Haus sprechen außerdem die zentrale Lage und der schnellste WLAN-Zugang der Stadt sowie die freundlichen und hilfsbereiten Besitzer. Sie helfen auch bei der Organisation eines Ausflugs und geben Tipps für Sehenswürdigkeiten, Restaurants und Aktivitäten.

 8   Keine

RESTAURANTS

LA VILLA

$$

185 POM ROMCHEK 5, KOM
RATTANAK, SROK BATTAMBANG
TEL. +855(0)53-730-151
Hier werden klassische Gerichte aus Ost und West wie etwa Fisch-Amok oder Lasagne gekocht. Gegessen wird in einer Art Gewächshaus, das in mediterranem Stil mit offener Küche eingerichtet ist. Die Weine kommen aus Frankreich, Italien und Südamerika.

 40  12–15 Uhr, 18.30–21 Uhr, Di geschl. Keine

THE RIVERSIDE BALCONY

$–$$

KREUZUNG ST. 1 & ROUTE 57
TEL. +855(0)12-437-421 ODER
+855(0)53-730-313

Das Hotel in einem Holzhaus aus den 1940er Jahren am Sanker bietet das schönste Ambiente der Stadt, dazu die besten Enchiladas und Fish & Chips auf dieser Seite des Tonle Sap. Wie überall in den Häusern der Khmer sollte man vor dem Eintreten die Schuhe ausziehen. Die Mitarbeiter sind sehr nett und der australische Besitzer John ein hervorragender Gastgeber.

 50  17–24 Uhr, Mo geschl. Keine

PHKAY PROEK RESTAURANT

$

ST. 3, WESTLICH VOM
BATTAMBANG COURT
TEL. +855(0)53-952-870 ODER
+855(0)92-858-680
Das Freiluftlokal ist bei Einheimischen und hier lebenden Ausländern gleichermaßen beliebt. Die panasiatische Speisekarte spiegelt mit Gerichten aus China, Thailand, Korea und Kambodscha den multikulturellen Charakter der Stadt. Am Wochenende macht es den Andrang manchmal schwierig, einen Tisch zu bekommen, und die Bedienung ist z. T. etwas langsam. Aber das Essen und die Atmosphäre sind großartig.

 50  7–22 Uhr Keine

SNOW WHITE CAFÉ

$

ROMCHECK 4 VILLAGE,
RATANAK COMMUNE
Das gemütliche Restaurant unter freiem Himmel liegt etwas abseits am östlichen Flussufer unweit des Hotels Spring Park, aber der Weg dorthin lohnt sich. Die Köche sind sehr kreativ, unter den Khmer- und internationalen Gerichten finden sich z. B. Battambang Orange, frittierte Kokosnuss, Knoblauchsalat oder flambierte Shrimps in Weinsoße mit Knoblauch und Koriander.

 30  18.30–21.30 Uhr Keine

WHITE ROSE RESTAURANT

$

HAUS 102/8 ST. 2
TEL. +855(0)17-529-641
Das manchmal teilnahmslose und unfreundliche Personal des Restaurants lässt sich leichter ertragen, wenn man sich an den entspannten Lebensstil in Battambang gewöhnt hat. Die Karte bietet günstige Standardgerichte der Khmer-, Thai- und internationalen Küche. Die Lage an der Straßenecke und die Plätze unter freiem Himmel sind einige Gründe für die Beliebtheit des Lokals. Hier treffen sich Geschäftsleute, Reisende, die in Battambang lebenden Ausländer und Leute aus der Nachbarschaft.

 40  7–22 Uhr Keine

ZENTRAL-KAMBODSCHA

Im Zentrum gibt es nur wenige Übernachtungsmöglichkeiten und Restaurants für Touristen. Die meisten Reisenden besuchen die Region im Rahmen von Tagesausflügen von Phnom Penh (siehe S. 284ff) oder Siem Reap (siehe S. 288ff) aus.

ÖSTLICHES KAMBODSCHA

HOTELS

RATANAKIRI

DER BESONDERE TIPP

NORDEN HOUSE

$$

800 M SÜDLICH DES HILL TRIBE
MONUMENT, IN DER NÄHE VON
YAK LAOM
TEL. +855(0)12-880-327
www.nordenhouseyaklom.com
Das Hotel liegt in der Nähe der Hauptattraktion der Stadt, dem Yak Laom. Das Haus bietet sieben äußerst komfortable Zimmer,

interessante Gerichte, nette Mitarbeiter und Leih-Crossräder. Sollte die reguläre Stromversorgung um Ban Lung doch einmal unterbrochen sein, kann das Hotel sein Warmwasser über Solarkollektoren und den Strom über einen Generator erzeugen. So können die Gäste abends auf ihren Zimmern DVDs aus der hauseigenen Filmbibliothek anschauen.

[i] 7 P [S] [K] Keine

YAKLOM HILL LODGE
$–$$

5 KM ÖSTLICH VON BAN LUNG, HINTER DEM HILL TRIBE MONUMENT

TEL. +855(0)11-790-510

http://yaklom.blogspot.de

Ein Natur-Resort inmitten eines tropischen Paradieses – ideal für Reisende, die eine Kombination aus Komfort und Outdoor-Erlebnis suchen. Zum See läuft man etwas länger, dafür entschädigen aber schöne Sonnenauf- und -untergänge. Auf dem weitläufigen Gelände trifft man auf Schlangen, Spinnen, Schmetterlinge und natürlich Vögel ... Die traditionellen, alten Häuser bieten Platz für acht Personen. [i] 15 P [K] Keine

◼ SIHANOUKVILLE & DIE SÜDLICHEN KÜSTENPROVINZEN

KAMPOT

HOTELS

BOKOR MOUNTAIN LODGE
$–$$

RIVERSIDE RD.

TEL. +855(0)33-932-314

www.bokorlodge.com

Das Hotel hat sich nach dem Berg benannt, dem Kampot seine Beliebtheit verdankt. Das restaurierte Gebäude hat eine lange Geschichte, die bis zurück in die französische Kolonialzeit reicht. Die Zimmer mit Fernse-

her, Kühlschrank und eigenem Bad sind zwar großzügig, allerdings wenig gemütlich eingerichtet. Das Restaurant im Erdgeschoss ist bei den hier lebenden Ausländern und auswärtigen Besuchern beliebt, auf der Karte finden sich herzhafte Gerichte und eine große Auswahl an alkoholischen Getränken und Cocktails. Das Hotel ist auch eine gute Adresse für alle, die sich über Touren und Aktivitäten in Kampot informieren wollen.

[i] 6 Bungalows, 1 Nebenhaus, 3 Zimmer im Haupthaus [S] [K] Keine

LES MANGUIERS
$–$$

1,5 KM NÖRDLICH VON KAMPOT

TEL. +855(0)92-330-050

www.mangokampo.com

Das familiengeführte Les Manguiers (Die Mangobäume) ist ein kleines Resort unweit einer unbefestigten Straße und das schönste Hotel in Kampot. Großzügige Bungalows liegen verstreut auf einem üppig bepflanzten Gelände. Auch ein traditionell gebautes großes Holzhaus kann angemietet werden – es eignet sich ideal für Familien. Im zweigeschossigen Haupthaus befinden sich die etwas günstigeren Zimmer, allerdings mit etwas weniger Charme. Die Speisekarte wechselt täglich, die Gerichte werden alle frisch zubereitet. Wer im Resort zu Mittag oder Abend essen möchte, sollte das Personal rechtzeitig informieren. Direkt am Fluss gelegen, ist Les Manguiers ein großartiger Ort für ein nächtliches Bad im Mondschein. Kajaks werden gegen geringe Gebühr vermietet.

[i] 4 Bungalows, 1 Nebenhaus, 3 Zimmer im Haupthaus [K] Keine

RIKITIKITAVI
$–$$

RIVERSIDE ROAD (NEBEN DEM POSTAMT)

TEL. +855(0)12-235-102

www.rikitikitavi-kampot.com

Die beste Übernachtungsmöglichkeit in der Stadt. Das tadellos gepflegte Gästehaus schafft eine ganz besondere Atmosphäre – und ist dabei günstig. In einer ehemaligen Reisscheune – einem aus dunklem Holz errichteten Gebäude – haben die Besitzer ein einzigartiges einladendes Ambiente geschaffen. Die Zimmer sind in einem warmen, modernen Asia-Stil gehalten und bieten alle modernen Annehmlichkeiten wie WLAN, Minibar, TV und DVD-Player (mit einer gut sortierten, kostenlosen DVD-Bibliothek). Der red- und leutselige Eigentümer hilft mit Tipps für Ausflüge in die Region. Das Restaurant mit Balkon bietet eine abwechslungsreiche Speisekarte mit vielen regionalen Köstlichkeiten.

[i] 7 [S] [K] Keine

RESTAURANTS

BOKOR MOUNTAIN LODGE
$$

AM FLUSSUFER

TEL. +855(0)33-932-314

Das freundliche Restaurant in einem Kolonialgebäude mit Blick auf den Kompong bietet eine große Speisekarte mit internationalen Speisen und Khmer-Gerichten. Der Hakari-Burger wird perfekt zubereitet und mit Pommes frites und Krautsalat serviert. Es gibt auch einige vegetarische Gerichte.

[d] 30 [c] 7–21 Uhr [K] Keine

RIKITIKITAVI
$$

AM FLUSSUFER

TEL. +855(0)12-235-102

Vom Dachterrassen-Restaurant im modernen asiatischen Stil hat man herrliche Ausblicke auf den Fluss und die Berge. Auf der abwechslungsreichen Speisekarte finden sich Gerichte aus aller Welt, z. B. Fisch-Amok, riesige Sandwiches und Crêpes, die Pasta mit gegrilltem Hühnchen

---

[S] Nichtraucher [S] Klimaanlage [🏊] Hallenbad [🏊] Pool im Freien [💪] Fitnesscenter [K] Kreditkarten

ist frisch und sehr gut. Sehr angenehm ist auch das hervorragend ausgebildete und aufmerksame Personal.

🪑 30 🕐 7–22 Uhr 🚫 Keine

🍴 JASMINE
$–$$

AM FLUSSUFER

Unbedingt empfehlenswert ist dieses für die besten Khmer-Gerichte der Stadt bekannte Lokal. Die Klassiker Fish Amok und Curry werden hervorragend zubereitet. Die freundlichen Eigentümer sind immer bereit, Tipps für Ausflüge zu geben.

🪑 25 🕐 17–21 Uhr 🚫 Keine

🍴 EPIC ARTS CAFÉ
$

IN DER NÄHE VON MPSAR
GRANATH (ALTER MARKT)
TEL. +855(0)11-376-968

In diesem kleinen Café sind gehörlose und behinderte Menschen beschäftigt; alle Erlöse gehen an das Epic Arts Cambodia. Die Organisation bemüht sich darum, durch Kunst auf die Probleme von Behinderten aufmerksam zu machen. Es herrscht eine nette und freundliche Atmosphäre. Auf der Speisekarte finden sich einige kleine Gerichte wie Quiches, ganztägig kann ein Frühstück bestellt werden. Die Gooey Chocolate Brownies sind in der ganzen Region berühmt. Auf den Tischen liegen Hinweise aus, wie man mit Zeichensprache Kontakt zum Personal aufnehmen und Bestellungen aufgeben kann.

🪑 20 🕐 7–18 Uhr 🚫 Keine

🍴 LUCKI FOOD RESTAURANT & BAR
$

AM FLUSSUFER

Für Abwechslung sorgen die Gerichte aus Indien und Sri Lanka. Die Einrichtung ist spartanisch, aber die Gerichte geschmackvoll gewürzt und ziemlich gut. Ausgezeichnet sind z. B. die Paalands mit Fleisch, Gemüse oder

Meeresfrüchten. Zu jedem bestellten Essen gibt es freie Getränke und Snacks.

🪑 25 🕐 7–23 Uhr 🚫 Keine

KEP

HOTELS

🏨 KNAI BANG CHATT 🍴 RESORT
$$$$$

PHUM THMEY,
SANGKAT PREY THOM
TEL. +855(0)12-879-486
www.knaibangchatt.com

Es zählt zu den luxuriösesten Resorts des Landes und verspricht Exklusivität, Gelassenheit und Privatsphäre. Die drei in den 1970er Jahren renovierten Villen wurden in einem ungewöhnlichen, modernen Stil eingerichtet. Die Zimmer sind individuell gestaltet – mit für kambodschanische Verhältnisse wunderbar bequemen Betten. An der Südostküste von Kep gelegen, bietet das Resort spektakuläre Blicke aufs Meer. Ein riesiger Garten und ein beeindruckender Pool lassen paradiesische Gefühle aufkommen. Im Restaurantbereich werden köstliche mehrgängige Menüs mit Blick auf das Wasser serviert. Zum Resort gehört auch der benachbarte Bootsclub, der u. a. kleine Segelboote vermietet. Drei Prozent der Erlöse kommen einem Entwicklungsprojekt in der Nachbarschaft zugute.

ℹ️ 11 🚫 🚫 ⛵ 🏊 🚫 MC, V

🏨 CHAMPEY INN 🍴
$$$–$$$$

25 AVE. DE LA PLAGE
TEL. +855(0)11-300-039

Einige hübsche Cottages verteilen sich um den großen Pool im Garten. Sie sind einfach, aber geschmackvoll eingerichtet und recht komfortabel. Zum Resort gehört auch ein eigener Strandbereich mit eigens herangeschafftem weißem Sand: Er ist einer der schönsten Plätze, um

die berühmtem Sonnenuntergänge von Kep zu genießen. Die haupstächlich französischen Speisen werden entweder am Pool oder auf einer Terrasse am Meer serviert.

ℹ️ 8 🚫 🚫 ⛵ 🚫 MC, V

DER BESONDERE TIPP

🏨 VERANDA NATURAL 🍴 RESORT
$–$$$$$

TEL. +855(0)33-399-035
www.veranda-resort.com

Der Rückzugsort oben auf einem Hügel ist etwas wirklich Außergewöhnliches: Die rustikalen Holz-Bungalows (in allen Ausführungen, Größen und Preiskategorien) sind durch erhöhte Holzwege verbunden und sorgen für tolles Tropen-Ambiente. Die „Vacation Villas" und die neu errichtete Residenz sind mit ihrer perfekten Verbindung aus Natur und Luxus recht spektakulär. Jeder Bungalow hat einen Balkon oder eine Terrasse zum Meer oder zum Garten. Das Restaurant bietet eine lange Speisekarte und einen atemberaubenden Blick. Da es bei Expats sehr beliebt ist, sollte man rechtzeitig reservieren.

ℹ️ 20 🚫 🚫 MC, V

RESTAURANTS

🍴 CRAB MARKET
$–$$

KEP BEACH

In einer langen Reihe stehen kleine Hütten am Strand, in denen frische Krabben, Shrimps oder Fisch verkauft werden. Der Krabbenmarkt ist der beste Ort, um den regionalen Klassiker – die leckeren Krabben mit Kampot-Pfeffer – zu probieren. Sie zählen zu den besten Gerichten des Landes.

🪑 80 🕐 11–22 Uhr 🚫 MC, V

🍴 VERANDA DINING
$–$$

VERANDA NATURAL RESORT
TEL. +855(0)12-888-619

 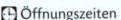

Einmal abgesehen von den Meeresfrüchtelokalen ist dies hier das populärste Lokal der Stadt. Das Haus mit einer rustikalen Holzkonstruktion liegt auf dem Berg und bietet einen wunderschönen Blick auf den Ozean. Die langen Holztische eignen sich bestens für den abendlichen Drink mit Freunden. Die Kabobs sind saftig, die Pizzen etwas zu ölig. Das Bong Karem Gelato sollte man unbedingt probieren.

🍴 60 🕐 6.40–23 bzw. 24 Uhr 🚫 Keine

🍴 IMBISSSTÄNDE
$–$$

STRASSE GEGENÜBER KEP BEACH AN DER ZENTRALEN KREUZUNG

Da die Khmer das Picknick lieben, gibt es hier am Strand viele kleine Plattformen und Fischverkäufer. Wer sich auf einer der Plattformen niederlässt, bekommt sofort von einem Fischverkäufer eine Speisekarte mit vielen frischen Meeresfrüchten in die Hand gedrückt. Die Karten sind zwar ins Englische übersetzt – viele Verkäufer beherrschen die Sprache aber nur schlecht, sodass man sehr deutlich seine Wünsche äußern muss, um Missverständnissen vorzubeugen.

🍴 6–8 Personen pro Stand 🕐 7–20 Uhr 🚫 Keine

SIHANOUKVILLE

HOTELS

🏨 INDEPENDENCE HOTEL
$$$$$

ST. 2 THNOU, SANGKAT NR. 03
TEL. +855(0)34-934-300 BIS -303;
TEL. +855(0)12-728-090 (RESERVIERUNGEN)
FAX +855(0)34-933-660
www.independencehotel.net

Das auffällige Hotel wurde 1960 gleichzeitig mit dem Hafen der Stadt und der Straße nach Phnom Penh errichtet und ist ein Entwurf des bekannten kambodschanischen Architekten Vann Molyvan, der auch für den Bau des zentralen Markts

in Phnom Penh und des Olympiastadions verantwortlich zeichnet. Die Gestaltung des Innenbereichs hat König Sihanouk höchstpersönlich übernommen. Nach der Schließung und Zerstörung durch die Roten Khmer wurde es 2007 nach umfassenden Renovierungsarbeiten wieder eröffnet, dabei wurde versucht, die wesentlichen Strukturen des Hotels zu erhalten. Das Hotel liegt am Steilhang am Nordende (und schönsten Teil) des Independence Beach. Vom vierten bis siebten Stock bietet das Vier-Sterne-Hotel den besten Blick auf das Meer.

ℹ️ 52 🅿️ 🛗 🚭 ❄️ 🏊 🏋️ 🚫 MC, V

🏨 SOKHA BEACH SIHANOUKVILLE
$$$$$

SOKHA BEACH
TEL. +855(0)034-935-999
www.sokhahotels.com

Das Fünf-Sterne-Hotel mit nettem Personal ist ein tropisches Paradies! Unter den zahlreichen Bars und Restaurants sind auch eine Strandbar und ein Fischrestaurant am Meer. Außerdem gibt es einen Kinderclub und einen Spielplatz sowie die Möglichkeit zum Jet-Skiing und Volleyballspielen. Der Strand ist wunderschön und das Hotel ruhig gelegen. Trotzdem sind es nur fünf Minuten zu den Bars und Restaurants von Serendipity Beach.

ℹ️ 210 🍴 🅿️ 🚭 ❄️ 🏊 🏋️ 🚫 Alle gängigen Kreditkarten

🏨 ABOVE US ONLY SKY
$$–$$$

SERENDIPITY BEACH
TEL. +855(0)89-822-318

Auf einem gepflegten Hügel liegt zwischen den Hotelbalkonen und dem Meer nur noch die Strandbar des Hauses. Die klimatisierten, mit Schilf gedeckten Bungalows bieten gestärkte Leinenbettwäsche, Moskitonetze und Warmwasser.

ℹ️ 4 🚭 ❄️ 🚫 Keine

🏨 COOLABAH HOTEL
$$–$$$

14 MITHONA STREET,
OCHHEUTAL BEACH ROAD
TEL. +855(0)17-678-218
www.coolabah-hotel.com

Das moderne, 2009 erbaute Coolabah Hotel liegt jeweils etwa 300 Meter von den Stränden Ochheutal und Serendipity entfernt. Die Zimmer entsprechen internationalem Standard, und ein kleiner Swimmingpool lädt zur spontanen Abkühlung ein. Sehr freundliches und hilfsbereites Personal. Im Bistro gibt es allerlei Snacks aus der internationalen Küche und einige empfehlenswerte Khmer-Spezialitäten. Besonders in der Hauptsaison empfiehlt sich, in diesem beliebten Haus frühzeitig ein Zimmer vorzubuchen.

ℹ️ 30 🅿️ 🚭 ❄️ 🏊 🚫 Keine

🏨 HOUSE OF ANGEL
$$

SERENDIPITY BEACH
TEL. +855(0)92-502-140

Namen wie Sweet Heart oder Orchid passen zu den Zimmern, die mit maritimen Accessoires dekoriert sind. Am nördlichen Ende der Serendipity Beach geht es sehr ruhig zu, Restaurants und Bars liegen aber gleich in der Nähe.

ℹ️ 18 🅿️ 🚫 Keine

🏨 SEABREEZE
$–$$

BEACH RD., INDEPENDENCE BEACH
TEL. +855(0)34-934-205
www.seabreezecambodia.com

Das Seabreeze erinnert an ein australisches Roadhouse und bietet die beste Erholungsmöglichkeit in Sihanoukville. Es ist das einzige Hotel an diesem mittleren, ruhigen Teil des Independence Beach mit schmalen Sandstreifen und schattigen Bäumen. Die Zimmer sind charakterlos, aber groß. Im hübschen Gemeinschaftsbereich findet man einige Computer,

🚭 Nichtraucher ❄️ Klimaanlage 🏊 Hallenbad 🏊 Pool im Freien 🏋️ Fitnesscenter 🚫 Kreditkarten

ein Bücherregal und das Bar-Restaurant Steakhouse.

🛈 16 🍴 🅿 📶 🅂 💳 MC, V

🏨 LAZY BEACH
$

TEL. +855(0)16-214-211 ODER
+85(0)17-456-536
www.lazybeachcambodia.com

Das Haus befindet sich im Westen von Koh Rung Saloem, mit dem Boot ist man in zweieinhalb Stunden auf dem Festland – abgelegener oder idyllischer geht es fast nicht. Der breite Sandstrand zieht vielleicht ein paar Tagesausflügler an – die Sonnenuntergänge, die sich bequem von der Hängematte aus beobachten lassen, genießt man dann wieder alleine. Die Eigentümer verlangen eine Gebühr für die Fahrten zur Insel.

🛈 10 🅂 Keine

🏨 🍴 LE VIVIER DE LA PAILLOTE
$

WEATHER STATION HILL
(VICTORY HILL)
TEL. +855(0)12-227-001

Das Gästehaus mit Bar und Restaurant befindet sich oben auf dem Victory Hill, etwas abseits der anderen Lokale. Es gehört zweifellos zu den günstigsten Unterkünften der Region. Das Restaurant serviert französische Delikatessen wie Foie gras, aber auch sautierte Shrimps mit Tomaten-Coulis und Feta-Käse, Reis, Kreuzkümmel und Auberginen-Kaviar. Die Gäste speisen am einzigen Pool der Gegend.

🛈 10 🅿 🏊 🅂 Keine

RESTAURANTS

🍴 CHEZ CLAUDE
$–$$$

Die Speisekarte bietet Sashimi, Fondue, Couscous (einen Tag im Voraus bestellen) und frische Meeresfrüchte. Das Lokal auf dem Hügel über dem Sokha Beach bietet im Vergleich zu den anderen Restaurants an der Küste die beste Aussicht.

🪑 75 🕐 8–22 Uhr 🅂 MC, V

🍴 THE MEXICAN
$–$$$

REEF RESORT, SERENDIPITY RD.
TEL. +855(0)12-315-338

Mit lehmfarbenen Holzdielen, einer Auswahl an scharfen Soßen (u. a. Cholula und Tapatio), einem hundertprozentigen Agave-Tequila und lateinamerikanischen Rhythmen ist das Restaurant so authentisch, wie es in Kambodscha möglich ist.

🪑 75 🕐 7 Uhr bis spät in die Nacht 🅂 MC, V

🍴 HAPPA
$–$$

SERENDIPITY BEACH RD.
TEL. +855(0)12-728-901 ODER
+855(0)92-202-451

In der Mitte des schmalen Sitzbereichs unter freiem Himmel werden an einem Grill einheimische Spezialitäten zubereitet. Das Happa und das dazugehörige Khmer-Restaurant sind zweifellos die besten Lokale am Serendipity Beach.

🪑 50 🕐 17–23 Uhr 🅂 Keine

🍴 HOLY COW
$–$$

EKAREACH ST.
TEL. +855(0)12-478-510

Das bunte und lebhafte Restaurant mit einer Bar im oberen Bereich bietet eine Auswahl an internationalen Gerichten und Speisen der Khmer, darunter Hähnchen in Kampot-Pfeffersoße. Der Name nimmt Bezug auf ein modernes Märchen, das von einer Kuh mit heilenden Lippen handelt.

🪑 25 🕐 9.30–23 Uhr 🅂 MC, V

🍴 MONKEY REPUBLIC
$–$$

ZWISCHEN DEM GOLDEN LION
CIRCLE UND SERENDIPITY BEACH
TEL. +855(0)12-490-290

Unbestritten das lebhafteste Bar-Restaurant des Ortes. Im Ort lebende Ausländer und junge Touristen starten in diesem Lokal ihre Party-Nächte. Es gibt günsti-

ge, leckere Khmer-Gerichte, internationale Küche und immer auch Informationen für Reisende.

🪑 50 🕐 8.30–22 Uhr 🅂 Keine

🍴 PACO'S SPANISH TAPAS BAR & RESTAURANT
$–$$

198 EKAREACH ST., VICTORY HILL
(HAUPTSTRASSE)
TEL. +855(0)92-673-911

Die Lage an der Hauptstraße ist alles andere als ideal. Auf der Karte finden sich Sangría, Mini-Bacatas (kleine Sandwiches mit Würstchen, Paprika usw.), Tapas sowie Paella und *flamenquines* als Hauptgerichte. Wer hier auf dem Rückweg vom Ream National Park einkehrt und sich für einige thailändische oder vietnamesische Vorspeisen entscheidet, ist bereits satt.

🪑 40 🕐 7–23 Uhr 🅂 Keine

🍴 STARFISH BAKERY & CAFE
$–$$

EIN BLOCK ÖSTLICH DER SOKIMEX-
TANKSTELLE AN DER EKAREACH RD
www.starfishcambodia.org

Das Restaurant bietet frisch zubereitete Backwaren, Fruchtsäfte und Smoothies sowie gesunde Salate und Sandwiches. Auf dem Gelände liegen noch ein Arts-and-Craft-Project und ein Massagesalon – in allen drei Einrichtungen sind behinderte Kambodschaner beschäftigt. Wunderschöne Atmosphäre, großartiges Essen und ganz generell ein wertvolles Erlebnis.

🪑 25 🕐 8–20 Uhr 🅂 Keine

🍴 Q & A BOOK CAFÉ
$

95 EKAREACH ST.
TEL. +855(0)12-598-225

Das Café mit über 3000 Büchern ist eine Fahrt nach Sihanoukville wert. Die Angestellten servieren zu Bananenpfannkuchen einen frisch zubereiteten Kaffee und geben auch noch touristische Infos.

🪑 15 🕐 24 Stunden

🏨 Hotel 🍴 Restaurant 🛈 Zimmer 🪑 Sitzplätze 🅿 Parkplätze 🕐 Öffnungszeiten 🛗 Aufzug

Einkaufen

Kambodscha ist ein Einkaufsparadies: Das Kunsthandwerk reicht von Holz- und Steinschnitzereien bis hin zu Seidenstoffen und Silberarbeiten (auch Schmuck). Bekleidung und Taschen – sowohl Imitate als auch Originale – werden häufig zu günstigen, zuweilen aber recht unterschiedlichen Preisen und in nicht einheitlicher Qualität verkauft. Auf Märkten in abgelegenen Provinzstädten werden manchmal Edelsteine angeboten – wer sich aber nicht wirklich damit auskennt, wird Probleme haben, zu erkennen, ob es sich um wirklich echte handelt. Die meisten Produkte werden auf den Märkten unter freiem Himmel verkauft. In den Touristenzentren richten sich die Händler mit ihrem Angebot inzwischen nach dem Geschmack der ausländischen Käufer; auf den Märkten in der Provinz decken sich die Einheimischen mit allem Notwendigen für den täglichen Bedarf ein, hier findet man noch authentische Waren.

Bezahlung

Kreditkarten werden in Kambodscha nur selten akzeptiert, einige teure Boutiquen akzeptieren manchmal die Visa- oder Master-Card (seltener American Express); einige Geschäfte verlangen eine Bearbeitungsgebühr. Sonst gilt Barzahlung – entweder in US-Dollar oder in kambodschanischen Riel (1 € = 5150 Riel, Juni 2013).

Einkaufstipps

Kambodschanische Seide ist bekannt für ihre Qualität und ihre Muster. Sie kann entweder direkt in den Dörfern, wo sie hergestellt wird, oder auf den Märkten und in den Läden in Phnom Penh und Siem Reap erstanden werden. Kampot-Pfeffer zählt zu den besten Gewürzen der Welt und wird überall in den Geschäften des Landes verkauft. Kunsthandwerk wird in allen Materialien, Formen und Größen produziert – vom winzigen geschnitzten Jayavarman VII. in Sandstein bis hin zum lebensgroßen Vishnu in Bronze. Günstige und transportable Souvenirs sind geschnitzte Holzelefanten und kleine Marmor-Buddhas.

Viele Waren auf Märkten stammen aber gar nicht aus Kambodscha: Landestypische Produkte sind z. B. Betelnussdosen aus Silber oder geschnitzte Apsaras. Essstäbchen-Sets oder Opiumpfeifen stammen dagegen häufig aus Vietnam. Beim Kauf in besseren Boutiquen und Organisationen, die jeweils Behinderte beschäftigen, ist die Qualität oft höher.

Zur Freude über die Ware kommt die Gewissheit, dass die Erlöse auch wirklich denen zugutekommen, die sie am meisten benötigen.

Einkaufszentren

Riesige Einkaufszentren haben sich im verarmten Kambodscha noch nicht durchgesetzt. Das Konzept der Shopping Malls ist dem Land noch so fremd, dass nach der Eröffnung des **Sorya Shopping Centers** (*St. 63, südlich des Neuen Markts*) die Menschen in Scharen herbeiströmten, um die erste Rolltreppe des Landes – merkwürdige, sich bewegende Treppen – zu bestaunen. Die Manager mussten extra Personal einstellen, um den Besuchern auf die Rolltreppe und wieder herunter zu helfen. Das Sorya ist auch heute noch das führende Einkaufszentrum des Landes, obwohl es nicht viel mehr als Computer- und Kamerazubehör (Blitzlichtgeräte oder Speicherkarten) verkauft. Das **Paragon Cambodia** (*12 St. 214, hinter dem Königspalast*) ist das neueste Einkaufszentrum der Stadt mit einem Warenangebot für die kleine, aber stetig wachsende Mittel- und Oberschicht der Stadt. Hier findet man internationale Markenprodukte aus dem Bereich Kosmetik und Elektronik.

Am westlichen Flussufer in Siem Reap, etwa einen Block nördlich des Alten Markts, liegt das klimatisierte, dreistöckige **Angkor Trade Center** (*Pokambor Ave.*). Mit Swensons und einer Filiale der thailändischen Pizza Company ist es bei Teenagern sehr beliebt. Die **Museum Mall** ist ein neues Einkaufszentrum unter thailändischer Leitung neben dem Angkor Museum.

Handeln

Auf den Märkten ist der Preis der Waren verhandelbar, doch sollte man sich bewusst sein, dass es sich für einen Europäer meistens um sehr kleine Beträge handelt. Kambodschaner sind tüchtige, aber auch gutmütige und herzliche Geschäftsleute, die ohne böse Absichten handeln. Beim Feilschen sollte das eigene Angebot bei der Hälfte des Einstiegspreises des Händlers liegen, am Ende sollte man sich auf 70–80 Prozent des Eingangspreises einigen. Wird beim ersten Anlauf kein akzeptabler Preis erzielt, zieht man sich höflich zurück: Oft wird der Verkäufer dann mit einem zweiten Angebot nachbessern.

Märkte

Fast jede einigermaßen große Stadt, darunter natürlich auch die Hauptstädte der Provinzen, hat mindestens einen Markt, den *psar*. Normalerweise wird er Zentralmarkt genannt. Wenn es mehrere Märkte gibt, dann heißen sie entweder *psar leu* oder *psar chas* – Alter bzw. Neuer Markt. Hier findet man Haushaltswaren, Kleidung, Schmuck und Elektroartikel, aber auch frische Lebensmittel, Meeresfrüchte und sogar traditionellen Hokuspokus wie etwa getrockneten Lori: Der gedörrte Kadaver dieses kleinen Halbaffen wird gerieben und mit Reiswein getrunken, wenn es gilt, postnatale Schmerzen zu lindern. Diese Märkte sind faszinierende Orte, obwohl gerade die alten und ländlichen Märkte oft schlammig und stinkend sein können (insbesondere in der Nähe der Metzger). Manch einer findet zwischen allem aber auch hervorragende T-Shirts, Sonnenbrillen, Batterien und anderes zu supergünstigen Preisen. Die Märkte füllen sich früh am Morgen und sind bis in die frühen Nachmittagsstunden geöffnet.

In den Touristenzentren haben viele Verkäufer die Lebensmittel durch Souvenirartikel ersetzt. Viele Stände verkaufen Holzschnitzereien und Seidentücher. Ein Marktbesuch ist selbst ohne Kaufabsichten ein eindrucksvolles Erlebnis, dabei sollte man immer auf mögliche Taschendiebe achten.

In Phnom Penh und Siem Reap haben sich inzwischen Nachtmärkte nach thailändischem Vorbild etabliert: Hier gibt es neben Kunsthandwerk, Bekleidung und Taschen auch Essen und Trinken. Häufig finden kulturelle Veranstaltungen statt, z. B. der Auftritt einer Band behinderter Musiker.

Spezialitäten

Das Kunsthandwerk ist vielschichtig und reicht von Stein- bzw. Holzschnitzereien bis hin zu Webwaren und Seide. Oft lohnt es sich, die Waren direkt im Dorf bei der Familie oder Kooperation zu kaufen, die sie produziert hat. Auf den (touristischen) Märkten von Phnom Penh und Siem Reap finden sich aber letztlich Waren aus allen Landesteilen, aber auch aus den Nachbarländern Vietnam, China, Thailand und Myanmar. Häufig wird Ware einfach am Straßenrand verkauft, so z. B. Sandsteinschnitzereien in einem Dorf etwa auf halbem Weg zwischen Sisophon und Kralanh; die Werkstatt liegt an der National Route 6 zwischen Poipet und Siem Reap.

Viele Werkstätten bilden behinderte Kambodschaner aus und beschäftigen sie anschließend weiter. Ihre Lehrer sind häufig alte Meister ihrer Handwerkskunst, sodass hochwertig Produkte von den Behinderten geschaffen werden.

VAT

Value Added Tax (VAT, Mehrwertsteuer) sollte eigentlich noch häufiger berechnet werden, als es derzeit der Fall ist. Aber das Steuerwesen in Kambodscha ist noch zu wenig ausgebaut, um von jedem Geschäftsmann diese Steuer verlangen zu können. Sie wird deshalb meistens nur bei den Kaufleuten mit höheren Umsätzen berechnet. Entsprechend werden lediglich in großen Geschäften, Hotels und Restaurants 10 Prozent VAT fällig. Bei der Ausreise wird die Mehrwertsteuer nicht zurückerstattet.

Vorsichtsmaßnahmen

Bei Einkäufen auf Kambodschas Märkten oder Geschäften darf keiner Garantieleistungen erwarten. Selbst mit einem Kaufbeleg wird kaum einer der Händler im Schadensfall die Ware zurücknehmen: Verkäufe sind hier unwiderrufbar. Deshalb sollte die Funktionsfähigkeit der Waren immer vor der Bezahlung geprüft werden.

In Kambodscha tauchen immer wieder imitierte westliche Produkte auf – gefälschte Designerbekleidung genauso wie Raubkopien von DVDs. Meist handelt es sich um Waren minderer Qualität, erste Hinweise bieten z. B. Nähte und Reißverschlüsse. Der Kauf von illegal kopierten DVDs ist international verboten und kann bestraft werden.

Obwohl Edelsteine in Kambodscha bekanntermaßen günstig zu erwerben sind, ist die Qualität sehr unterschiedlich. Wenn Verkäufer merken, dass ihr Gegenüber nicht viel Ahnung hat, werden sie den Preis vermutlich hoch ansetzen.

◼ PHNOM PENH

Antiquitäten

Lotus Pond
245 St. 51
Tel. +855(0)12-348-865
So geschl.
Ein großes Geschäft mit einem breiten Angebot an Antiquitäten und Möbeln. Die alten, vergoldeten Buddha-Statuen oder die Statuen grimmiger chinesischer Soldaten sind ebenso großartig wie die fein geschnitzten Paneele.

Pavillon d'Asie
24–26 Sihanouk Blvd.
Tel. +855(0)12-497-217
Statuen aus China (oder nach chinesischem Vorbild gefertigt), Holzschnitzereien, Lackwaren, Lampen und Keramik. Antiquitätenliebhaber werden sich über restaurierte Wohnaccessoires und Möbel freuen, darunter Stücke aus der französischen Kolonialzeit.

Apotheke

U-Care
128 Sothearos St. &
14 Sihanouk Blvd.
Tel. +855(0)23-222-499 &
+855(0)23-224-099
Die beste westliche Apotheke der Stadt verkauft Original-Medikamente und rezeptfreie Arzneimittel sowie eine große Auswahl an Bade- und Kosmetikartikeln.

Bücher

D's Books
79 St. 240
Tel. +855(0)23-221-280
Über 20 000 neue oder gebrauchte Bücher zum Kaufen und Tauschen, außerdem eine große Auswahl an Literatur und Reiseführern über Kambodscha.

Monument Books
111 Norodom Blvd.
Tel. +855(0)23-217-617
Moderne Buchhandlung für englischsprachige Bücher mit einer

wunderbaren Kinderabteilung und einem sehr schönen Café.

Computerzubehör

Integrated Computer Enhancement

246 E0–E1, Monivong Blvd.
Tel. +855(0)23-222-924
Hier bekommen Sie zwar nicht alles, aber immerhin schon mal eine gute Auswahl an vernünftiger Hardware und Zubehörartikeln. Englisch sprechendes, kenntnisreiches Personal.

Einkaufszentren

Paragon Cambodia

12 St. 214, hinter dem Königspalast
Ein modernes, etwas besseres Einkaufszentrum mit vielen internationalen Marken. Der große Supermarkt verkauft einige Lebensmittel, die sonst nirgends im Land zu finden sind.

Sorya Shopping Center

Südlich des Neuen Markts
Bestens geeignet, um Khmer-Bekleidung im Stil der 1980er Jahre oder günstige Elektronikartikel zu kaufen.

Kunst

Asasax Art Gallery

192 St. 178
Tel. +855(0)12-363-030
Gemälde, Skulpturen und Einrichtungsgegenstände in traditionellem Design mit einigen kühnen Farbtupfern – eine interessante Verbindung von antiker und moderner Kunst.

Le Lizard Bleu

61 St. 240
Tel. +855(0)23-986-978
Gerahmte Werke im Stil der Khmer, aber auch eindrucksvolle Statuen, Fotografien, Kupferstiche, Setzkästen, Wasserfarben und Rahmen.

Reyum Gallery

47 St. 178
Tel. +855(0)23-217-149
Die Arbeiten reichen über Darstellungen von Apsara-Tänzerinnen und Szenen aus Angkor bis hin zu modernen und abstrakten Werken.

Hier finden Kunstliebhaber auch Bücher über die Kunst der Khmer und Kunstgeschichte allgemein.

Märkte

Olympischer Markt

Kreuzung St. 286 & St. 193
Wer sich Kleidung anfertigen lassen will, findet hier die größte Auswahl an Stoffen. Im 1. Stock gibt es Baumwolle und Synthetik sowie traditionelle Khmer-Stoffe.

Orrusei-Markt

Kreuzung St. 182 & St. 141
Eine große Auswahl an Modeschmuck, Khmer-Mode und Kosmetikartikeln, aber wenig Souvenirstände.

Russischer Markt

Kreuzung St. 450 & St. 163
Eine kostbare Schatztruhe für Souvenirartikel mit einer unglaublichen Auswahl an Seidenstoffen, Schnitzarbeiten, Kunsthandwerk, westlicher Kleidung und Kuriositäten. Alles in unterschiedlicher Qualität.

Zentralmarkt

St. 130, nördlich der St. 63
Hier findet man günstige T-Shirts.

Kunsthandwerk

Nyemo

14 St. 310
Tel. +855(0)23-213-160
Erwerbslose Frauen erhalten hier als Wiedereinstieg ins Berufsleben eine Ausbildung und stellen eine Vielzahl ganz unterschiedlicher Produkte her, darunter schönes Kunsthandwerk, peppige Taschen und Kinderspielzeug.

Rajana Association

170 St. 450, in der Nähe des Russischen Markts
Tel. +855(0)23-993-642
Große Non-Profit-Boutique mit schönem Kunsthandwerk, vieles davon in weit besserer Qualität zu finden als auf dem nahe gelegenen Russischen Mark. Auch recht hübsche Seidenstoffe und einzigartiger Schmuck.

Lebensmittel

Camory-Premium Cookie Boutique

167 Sisowath Quay
Tel. +855(0)23-224-937
Hier werden Zutaten aus den Provinzen – z. B. Mondulkiri-Honig oder Nüsse aus Kompong Cham – verarbeitet.

Chocolate by the Shop

35 St. 240
Tel. +855(0)23-998-639
Das hübsche Café verkauft belgische Qualitätsschokolade und andere Süßigkeiten, viele davon werden aus einheimischen Zutaten wie Mondulkiri-Honig, Kampot-Pfeffer und Kokosnuss hergestellt.

Open Wine

219 St. 19
Tel. +855(0)23-223-527
Wine Restaurant, Butcher & Co. und Fanny's Ice Cream unter einem Dach – ein Paradies für Feinschmecker, die es nicht lassen können.

Möbel

Couleurs d'Asie

33 St. 240
Tel. +855(0)23-221-075
In dieser hübschen Boutique spielt Farbe die Hauptrolle – sei es bei den nach französischen Ideen gestalteten Seidenstoffen, Kissen und Decken oder Gardinen.

I Ching Décor

85 Sothearos Blvd.
Tel. +855(0)23-220-873
Die Boutique verkauft eine riesige Auswahl an asiatischen Möbeln sowie Wohnaccessoires, Lampen und Küchenausstattung.

Mode & Accessoires

Ambre

Qualitativ gute Mode für Damen und Herren – entworfen vom international bekannten Khmer-Designer Romyda Keth. Die Auswahl reicht von mondäner Geschäftskleidung bis hin zu eleganten Ball- und Hochzeitskleidern.

Beautiful Shoes

138 St. 143
Tel. +855(0)12-848-438
Familienunternehmen, das sich auf maßgeschneiderte Schuhe für Damen und Herren spezialisiert hat – der Kunde bestimmt Design und Farbe. Für das Nähen der Schuhe sollte man mindestens eine Woche Zeit einplanen.

Bliss

29 St. 240
Tel. +855(0)23 215 754
Farbenfrohe, leichte Kleider, Taschen und andere Bekleidung, die hier in erster Linie aus luftigen Baumwollstoffen statt aus schwer zu pflegender Seide gefertigt sind.

Friends 'n' Stuff

215 St. 13
Tel. +855(0)12-426-748
Einzigartige Produkte, die von ehemaligen Straßenkindern und ihren Eltern hergestellt werden. Für die Taschen, Geldbörsen usw. werden recycelte Materialen verwendet.

Keo

92 St. 222
Tel. +855(0)12-941-643
Exquisite kambodschanische Haute Couture des Modehauses Sylvain und Keopiserh Lim, aber auch einige Stücke aus der Konfektionslinie des Designer-Duos.

Smateria

8 St. 57
Tel. +855(0)12-647-061
Die Taschen, Geldbörsen, Hüte und Tischwäsche werden aus recycelten Plastiktüten, Moskitonetzen und Getränketüten hergestellt.

SONG

75 St. 240
Damen- und Herrenbekleidung, hauptsächlich aus Leinen und anderen leichten, atmungsaktiven Materialien – gut geeignet für den Aufenthalt tagsüber im Resort und für Reisen durch das heiße und feuchte Land; meist besser als die von zu Hause mitgebrachte Kleidung.

Tooit Tooit

Stand 312, Russischer Markt
www.friends-international.org
Ein peppiger Stand, der sich von allen anderen auf dem Russischen Markt unterscheidet. Betrieben wird er von Friends-International, verkauft werden hauptsächlich Haushaltswaren, die von Eltern ehemaliger Straßenkinder hergestellt werden. Mütter und Väter versuchen so, ihren Kindern den Besuch einer Schule zu ermöglichen.

Water Lily

37 E0 St. 240, hinter dem Königspalast
Tel. +855(0)12-812-469
Einzigartige und extravagante Schmuckkreationen der Designerin Christine Gauthier. In unzähligen Schubladen finden sich Halsketten, Ohrringe und Armbänder. Die Stücke werden auf Anfrage auch nach den Farbwünschen der Kunden maßgefertigt.

Seide

Cambodian Craft Cooperation

1 Norodom Blvd.
Tel. +855(0)11-984-879
Die Kooperative ist unschlagbar, was Seide anbelangt. Die gemeinnützige Ausbildungsorganisation stellt beeindruckende Textilien in einer großen Vielfalt an Farbtönen sowie mit Naturfarben bearbeitete Seidenstoffe her.

Jasmine Boutique

73 St. 240
Tel. +855(0)23-223-103t
Kleider, Blusen, Röcke und Accessoires aus handgewebten Seidenstoffen; viele davon werden mit einzigartigen Webtechniken angefertigt.

Subtyl/Kashaya Silk

39 E0 St. 240 & 55 E0 St. 240
Tel. +855(0)12-900-014 &
+855(0)12-800-110
Spezialisiert auf Wandbehänge aus Seide sowie Geldbörsen und maßgeschneiderte Schuhe.

Village Focus

12 C St. 308
Tel. +855(0)23-221-748
Die NGO ist eine Verkaufsstelle der weltbekannten Seidenkreationen von Weaves of Cambodia, die die besten Seidenwaren des Landes herstellt.

■ SIEM REAP

Siem Reap ist zweifellos der beste Ort in Kambodscha, wenn es um Souvenirkäufe geht. Der Alte Markt, der Zentralmarkt und zwei Nachtmärkte haben sich in ihrer Produktpalette der immer weiter steigenden Zahl von Touristen angepasst. Dutzende von Boutiquen haben sich auf qualitativ verschiedenes Kunsthandwerk spezialisiert, insbesondere die Läden im Zentrum der Stadt zwischen dem Alten und dem Zentralmarkt.

Apotheke

U-Care

Läden der Kette findet man unter anderem an folgenden Punkten: in der Nähe des Alten Marktes (gegenüber der Pub St.), im Lucky Department Store, im Flughafen von Siem Reap und in der Museum Mall. Hier werden Originalmedikamente sowie westliche Bade- und Kosmetikartikel verkauft.

Bücher

D's Books

Pub St.
Die Filiale der Buchladenkette erlaubt den Kunden, neue und gebrauchte Bücher zu kaufen, zu verkaufen und zu tauschen.

Computerzubehör

iOne

1776 Sivatha St., gegenüber vom Hotel de la Paix
Tel. +855(0)63-761-019
Apple-Computer, iPhones und iPods sowie Apple-Zubehör. Die Preise sind um ein Vielfaches höher als zu

Hause, wer aber dringend in Kambodscha Apple-Produkte benötigt, wird hier fündig.

Einkaufszentren

Angkor Shopping Center
Gegenüber den königlichen Gärten, Südwestecke
Tel. +855(0)63-963-522
Ein zweistöckiges Einkaufszentrum mit vielen Boutiquen, in denen kunsthandwerkliche Gegenstände verkauft werden – das Spektrum reicht von Holz- und Steinschnitzereien bis hin zu Silber- und Goldschmuck.

Lucky Mall
Sivatha Blvd., gegenüber dem Hotel de la Paix
Lebensmittelladen, U-Care-Apotheke und unterschiedliche Geschäfte mit Produkten für den täglichen Bedarf.

Museum Mall
Charles de Gaulle St., neben dem Angkor National Museum
Das Einkaufszentrum unter thailändischer Leitung ist dem Angkor National Museum angegliedert. Es ist klimatisiert, bietet Fast Food und viele unterschiedliche Geschäfte.

Fotografie

Lhor Pehn Chet Digital Center & Studio
22–23 Sivatha Blvd.
Kameras und Zubehör wie z. B. Aufladegeräte; auch Fotoabzüge und das Brennen von Foto-CDs sind hier möglich.

McDermott Gallery
FCC Complex & Pokambor Ave.
Tel. +855(0)12-274-274
www.asiaphotos.net
Wunderschöne Fotos und Drucke in unterschiedlichen Größen von den Tempelanlagen in Angkor und kambodschanischer Landschaften. In wechselnden Ausstellungen präsentieren hier Künstler ihre Werke und verkaufen sie auch. Die beiden Galerien der Stadt befinden sich am

FCC Hotel und in einer Gasse hinter der Oub Street.

Kleidung

Boom Boom Room
In der Nähe des Alten Markts, 1 Block südlich der Pub St.
Tel.+ 855(0)12-709-096
Einige Markenkleidung, selbst hergestellte T-Shirts und andere stilvolle Dinge, die zwar günstiger sind als zu Hause, aber zu teuer für kambodschanische Verhältnisse. Die Musik und das Café ziehen ein junges Publikum an.

Kunsthandwerk

Artisans d'Angkor, Angkor Crafts Center
Stung Thmey St.
Tel. +855(0)63-963-330
www.artisansdangkor.com
Kambodschanische Kunst und Kunsthandwerk wie Holz- und Steinschnitzereien sowie Seidenstoffe aus der Seidenfabrik in der Nachbarschaft. Alle Produkte werden von ausgebildeten behinderten Kambodschanern hergestellt. Die hohen Preise sind durch die entsprechend gute Qualität und den Zweck gerechtfertigt.

Carving Association & Orphan Career Center
Nr. 0152 Group 2, Nondol 3, Slorkram Commune, östlich des Flussufers, genau im Osten des Sofitel Royal Angkor Hotel
Tel. +855(0)12-473-647
Die Werkstatt fertigt bemerkenswerte Sandstein-Statuen; einige davon sind allerdings zu groß für die europäische Wohnung. Auf Wunsch auch spezielle Anfertigungen nach Maß, der Versand nach Europa kann arrangiert werden.

House of Peace
Salarean Kok Patri, Krous Village, mit dem Auto: National Highway 6 Richtung Flughafen
Tel. +855(0)12-913-398
www.house-of-peace.de.ms

Herstellung von Puppen für das Schattentheater Sbek Thom, bei dem die Hindu-Figuren und Tiere aus gegerbtem, perforiertem Kuhfell gefertigt sind. Die Erlöse kommen behinderten Kindern zugute.

National Center for Khmer Ceramics Revival
Phum Thnorl, Khum Sror Ngea, National Highway 6 Richtung Flughafen
Tel. +855(0)63-761-519
www.khmerceramics.com
Das Projekt hat sich zum Ziel gesetzt, die alte Kunst der Keramikherstellung der Angkor-Ära wieder aufleben zu lassen. In einem kleinen Laden werden Nachbildungen aus dem alten Königreich der Khmer wie auch zeitgenössische Keramikartikel verkauft.

Saron Sculpture Workshop
Kor Koh Jrum Village, an der Route 67 nach Banteay Srei
Tel. +855(0)92-991-002
Die kleine Werkstatt vertreibt handgefertigte Holzschnitzereien nach hinduistischen, buddhistischen und christlichen Vorbildern. Die Ausstellungsfläche ist zwar klein, interessant ist die Möglichkeit, den behinderten Arbeitern bei ihrer Tätigkeit zuzuschauen.

Senteurs d'Angkor
Gegenüber vom Alten Markt
Tel. +855(0)63-964-801
www.senteursdangkor.com
Ein weiteres Projekt zur Unterstützung benachteiligter Kambodschaner. Der Innenstadt-Laden der nahe gelegenen Kunsthandwerksmanufaktur hat sich auf handgefertigte Seife spezialisiert, verkauft aber auch Seidenwaren und andere Produkte einheimischer Künstler.

Märkte

Angkor Night Market (Nachtmarkt)
Khum Svay Dangkum, am Sivatha Blvd., Innenstadt
Tel. +855(0)92-654-315
www.angkornightmarket.com

Auf diesem Nachtmarkt werden zum Teil direkt vor Ort hergestelltes Kunsthandwerk, Bekleidung, Schmuck, Taschen und viele andere Reiseandenken verkauft. Es gibt ein Kino, eine Bar und den Fußmassagesalon Dr. Fish.

Noon-Night Market

Phnum Steung Thmei, am Sivatha Blvd., Innenstadt
www.noonnightmarket.com
Kleinere Version des Nachtmarkts mit weniger Atmosphäre, der mittags öffnet. Hier findet man alle erdenklichen Reiseandenken und viele Essensstände.

Psar Chas (Alter Markt)

Am Flussufer, Innenstadt
Auf dem Alten Markt findet man alles von kambodschanischem bzw. importiertem Kunsthandwerk bis hin zu Kleidung und Haushaltswaren. Der Besuch lohnt sich auch dann, wenn man nichts kaufen und nur stöbern will.

Psar Leu Thom Thmei (Großer Neuer Markt)

National Highway 6, östlich von Siem Reap
Auf dem bei den Einheimischen sehr beliebten Markt verkaufen Hunderte von Händlern alles, was vorstellbar ist – vom losen Tabak bis hin zu ganzen zerlegten Schweinen. Wenig Souvenirs, aber eine echte Attraktion.

Seide

Artisans d'Angkor – National Silk Center

Puok Village, 16 km von Siem Reap in der Nähe des National Highway 6, hinter dem Flughafen
Tel. +855(0)63-963-330
Eine Auswahl an Seidenwaren, die zu den besten des ganzen Königreichs zählen, wird hier auf dem Gelände der Fabrik ausgestellt, die gleichzeitig behinderte Kambodschaner ausbildet. Kostenlose Führungen finden zwischen 8 und 17.30 Uhr statt.

Cambodian Handicraft Association for Landmine and Polio Disabled (CHA)

1,5 km nördlich der Kreuzung Route 67 & Route 204
Tel. +855(0)23-881-720
www.elevyn.com/shop/cha
Behinderte Kambodschaner stellen Seidenschals, Taschen und Ähnliches in der kleinen Werkstatt dieser Organisation aus Phnom Penh her. Man findet sie an der Straße zu den Banteay-Srei-Tempeln.

Institute for Khmer Traditional Textiles

House Nr. 472, Straße zum Tonle Sap
Tel. +855(0)63-964-437
Dieses Projekt unterstützt die Neubelebung der traditionellen Seidenproduktion und des Seidenwebens in Kambodscha. Werkstatt, Laden und Museum befinden sich unter einem Dach in einem alten Holzhaus an der Straße zum See. Unten können die Besucher den Leuten beim Weben zuschauen, oben werden traditionelle Seidenstoffe oder -bekleidung sowie moderne Interpretationen traditioneller Produkte zum Kauf angeboten.

Khmer Attitude

1 Vithei Charles de Gaulle, im Raffles Grand Hotel d'Angkor
Tel. +855(0)63-963-888
Eine Auswahl des besten Kunsthandwerks der Stadt – von kunstvollen Silberschalen bis hin zu kleinen Elefanten als Schlüsselanhänger und raffinierter Seidenbekleidung.

Rajana Association

153 Sivatha St., vor der Straße, die zum Nachtmarkt führt
www.rajanacrafts.org
Die Werkstätten in Phnom Penh und in Siem Reap stellen ganz unterschiedliches Kunsthandwerk für den Verkauf in diesem zentral gelegenen Laden her. Die gemeinnützige Organisation unterstützt Kambodschaner auf ihrem Weg in die Erwerbstätigkeit.

Samatoa

98 Provincial Hospital Rd., in der Nähe des Alten Markts, 1 Block nordöstlich der Pub St.
Tel. +855(0)63-965-310
www.samatoa.com
Hier kann sich jeder seine Wunschkleidung aus Seide nach Maß schneidern lassen – nach französischen Modellen und innerhalb eines Arbeitstages. Die Seide wird von behinderten Kambodschanerinnen hergestellt, die geschneiderten Kleidungsstücke gehören zu den besten der Stadt.

■ WESTLICHES KAMBODSCHA

Kunsthandwerk

Rachana Handicrafts Battambang

No. 97 Group 5, Preak Preasdach Village, in der Nähe des Bat Dambang Kranhoung Monument
Tel. +855(0)12-940-358
Der Laden verkauft die Produkte, die hier von behinderten kambodschanischen Frauen hergestellt werden. Der Rest der Erzeugnisse wird von Läden in Phnom Penh und Siem Reap vertrieben.

■ SIHANOUKVILLE

Bücher

Q&A Book Café

95 Ekareach St., Innenstadt
Tel. +855(0)12-598-225
Hübsches, kleines Café mit großer Auswahl an neuen und gebrauchten Büchern mit besonderem Fokus auf Reiseliteratur, Reiseführern und Touristeninformationen.

Unterhaltung

Unter der Schreckensherrschaft der Roten Khmer litten auch die Künstler Kambodschas, was dazu führte, dass in dieser Zeit ein Großteil der darstellenden Künste des Landes unterdrückt oder gar zerstört wurde – viele Künstler waren davon betroffen. Seit Beginn des 21. Jahrhunderts bemüht man sich, einige Formen der traditionellen Unterhaltung wiederzubeleben, auch wegen des natürlichen Zusammenhalts und für den wachsenden Tourismus.

Khmer-Boxen

Khmer-Boxen ist weniger bekannt als Muay Thai (Thai-Boxen). Die Wurzeln dieses Sports gehen weit zurück in die kambodschanische Geschichte. Die Armeen von Angkor haben bei der Unterwerfung weiter Landstriche sowohl Waffen benutzt, als auch den direkten Kampf mit dem Gegner gesucht. Heute entsprechen die Regeln des Khmer-Boxens weitgehend denen des Thai-Boxens. Die kambodschanischen Boxer sind dabei noch nicht so geschickt wie die thailändischen Nachbarn, aber ein Khmer-Boxkampf ist auf jeden Fall ein aufregendes Erlebnis. Live-Kämpfe können an zwei Austragungsorten in Phnom Penh besucht werden; im ganzen Land versammelt sich während eines Kampfes ein mitfieberndes Publikum vor den Fernsehbildschirmen der Bars und Restaurants. (Wer mitschaut, sollte auf minderjährige Taschendiebe achten, die auf Ausländer angesetzt werden). Die Kämpfe in Phnom Penh finden abwechselnd in einem der beiden Boxringe statt. Zeit und Ort der Kämpfe kennen die Mitarbeiter an der Hotelrezeption und die allgegenwärtigen Tuk-tuk-Fahrer.

Schattentheater

La Noria Restaurant

Östliches Flussufer, 1 Block nördlich des National Highway 6, Siem Reap
Tel. +855(0)63-964-242
Die Aufführungen der behinderten Kinder zu Livemusik finden vor einer Dinnershow mittwochs zwischen 19.30 und 20.30 Uhr statt.
Die von der NGO Krousar Thmey geführte Gruppe zeigt traditionelle Schattentheateraufführungen und unterschiedliche traditionelle Tänze. Eine Reservierung ist empfehlenswert.

Sovanna Phum

Neben dem Haus Nr. 159A, St. 99 Phnom Penh
Tel. +855(0)23-987-564 oder +855(0)23-221-932
Die Künstlerorganisation war eine der ersten, die nach den jahrzehntelangen Kriegswirren die Kunst des Schattentheaters wieder zum Leben erweckte. Hier besteht auch die Möglichkeit, eigene Schattenfiguren zu fertigen. Freitags und samstags um 19.30 Uhr finden Theateraufführungen sowie Tanz- und Musikdarbietungen statt.

Tanzvorführungen

Der Tanz ist ein wichtiger Teil der kambodschanischen Kultur. Apsara-Tänzer, die menschlichen Vertreter der Götter, sind bekannt für ihre tänzerischen Fähigkeiten, die auf gleiche Weise schon den Königen von Angkor und den von ihnen verehrten Göttern dargeboten wurden. Beim robam borane, dem klassischen Khmer- bzw. Hoftanz, setzen weibliche Darstellerinnen die Geschichten des Reamker (der kambodschanischen Fassung des Hindu-Epos „Ramayana") in Szene. Beim robam propehni, einem folkloristischen Tanz der Khmer, werden in einer von Dorf zu Dorf unterschiedlichen Weise und mit einfachsten Requisiten (wie etwa Kokosnussschalen) Alltagsgeschichten nachgestellt, in die spirituelle Themen eingeflochten werden. In Phnom Penh und insbesondere in Siem Reap gibt es mittlerweile für Touristen viele Tanzvorführungen in allerdings sehr unterschiedlicher Qualität.

Amrita Performing Arts

128G9, Sothearos Blvd., Phnom Penh
Tel. +855(0)23-220-424
www.amritaperformingarts.org
Klassische und zeitgenössische Musik, Theater und Tanzdarbietungen. Die Truppe gibt täglich oder wöchentlich Vorstellungen irgendwo im Land, geht aber auch regelmäßig auf Tournee im Ausland und spielt dort bei großen Festivals.

Apsara Theatre

Vor dem Angkor Village Hotel, nahe der Wat Bo Rd., Siem Reap
Tel. +855(0)63-963-561
In einem prächtigen Theaterbau aus Holz zeigen die Künstler jeden Abend (19–21 Uhr) während einer Dinnershow Apsara-Tänze. Eine Reservierung ist empfehlenswert.

Classic Café

42 St. 19, hinter dem Königspalast, Phnom Penh
Tel. +855(0)12-857-525
Hier werden nicht die erwarteten Apsara-Tänze vorgeführt, sondern Breakdance-Shows, Modeschauen und melodramatische Karaoke- und Tanzvorführungen von glitzernden Drag-Queens. Jeden Abend finden zwei Shows statt – eine um 22 Uhr und eine um 23.30 Uhr. Im Haus werden auch Drag-Queens ausgebildet.

Dead Fish Tower

Sivatha Blvd., Siem Reap
Tel. +855(0)12-630-377

Hier werden jeden Abend zwischen 19.30 und 22 Uhr Apsara- und traditionelle Tänze aufgeführt. Die Tänzer agieren auf einer erhöht liegenden Bühne in der Mitte des riesigen Restaurants, das sich über mehrere Etagen erstreckt und sich auf Thai-Menüs und andere asiatische Gerichte spezialisiert hat.

Epic Arts Cambodia

Angus Lawson Arts Centre, Kampot
Tel. +855 (0)33-932-247
www.epicarts.org.uk
Eine einzigartige Tanzgruppe, die mit behinderten und nichtbehinderten Darstellern originelle und recht beeindruckende moderne und alte Tanzstile und -techniken präsentiert. Es gibt eine Profi- und eine Nachwuchsgruppe und es finden Shows und Workshops statt.

La Noria Hotel

Östliches Flussufer, 1 Block nördlich des National Highway 6, Siem Reap
Tel. +855(0)63-964-242
Nach dem Vorbild eines traditionellen Schattentheaters und unterstützt von der NGO Krousar Thmey, führen hier behinderte Kinder während einer Dinnershow (Mi 19.30–20.30 Uhr) unterschiedliche traditionelle Tänze vor. Reservierung empfehlenswert.

La Résidence d'Angkor

Östliches Flussufer, 1 Block nördlich der Wat-Bo-Brücke, Siem Reap
Eine der besseren Adressen für Dinnershows mit traditionellen Tanzdarbietungen. Die Vorstellungen unter freiem Himmel finden dienstags, donnerstags und samstags von 18 bis 22.30 Uhr statt.

Raffles Grand Hotel d'Angkor

1 Charles de Gaulle St., Siem Reap
Tel. +855(0)63-963-888
Montags, mittwochs und freitags finden im Park gegenüber dem Hotel Tanzvorführungen statt. Ein asiatisches Barbecue-Büfett ist im Preis inbegriffen, Beginn 19 Uhr.

Sovanna Phum

111 St. 360, Phnom Penh
Tel. +855(0)23-221-932
Eine Künstlervereinigung, die seit 1994 die Kunst der Khmer wiederbelebt und ihren Darstellern die Möglichkeit gibt, mit den Aufführungen ihren Lebensunterhalt zu bestreiten, zeigt hier klassische und folkloristische Tänze. Aufführungen mit Tanz, Schattentheater und Musik finden freitags und samstags um 19.30 Uhr statt.

Temple Balcony

Pub St., Siem Reap
Tel. +855(0)15-999-909
Unten befindet sich ein lauter Nachtclub, oben aber gibt es eine große Bühne, auf der während der Dinnershows zwischen 19.30 und 21.30 Uhr zu ganz guten westlichen und asiatischen Gerichten Apsara- und andere traditionelle Tänze gezeigt werden.

Tiny Toones Cambodia

4 St. 460, Phnom Penh, neben dem Russischen Markt
Tel. +855(0)12-968-815
www.tinytoonescambodia.com
Keine traditionelle Tanztruppe: Die soziale Organisation bildet behinderte Jugendliche im Breakdance aus, um ihnen eine vernünftige Beschäftigung nach der Schule zu ermöglichen und ihr Selbstwertgefühl zu steigern. Zusätzlich die Schüler Englischunterricht. Die Breakdance-Unterrichtsstunden können täglich zwischen 18 und 21 Uhr besucht werden.

Zirkusvorführungen

Artistische Vorführungen gab es schon während der Angkor-Ära, wie Basreliefs von der Elefanten-Terrasse und aus dem Bayon-Tempel belegen. Mit etwas Glück erlebt man auf seiner Reise irgendwo eine *pahi*-Vorführung eines wandernden „Medizinmannes". Wenn nicht, dann bleibt noch der Besuch einer der (unregelmäßig) in Phnom Penh und Battambang stattfindenden traditionellen Zirkusprogramme, deren exakte Abläufe über Jahrzehnte in Vergessenheit geraten sind.

Phare Ponleu Selpak

Anh Chanh Village, Ochar Commune, Battambang
Tel. +855(0)12-890-360
www.phareps.org
Seak samai (moderner Zirkus) wird von behinderten Khmer-Kindern unter einem großen Zirkusdach gezeigt. Die Kinder wurden professionell in der Kunst ausgebildet, Zirkuskünste mit traditionellen und modernen Tänzen zu verbinden. Die inzwischen erwachsenen Artisten der Truppe geben Vorstellungen in der ganzen Welt.

Aktivitäten

Touristen zieht es meistens wegen der großartigen Tempelanlagen ins Land. Aber da in den vergangenen Jahren immer mehr Ausländer dauerhaft nach Kambodscha gezogen sind, hat sich mit ihnen auch eine gewisse Vielfalt an Freizeitaktivitäten nach westlichem Geschmack aufgebaut. Neben Angeboten wie Kochkursen, Elefantenritten, Trekking, Mountainbiken und Tauchen kann man inzwischen auch Golfen, Reiten und Fallschirmspringen. Einige Organisationen, die um die Belebung der traditionellen Kultur bemüht sind, versuchen den ausländischen Besuchern durch eigenes Mitmachen die Khmer-Kultur näherzubringen.

Viele der Angebote finden Sie in der Nähe der wichtigsten touristischen Zentren Phnom Penh, Siem Reap und Sihanoukville. Vogelkundliche Ausflüge oder Elefantenausritte werden in eher selten besuchten Provinzen angeboten. Die Möglichkeiten zur ehrenamtlichen Mithilfe oder die Teilnahme am Alltagsleben über eine der CBET-Projekte (Community-Based Ecotourism) bestehen selbst in den abgelegensten Provinzstädten.

Angeln

Leidenschaftliche Angler mit eigener Ausrüstung finden in Kambodscha mit seinen vielen Flüssen, Strömen und Seen gute Bedingungen. Fisch ist aber ein Grundnahrungsmittel der Kambodschaner, einige begehrte Fischgewässer werden deshalb mit Waffen bewacht. Wer aber nur seine Angel ins Wasser werfen will, wird wohl keine Probleme bekommen (siehe S. 245).

Tradewinds Charters/ Sihanoukville Fishing

Munddul 1, Sangkat 2, Sihanoukville
Tel. +855(0)34-933-997 oder
+855(0)12-702-478

Bootstouren

Da ein Großteil des Landes mit Flüssen und Seen bedeckt ist, eignet sich eine Bootsfahrt hervorragend, um die traumhafte Szenerie und die Schönheit der Natur zu erleben.

The Boatman

Kampot
Tel. +855(0)92-174-280
Für diejenigen, die die natürliche, unberührte Schönheit Kampots

wirklich erleben wollen, bietet der exzentrische Bart the Boatman unterschiedliche Flussfahrten in kleinen Fischerbooten an. Die Fahrstrecken werden auch nach individuellen Wünschen durchgeführt und schließen häufig ein Barbecue in seinem Haus ein.

Chenla Luxury Boat

Sisowath Quay, Steg unweit St. 104, Phnom Penh
Tel. +855(0)12-758-992
Luxuriöses Flussboot mit zwei Decks, die Fahrten schließen ein Mittag- oder Abendessen ein.

Kanika Catamaran

Sisowath Quay, gegenüber der St. 136, Phnom Penh
Tel. +855(0)12-848-802
Gemeinnützige Bootstouren mit Nachmittagstee oder Abendessen.

Elefanten

Es gibt nur noch wenige zahme Elefanten in Kambodscha. Ab und zu bietet sich aber immer noch die Möglichkeit, auf einem der großen Tiere zu reiten oder zu lernen, mit ihnen zu arbeiten (siehe S. 233).

Angeboten werden Ausritte mit Elefanten zu den Wasserfällen bei Ban Lung, der Provinzhauptstadt von Ratanakiri. Auskünfte über die halb- oder ganztägigen Touren mit Elefantenritt und Wasserfallbesichtigung geben die Unterkünfte.

Fahrrad- und Mountainbiketouren

Mit Leihfahrrädern der Unterkünfte können kleine Orte und Städte auf eigene Faust erkundet werden

(2–15 $ pro Tag, abhängig von der Qualität des Fahrrads). Mehrtägige Fahrradtouren durch Kambodscha werden nur von wenigen Organisationen angeboten (siehe S. 91).

Biking Cambodia

R.30 Rolous St., Siem Reap
Tel. +855(0)12-843-401
www.bikingcambodia.net
Die besten Mietfahrräder in Siem Reap für eine Erkundungsfahrt durch die Tempelanlage von Angkor – alleine oder in einer geführten Gruppe.

Chi Phat Community-Based Ecotourism

Tel. +855(0)12-318-445
In diesem relativ abgelegenen Dorf am Fluss Chi Phat am Fuß der Kardamomberge bietet das Unternehmen im Rahmen eines Ökotourismusprojekts hervorragende Tagesausflüge für Mountainbiker und Touren mit Übernachtungen in traditionellen Hütten an.

Grasshopper Adventures

Tel. Thailand/International:
Tel. +66(0)87-929-5208
www.grasshopperadventures.com
Bietet Fahrten durch mehrere asiatische Länder an. Die Reise durch Kambodscha kann als Einzeletappe der Reise durch ganz Südostasien gebucht werden.

Pepy Ride

No. 188, Salakanseng Village, National Highway 6 zum Flughafen, Siem Reap
Tel. +855(0)12-474-150
www.pepytours.com
Eine Kombination aus Entwicklungshilfe und Fahrradtouren. Die Erlöse

aus den Touren werden zur Unterstützung von Bildungsmaßnahmen und Umweltprojekten verwendet, die während der Fahrradtour vorgestellt werden.

Film

Le Cinema

French Cultural Center, 218 St. 184, Phnom Penh
Tel. +855(0)23-213-124
www.institutfrancais-cambodge.com
Das beste Kino der Stadt. Jeweils 100 Gäste können sich internationale Programmkinofilme, Dokumentationen und Mainstreamfilme in unterschiedlichen Sprachen (meist mit englischen oder französischen Untertiteln) anschauen. Veranstaltungsort vieler Filmfestivals.

Meta House

6 St. 264, Phnom Penh
Tel. +855(0)12-607-465
www.meta-house.com
Das Kunstzentrum zeigt unterschiedlichste Filme, meistens Filme und Dokumentationen aus Kambodscha und anderen asiatischen Ländern. Beginn 19 Uhr.

Movie Mall

Angkor Night Market, Siem Reap
Tel. +855(0)23-991-150
Dokumentarfilme über Landminen und die Roten Khmer, aber auch 3-D-Filme über Schlangen.

Fotografieren

Siehe S. 94.

Joggen

Hash House Harriers

Phnom Penh
Tel. +855(0)12-832-509
www.p2h3.com
Lauftreffen der Hash House Harriers gibt es auf der ganzen Welt. Sie bieten eine einzigartige Gelegenheit, fit zu bleiben, andere Menschen zu treffen, das Land kennenzulernen und nach dem Laufen noch gemeinsam einen

Drink einzunehmen. In Phnom Penh trifft man sich sonntags um 14.45 Uhr am Bahnhof.

Gleitschirmfliegen

ParaCambodia

Tel. +855(0)12-709-096
Obwohl der Kurs nur eine Woche dauert, ist es sicherlich ein einzigartiges Erlebnis, mit einem motorbetriebenen Gleiter über die Inseln und Strände Kambodschas zu fliegen (siehe S. 243).

Golf

Golf ist eine noch junge Sportart im Land, die Zahl der Golfplätze steigt aber stetig an. Derzeit gibt es zwei Golfplätze in der Nähe der Tempel von Angkor – gleich außerhalb der Stadtgrenze. Zwei weitere Anlagen befinden sich in den Vororten von Phnom Penh.

Angkor Golf Resort

Kasekam Village, Siem Reap
Tel. +855(0)63-392-288
www.angkor-golf.com
Nick Faldo entwarf diese Anlage, die für manche zu den besten Südostasiens zählt. Der Par-72-Kurs hat eine Länge von über 6,5 km, ist perfekt gepflegt und fordert die Golfer mit kühnen Bunkern und schwierigen Greens heraus.

Cambodia Golf & Country Club

56A St. 222, Phnom Penh
Tel. +855(0)23-366-689
35 km außerhalb von Phnom Penh erwartet die Golfer ein relativ flaches Terrain und nur eine Handvoll herausfordernder Bunker. Insgesamt gesehen ist dieser Platz aber etwas schwieriger als der zweite der Hauptstadt.

Royal Cambodia Golf Club

National Highway 4,
Kop Srov District
Tel. +855(0)23-366-689 oder +855(0)11-290-552
Der erste Golfplatz des Landes mit 18 Löchern ist nicht so anspruchs-

voll wie der in Siem Reap, aber die Nähe zu Phnom Penh macht den Platz für Golfspieler und die einheimische Oberschicht der Hauptstadt interessant.

Sofitel Phokeethra Country Club

Charles de Gaulle St., Siem Reap
Tel. +855(0)63-964-600
www.sofitel.com
Der rund 6,5 km lange Par-72-Kurs beginnt neben einer Brücke aus der Angkor-Ära, die auf diesem Gelände entdeckt wurde. Hier findet das im Dezember 2007 erstmals durchgeführte Cambodian Open Golf Tournament statt.

Karaoke

Le West Club Karaoke

504 St. 230, gegenüber vom Mondiale Center, Phnom Penh
Tel. +855(0)23-997-800
In separaten Karaoke-Räumen bietet dieser Club eine große Auswahl an englischen, kambodschanischen, chinesischen, koreanischen und französischen Hits. Für alle Gruppengrößen und jede Stimmlage geeignet (siehe S. 43).

Kochkurse

In Kochschulen oder Restaurants gibt es eine Vielzahl an Möglichkeiten, die Küche der Khmer kennenzulernen. Die Kurse beinhalten meistens auch den Einkauf auf dem Markt, Erläuterungen der Zutaten und Kochdemonstrationen, bei denen die Teilnehmer auch selbst mithelfen dürfen. Abschließend werden die zubereiteten Speisen gemeinsam gegessen (siehe S. 58).

Cambodian Cooking Class

67 St. 240, Phnom Penh
Tel. +855(0)12-524-801
www.cambodia-cooking-class.com
Das in der Nähe liegende Frizz Restaurant organisiert die Kurse auf einer Dachterrasse. Die Teilnehmer dürfen drei Gänge auswählen, einer ist immer vegetarisch.

Cooks in Tuk-Tuks

River Garden, Siem Reap
Tel. +855(0)63-963-400
www.therivergarden.info
Die Köche fahren die Teilnehmer in Tuk-tuks zu den Märkten, kaufen mit ihnen ein und erklären die einzelnen Zutaten, anschließend führen sie vor, wie daraus köstliche lokale Gerichte gekocht werden. Die Fahrten sind sehr beliebt. Auf Wunsch werden auch Kochkurse abgehalten.

Shinta Mani Hotel

1 Block südöstlich des Postamts, Siem Reap
Tel. +855(0)63-761-998
www.shintamani.com
Jahrelang ist das Hotel schon als Ausbildungszentrum tätig, sodass man sicher sein kann, hier eine professionelle Einführung in netter Umgebung zu bekommen.

Meditation

Obwohl der Buddhismus die Nationalreligion Kambodschas ist, gibt es nur wenige Möglichkeiten für Ausländer, die Religion kennenzulernen oder an Meditationen teilzunehmen. Die folgenden buddhistischen Stätten bieten Meditationen für Ausländer an (siehe S. 51).

Battambang Vipassana Centre

Chhoan Phieu (Büro Phnom Penh)
126 E. St. Vihea Cham
Sangkat Chroy Chongva,
Khan Russei Keo
Tel. +855(0)92-931-647
(Battambang)
Tel. +855(0)12-870-766
(Phnom Penh)
www.dhamma.org
Zehntägiger Meditationskurs für Anfänger und Fortgeschrittene mit vegetarischen Mahlzeiten und einfacher Unterkunft an einem einsamen Ort in der Nähe von Phnom Sampeau, Battambang.

Dhammaduta Association – Wat Lanka

Sihanouk (St. 274), Wat Lanka,
Phnom Penh

Haupttempel, Obergeschoss
Tel. +855(0)12-482-215 oder
+855(0)23-721-001
In diesem bedeutenden buddhistischen Kloster unweit des Unabhängigkeitsdenkmals in Phnom Penh finden täglich um 18 Uhr (außer Mi und Fr) informelle Kurse über Meditation und Buddhismus statt.

Singing Tree Café

In der Nähe der Wat Bo Rd.,
Siem Reap
Tel. +855(0)92-635-500
www.singingtreecafe.com
Mo geschl.
Jeden Samstagabend finden hier Gespräche mit Englisch sprechenden Mönchen aus den Tempeln der Umgebung statt. Sonntags gibt es Unterricht in buddhistischer Meditation.

Off-road-Touren

Geführte Off-road-Fahrten führen in selten besuchte ländliche Gegenden Kambodschas.

Dancing Roads

66C St. 368, Phnom Penh
Tel. +855(0)12-822-803
www.dancingroads.com
Gute Adresse für Tagesausflüge von Phnom Penh aus. Die kenntnisreichen und erfahrenen Mitarbeiter sind mit allen Nebenstrecken und ihren Schlaglöchern bestens vertraut.

Jungle Cross

Hauptstraße in Koh Kong
Tel. +855(0)15-601-633
www.junglecross.com
Motorradvermietung oder geführte Touren in die südlichen Kardamomberge – ein Terrain, das nur von geübten Fahrern in Angriff genommen werden sollte!

Norden House

Straße nach Yak Laom, Ban Lung,
Ratanakiri
Tel. +855(0)12-880-327
www.nordenhouseyaklom.com
Die ultimative Adresse für Fahrten in die abgelegene Bergprovinz Ratanakiri.

Siem Reap Dirtbikes

Tel. +855(0)99-823-216
www.siemreapdirtbikes.com
Tolle Maschinen, freundliche Guides, spektakuläres Gelände. Im Programm finden sich sichere, aber abenteuerliche Tagesausflüge ins Umland von Siem Reap (für Neulinge) und Hardcore-Abenteuer durch das ganze Land für die erfahrenen Biker.

Quad Adventure Cambodia

0,5 km vom Alten Markt entfernt,
Siem Reap
Tel. +855(0)92-787-216
www.quad-adventure-cambodia.com
Mit dem Quad eine Stunde oder auch einen ganzen Tag im Umland von Siem Reap. Eine weitere Möglichkeit, in der Nähe von Siem Reap, der untypischsten Stadt des Landes, etwas vom typischen Leben auf dem Lande zu sehen.

Ökotourismus

Das Cambodia Community-Based Ecotourism Network (CCBEN) unterstützt in vielen Dörfern des Landes Projekte, die mit nachhaltigen Angeboten Touristen die Möglichkeit bieten wollen, die Kultur und die Umwelt Kambodschas hautnah zu erleben. Die Angebote umfassen in der Regel Übernachtungen in Privathäusern, außerdem Fahrten mit einem Ochsenkarren, naturkundliche Ausflüge mit Tierbeobachtung und Mountainbiketouren. Mit diesem Programm sollen die Besucher einen Einblick in das ländliche Leben und den Alltag der Dorfbewohner erhalten. Zu den derzeitigen CCBEN-Projekten zählen die Ökotourismus-Dörfer Chi Phat und Chambok, der Nationalpark Virachey, der Kratersee Yak Laom, der Mekong-Irrawaddydelfin-Pool, das Dorf Kompong Phluk, das Naturschutzgebiet Prek Toal, Ang Trapaeng Thmar und das Ibis-Reservat Tmatboey (siehe S. 222f).

Reiten

The Happy Ranch Horse Farm

In der Nähe des National Highway 6 Richtung Flughafen, Siem Reap
Tel. +855(0)12-920-002
Mit Ausritten, Reitunterricht und Karrenfahrten deckt Kambodschas einziger Pferdehof alles ab, was das Reiterherz erfreut. Das Umland von Siem Reap ist wunderschön: Von der Farm aus lassen sich halb- oder ganztägige Ausritte organisieren.

Segeln

Während der Trockenzeit von November bis Mai bestehen vor den kambodschanischen Stränden die Möglichkeiten zu unterschiedlichen Segeltörns, sei es mit kleinen Katamaranen in Küstennähe oder weiter draußen mit luxuriösen, voll ausgestatteten Schiffen (siehe S. 252).

Knai Bang Chatt Sailing Club

Phum Thmey Sangkat Pret, Kep
Tel. +855(0)-92-882-750
www.knaibangchatt.com/
the-sailing-club
Der Club steht allen offen und vermietet Katamarane, Kajaks, Surfbretter und ein Motorboot. In Kep herrschen besonders starke Winde, die perfekte Segelbedingungen garantieren.

Otres Nautica

Otres Beach, Sihanoukville
Tel. +855(0)92-230-065
Am ruhigen Strand von Otres werden Katamarane, kleine Segelboote und Kajaks vermietet.

Sail Cambodia

Tel. +855(0)16-450-964 oder
+855(0)11-390-083
www.sailcambodia.info
Tagestouren und mehrtägige Segeltörns an Bord eines 14 m langen Bootes durch die Inselwelt vor der Küste von Sihanoukville.

Spas

Massagen sind ein Muss während des Urlaubs in Asien. Die folgenden Spas sind sauber, arbeiten professionell und bieten den besten Service.

Amara Spa

Kreuzung Sisowath Quay & St. 110, Phnom Penh
Tel. 855(0)23-998-730
www.amaraspa.hotelcara.com
Eines der besten Tages-Spas in Phnom Penh. Es begeistert mit seinem modernen asiatischen bzw. Zen-Ambiente und der entsprechenden Einrichtung, bei der alles bis ins kleinste Detail durchdacht ist. Interessant ist z. B. die East-West Fusion Massage.

Bliss

29 St. 240, Phnom Penh
Tel. +855(0)23-215-754
Ein ruhiges Spa in einem schönen Kolonialgebäude. Massagen, Gesichtsbehandlungen, Ganzkörperpackungen und Nagelpflege lassen alle Sorgen vergessen.

Dermal Spa

4C St. 57, Phnom Penh
Tel. +855(0)12-222-898
Das Spa bietet einen anspruchsvollen Service zu sehr vernünftigen Preisen, bei Gesichtsbehandlungen ist es das beste Institut der Stadt. Hier werden besondere dermatologische Produkte verwendet, eine kostenlose Hautanalyse wird vorab durchgeführt.

Nata Spa

31D Sihanouk Blvd., Phnom Penh
Tel. +855(0)23-223-938
Das Nata ist bei reichen Khmer beliebt, doch auch alle anderen Kunden erleben hier eine VIP-Behandlung. Sehr zu empfehlen ist die Massage mit heißen Steinen. Zum Spa gehört auch ein eigener Beauty-Salon. Derzeit wird eine Filiale in Siem Reap geplant.

Tauchen

Auch das Tauchen ist noch eine relativ neue Sportart in Kambodscha, die Tauchreviere sind gerade erst erkundet worden, vor allem vor den Küsten von Sihanoukville und Koh Kong. Tauchen ist nur saisonal in den trockenen Monaten von November bis Mai möglich, wenn das Meer ruhig und die Sichtverhältnisse ausreichend sind. Noch hat das Tauchen in Kambodscha nicht den Bekanntheitsgrad, den es in Thailand genießt, aber das kann sich schnell ändern. Vor allem die Tauchreviere rund um die vorgelagerten Inseln bieten überdurchschnittlich gute Bedingungen – wegen des langen Weges dorthin müssen die Taucher entweder auf dem Boot oder in Zelten am Strand übernachten. Es gibt viele Gründe, warum Taucher die kambodschanischen Gewässer so schätzen: die vielen grellbunten Meeresschnecken und Seepferdchen sind ein Grund, aber auch die Mantarochen und die gelegentlich auftauchenden Walhaie tragen zum Reiz der Tauchreviere an den südlichen Küsten bei (siehe S. 240).

The Dive Shop Cambodia

Serendipity Beach Rd., Sihanoukville
Tel. +855(0)12-161-5517 oder
+855(0)34-933-664
www.diveshopcambodia.com
Der Dive Shop ist eines der wenigen NATIONAL GEOGRAPHIC-Tauchzentren in Kambodscha und legt besonderen Wert auf den Umweltschutz. Die sehr engagierten und mit Leidenschaft arbeitenden Mitarbeiter ermöglichen ihren Kunden unvergessliche Taucherlebnisse.

EcoSea Dive Shop

Serendipity Beach Rd., Sihanoukville
Tel. +855(0)12-606-646
www.ecoseadive.com
Mit hochwertiger Ausstattung und mehrsprachigen Mitarbeitern erleben Taucher hier hervorragend organisierte Tauchausflüge mit Übernachtungen in Fischerdörfern oder unter den Sternen an Bord eines Schiffes.

Scuba Nation

18 E0, Sothearos Blvd., Phnom Penh
Tel. +855(0)12-715-785
Mohachai Guesthouse,
Serendipity Rd., Sihanoukville

Tel. +855(0)34-933-700
www.divecambodia.com
In Phnom Penh befindet sich das
Büro eines weiteren NATIONAL
GEOGRAPHIC-Tauchzentrums, in Siha-
noukville gibt es einen Laden. Die
Firma arbeitet nur in den trockenen
Monaten und setzt sich aufgrund
ihres Engagements für Umwelt und
Ausbildung von vielen anderen
Tauchbasen ab.

Tennis

Narmada Sports Center

Imperial Garden Villa & Hotel
315 Sisowath Quay, Phnom Penh
Tel. +855(0)23-219-991
Der sehr gute Tennisplatz kann an
allen Tagen der Woche gemietet
werden.

VIP Sport Club

Norodom Blvd., Phnom Penh
Tel. +855(0)23-993-535
In der Stadt lebende Ausländer be-
vorzugen diesen Sportclub, einige
Tennisplätze werden stundenweise
vermietet.

Trekking

Es gibt nur wenige Anbieter, die sich
in Kambodscha auf Trekkingtouren
spezialisiert haben. Meistens werden ein- oder mehrtägige Wanderungen mit oder ohne Zelte von
den Unterkünften organisiert – sie
engagieren auch eine ortskundige
Begleitung und besorgen nötigen-
falls die Zugangsberechtigungen für
National- und Naturparks. Die Teilnahme an ornithologischen Ausflü-
gen ist eine weitere Möglichkeit, in
die Wildnis einzutauchen. CCBEN
(www.ccben.org) organisiert Ökotourismus-Projekte, die zu den besten
Wanderungen in Kambodscha
zählen. Die schönsten Gebiete sind
die Kardamomberge, die Elefantenberge im Südwesten und die
nordöstliche Provinz Ratanakiri.
Allerdings fehlt es an Übernachtungsmöglichkeiten nach westlichem
Vorbild: Die Teilnehmer schlafen in
einfachen Hängematten unter Mos-

kitonetzen oder in einfachsten
Dorfbehausungen. Die Toiletten,
wenn es denn überhaupt welche
gibt, sind ebenfalls extrem einfach. Dafür entschädigt eine weitgehend unberührte Landschaft.

Chambok Community-Based Ecotourism

National Highway 4 in der Nähe
des Kirirom National Park
Tel. +855(0)23-214-409
www.chambok.org
Eines der ersten CBET-Projekte
des Landes. Die einheimischen
Führer erhielten eine spezielle
Ausbildung in den Themen-
bereichen Regionalgeschichte,
Ökologie und Kultur. Angeboten
werden Wanderungen, Vogel-
und Tierbeobachtungen,
Schwimmausflüge und Fahrten
mit einem Ochsenkarren.

Nature Lodge

Einige Kilometer außerhalb von
Sen Monorom Stadt, Mondulkiri
Tel. +855(0)11-494-449
www.naturelodgecambodia.com
Während der zwei- bzw. dreitägi-
gen Trekkingtouren wandern,
schwimmen oder klettern die
Teilnehmer in der spektakulären
Umgebung von Mondulkiri. Die
Führer – Khmer und Bunong –
bekommen von der Organisation
eine Ausbildung, sammeln Be-
rufserfahrung und können sich
ihren Lebensunterhalt verdienen.

Sok Lim Tours

Gegenüber dem Blissful Guesthouse, Innenstadt von Kampot
Tel. +855(0)12-719-872
www.soklimtours.com
Das Unternehmen veranstaltet
zweitägige Touren mit einer
Übernachtung in der unberührten Natur des Bokor National
Parks hinter den Ruinen der Bergstation Bokor. Die Teilnehmer
schlafen entweder im Dschungel
oder auf dem Weg zurück in der
Rangerstation. Weitere Touren
dieser Art sind in der Umgebung
möglich – sie werden entweder

als Standardtour oder auch nach
den individuellen Wünschen der
Kunden zusammengestellt.

Virachey National Park

Parkbüro: 3 Blocks östlich & 1 Block
nördlich des Ban-Lung-Kreis-
verkehrs, Ban Lung, Ratanakiri
Tel. +855(0)75-974-176
www.ccben.org
In diesem größten und abgelegensten Nationalpark Kambodschas an
der Grenze zu Vietnam und Laos
gibt es viele unberührte Berge,
Wälder, Graslandschaften und Täler,
in denen bedrohte Tierarten und
vielleicht sogar noch ein paar unentdeckte Arten leben. Zu den möglichen Aktivitäten gehören drei- bis
achttägige Trekking- und Camping-
touren, die auch Fahrrad- und
Kajakfahrten, Tierbeobachtungen
und kulturell Besuche beinhalten
können.

Vogelbeobachtung

In Kambodscha leben einige der
exotischsten und am stärksten bedrohten Vogelarten der Welt – das
Land ist ein Paradies für Vogelkund-
ler und Hobbyornithologen.

Sam Veasna Center for Wildlife Conservation

Nr. 0552, Group 12,
Wat Bo Rd., Siem Reap
Tel. +855(0)63-963-710
www.samveasna.org
Bietet geführte Tagestouren in der
Gegend von Siem Reap und Nacht-
ausflüge in abgelegenere Landstei-
le auf der Suche nach den berühm-
testen Vogelarten Kambodschas:
Saruskraniche, Barttrappen, Argala-
Marabus, Milchstörche, Graupelikane, Bengalgeier, Schmalschnabelgeier, Weißschulteribisse
und Riesenibisse – Kambodschas
Nationalvögel (siehe S. 121).

Sprachführer

Khmer ist nicht wie Thai oder Chinesisch eine Tonsprache. Entsprechend schwer ist es, diese Sprache zu erlernen, u. a. weil sie wesentlich mehr Buchstaben als etwa die deutsche Sprache hat. Viele dieser Buchstaben stehen für Laute, deren Aussprache Ausländern Schwierigkeiten bereitet. Nicht zuletzt ist Khmer wegen seiner eigenen Schriftzeichen auch schwer zu lesen. Ausländer sind deshalb häufig auf Transkriptionen angewiesen, für die es aber kein einheitliches System gibt.

Noch komplizierter wird es dadurch, dass die Grundlage dieser Transkriptionen häufig die französische Aussprache war. Deshalb kann es sein, dass die Namen und Bezeichnungen in Karten, Büchern, auf Straßenschildern usw. in den Schreibweisen voneinander abweichen. In manchen Fällen wird den Wörtern zur allgemeinen Verwirrung auch noch das stumme *h* hinzugefügt, wie etwa bei dem thailändischen Wort Phuket. Der Name dieser Halbinsel ist aber nicht „Fukket", sondern „Pukkett".

Die Transliterationen können die Laute des Khmer nicht immer exakt wiedergeben. In diesem Fall ist die einfache Aussprache des Wortes dargestellt, ungeachtet einer genauen Silbenbildung.

Khmer-Muttersprachler wie die Tuk-tuk-Fahrer oder das Personal in den Unterkünften helfen gerne beim Erlernen der richtigen Aussprache.

Die Aussprache folgender Buchstaben fällt westlichen Muttersprachlern schwer:

pb, dt und *gk:* Khmer hat eigenständige *p-, b-, d-, t-, g-* und *k-*Laute, aber auch Kombinationen mit zweien dieser Laute, wobei tatsächlich versucht werden muss, beide Laute auszusprechen.

ng: Wie in „singen" ausgesprochen, aber nicht nur in der Mitte und am Ende, sondern auch zu Beginn eines Wortes.

eu: Schwer zu beschreiben, am einfachsten zu erlernen, wenn es ein Muttersprachler vorspricht.

ny: Kommt in Wörtern wie K'nyom vor. Die Aussprache dieser Übersetzung von „ich" bedarf ebenfalls einiger Übung mit Muttersprachlern.

rr: Werden häufig gerollt.

Einige Wörter enden mit einem kaum hörbaren *k* oder *t.*

Ein Hinweis zum Gebrauch der englischen Sprache: Viele Ausländer, insbesondere natürlich Muttersprachler, sprechen ein sehr schnelles Englisch. Manchmal sprechen sie mit Kambodschanern aber auch extrem langsam und laut – so als ob sie sie für dumm halten würden. Jeder sollte sich bewusst machen, wie schlecht er selbst Khmer spricht, und wie schwer es den Kambodschanern fallen muss, Englisch zu sprechen. Wer langsam und deutlich spricht, erleichtert seinem Gegenüber das Verständnis. Viele Kambodschaner sprechen ein recht gutes Englisch und nutzen jede Gelegenheit, diese fremde Sprache mit Reisenden zu üben. Im Gegenzug sind sie sicher bereit, ihrem ausländischen Gegenüber ein paar Worte Khmer beizubringen.

Erste Konversation

Hallo	*Soo-ah s'day*
Auf Wiedersehen	*Juhm ree-uhp lee-ah/*
	Leah hi (informell)
Wie geht es Ihnen?	
	Nee-ak soak sa-buy
	chia day
Mir geht es gut.	
	K'nyom soak sa-buy
Bitte	*Som*
Danke	*Awe coon*
Entschuldigung /	
Entschuldigen Sie bitte.	
	sohm dtoe

Kein Problem	*Ot ben-ya-haa*
Ja	*Baat* (Männer)
	Jaa (Frauen)
Nein	*Dtay*
Wie heißen Sie?	
	Nee-ak cha-mua away
Ich heiße ...	
	K'nyom cha-mua ...
Woher kommen Sie?	
	Nee-ak mao beh
	protey nar?
Ich komme aus ...	
	K'nyom mao bpee ...

Essen & Trinken

Ich bin Vegetarier	
	K'nyom pboo-ah
Nicht süß	*Ot pbah-aim*
Nicht würzig	*Ot hahl*
Könnte ich etwas ... bekommen?	
	Nee-ak mee-un ...
Ich möchte kein ...	
	Ot ...
Chili	*mut-dtay*
Eis	*dtuck caulk*
Erdnüsse	*sundike die*
Wasser	*dtuck*

Im Notfall

Hilfe	*Jew-ee! /dschu-ieh*
	k'nyom pong!
Spricht irgendjemand hier Englisch?	
	Tee-nee meean neeak
	jeh pee-assa on-glay
	dtay?
Ich verstehe nicht.	
	K'nyom, mun yule dtay.
Rufen Sie die Polizei!	
	Jew-ee hav po-lee mao!
Ich wurde ausgeraubt.	
	K'nyom trrow jao
	plawn.
Rufen Sie einen Arzt.	
	Jew-ee hav crrew pbai
	mao!
Bitte bringen Sie mich in ein Krankenhaus.	
	Som june k'nyom dtoe
	montee pbait.
Ich bin krank.	
	K'nyom chheu

Ich habe ... *K'nyom mee-un ...*
Durchfall *rowke jo ree-ak*
Fieber *gkrune*

Wo ist die Toilette?
Mee-un bong-coon na eye-na?
Haben Sie ... *Nee-ak mee-un ...*
Toilettenpapier
grow-da ah-naa-mai
Seife *sa-boo*
Aspirin *para-setamol*
Damenbinden
sahm-loy ah-naa-mai
Ich habe mich verirrt
k'nyom vungvee-ung pleu

Unterwegs

Wo ist das ... *Now eye nar?*
Ich suche ... *K'nyom roke*
Bitte bringen Sie mich ...
Som june k'nyom dtao

Flughafen *prrro-lian yune-ha*
Bank *t'nee-a-gear*
Busstation *setanee laan kerong*
Botschaft *sa-tarn-toot ...*
(Ah-mer-ee-kaa)
Krankenhaus *mon-tree pbait*
Markt *p'sar*
Apotheke *farm-a-see*
Polizeistation *pos polee*
Postamt *pbrai-sa-nee*
Toilette *toy-let*

Geradeaus *Dtoe drong*
Nach links *Bot cha-wayne*
Nach rechts *Bot sa-dam*
An der Ecke *New gite jaroong*
Neben ... *New jobe ...*
Fahren Sie langsamer.
Some yeuht yeuht
Achtung! *Praw-yat*
Halten Sie hier. *Chop tee-nee*
Ich möchte aussteigen.
K'nyom jong joe

Einkaufen

Beim Einkaufen ist es sinnvoll, einige Brocken Khmer sprechen zu können.

So kann man den Händlern den Eindruck vermitteln, man kenne einigermaßen die Preise in Kambodscha. Wer eine Frage auf Khmer stellt, wird logischerweise eine Antwort in der gleichen Sprache erhalten. Deshalb sollte man sich mit der Aussprache einiger Zahlen vertraut machen.

Wie teuer ist es?
Neek talay bone-maan?
Das ist zu viel. *Talay bpake*
Ich zahle Ihnen ...
K'nyome ohwee ...

Zahlen

1	*moy*
2	*pbee*
3	*buy*
4	*pboon*
5	*pbram*
6	*pbram–moy*
7	*pbram–pbee*
8	*pbram–buy*
9	*pbram–pboon*
10	*dawp*
11	*dawp-moy*
12	*dawp-pbee*
13	*dawp-buy*
14	*dawp-pboon*
15	*dawp-pbram*
16	*dawp-pbram–moy*
17	*dawp-pbram–pbee*
18	*dawp-pbram–buy*
19	*dawp-pbram–pboon*
20	*ma-pai*
21	*ma-pai-moy*
30	*saam sep*
40	*sai sep*
50	*haa sep*
60	*hoke sep*
70	*jet-sep*
80	*pbatsep*
90	*gkowsep*
100	*moy roy*
200	*pbee roy*
1000	*moy pboan*
10 000	*moy muh-un*

REGISTER

BILDNACHWEIS

Deutsche Ausgabe veröffentlicht von NATIONAL GEOGRAPHIC DEUTSCHLAND (G+J/RBA GmbH & Co KG), Hamburg 2010
2. aktualisierte Auflage, Hamburg 2013

Deutsche Übersetzung: Beatrix Gelhoff, Dr. Martin Goch, Jutta König, Dr. Horst Leisering, Dr. Thomas Pago, Christiane Radünz, Simone Wiemken, Anja Wiebensohn-Jagla (Ausgabe 2010)

Aktualisierung dieser Ausgabe: Markus Kuhnhenne
Lektorat: Oliver Kiesow, Thomas Rach
Gesamtproducing: Bintang Buchservice GmbH, www.bintang-berlin.de
Druck: Himmer AG, Augsburg

Printed in Germany
ISBN 978-3-95559-023-9

Titel der amerikanischen Originalausgabe:
National Geographic Traveler Cambodia

Die National Geographic Society, eine der größten gemeinnützigen wissenschaftlichen Vereinigungen der Welt, wurde 1888 gegründet, um »die geographischen Kenntnisse zu mehren und zu verbreiten«. Sie unterstützt die Erforschung und Erhaltung von Lebensräumen sowie Forschungs- und Bildungsprogramme. Ihre weltweit mehr als neun Millionen Mitglieder erhalten monatlich das NATIONAL GEOGRAPHIC-Magazin, in dem die besten Fotografen der Welt berichten. Ihr Ziel: *inspiring people to care about the planet,* Menschen zu inspirieren, sich für ihren Planeten einzusetzen.

Die National Geographic Society informiert nicht nur durch das Magazin, sondern auch durch Bücher, Fernsehprogramme und DVDs.

Falls Sie mehr über NATIONAL GEOGRAPHIC wissen wollen, besuchen Sie unsere Website unter www.nationalgeographic.de